【増補改訂版】

福沢諭吉と丸山眞男

「丸山諭吉」神話を解体する

安川寿之輔 著

高文研

はじめに

本書『福沢諭吉と丸山眞男』（以下、「旧版」と呼称）の刊行から一三年がたち、半世紀に及ぶ私の福沢諭吉研究は完結した。その間の五冊の著作の成果を踏まえて、二〇一六年一二月の東京から「一万円札から福沢諭吉の引退を求める三者合同講演会全国ツアー」もスタートしようとしている。この機会に、その半世紀の道のりを簡単にふり返ることにしよう。

私の福沢諭吉研究の道のり

今から約半世紀前、一九六四年に私が初めて福沢諭吉の著作を読んだのは、偶然のきっかけによる。『日本の知識人』という企画書の分担原稿として、私は「日本の知識人の形成史」の執筆を依頼された。日本の知識人といえば、まずは福沢諭吉と考え、初めて『学問のすすめ』を読むことになった。「戦後民主主義教育」第一世代に育った者として、福沢が日本の民主主義の偉大な先駆者であることは、当時の私にとっても自明の常識であった。

ところが、『学問のすすめ』初編冒頭の「天は人の上に人を造らず、……」が、「……と云へり。」という伝聞態で結ばれていることに、まず強くひっかかった。第二編では「明治の年号を奉ずる者は、今の政府の法に従ふ可しと条約（契約）を結びたる人民なり。」という明白な虚偽の記述が気になった。我慢して、第三編「一身独立して一国独立する事」まで読み進めて、ここで決定的なブレーキがかかってしまった。

当時、二〇代の若者の私にとっては畏敬する存在であった丸山真男、羽仁五郎、服部之総、家永三郎、遠山茂樹ら先学の「一身独立して一国独立する」の定説的な解釈が、何度読み返しても、どうしても納得できなかった。結局、その一点の疑問解明のために、以後、半世紀におよぶ福沢研究に私はのめり込むことになった。それ以来、私が執筆した著書五冊と編集したミニコミ誌などを時代順に列挙しておこう。

①『日本近代教育の思想構造』（一九七〇年、新評論。七九年増補版。以下、『旧著』と略称）
②『福沢諭吉のアジア認識』（二〇〇〇年、高文研。Ⅰ『アジア認識』と略称）
③『福沢諭吉と丸山眞男』（二〇〇三年、同。Ⅱ『福沢と丸山』と略称）
④『福沢諭吉の戦争論と天皇制論』（二〇〇六年、同。Ⅲ『戦争論・天皇制論』と略称）
⑤『福沢諭吉の教育論と女性論』（二〇一三年、同。Ⅳ『教育論・女性論』と略称）

⑥ ミニコミ誌『さようなら！ 福沢諭吉』創刊準備第一、二、三号(二〇一四年一二月〜一五年一〇月)
⑦ 安川寿之輔・雁屋哲・杉田聡『さようなら！ 福沢諭吉』(花伝社ブックレット、一六年三月)
⑧ 福沢の引退を求める三者合同講演会機関誌『さようなら！福沢諭吉』創刊号(一六年七月)

「福沢諭吉の教育思想研究」という副題のついた①『旧著』は、半世紀に及ぶ私の福沢研究の最初の成果(学位論文)である。

同書刊行の一九七〇年から三〇年のブランクを経て私は、Ⅰ『アジア認識』を刊行した。直接の執筆の契機は、「教科書検定」による福沢の「脱亜論」削除等に抗して高嶋伸欣が提起した「高嶋(横浜)教科書訴訟」の原告側証言(九七年九月、横浜地裁)を依頼されたことによる。しかしより深い理由は、日清戦争以来の日本の戦争責任・植民地支配責任を批判・告発する一九九〇年代のアジア諸国民の声に応えて、私自身も、自分の過去の福沢研究を見なおす必要性を認識したからである(同書の献辞は、日本軍性奴隷制を最初に告発したキム・ハクスン=金学順にささげた)。

丸山真男を筆頭とする数多の先行研究によって、近代日本の民主主義思想の偉大な先駆者ともっぱら称賛・美化され、最高額面紙幣の肖像にもなっている福沢が、じつは近代日本のアジア侵略とアジア蔑視思想の先導者であったという事実を、『福沢諭吉全集』の福沢自身の言説によって論証・解明した同書は、多くの読者に衝撃を与えた(高校社会科教員の場合——Ⅳ『教育論・女性論』二頁)。

また同書は、梅原猛、斎藤貴男、石堂清倫、高橋哲哉、岩崎允胤、星野芳郎など多様な思想的立場の人から評価・紹介され、各種の新聞・雑誌・ミニコミ誌などからも図書紹介の対象となった。そのため、出版不況期に初版が三か月で二刷となった（目下、四刷）。さらに、同書の刊行で、慶應義塾大学（日吉）の福沢講義に二度（二〇〇一年と〇六年）招かれたことも、忘れられぬ思い出である（安川が慶應大で講義することは、マスコミの目では「事件」ということで、一度目は「朝日新聞」東京本社の三人もの記者が別々に取材を申し出た）。

II『福沢と丸山』旧版の刊行によって、戦後の日本社会において長年、定説的な地位を占めてきた丸山真男による福沢諭吉論——福沢は「天は人の上に人を造らず、……」と、人間の平等を主張した「明るい明治」（明治前期の「健全なナショナリズム」）の天賦人権論者であり、「暗い昭和」（昭和前期の「超国家主義」）につながる明治政府の天皇制軍国主義の歩みに対しては批判的な「典型的な市民的自由主義」者であった——が、七頁以下の記述で確認できるように、学問的には、壮大な虚構であることが確定した。

ところが、驚くことに、「語彙や表現、さらに文体の特徴」「筆癖」から起草者を推定する（「井田メソッド」なる）手法によって、『福沢諭吉全集』の無署名論説の筆者の再認定作業を行って、アジアへの侵略・蔑視や天皇尊厳を説く社説は「民族差別主義者・天皇賛美者」の石河幹明記者らが起草した論説である、という誤った判定にもとづいて、福沢の代表的な論著の（評判のよくない）「脱亜論」『尊王論』「日本臣民の覚悟」などの筆者が、（じつは）福沢でないという無謀な認定を下し、結論として、福沢諭吉は丸山真男の評価以上に、初期・後期を通じて一貫して「典型的な市民的自由主義」者であったと主張する井田進也『歴史とテクスト』（光芒社、〇一年）と、平山洋『福沢諭吉の真実』（文春新書、〇四年）の二書が出現した。

（杉田聡『天は人の下に人を造る』インパクト出版会も強調する）この筆者認定作業の杜撰さの象徴は、井田進也の「脱亜論」起草者認定である。井田は、その起草者を石河幹明記者と判定したが、同論説掲載の一八八五年三月には石河記者は「時事新報」社には未だ入社しておらず、同年四月に入社後も、石河幹明が社説の起草を許されたのは八七年八月以降のことと解明されて、井田はその粗雑な誤認定の「お詫び」を同書に記載した。加えて、II『福沢と丸山』旧版によって、福沢が「典型的な市民的自由主義」者でないことはすでに確定しているので、安川にとっては、新たな虚構の福沢の美化・偶像化をはかる二書は無視してよい存在であった。

ところが、戦後民主主義の時代の象徴として、「福沢諭吉神話」＝「丸山諭吉」神話を圧倒的に信奉してきた日本のマスコミにとって、意表をつく二書の出現は、その神話がやはり正しかったという思いがけない「貴重な」情報であり、とりわけ平山洋『福沢諭吉の真実』刊行後の半年間、日本のマスコミ――「毎日」「朝日」「産経」『文芸春秋』『週刊東洋経済』「日経」『諸君』『Ｖｏｉｃｅ』『ＡＥＲＡ』など――は、同書賞賛の大合唱を行った。そのために、二書の筆者認定作業の誤りを具体的に論証する、ご苦労な回り道を余儀なくされて私が刊行したのがⅢ『戦争論・天皇論』である（後日に知ったことであるが、このマスコミの誤った大合唱が「瓢箪から駒」を生み出した。『美味しんぼ』原作者・雁屋哲が、福沢研究の必要性と安川福沢論の正当性を認識し、一〇年の日本近代史の本格的な研鑽を経て、マンガ『二年Ｃ組　特別勉強会　福沢諭吉』を執筆することになるきっかけは、安川福沢論を批判の対象にしたこの時の『ＡＥＲＡ』のお粗末な記事「偽札だけでない福沢諭吉の受難」との出会いとのことである。――花伝社ブックレット『さようなら！福沢諭吉』一八頁参照）。

Ⅳ『教育論・女性論』は、私の福沢諭吉研究の完結の書である。福沢が生涯「男女の同権」や「女性の解放」を説き続けた「男女平等」論者であるというのが、二一世紀の今にも続いている定説的な福沢女性論評価である。本書では、作為的な先行研究の手法を暴きだすとともに、彼が「男女の間を同権にする」ことに明確に反対した家父長制的な差別的女性論者であることを、誰の目にも分かるように詳述した。

半世紀にわたる私の福沢研究が明らかにしたのは、丸山真男を筆頭に、羽仁五郎、遠山茂樹、服部之総、（一時期の）家永三郎、井上清、武田清子、ひろたまさき、河野健二、堀孝彦、堀尾輝久、山住正己、佐藤秀夫など、戦後民主主義時代の日本の社会科学の学問を代表する著名な研究者達が、福沢が大日本帝国憲法=教育勅語体制の積極的支持者であったという重要な、ただし初歩的・基本的事実さえ解明できないまま、数多の「福沢神話」の創作・存続に加担し、アジア蔑視と侵略の先導者の福沢諭吉を、日本の最高額面紙幣の肖像におしだす役割さえ果たしてきた事実である。

それだけに、あくまで福沢研究という限定された視座からであるが、これだけ多数の研究者がそろってなぜ福沢研究を誤ったのかという、戦後日本の社会科学・歴史学研究総体のあり方への批判をさけることはできなかった。むしろ、その点が『旧著』に代わる本書の積極的で新たな存在意義であると考え、この重い課題の解明に努めた。

旧版『福沢諭吉と丸山眞男』は、どう受けとめられたか

❖丸山真男「門下生」の対応

本書でしばしば登場する丸山真男の指折りの「門下生」飯田泰三は、自身、丸山の『文明論之概略』終章の解釈に異を唱え、丸山の福沢研究には福沢の「客観的な像」をこえた「読み込みすぎ」の傾向があるため、「丸山先生」の解明したのは「福沢諭吉」像ではなく「丸山諭吉」像ではないか、という世評のあることを紹介していた。

本書刊行の翌月、二〇〇三年八月一五日の毎年恒例の丸山真男を偲ぶ第四回〈「復初」の集い〉のパネル・ディスカッション「丸山真男を読む」において、聴衆からパネラーの飯田泰三に対して、安川Ⅱ『福沢と丸山』の「丸山・福沢論の批判について、コメントをお願いします」という名指しの質問が出された。

飯田は、安川から同書を贈呈されているが未読と答えながら、Ⅰ『アジア認識』への批判的印象を語った後、「いずれきちんと読んで、批判的なコメントを発表したい」と、公的な場で答えていた（〈「復初」の集い〉報告号の『丸山眞男手帖』二七号による）。上記のように飯田は、門下生の中でも丸山の福沢論が「丸山諭吉」論（安川の言葉では「丸山諭吉」神話）の可能性をもつことを示唆しており、丸山の『文明論之概略』終章理解を致命的な誤読と批判している私の解釈に一番近い人物でもあるので、「丸山陣営」の研究者の中でも、飯田泰三の私への「批判的なコメント」ならば、ぜひ知りたい、と私は待望することになった。

飯田泰三も編集委員の一人である「丸山眞男手帖の会」の季刊『丸山眞男手帖』（丸山死去の翌一九九七年四月創刊）は、丸山批判の著書が出版されると、（中野敏男『大塚久雄と丸山眞男』青土社の場合が典型であるように）まず読者から批判・論難の投書が寄せられ、その後、必ず批判的な書評が掲載されるという傾向にあった。だから、その中野の『大塚と丸山』の丸山批判を共感的に引用し、丸山の福沢論を壮大な虚構の「丸山諭吉」神話とほぼ全面的に批判したⅡ『福沢と丸山』に対しては、きびしい論難の投書が寄せられ、編集委員の飯田泰三が予告した「批判的なコメント」の書評が、同誌に掲載されるものと予想・待望していた。

ところが、『丸山手帖』第二八、二九、三〇号が刊行されても、安川福沢論への論難の投書も批判の書評も掲載されないので、痺れをきらした私は、飯田泰三宛に丁重な手紙を書き、「批判的なコメント」の公表を催促したが、同封の返信ハガキは発信されないまま、待つこと二年半。ようやく二〇〇六年の賀状に、一行「御期待に添えなくて済みません。」と申し訳の添え書きがあり、三月に贈呈された飯田の新著『戦後精神の光芒』（みすず書房）にも、「批判的なコメント」は書かれないままであった。加えて『丸山手帖』にも、Ⅱ『福沢と丸山』に対する批判・論難の投書は現れなかった。

つまり、三年近い以上の経過を安川サイドにひきつけて解釈するなら、福沢を「典型的な市民的自由主義」者と主張する「丸山諭吉」論は誤りであり、最低限、その把握に無理があるというⅡ『福沢と丸山』の主張は、基本的に（丸山陣営からも）了解された、あるいは正面から反論する研究者は現れなかった、と判断することができよう（もともと飯田の福沢論は、安川のそれに近いものであり、〈「復初」の集い〉の席上で、飯田が「きちんと読んで、批判的なコメント」をすると公約したこと自体が、結果的にいささか軽卒であった）。

❖同世代の都留重人の丸山真男評価

Ⅲ『戦争論・天皇制論』の補論〈『福沢と丸山』をめぐる反応・反響〉で紹介したように、同書の成果について、丸山の福沢研究に無理や恣意があるという安川の結論自体は了解しながら、寄せられた書評や書簡の中で共通して出された疑問は、「ただ、丸山真男がなぜこのような恣意的な解釈をしたのか」、「丸山いかにありしかの次は、なぜかくありしかが問われましょう」、「保守的な福沢を、なぜ、あの丸山が神話化させたのか。」という、たいへんもっともな疑問であった。

一九七〇年の『旧著』以来、丸山真男の福沢論にたいし一貫して批判と疑問を提起しながら、(家永三郎の対応とは対照的に)その丸山から生涯、基本的に黙殺され続けた当事者である私こそ、「保守的な福沢を、なぜ、あの丸山が神話化させ」続け、無理な「丸山諭吉」神話に固執し続けたのかという問いは、切実に知りたいものであった(晩年の『「文明論之概略」を読む』上巻「まえがき」で、丸山が「福沢惚れを自認する私」を表明した時点で、彼は自分の福沢論が無理な「読みこみ」であることの自覚を示唆していた)。その私に対して、Ⅱ『福沢と丸山』謹呈への都留重人からの礼状の中の三行の記述が、この疑問への一つの回答を示唆する内容のものであった。

二〇〇六年二月に死去した経済学者の都留重人(元一橋大学学長、朝日新聞社論説顧問など)は、丸山より二年年長の同世代で、『思想の科学』、「平和問題懇談会」、日本学士院などで丸山と共通する場にいた人物である。つまりその評価は、丸山の身近にいた同世代の有力者の証言であるということで、書簡のその三行の引用と名前の公表を申し出たら、もともと（丸山福沢論の無理については）大学の講義で言及したことでもあるとして、都留重人は公表を快く了承してくれた。

手紙の末尾近くの三行には、「丸山君とは日本学士院でも一緒でしたし、「福沢論」を含めて議論したことがありますが、彼は自分自身の名声に負けて本当に正直になれなかったのではないかと思います。」と書いてあった（以来、私はしばしば学生に「若くして有名になることの不幸について」話して来た）。

もちろん、これがすべての説明になるとは思わない。「保守的な福沢を、なぜ、あの丸山が神話化させたのか。」という問いに対する、端的な私の仮説としては、誤って「永久革命論」者と崇拝・信奉されている丸山真男の、意外に把握されていない（戦争責任意識と女性問題認識に示唆されている）本質的な限界・保守性が、「保守的な福沢」への共鳴・共感をひきおこしたのではないか、と考えている。

❖丸山真男の福沢研究の手法

本書が、いささかくどいまでにくり返し具体的に論証・解明したように、長年、定説的地位を占めてきた福沢の政治論が「典型的な市民的自由主義の政治観」という解釈は、丸山が、（政治論分析の基礎的な前提作業となる）福沢の「大日本帝国憲法」評価も「教育勅語」評価も考察しないまま、一八九〇年七月の福沢の論説「安寧策」一篇の、それも一部の記述の作為的な引用（「本来」という重要な語句を勝手に削除）によって創りだした、架空で杜撰な結論にすぎない。

つまりその結論は、福沢が大日本帝国憲法を「完全無欠」「完美なる憲法」と手放しの全面肯定の評価を繰り返している事実とはおよそ関係なく、また「教育勅語」の発布を福沢が「感泣」を以て歓迎し、学校で「仁義孝悌忠君愛国の精神」を貫徹させるように要求する重要社説「教育に関する勅語」を書かせた事実とも、およそ無関係な架空の勝手な結論である。

勝手な結論というより、丸山は、「典型的な市民的自由主義の政治観」という自身の結論に惑溺・呪縛され、福沢が「一貫して排除したのはこうした（学問・教育・宗教等の）市民社会の領域への政治権力の進出ないし干渉であった。」とか、「教育勅語が発布されたことは、日本国家が倫理的実体として価値内容の独占的決定者たることの公然たる宣言」と論じ、さらに一九九〇年の学士院では「教育勅語の発布に対して、一言半句も「時事新報」で論じておりません。」という虚偽の報告までしたことによって、〈福沢諭吉が「教育勅語」に賛成するはずがない〉という不動の福沢神話を確立した。

Ⅱ『福沢と丸山』が上記の教育勅語への積極的賛同の「時事新報」社説を初めて紹介するまでは、福沢の死後百年余にわたって、思想家〈福沢諭吉が「教育勅語」に賛成するはずがない〉は、不動の学問的定説として日本の福沢研究を支配し、安川の『旧著』も濡れ衣的な批判を受けていた。ただし丸山自身は、死の前年という最晩年に、「門下生」掛川トミ子からこの「時事新報」社説のコピーを届けてもらい、福沢が「教育勅語」に積極的に賛同していたという（衝撃的な）事実を初めて知り、自分の生涯にわたる福沢論が壮大な虚構であったことの認識を余儀なくされながら、病のためもあってか（最後の一年も知的活動は続いていた）、その件については、結局、何も書き残さなかった（家永三郎との対比で、安川は、丸山の学者としての誠実性の欠如と認識）。

以上の福沢の政治観についての丸山による定説的解釈の経緯は、なにを物語っているか。福沢の思想・政治観の分析を大きく誤った丸山真男に、第一次的な学問的責任のあることは明白である。しかしその丸山は、敗戦の翌年、一九四六年の雑誌『世界』五月号の「超国家主義の論理と心理」で一躍「時代の寵児」となり、「戦後民主主義」を代表する学者・思想家となった。そのために（丸山福沢論を『福沢諭吉全集』の福沢自身の言説と少し丁寧に対比・照合すれば、本書が解明したように、丸山の虚構に容易に気づくと思われるが）、丸山真男の「名声」と学問的「権威」に拝跪し、丸山の数多の福沢誤読に追従した戦後日本を代表する著名な他の多くの研究者たちの学問的・社会的責任も問われなければならないであろう（講演の機会に、以上の福沢解釈の推移を語った後、「皆さん！これは、安川寿之輔をふくめて、学者の言うことを安易に信じてはいけない！という貴重な教訓です。」と話すと、どこでも大きな拍手がもらえた。なお家永三郎は、本書I1Cで紹介したように、私の批判に応えて、自説を即自己批判し修正した稀有な事例である）。

いま、福沢を最高にもてはやす「極右」政治家たち

つぎに、安川の近年の福沢研究をめぐる日本のマスコミの興味ある反応・反響を、紹介しよう。安川の福沢研究は、五冊目のⅣ『教育論・女性論』の刊行を以て、ひとまず完結した。その事実が、思いがけず、「中日新聞」(二〇一三年一二月三日)と「朝日新聞」(同年一二月三〇日)二紙の「ひと」欄にとりあげられた(記事コピーは『さようなら! 福沢諭吉』創刊準備第一号の二八、二九頁に紹介)。

地元「中日新聞」の「ひと・仕事」欄は〈「福沢批判」の集大成〉という見出しで、「戦後、丸山氏らが(民主化に向かう)民衆を励ますために、日本にも民主主義思想があった根拠として福沢を理想化したのは善意かもしれません。だが虚妄に基づく啓蒙は根付かない。」という私の思いを、そのまま報じてくれた。

問題は、「朝日新聞」である。「中日」よりも一か月も前に取材を受けていたのに、「朝日」では、安川の福沢研究を評価することは丸山真男の福沢評価を貶めることになるという意味で、(「丸山先生ファン」の多い)東京本社内に年来の抵抗があり、掲載が遅れているうえに「ボツ」になりそうだ、と取材記者から伝えられていた。ところが、年末ぎりぎりの一二月三〇日の「ひと」欄に〈福沢諭吉像の見直しを唱える〇〇さん〉という見出しで、掲載された。

半ば断念していたものが掲載されたということで驚いていたら（さすが「朝日」は全国紙で、掲載当日の朝から夕方にかけて、北海道・福島・東京・横浜・神戸・宝塚・岐阜の七人もの方から、問い合わせや感想や本の注文の電話やＦＡＸをいただいた。とりわけ驚いたのは、東京の知人のＦＡＸには、三〇行をこす感想とともに〈「ひと」欄に漸く寿之輔登場す　福沢諭吉の虚を撃ちし誉〉という歌がそえられていた）、十数日後であったか、記者から、なんと！　安川のその「ひと」欄記事が「いいひと賞」という「朝日」社内の月間賞を受賞したという、（記者本人も）驚愕の電話があった。

掲載自体が驚きであったのに、月間賞受賞という輪をかけた逆転事象がなぜ生じたのか。それ自体が「事件」と直覚した私は、取材を担当した伊藤智章記者（論説委員）に、逆転の経緯を執拗に問いただした。その結果、「今こそ、福沢の「脱亜論」に学べ」という類の右派『正論』誌の論説の登場によって、ようやく「朝日」の記者たちも、安川福沢論の正当性に覚醒したらしい、とわかった。なお半信半疑でいたら、二月一七日「赤旗」紙面に「維新、極右化にひた走る」「歴史認識　首相を後押し」という見出しの次の記事が目に入り、ようやく私は事態を理解・納得した。

「日本維新の会が、〝極右化〟路線をひた走っています。……首相の靖国神社参拝問題では、……断乎とした参拝継続を求めています。旧日本軍「慰安婦」問題に関する韓国の非難にたいしても、「福沢諭吉さんはえらかった。『もう朝鮮半島を相手にするな、脱亜入欧』ということを明治のはじめに言っている」（中山成彬衆院議員、一二日）などといい、国交断絶をあおる始末です。……」という記事である。

佐藤栄作元首相以来の自民党主流の『学問のすすめ』の内容に忠実な解釈を継承して、現在の日本社会で、いま一番福沢諭吉をもてはやしているのは、安倍晋三首相と元「維新の会」代表の石原慎太郎、平沼赳夫ら「極右」の政治家である。安倍首相は、二〇一三年二月末の〈強い日本を創る〉を主題とした（再選後）最初の施政方針演説の冒頭に、（丸山らが絶賛した）問題の福沢の「一身独立して一国独立する」を置いた。

この「一身独立して一国独立する」は、〈明治前期の「健全なナショナリズム」〉を代表する定式であるという（字面からは素人にもそう読める）丸山真男の致命的な誤読によって一躍有名になったが、じつは福沢研究史上最大の誤読箇所であり（I『アジア認識』序章でそう指摘して以来、誰からも批判・反論はない）、福沢自身の意味は、ズバリ「国のためには財を失ふのみならず、一命をも抛《なげうち》て惜むに足ら」ない国家主義的な「報国の大義」のことであった（丸山の定説化した誤読のために、安倍首相が施政方針演説の冒頭にこの定式を引用した事実とその重要な意味を、日本のマスコミ関係者は理解できなかった。同年六月、福沢の故郷大分県中津市の私の講演の取材に来た「朝日」以下五紙の記者たちは、「故郷の名誉」にもかかわる四ヶ月前の施政方針演説冒頭のこの福沢引用の事実そのものを全員誰も知らなかった）。

「私の歴史的使命」の憲法改正によって「国防軍」創設を意図している安倍首相が、〈強い日本を創る〉施政方針演説の冒頭に、「国のためには財を失ふのみならず、一命をも……」という国家主義的な「報国の大義」を啓蒙した福沢の定式「一身独立・一国独立」を置いたことは、じつに（福沢の思想に忠実な）見事なもので、むしろ重大なニュースとしてマスコミは、注目すべき出来事であった（「丸山諭吉」神話による「一身独立・一国独立」誤読の戦後責任は、あまりにも重い）。

安倍晋三は、首相に再選された直後の『週刊新潮』新年特大号での桜井よしことの対談では「独立自尊！　私は経済を立て直す！」と呼号した。天皇の「元首」化を目指す安倍が（この場合も丸山らの誤読にかわって、福沢思想に忠実に）、自ら進んで「万世一系の帝室」に「忠義」を尽くし、「自然に発する所の至情」として「父母に孝行」するという意味の福沢の「独立自尊」をもちあげている姿も見事なものである。安倍の盟友の石原慎太郎の場合は、二〇一二年末の衆院選の街頭演説で「皆さん、独立自尊の精神が大切です！」と呼号していた（第二次安倍内閣の「安全保障の法的基盤の再構築に関する懇談会」座長の北岡伸一の著書『独立自尊』〈講談社〉が、安倍や石原の「独立自尊」の教本だと推測している）。

つまり安川は、五冊もの著書で虚構の「丸山諭吉」神話を解体し、福沢思想の侵略性・差別性や保守性を論証・解明してきたが、「平成不況」を転機として保守化・右傾化した日本の時代と社会が、福沢諭吉の保守的「革新性」をきわだたせることによって、丸山真男らの虚構の「戦後民主主義」の進歩陣営にかわって（やはり「虚妄に基づく啓蒙は根付か」ず！）、安倍ら「極右」陣営が、福沢の「脱亜論」と「(富国強兵にかわる)強兵富国」路線をもち上げ、ふたたび日本を「戦争国家」に転落させようと暴走しているのである。その変わり果てた時代状況の変転の狭間に転がり出たのが、(「ひと」記事)逆転の月間賞受賞事件であろう。

一万円札から福沢諭吉の引退を求める三者合同講演会全国ツアー

Ⅳ『教育論・女性論』に次いで、二〇一五年一月に杉田聡の『天は人の下に人を造る』(インパクト出版会)が刊行された。福沢の代名詞「天は人の上に……」を逆立ちさせた書名と、その副題〈「福沢諭吉神話」を超えて〉だけで、その内容は推測できよう。さらに、翌二月の『美味しんぼ「鼻血問題」に応える』(遊幻舎)刊行で執筆が中断していた雁屋哲の(一九四五年の日本の敗戦の元凶こそが福沢諭吉であることを論証する)マンガ『二年C組　特別勉強会　福沢諭吉』も、一六年一〇月末に刊行が予定されている。

以上の三著が出そろったところで、ミニコミ誌『さようなら！　福沢諭吉』創刊予備号が予告してきた通り、「福沢諭吉の一万円札からの引退を求める」安川寿之輔・雁屋哲・杉田聡(年齢順)三者合同講演会の全国ツアーが、二〇一六年一二月四日(日)午後一時〜、明治大学アカデミアホール(千余席)での開催を皮切りに、数年にわたり開始される。

合同講演会にとり組む三人の共通の意図は、日本と「近隣アジア諸国との和解と共存の道のりを模索する大前提として、……日清戦争以来の近代日本の戦争責任と植民地支配責任の清算の象徴として、……日本の近代化の道のり総体の「お師匠様」福沢諭吉の最高額面紙幣の肖像からの引退を目ざすこと」である。

加えて、福沢諭吉の思想を見直すことが、日本の近代史総体を〈「明るい明治」と「暗い昭和」〉に分断して把握する、丸山真男・司馬遼太郎（『坂の上の雲』）らに代表される、誤った分断の日本の近・現代史観を克服・変革することにつながる、という視点も三人は共有している。

学問的な研究成果で結び付いた三人の合同講演会のとり組みによって、安倍内閣（の日本軍性奴隷問題）に象徴される絶望的に希薄な戦後日本社会のアジア諸国にたいする戦争責任意識、植民地支配責任意識の克服・変革に寄与し、一万円札の肖像からの福沢諭吉の引退を期待する世論や社会的気運の醸成に努めたい。学問研究の成果が遅れた社会の変革にいささかでも寄与するとしたら、それこそ学問の正道といえよう。

おわりに

一三年ぶりの今回の「増補改訂版」制作にあたっては、旧版の組版を担当した業者がすでに廃業しており、組版データも見つからないという事情から、安川の元原稿から組版データを新たに作成することになり、一度ルビをすべて削除し、ルビを振り直すなどの大変面倒な作業が必要となり、高文研の真鍋かおるさんにたいへんご苦労をいただいた。記して謝意としたい。

ただし、私も五〇〇頁近い本書全体の再校正を担当することになった。せっかく再読するなら、旧版以後に進捗した成果を生かさない手はないと考え、約十か所（八〇頁、九五頁、二五九頁、二六〇頁、二六四頁、三二四頁、三四八頁、四一八頁、五〇六頁、五〇七頁、五〇八頁、五〇九頁）、「増補改訂版追記」と断り、その後の研究で解明した新たな成果を追記した。また、同じ趣旨から、旧版の記述の一部修正も行った。

例えば、旧版のⅢ章4Cの「福沢は平等論者ではない」という見出しを、今回「福沢は断じて平等論者ではない」に改めた。福沢が男女同権や「教育の機会均等」などの個々の平等原則に積極的に反対しているだけでなく、「人間世界に強弱智愚相匹敵して相親愛するの例は殆んど絶無」（Ⅳ『教育論・女性論』二〇一頁）と書いて、人間を平等にしたら社会がうまく治まらないという哲学まで主張した、その意味で確信犯的な（帝国主義的）差別主義者であった福沢諭吉に対して、彼を「平等論者」と誤解するのは失礼にあたることから、「断じて」という強調語を加えたものである。

目次

旧版・まえがき

本書は、二〇〇〇年一二月に刊行した私の『福沢諭吉のアジア認識—日本近代史像をとらえ返す』（高文研、以下、『前著』と略称）の続編として書かれた。出版社からの依頼で、当初、『福沢諭吉の女性観と教育論』という書名の予定で執筆に着手し、その序章として、「丸山真男の「福沢諭吉神話」の解体」を書きはじめた。福沢の女性観や教育論についての先行研究も、丸山の福沢諭吉論の圧倒的な影響下にあるため、まず、その神話を解体しないことには議論が展開できないという事情があるためである。

ところが書きはじめてみると、丸山の福沢研究にはあまりにも多くの無理や問題があるために、序章の内容がどんどん膨《ふく》れあがることになった。たとえば、丸山真男はその事実にかたく口を閉ざしているが、福沢は、丸山の把握した「典型的な市民的自由主義の政治観」という結論とは矛盾して、「大日本帝国憲法」を手放しで賛美していた。また、同じ福沢が「教育勅語」にも賛同していたという（福沢研究史上からは衝撃的な）事実の本格的な論証・解明は、（福沢没後百年以上にもなるのに）じつは本書が日本ではじめておこなうことである。なぜ、そういう研究史上の信じがたい事態が生じるのか。

丸山真男の主要な福沢研究――「福沢に於ける「実学」の転回」「福沢諭吉の哲学」（ともに一九四七年）、『福沢諭吉選集』第四巻「解題」（五二年）――は敗戦後まもない時期に公表された。この三論文は、同時期の著名な丸山の論稿「超国家主義の論理と心理」「日本ファシズムの思想と運動」などにくらべて、「分析の深さとまとまりのよさなど完成度の高さという点からいえば、……はるかにまさっている」（『丸山集』③三六〇頁。以下、頁を略して数字のみ記す）と植手通有に評価されている成果であり、この三論文で提示された丸山の福沢像は研究史上、以後、不動の定説的地位を確立した。とりわけ、『福沢諭吉選集』第四巻「解題」論文は、「福沢の政治論を集中的に論じたほとんど唯一の論文」（『丸山集』⑤三六七）という事情から、そこでの結論は福沢の政治観についての丸山の基本的な見解として、以後の福沢研究に大きな影をおとすことになった。

丸山は、一八九〇年七月の福沢の論説「安寧策《あんねいさく》」の「（本来）一国の政府たるものは、兵馬《へいば》の権《けん》柄《ぺい》を握《にぎり》て和戦の機を制し、其《その》議定したる法律を執行して国内の治安を保ち、万般の害悪を防《ふせぎ》て民利を保護するに止《とど》まり、……即《すなわ》ち政府の事は都《すべ》て消極の妨害を専一《せんいつ》として積極の興利《こうり》に在《あ》らず」（『全集』⑫四五六）を作為的に引用することによって、有名な**「典型的な市民的自由主義の政治観」**という結論をひきだし、「福沢が一貫して力説したのは経済・学問・教育・宗教等各領域における人民の多様かつ自主的な活動であり、彼が一貫して排除したのはこうした市民社会の領域への政治権力の進出ないし干渉であった。」と強調し、「福沢の国権論が最高潮に達した場合でさえ、政治権力の対内的限界に関する彼の原則は少しも破られていないのである。」(『丸山集』⑤二一四〜六)と主張したのである。では、この把握が定説的な地位をしめたことにより、その後の福沢研究にどういう影響や結果が生じることになったか。

福沢が「安寧策」を書いた一八九〇年七月は、戦前日本の教育の精神的主柱となった「教育勅語」発布の三ヶ月前のことである。つまり、福沢が「一貫して排除したのは」、経済・学問・「教育」・宗教などの「市民社会の領域への政治権力の進出ないし干渉であった。」から、第一に、その主張のわずか三ヶ月後の「教育勅語」の発布とその内容に、福沢諭吉が賛成するはずはないという神話がまず成立した。その結果として第二に、丸山自身もその自説に束縛されて、三ヶ月後の教育勅語の発布に福沢が具体的にどう対応あるいは評価したのかという重要な考察を(死の前年まで)放置することになり、丸山の「学問的権威」に拝跪《はいき》した研究者たちも、同様に、福沢研究にとってのこの重要な課題の考察を、長年にわたり放置することになったのである。

さらに、丸山・福沢神話成立の三番目の結果として、福沢が勅語の前年に、すでに「教育勅語」を受容する人間像=教育観を確立していたという私の旧著『日本近代教育の思想構造—福沢諭吉の教育思想研究』(新評論、七〇年、七九年増補版、以下、『旧著』と略称)の主張への批判として、福沢は「教育勅語への最大の抵抗」者(山住正己《やまずみまさみ》)であったとか、福沢は「教育勅語のアンチテーゼであり、勅語に対立する立場をとった」(小泉仰《たかし》)、一〇年後の「修身要領」は慶応義塾が教育「勅語を服膺《ふくよう》しないという決意」の表明である(岡部泰子)などという反論があらわれた(三人の見当はずれの主張の誤りは、第Ⅰ章2で具体的に論証する)。

このように、福沢=「典型的な市民的自由主義の政治観」という丸山の福沢神話の確立のマイナスの成果として、福沢の教育思想の究明において不可欠の、彼の「教育勅語」評価の具体的な考察が放置されたり、考察ぬきに誤った評価が推論される結果となっているのである。さらに信じがたい事実であるが、同じ丸山の福沢の「政治観」把握の影響をうけて、第Ⅱ章で紹介するように、丸山自身を筆頭に、福沢の政治思想の究明に不可欠の、福沢の大日本帝国憲法観そのものの考察に、福沢研究者の誰もがとり組もうとしないという研究史上の不思議な伝統までが形成されたのである。

教育勅語発布の三ヶ月後、内村鑑三の勅語拝礼忌避《きひ》事件を契機とする有名な**「教育と宗教の衝突」論争**がおこり、その翌年、久米邦武が論文「神道《しんとう》は祭天《さいてん》の古俗《こぞく》」により東京帝大教授の職を追われた事件をめぐる論争とあわせて、(とりわけ、前者の大論争は)当時のジャーナリズムを賑《にぎ》わせた。ところが、宗教や学問の領域への政治的干渉を一貫して排除したと丸山が主張する福沢諭吉は、第Ⅳ章で紹介するように、この重要な論争と事件にいっさい沈黙を通した。そうすることで福沢は、神権天皇制の国家体制確立直後の最初の典型的な「思想、良心、信教の自由」と「学問の自由」の弾圧という二つの大事件に不作為《ふさくい》の加担をした。ところが、「典型的な市民的自由主義の政治観」という自説と不整合なこの重要な事実についても、丸山は生涯、考察も論及もしないままに終わった。したがって、これも信じがたい事実であるが、福沢研究にとってこれほど重要な問題の解明も、ほとんど手付かずに近い研究の現状にあるのである。

ただ、そうしたことを承知しながらも、私の中には楽観があった。前著で『福沢諭吉のアジア認識』を明らかにすれば、「丸山真男の福沢諭吉神話」はおのずと自壊をはじめるのではないかという期待である。なぜなら、福沢は「内国の不和を医《い》するの方便として故《こと》さらに外戦を企て、以《もっ》て一時の人心を瞞着《まんちゃく》する」という「奇計」（『前著』資料篇63番）を早くから紹介し、彼自身も繰り返し「内《うち》の人心を一致せしむる為《た》めに外《そと》に対して事端《じたん》を開くは、政治家の時に行ふ所の政略にして、……木戸（孝允《たかよし》――安川）氏の顰《ひそみ》に倣《なら》ふて朝鮮政略を主張せざるを得ず」（同右、188番）というあらわな権謀術数《けんぼうじゅつすう》をくりかえし提案・主張し、朝鮮での壬午《じんご》軍乱と、とりわけ甲申《こうしん》政変にはクーデターの武器提供まで担うという、深いかかわりをもった。

つまり、同書で福沢がアジアを蔑視し、アジア侵略を先導した事実（正確には、中期保守思想の確立の結果、権謀術数的にアジアへの侵略を企図するようになると同時に、それを合理化するアジアへの偏見・侮蔑の呼号と垂れ流しを開始した事実）を解明しさえすれば、国内の政治構想において、福沢が「典型的な市民的自由主義」や「民主主義」を構想・主張するはずのないことは、おのずと明らかになると考えていたのである（以下、本書における傍点は、断らない限りすべて安川による）。

先行研究と異なり、『前著』では、初期啓蒙期の福沢の偉大さとして、彼が『文明論之概略』において、日本の近代化にとっての重要な「一身独立」の課題は、「之《これ》を第二歩に遺《のこ》して、他日為《な》す所あらん」と社会的に公約していた貴重な事実を指摘し、その姿勢をたかく評価した。ところが、現実の福沢は、自由民権運動の陣営に敵対し、日清戦争より一〇年以上も前から、公約の「一身独立」＝国内の民主化の課題を放置したまま、権謀術数的なアジア蔑視と侵略の道を先導したのである。だから、『福沢諭吉のアジア認識』によってその事実を解明しさえすれば、彼の国内の政治構想が自由や民主主義、いわんや「典型的な市民的自由主義」の確立に向かわなかったことは、誰の目にも明らかになるものと期待していた。

ところが実際は、「朝日新聞」の看板記者・船橋洋一の日本は「新しい世紀を福沢諭吉の思想・精神で迎えよう」という二一世紀元年一月の「オピニオン」にはじまり、丸山真男がつくりあげた「福沢諭吉神話」は、その「学問的権威」にもささえられて、微動だにしない気配なのである。「没後百年」にあたる二〇〇一年の諭吉の命日（二月三日）にちなむ「朝日新聞」の「天声人語」、「日本経済新聞」の「春秋」、「赤旗」の「潮流」など、日本の代表的なマスコミの一面コラムの文章は、その見本そのものであった。日本がアジア蔑視とアジア侵略の思想で二一世紀を迎えるなどという船橋洋一の「オピニオン」は、とんでもないことである。私は即日、『前著』を添えて批判の手紙を船橋洋一に書き送った。二〇日間待ってもなんの応答もないので、私は編集局長宛に「朝日新聞の社員教育はどうなっているのか?」と問いただした。そのことが機縁になって、四月二一日の同紙「私の視点」欄に、私の「福沢諭吉　アジア蔑視広めた思想家」が掲載された。

研究書レベルでも、『学問のすすめ』の有名な定式〈一身独立して一国独立する事〉が「国のためには財を失ふのみならず、一命《いちめい》をも抛《なげうち》て惜むに足ら」ない一方的な「報国の大義」を主張しているのに、あい変わらずそれは「個人主義思想を要約したもの」という見当はずれの前提から、私の『前著』の研究をたしなめるような反応が跡《あと》を絶たないのである(飯田鼎『福沢諭吉研究』御茶の水書房、〇一年)。この反応の場合は、やはり右の定式についての丸山真男の有名な神話(誤った解釈)が破綻《はたん》しないまま、今日まで存続しているという事実をぬきには考えられない。

以上のような事情から、『福沢諭吉のアジア認識』について、結局、福沢の国内の政治構想そのものに即して、丸山のつくりあげた数々の「福沢諭吉神話」の解体をはかる著作を、あらためて書くこととなった。ただし、「丸山・福沢神話」については、もともと三三年前の前掲『旧著』において、私は特別に一章(「福沢諭吉における「挫折」の問題―丸山真男氏の福沢像について」)を設けて、丸山の研究が『福沢諭吉全集』から自説に都合のいい部分だけを、それも福沢の文脈とかかわりなく引用するという**恣意《しい》的で作為的な研究**であることを詳述していた(もちろん、同書は丸山に謹呈)。

私だけでなく、たとえば丸山と親しい家永三郎も、早くから「丸山の福沢論は福沢をかりて丸山の思想を展開し」た著述であるという意味の批判を繰り返していた。また、丸山の福沢像はズバリ

「丸山諭吉」像であると公言している「門下生」のいることも、私は最近知った。

この「門下生」は飯田泰三である（飯田『批判精神の航跡』筑摩書房、九七年、三二三）。飯田の論評については第Ⅱ章第2節C(2)でくわしく紹介したが、「丸山諭吉」という表現がまことに言い得て妙《みょう》だったので、本書の副題に使わせていただいた。感謝を申しあげたい。

しかしながら、（『丸山真男集』購読の第三次募集に象徴されるように）丸山の研究は、いまももっともすぐれた福沢諭吉研究であると理解され、その影響力を世界的に持続している現状である（『福沢諭吉のアジア認識』の中国語訳がまもなく北京で刊行され、本書執筆中の私が四月初旬に中国の大学から福沢論の集中講義に招かれるような近年の新しい動向については、「あとがき」に書いた）。

以上のような研究史の現状を考慮して、本書では本文の後に、〈資料篇〉**「丸山真男の無視した福沢諭吉の重要論説」**1～44を作成・掲載した。福沢の政治構想とかかわるこれだけ重要な論説（もちろん、一つの例外を除いてすべて『福沢諭吉全集』に掲載されている）のすべてを無視することによって（一部、同じ論説に丸山が論及している場合は、『学問のすすめ』第三編や『文明論之概略』第十章の場合のように、福沢の論旨を誤解することによって）、丸山の福沢諭吉の政治思想史研究は行われたのである。その事実においてだけでも、丸山の福沢諭吉神話は、否応《いやおう》なく土台そのものから自壊をはじめることになろう。

『旧著』で私の福沢諭吉研究は終わったつもりであったため、本書執筆のためには、まずこの三三年間の研究のブランクを埋めなければならなかった（『前著』の場合は、先行研究そのものが皆無に近い現状であるため、研究史の研究の必要性は少なかった）。そのために、まず丸山真男の「全著作のほとんどを」網羅した『丸山真男集』全一六巻・別巻一（岩波書店）に、今回、はじめて目を通した。つぎに、一九七四年以来の約三〇年間の日本の福沢諭吉研究を鳥瞰《ちょうかん》するのに便利な福沢諭吉協会の『福沢諭吉年鑑』全二八号（一九七四～二〇〇一年）を通読した。あわせて、福沢諭吉協会の『福沢手帖』全一一三号（一九七三年一二月～二〇〇二年六月）と、刊行中の『福沢諭吉書簡集』全九巻（岩波書店）にも目を通す努力をした。また途中で、丸山真男手帖の会『丸山真男手帖』の存在も知り、第二〇号からの会員となった。もちろん、多数のその後の福沢研究書にも可能なかぎり目をとおす努力をした。

以上のものを本書で引用する場合は、『丸山真男集』は『丸山集』、『福沢諭吉年鑑』は『年鑑』、『福沢手帖』は『手帖』、『丸山真男手帖』は『丸山手帖』、『福沢諭吉書簡集』は『書簡集』とそれぞれ略称する。また、『福沢諭吉全集』二一巻（岩波書店）の場合は、『全集』、『福沢諭吉選集』（岩波書店）は『選集』（一九五〇年代版、八〇年代版）とする。

なお、『前著』では、若い読者を意識して、『福沢諭吉全集』からの引用文にできるだけ多くのルビを付した。ところが、『前著』刊行を契機に懇意になった川村利秋さん（金沢中央予備校非常勤講師）から、あの程度では若い世代にとても読んでもらえない、とお叱りをうけた。そこで本書では、数学の講師でありながら私以上に日本思想史の造詣も教養も深い川村さんに、人名索引の作成とあわせて、そのルビの仕事をお願いした。本書の方針としては、『福沢全集緒言』の「山出《やまだし》の下女《げじょ》をして障子越《しょうじごし》に聞かしむるも、其《その》何の書たるを知る位に」という福沢の精神にならって、振り仮名をできるだけ多く、また意味の分かりやすいルビを目安として選んだ。

また川村利秋さんは、とりわけ福沢と丸山の『全集』を中心とする本書の多数の引用文についても、原則としてすべての原文に当たり照合して、引用の誤りを補正するという大変な労を惜しまれなかった。丸山真男を介して、かつて福沢諭吉の思想に傾倒し、部下の社員をなにかにつけて福沢講話で悩ましていた人物（元北國新聞文化センター理事）であるだけに、原稿への意見も貴重であった。また、松浦勉さん（埼玉大学非常勤講師）にも原稿に目をとおしてもらえる幸運に恵まれた。『前著』以上に誤りが少なくなり、読みやすくなっていると期待している。お二人の貴重な協力のおかげである。

なお、『前著』同様に、あきらかな差別語をふくめて、福沢の不適切な語句や表現は歴史用語としてそのままとした。

I

福沢諭吉の「大日本帝国憲法」＝「教育勅語」体制評価

――丸山真男の無視した福沢の重要論説

はじめに――丸山真男の福沢諭吉研究の手法

二〇〇一年一一月二六日、遠山文部科学相は、「教育基本法」の見直しを中央教育審議会に諮問した。直前の教育シンポジウムで中曽根康弘元首相が「憲法を改正する前にやらねばならないのは教育基本法の改正。憲法が幹なら、その根をつくるのは基本法だ」と講演したように、国の最高法規としての憲法と教育の基本理念を定めた国の基本的な文書は密接不可分の関係にある。「戦後日本」の社会の基本的なあり方が「日本国憲法＝教育基本法」体制と呼ばれてきたのと同様に、「戦前日本」の社会は、「大日本帝国憲法＝教育勅語」体制と表現できる。どちらの場合も、憲法発布・公布の翌年に、「教育ニ関スル勅語」が発布（「下賜《かし》」）され、「教育基本法」が公布されている（法的には憲法が上位法であるのに、教育基本法の改正を先にという中曽根元首相流の手法は、明らかにさかさまである。憲法改正手続きの困難さという事情があるにせよ、この逆立ちは、またまた教育を政治の手段・「侍女《じじょ》」に貶《おとし》める手法の復活である）。

したがって、福沢諭吉が、日本の近代化という課題ととりくむなかで、どのような国家・社会のあり方を構想し、その社会におけるいかなる国民像・人間像の形成を期待・意図していたかを解明するためには、一八八九年二月一一日発布の「大日本帝国憲法」と、翌年一〇月三〇日に発布・

「下賜」された「教育ニ関スル勅語」（以下、「教育勅語」と略称）の両者を、どう評価していたのかを考察することが必要不可欠の作業となる。これは誰でも容易に思いつくことである。

ところが、『旧著』において指摘したように、信じがたいことであるが、丸山真男の福沢諭吉研究は、この「大日本帝国憲法」と「教育勅語」を福沢がどう評価していたのかという考察を、まったく抜きにして行われたものである。たとえば、福沢の政治論を集中的に論じ、有名な「典型的な市民的自由主義の政治観」という福沢評価を提起した丸山の『福沢諭吉選集』第四巻・「解題」論文が、福沢の大日本帝国憲法評価に一言半句《いちごんはんく》の論及・分析もないままに、その政治観についてだした結論であることを、私は指摘した。ところが、三〇余年ぶりに今回、『丸山集』全一六巻・別巻一に目を通してみて、やはり丸山はその生涯の福沢諭吉研究を通して、福沢の「大日本帝国憲法」＝「教育勅語」体制評価をいっさい不問にしていることを再確認した。丸山は日本政治思想史の研究者であった。その人物が、福沢の憲法評価を抜きにして福沢の政治観の結論をひきだし、くわえてその「典型的な市民的自由主義」という無理な結論が、日本の福沢の思想評価にいまなお圧倒的な影響力を及ぼしているという事実は、およそ信じがたい世紀の奇談である。

もちろん日本を代表する政治思想史の研究者として、丸山真男は、「大日本帝国憲法」と「教育勅語」自体にたいする彼自身の評価はたくさん語っている。たとえば、教育勅語の場合を見よう。

「大日本帝国憲法というと、今日の人々は教育勅語と並んで、戦前の天皇制イデオロギーの根幹をなしていたというイメージをいだくのが一般的である。が、それは半《なか》ば真実であり、半ばは真実でない。戦前において天皇制の思想的支柱をなしたのは右の二つのうちの教育勅語の方であって、憲法ではなかった。教育勅語は、……国民のほとんどがその全文を暗誦していた。……」（『丸山集』⑮二五～六）、「第一回帝国議会の召集を目前に控えて教育勅語が発布されたことは、日本国家が倫理的実体として価値内容の独占的決定者たることの公然たる宣言であったといっていい。」（『丸山集』③二二）などがそれである。

　丸山が、先の「典型的な市民的自由主義の政治観」という結論をひきだしたのは、教育勅語の発布される直前の福沢の論説「安寧策」などの分析からである。「まえがき」で既述したように、「（本来）一国の政府たるものは、兵馬の権柄《けんぺい》を握《にぎり》て和戦の機を制し、其《その》議定したる法律を執行して国内の治安を保ち、……即ち政府の事は都《すべ》て消極の妨害を専一として積極の興利《こうり》に在《あ》らず」を引用して、丸山は、福沢が政府の機能をどこまでも「妨害の妨害」に限定しているとして、上記の結論をだしている。そのうえで丸山は、「福沢が一貫して力説したのは経済・学問・教育・宗教等各領域における人民の多様かつ自主的な活動であり、彼が一貫して排除したのはこうした市民社会の領域への政治権力の進出ないし干渉であった。」と強調し、「福沢の国権論が最高潮に達した場合でさえ、政治権力の対内的限界に関する彼の原則は少しも破られていないのである。」とまで福沢をもちあげたのである。

つまり、教育勅語との関係でいえば、丸山は、政治権力が教育分野、それも「人間の内面的価値」にかかわる教育内容に干渉することに福沢はきびしい反対の意向をもち、彼がいくら保守化した場合でも、この原則は生涯貫ぬかれていたという解釈をとっている。そして、福沢がこの原則を提示したと丸山がいう「安寧策」の公表のわずか三ヶ月後に、教育勅語は発布された。とすると、福沢諭吉は、「国家が倫理的実体として価値内容の独占的決定者」となった教育勅語の「下賜《かし》」とその内容に賛成するはずはなく、（猛）反対したに違いないと、丸山福沢論の読者は、とうぜん予想するであろう（後に見るように、教育勅語より一〇年前、一八八〇年前後の文部省による一連の儒教主義教育政策に福沢が反対の意向を表明したことは、よく知られている）。

ところが、「時事新報」紙の主宰者で論説主幹にあたる福沢諭吉は、本書巻末〈資料篇〉4に見るように、勅語「下賜《かし》」の六日後の一一月五日に、「我天皇陛下が我々臣民の教育に叡慮《えいりょ》を労《いたずか》せらるるの深《ふか》き、誰か感泣《かんきゅう》せざるものあらんや。今後全国公私の学校生徒は時々これを奉読《ほうどく》し、且《かつ》これが師長《しちょう》たる者も意を加へて諄々誨諭《じゅんじゅんかいゆ》怠らず、生徒をして佩服《はいふく》せしむる所あるに於《お》ては、仁義孝悌忠君愛国の精神を煥発《かんぱつ》し聖意の在る所を貫徹せしむ可きは、我輩の信じて疑はざる所なり。」という、積極的な賛意の社説「教育に関する勅語」を掲載させているのである。

稲田正次『教育勅語成立過程の研究』（講談社、七一年）によると、教育勅語についての社説のない新聞は、「朝野」「国民」「読売」「毎日」の各紙で、社説などで勅語を礼賛したのは、「朝日」「日本」「東京日々」「教育報知」の各紙、「やや冷ややかな」評価は「国民之友」「郵便報知」とのことである。ただし稲田は、「時事新報」の右の社説を「論説」と見誤り、またその筆者を福沢諭吉であろうと（誤った）推測をしており、さらにその内容を「やや冷ややかな」評価に分類している点でも誤っている。

この社説は『福沢諭吉全集』に採録されていないので、福沢が執筆したものではないということになる。しかし、社説と福沢とのかかわりについての各種の証言――「他の社説記者の起草に係《かか》るものでもすべて福沢の綿密な加筆刪正《さんせい》を経て発表」（『全集』⑧六七一）、「如何《いか》なる文章にても必ず丁寧《ていねい》に筆を加へられ……仕舞《しまい》には加筆の方が本物と為《な》り全く生れ変った文章が出来ることなども珍しくない。」（『手帖』105号一二）や、雑報記事についてのトラブルの際の福沢本人の書簡「日々万般の記事、社説丈《だ》けは老生の知る所にて今日までは其《その》責に任す積り……」（『全集』⑱三四八）――から見て、「時事新報」の社説は、福沢本人の執筆でない場合も、（近年、井田進也『歴史とテクスト』光芒社が考察しているように）加筆・修正の度合いに当然バラつきはあっても、まったくのノータッチや掲載の判断に諭吉がまったく関与しないということは、原則的にありえないことと推定できよう（慶応義塾編『書簡集』④三九七も社説は「福沢自身の意見を表明」したものと解説）。

また、『全集』㉑の詳細な福沢「年譜」を見ると、諭吉は一一月の三日か四日頃から七日まで静岡へ家族旅行に出かけている。したがって、一一月「一日の紙上に」掲載された教育勅語について、担当記者に社説の起草をさせたとしても、その内容が一〇年前の徳育方針をめぐる福沢自身と文部省のやりとりに論及していることからも、諭吉は、この社説の「立案」と加筆・修正に深くかかわったことが十分推測される。おそらく最終原稿が出来上がったうえで、家族旅行に出かけたものと推測できよう。くわえて、すぐあとで論証するように、福沢はすでに教育勅語発布より一年以上も前（帝国憲法発布直後）から、勅語の求める「期待する臣民像」の必要性を明確に認識していた。

ところが、これもおよそ信じがたい事実であるが、『丸山集』全巻、『福沢諭吉年鑑』『福沢手帖』全号はもちろん、無数の福沢研究書においても、この教育勅語賛成の重要な「時事新報」社説に論及したり、この社説の存在自体を示唆したものにも、私は出会ったことがない。出会ったのは、既述したように、もっぱら丸山真男の「福沢神話」＝「丸山諭吉」神話に呪縛《じゅばく》され、「惑溺《わくでき》」した〈福沢諭吉が教育勅語や大日本帝国憲法に賛成や同意をするはずがない〉という予断・偏見にもとづく、福沢＝「教育勅語への最大の抵抗」者（山住正己）、「福沢諭吉は教育勅語のアンチテーゼであり、勅語に対立する立場を取った」（小泉仰《たかし》）などという誤った論稿ばかりである。諭吉没後百年たっても、こんな杜撰《ずさん》な研究の現状である。上記の例外的な稲田正次の著書の場合は、不正確な紹介となっているので、本書では巻末の〈資料篇・丸山真男の無視した福沢諭吉の重要論説〉**4**で、この「時事新報」社説の全文を紹介した。

なお、本書第Ⅳ章の執筆を急いでいた二〇〇三年一月に、『丸山真男手帖』㉔で、以下の最新の事実を知った。じつは丸山真男は、死の前年（九五年）二月に、「門下生」掛川トミ子に、「「時事新報」が教育勅語についてどのように報じ、どのように論じているか」調べてほしい、「出来れば教育勅語から修身要領に至るまで辿《たど》って」ほしいと依頼している。二日後に掛川は、本書〈資料篇〉4の「時事新報」社説その他の多くの関連資料を丸山に届けており、その後、三月の電話で丸山は「「教育勅語」はもういいですよ。よく分かりました……」と伝えている（『丸山手帖』㉔六六〜七）。おそらく丸山は、この衝撃的な社説に接して、自説のおおはばな再構成の必要性を、確認・認識しはじめながら、病のために果たせなかったということであろう。

丸山真男の死後、「丸山真男手帖の会」が『丸山集』に掲載されなかった論稿・講演・報告などを掘り起こし紹介する役割を担う『丸山真男手帖』を刊行している。その第二〇号に一九九〇年の日本学士院での丸山の報告「福沢諭吉の「脱亜論」とその周辺」が掲載されている。そこでは、丸山は次のように報告している。

「教育勅語の発布に対して、一言半句も『時事新報』で論じておりません。福沢死後の『修身要領』にも、そういう教育勅語の忠君愛国的なものは全然出ておりません。」

これは二文とも明らかな誤りである。そのため、前者について、岡部泰子の「補注」が、一一月五日の「時事新報」社説に論及している（『丸山手帖』⑳三六）。ただし、丸山福沢神話に縛られ、丸山流の部分引用によって、岡部はこの社説を「教育当局者批判という形をとった間接的な勅語批判」と把握している（後者の文章の『修身要領』についての同様の誤った解説についての批判は、後述）。

このように、福沢の論説「安寧策」からの引用によって、丸山真男が立論した福沢＝「典型的な市民的自由主義の政治観」という結論にくわえて、「国家が倫理的実体として価値内容の独占的決定者」となる教育勅語の発布を、福沢諭吉が許すはずがないなどと解釈・推定することは明らかな誤りとなる。そのことを、以下の本書全体の内容でさらに解明・論証することによって、丸山真男の「福沢諭吉神話」の骨格の解体作業をすすめたい。しかしこのままでは、丸山真男がそんな失態をするはずがない……と狐につままれた思いになっている読者もいるであろうから、さきの丸山の「市民的自由主義」という「安寧策」解釈の場合には、どこに無理があるのか、とりあえず、あらかじめ指摘しておこう。

面倒でも、もう一度さきの福沢の「安寧策」からの丸山の引用文を、ご覧いただきたい。途中を省略すると、「（本来）一国の政府たるものは、……都《すべ》て消極の妨害を専一として……」という文章である。福沢の原文には、冒頭に「本来」という語句があって、以下は「タテマエ」の文章であることを、福沢は、学者的良心と厳密性でもって断わっているのである。

ところが丸山は、勝手にその重要な語句「本来」を削除して引用したうえで立論しているのである。これによって、結果として丸山は、読者がこれを論吉の「ホンネ」の議論と誤解する「作為」をほどこしているのである（『前著』でも、丸山を筆頭に、福沢美化論者がしばしば同様の作為的な引用をするケースを紹介した）。

ただし、丸山は著名な思想史家として、「われわれはどこまでも客観性をめざして、……希望や意欲による認識のくもりを不断に警戒」（『丸山集』③一五〇～一）するように戒めており、「熾烈《しれつ》な政治的関心を持つものほど、自己の認識の存在被拘束性を自覚しているために、より客観的でありうる。」（同右、三七六）として、「悪人の方が善人よりもむしろ弥陀《みだ》の救いに近くたっているという親鸞のパラドックスに似た関係がここにも成立するわけである。」（同右、一五二）などという、読者を魅惑するような思想史研究の立派な心得の文章を書くのである。だから、そのご本人が、『全集』から自分の「ドグマ」（丸山真男）に都合のいい部分だけを引用して「福沢神話」をつくりあげているとは、読者にはなかなか考えられないのである。その意味では、罪つくりな「お方」である。

さらに、この「安寧策」の論述のなかには、「独《ひと》り我日本国は恰《あたか》も政府自発の意を以《もっ》て憲法を発布して、然《し》かも其《その》法は文明諸旧国の憲法を凌駕《りょうが》するものあり」（『全集』⑫四六六）と、前年に発布されたばかりの「私権に立入ること多」き「多情の老婆《ろうば》政府」の（三ヶ月後の教育勅語と密接不可分の関係にある）「大日本帝国憲法」を賛美した重要な記述もある。しかし丸山は、「市民的自由主義」という結論と整合しえない、そういう不都合な部分は、すべて無視して引用しないのである。端的にいえば、丸山の福沢研究が明らかにしたのは、作為的な引用と、不都合な部分は引用しないというご都合主義によってつくりあげた「丸山諭吉」像そのものであるといわざるをえないのである。以下、その本格的な論証に進もう。

1　〈『文明論之概略』＝福沢の原理論〉の破綻を示すもの

――連載社説「日本国会縁起」「国会の前途」

戦後日本の福沢諭吉研究に圧倒的な影響をあたえた丸山真男の仕事の中でも、晩年の一番まとまった著述である『「文明論之概略」を読む』（以下、『読む』と略称）上・中・下（岩波新書）は、初期啓蒙期の福沢の『文明論之概略』（以下、『概略』と略称）を、「唯一の体系的原論」「唯一の原理論」と把握する。ただし、慎重な丸山は、「福沢の場合、『概略』もふくめてあらゆる論著が時事論といえば時事論です。」と断り、自らの〈『文明論之概略』＝福沢の原理論〉が「私の個人的なドグマ」(『丸山集』⑭三三六〜七)である可能性を示唆しながら、しかし同書全体の論述は、もっぱら『概略』が「時事論」ではなく、「原理論」であることを論述・「論証」しているのである。

これにたいして私はすでに『前著』において、たとえば、〈福沢の原理論〉の天皇制論が「一切の政治的決定の世界からの天皇のたなあげ」であるという丸山の主張の誤りを、

一、一八九三年の有名な「軍艦勅諭」における「天皇の直接的な政治関与」(遠山茂樹)に福沢が「感泣」した事実、

二、甲申《こうしん》政変の際の「天皇陛下の……御親征《ごしんせい》の挙《きょ》断じて行ふ可《べ》きなり。」発言、

三、日清戦争の際の大本営での明治天皇の戦争指導の賛美と天皇の海外出陣への論及、

四、『文明論之概略』での冷静な天皇制論が一〇年前後の後には、すべてまったく逆の主張に変わっている、

などという事実を列挙して論証した(『前著』一〇〜一五)。

本書では、以下、丸山の〈『文明論之概略』＝福沢の原理論〉という把握が「丸山教団の法王」(という「悪意ある綽名《あだな》」—『丸山集』第六巻「月報」)の「教義」といえるものではなく、本人も懸念していた通りの誤った「独断」、「個人的なドグマ」そのものであることを論証する。

憲法発布の翌日の一八八九年二月一二日から二二日にかけて九回、福沢諭吉は、「時事新報」に

論説「日本国会縁起《えんぎ》」を連載した。つまり、「大日本帝国憲法」発布をうけて福沢が、憲法制定にいたる日本の政治史の経緯を総括するとともに、それ以後の近代日本の発展の道のりを展望した重要な連載社説である。ところが、丸山真男を筆頭に、過去の福沢諭吉研究においてこの重要な論説が、ほとんど完全に（例外の一人については後述）無視されているので、巻末の〈資料篇〉1に紹介した。すこし詳しく内容の紹介をしよう。

冒頭で、世界的には憲法や国会は「国人《くにびと》の不調和」に起因する「国乱」をへて制定や開設にいたるのに、「独《ひと》り我国に於ては天下太平瑞雲祥気《ずいうんしょうき》の中に憲法の発布に遭《あ》ひ、上下和合《しょうかわごう》して歓声の溢《あふ》るるばかり」の中で憲法発布となったことを喜んだ福沢は、「皆是《みなこ》れ我帝室の尊厳神聖、以《もっ》て常に人心を調和したるの大功徳《こうとく》に依らざるはなし。皇祚《こうそ》無窮、聖寿《せいじゅ》万々歳」ととらえた。成功の鍵は天皇制の「大功徳」によるものととらえた福沢は、したがって「苟《かりそめ》にも帝室の神聖を犯すなきは無論、又苟《かりそめ》にも之《これ》を濫用することなく、之《これ》を天上の高きに仰ぎ奉りて、下界《げかい》の政治者流は間接に其緩解《かんかい》調和の恩沢《おんたく》」に基づいて政治の運営をはかるように求めたのである。

制定にいたる歴史をふりかえって福沢は、憲法制定・国会開設は自由民権運動のような「外の人民より迫《せま》られたるに非《あら》ず、政府部内の冀望《きぼう》に」よる政府主導の努力の成果であるととらえた（民権陣営に近かった大隈重信を追放して、伊藤博文が実権を握った「明治一四年の政変」の事実経過からみて、福沢の作為的な解釈と判断できよう）。彼は、自由民権運動は「畢竟《ひっきょう》無職業に苦しむ士族学者有志の輩《やから》が、官途の地位」を求めて「一時の戯《たわむれ》に民権論の技《わざ》を演じた」だけのもので、「詰《つま》り無益の悪《わる》戯《ふざけ》に過ぎ」なかったとまでいうのである。「一昨年の冬、政府が保安条例なるものを急発し、……一時に数百名の士族有志輩《はい》（政治家の類）を府外に退去せしめたることあれども、我輩を以て見れば……此輩《このやから》が事を為《な》し得《う》べきものとは思はれず、……風前の塵のみ」の存在であったと主張する。

「保安条例」は、「言論集会の自由」要求などの三大事件建白運動を圧殺するために、中江兆民、星亨、片岡健吉、尾崎行雄、中島信行ら五七〇名を追放した典型的な言論弾圧の条例である。なかには、高知県（土佐）出身というだけで、豆腐屋の「小僧」までが追放された。丸山の市民的自由主義の評価と異なり、福沢に言論弾圧への原理的な反対のないことを示す論稿として（条例施行直後の社説では、福沢は「政府の施政に妨《さまたげ》となる者を遠ざけたるに過ぎず。至極尤《もっとも》なる出来事」と論評した（『全集』⑪四一六））、注目する必要がある。なお、五年後の「国会の前途」において福沢は、「明治二十年十二月……今にして心静かに考れば退去の命も或は不用なりにしに非《あら》ずやと、今更ら云ふて甲斐なきことながら我輩の竊《ひそか》に惜しむ所なり。」と書いている。いつものことながら、「正論」を吐いても時期を失しているのである。

以上のように日本の「国会縁起」を把握する福沢は、それではなぜ日本が例外的に「天下太平瑞《てんかたいへいずい》雲祥気《うんしょうき》の中に憲法の発布」に成功したのかと設問して、「帝室の……大功徳《こうとく》」以外の要因の考察に向かう中で、歴史の見直しを始める。一つは「我徳川の封建は古来当時に至るまで日本文明の頂上に達したるものにして、今日より顧みるも見る可きもの甚《はなは》だ少からず。」という徳川封建制度の再評価である。二つは、「薩州、長州、土佐の三藩……の士族……政事に人事に、文明の経営、怠りなくして、恰《あたか》も明治の新日本を製造したり。」という藩閥「功臣」政府への肯定的評価である。

三つは、欧米と異なり、日本の民衆が「圧制を厭《いと》ひ又これに抵抗す可《べ》き実力」をもたなかったことも間接的な成功の要因であるとして、福沢は次のように書いている。「今の日本……国民の大多数は政権の何ものたるを知らず、唯私《ただわたくし》の労働殖産に衣食するのみにして、天下の政権が誰れの手に在《あ》るも、租税重《おも》からずして身《み》安全なれば誠に難有仕合《ありがたきしあわせ》なりと云はざる者なし。……積年の習慣に養はれ、権利の伸縮如何《いかん》に就《つい》ては左《さ》まで穎敏《えいびん》なる者にあらず。……我日本国民は未《いま》だ私権の重きを知らず、安《いづく》んぞ政権の重きを知らんや。……日本国民の多数は政権参与を求めたる者に非《あら》ず……。」。福沢は国民の政治的無関心の現状をこう描きだし、意外にもその現状に対して初期啓蒙期のような批判的見解はなんら提示しないのである。

『学問のすすめ』を読んだことのある読者ならば、同じ国民について福沢が、かつて「其《その》柔順なること家に飼《かい》たる痩犬《やせいぬ》の如し。」「政府は依然専制の政府、人民は依然たる無気無力の愚民のみ。」と書いた場合には、その現状を憂い、変革の対象として国民の現状を記述していたことを、容易に想起できよう。しかし、「日本国会縁起」の著者としての福沢は、こうした「所謂《いわゆる》百姓町人は今尚《な》ほ百姓町人にして」という現状を、日本の資本主義的発展に、むしろ有利な条件であるとさえ読みかえようとしているのである。そのことは、連載の最後の二日間の結論的な主張によっておのずと明らかとなる。

憲法発布にいたる過去の歴史と日本社会の現状についての以上の分析をふまえて、福沢は、近代日本の今後の発展の展望をつぎのように描きだした。「我日本社会も既《すで》に文明の主義に支配せらる以上は、永年《えいねん》の後に権柄《けんぺい》の帰す可き所を問へば、第一は金力にして、……是《ここ》に於《おい》てか我日本国にも始めて有智、有財、有力の中等社会を成《な》し、国会の勢力を盛《さかん》にして全社会を支配するに至《いた》る可《べ》し。」と。つまり福沢は、資本主義的な発展をへて、日本でも「有智、有財、有力の」中産階級が形成され、この「ミッヅルカラッス (middle class)」＝ブルジョアジーが議会でも多数を占めるようになり、日本の社会全体をリードするようになるという展望を提示したのである。四年後の『実業論』の福沢の表現をかりれば、「実業は啻《ただ》に独立するのみならず、社会全般の原動力と為《な》りて政治の方針をも左右するの勢《いきおい》を成《な》す」（『全集』⑥一六一）となろう。

その資本主義的発展の道のりが平穏無事であることを期待し「祈る」福沢は、その展望・予想に「必ず失望なかる可し」という楽観を提起した。なぜそういえるのか、「其《その》次第を述べ」るとして、福沢美化論者から見れば、意外でショッキングな「日本人論」を展開するのである。最高法規としての大日本帝国憲法と並んで衆議院議員選挙法・貴族院令も制定され、翌年の第一回総選挙をへて帝国議会も開かれようとしている節目《ふしめ》の時代の福沢の重要な日本人論なので、出来るだけそのまま伝えよう。

「我《わが》国人は数百千年来長上《ちょうじょう》に服従して其《その》制御を受け、成規習慣を遵奉《じゅんぽう》して其界《そのさかい》を超《こ》えず、内《うち》には父母に事《つか》へ、外《そと》には君に仕《つか》え、兄弟姉妹、長少師弟、上官下官、古参新参《こさんしんざん》、本家分家、嫡流《ちゃくりゅう》庶流、一切の関係みな拘束の中に在るのみならず、現在の父母君上の如《ごと》きは無上のものたるに似たれども、祖先と名《なづ》くる一種無形の力を想像して、……家名《かめい》云々と言はれて恐れざる者なし。……即ち日本固有の習慣にして、世々相伝《せいせいあい》へて先天の性を成したるものなれば、人心の順良にして能《よ》く事物の秩序に服するは、蓋《けだ》し世界各国比類なしと云《い》ふて可《か》なり。……人の性質の従順温良にして、然《し》かも甚《はなは》だ愚鈍なるに非《あら》ず、能《よ》く長上の命《めい》に服して習慣成規の中に自動し、全面の安寧を維持して艱難《かんなん》に堪《たえ》るは、我日本国人の殊色《しゅしょく》と称して争ふ者なかる可《べ》し。人或《あるい》は之《これ》を評して日本人の卑屈と云《い》ふ者もある可《べ》けれども、……卑屈にても無気力にても、能《よ》く艱難《かんなん》に忍耐して乱れざるものは、之《これ》に付するに順良の名を以《もっ》てせざるを得ず。」

長年の「権力の偏重《へんちょう》」と「惑溺《わくでき》」を特徴とする社会によって「先天の性」として形成された「従順、卑屈、無気力」ともいうべき日本人の国民性を、いまや福沢諭吉は、「順良」の人格性であると前向きにとらえ直して、その国民性に依拠して、日本の資本主義的発展を展望しているのである。くわえて、「況《いわ》んや我社会の上辺には帝室の神聖ありて下界に降臨す、政熱の衆生《しゅじょう》は其光明《そのこうみょう》の中に摂取せられて、秩序の外に逸《いっ》するを得《え》ざるや復《ま》た疑ふ可《べ》きに非《あら》ざるなり。」といって、福沢は、冒頭の天皇制の「大功徳《こうとく》」に再言及したうえで「国会」の前途にも不安はないと主張した。

『日本資本主義の思想像』（岩波書店、六七年）を見事にえがきだした内田義彦は、近代日本の社会と教育のつくりだした人間像＝労働者像を、「こんなに安くて優秀な労働力は世界無比です」（三五六）ととらえた。教育水準は高いが、権利意識はきわめて低く、低賃金に甘んじながら、封建社会の忠誠と自己抑制にかわる勤勉と貯蓄の生活道徳によって、日本資本主義の奇跡的な成長をささえた日本の近代人像である。福沢が「日本国会縁起」（以下、「縁起」と略称）で肯定的に紹介した「従順、卑屈、無気力」「然《し》かも甚《はなは》だ愚鈍なるに非《あら》ず、能《よ》く長上の命《めい》に服して習慣成規の中に自動し、……艱難《かんなん》に堪《たえ》る」という「我日本国人の殊色《しゅしょく》」は、戦後の内田義彦のえがいた近代日本労働者像を先駆的に把握したものといえよう。私が本書で、福沢を「近代日本最大の保守主義者」と規定するのは、こうした彼の先駆性による。

もちろん丸山真男も、日本思想史の研究者として、こうした日本の近代人像を「万事を「お上」にあずけて、選択の方向をひたすら権威の決断にすがる忠実だが卑屈な従僕《じゅうぼく》」「国家的忠誠の精神と、最小限度に必要な産業＝軍事技術的知識とを……兼ね備えた帝国臣民」（『丸山集』

⑤六九）とえがきだしている。問題は、丸山がこの福沢の重要論説「日本国会縁起」を無視して、つまり福沢こそがそういう「帝国臣民」の形成に先駆的役割をはたしているのに、そうした自説に不都合な論説は一貫して無視して、逆に、諭吉が日本人の「一身独立」「独立自尊」像確立に生涯奮闘した人物とえがいていることである。

最後に福沢は、以上の「縁起」の立論《りつろん》がこれまでの自分の立論や主張と大幅に異なることを意識したのか（もっともいつも通りの福沢のスタイルで、過去の自分の立論と矛盾していることはおくびにも出さず）、自分の立論に対して「人或《あるい》は謂《いえ》らく、此《この》一節の立論は専《もっぱ》ら人生の遺伝先天の性質に訴へて日本国民の順良を証したるものなれども、社会進歩の急劇《きゅうげき》は遺伝先天の働《はたらき》を許さず、……其《その》順良を頼むは枯木《かれき》に開花を期《き》するに異《こと》ならず」という批判がありうるし、また、「今吾《こんご》を以て古《こ》吾《ご》を想《おも》へば、前後恰《あたか》も二生《にしょう》あるが如《ごと》し」という言葉のように、社会の激変によって人間も急劇に変化する、という反論もありうることを彼は紹介する。

ところが福沢は、それらの意見は「自《おのず》から亦《また》一説なるに似たれども」と一歩ゆずりながら、「例へば彼《か》の犬を見よ。」といって、珍奇な西洋犬と日本犬の遺伝的差異なるものの対比によって、「凡《およ》そ遺伝なるものは、人生の自《みず》から勉めず自から知らざる所に発して、其《その》勢は自《おのず》から禁じて禁ず可《べか》らず、教育も之《これ》を導く可《べか》らず、命令も之《これ》を止《とど》む可《べか》らざる一種微妙の能力」であるから、歴史的に形成されてきた国民性は簡単に変わるものではない、とひらき直るのである。そして、「左《さ》れば今《いま》国民の順良着実にして軽躁《けいそう》を忌《い》み、能《よ》く約束に従て秩序に服する」というこの日本人の卑屈従順の奴隷的習性は容易に変わらないし、国会開設後の政治も「其《その》遺伝の公徳《くどく》に由《よ》り成規に服従して誤る」ことはないという勝手な確信を披瀝《ひれき》したうえで、憲法制定・国会開設後の日本の「前途憂《うれう》るに足《た》らざるなり。」と結論したのである。

『文明論之概略』を福沢の「唯一の原理論」ととらえた丸山真男は、「福沢の国権論が最高潮に達した場合でさえ、政治権力の対内的限界に関する彼の原則は少しも破られていない」(『丸山集』⑤二一六)というようなきびしく原則的な姿勢で、『概略』の基本原理は、彼の独立自尊のモットーとともに、最晩年にいたるまで保持されてい」た(『丸山集』⑭三四七)と主張する。しかし、「日本国会縁起」の内容を知った読者は、すでにこれまでの議論の展開だけで、丸山の主張に重大な疑念をもたれるであろう。『概略』から「日本国会縁起」への劇的な思想の変化を確認するために、同じ問題についての両者の見解のおおはばな落差を見ることによって、『概略』の基本原理は、……最晩年にいたるまで」不変という丸山の福沢論の主柱の誤りを論証しよう。↑★↓印で対比した前者が『文明論之概略』、後者が「日本国会縁起」の福沢の記述・主張である。

A 「権力の偏重《へんちょう》」の排斥から受容へ

「我国の文明を西洋の文明に比較して、其趣《そのおもむき》の異《こと》なる所は特に此《この》権力の偏重《へんちょう》……洽《あま》ねく其《その》人間交際中に浸潤《しんじゅん》して至らざる所なし。……男女の交際あれば男女権力の偏重あり、爰《ここ》に親子の交際あれば親子権力の偏重あり、……師弟、主従、貧富貴賤、新参故参《しんざんこさん》、本家末家、何《いず》れも皆其《その》間に権力の偏重を存せり。……此弊害を察して偏重の病《やまい》を除くに非《あら》ざれば、……文明は決して進むことある可《べか》らず。」（『全集』④一四六～七二）

↑★↓「蓋《けだ》し我国人《くにびと》は数百千年来長上に服従して其《その》制御を受け、……内《うち》には父母に事《つか》へ、外《そと》には君に仕《つか》え、兄弟姉妹、長少師弟、上官下官、古参新参《こさんしんさん》、本家分家、嫡流《ちゃくりゅう》庶流、一切の関係みな拘束の中に……世々相伝《せいせいあい》へて先天の性を成したるものなれば、人心の順良にして能《よ》く事物の秩序に服するは、蓋《けだ》し世界各国比類なし……我日本国人の殊色《しゅしょく》……卑屈にても無気力にても、能《よ》く艱難《かんなん》に忍耐して乱れざるものは、之《これ》に付するに順良の名を以《もっ》てせざるを得ず。」

丸山真男は、問題の「権力の偏重」こそが原理論『文明論之概略』の「核心的命題」（『丸山集』⑭七七）であると把握・主張している。しかし同じものが、「縁起」では、マイナスの概念どころか、かえって日本の資本主義的発展を支えるむしろプラスの国民性であると、「権力の偏重」への評価が一八〇度逆転していることはあまりにも明らかである。

B 天皇制認識――「惑溺《わくでき》」排除から「愚民を籠絡《ろうらく》する」欺《き》術の利用へ

初期啓蒙期の福沢は、『概略』において、「保元平治《ほげんへいじ》以来歴代の天皇を見るに、其《その》不明不徳は枚挙《まいきょ》に遑《いとま》あらず。後世の史家諂諛《てんゆ》の筆を運《めぐ》らすも尚《なお》よく其《その》罪を庇《かば》ふこと能《あた》はず。……父子相《あい》戦ひ兄弟《けいてい》相伐《あいう》ち……天子は天下の事に関《かかわ》る主人に非《あら》ずして、武家の威力に束縛せらるる奴隷のみ。」(『全集』④六四)という天皇制のリアルな実態の認識と、「鎌倉以来人民の王室を知らざること殆《ほとん》ど七百年に近」い歴史の事実から、皇学者流のように「新《あらた》に王室を慕ふの至情を造り、之《これ》(人民―安川)をして、真に赤子《せきし》の如《ごと》くならしめんとする」ことは、「今世《こんせ》の人心と文明の有様とに於《おい》て頗《すこぶ》る難《かた》きことにて、殆《ほとん》ど能《よく》す可《べか》らざる」(同一八七〜八)ことであるという冷静な判断をもっていた。

また、『概略』の「最も重要な中核的用語《ピヴォタル》」(『丸山集』⑬一〇五)として、「あるものが、その働き如何《いかん》にかかわらず、それ自身価値があると思いこむ考え方」を意味する「惑溺《わくでき》」(『丸山集』⑬一〇六)について、福沢は「古習の惑溺《わくでき》」をきびしく排斥し、その「一掃」(『全集』④三二)を求めていた。したがって福沢は、皇学者のような「君臣の倫《みち》を以て人の天性と称し、……君臣の分は人の生前に先《ま》づ定《さだまり》たるもののやうに思込み、……君臣を人の性《せい》と云ふ……惑溺」(同四三)には断固反対しており、「此《この》君国並立の貴《とうと》き由縁《ゆえん》は、古来我国に固有なるが故に貴《とうと》きに非《あら》ず、之《これ》を維持して我政権を保ち我文明を進む可《べ》きが故《ゆえ》に貴きなり。物の貴きに非ず、其働《そのはたらき》の貴きなり」（同三七）という、あくまで功利主義的な判断にもとづいて、天皇制を受容していた。

↑★↓ところが「縁起」の福沢は、第Ⅱ章3で考察するように、『帝室論』『尊王論』などをへて、すでに「愚民を籠絡《ろうらく》する」欺《き》術としての天皇制を積極的に政治的に利用する立場に変わっていたから、初期啓蒙期の天皇制についての合理的認識や判断は放棄され、すでに見たように、「独《ひと》り我国に於ては天下太平瑞雲《たいへいずいうん》祥気《しょうき》の中に憲法の発布に遭《あ》ひ、上下和合《しょうかわごう》して歓声の溢《あふ》るるばかりなるは、皆是《こ》れ我帝室の尊厳神聖、以《もっ》て常に人心を調和したるの大功徳《こうとく》に依《よ》らざるはなし。皇祚無窮《こうそむきゅう》、聖《せい》寿《じゅ》万々歳」（〈資料篇〉1a）と書いただけでなく、本人は明らかな虚偽と承知のうえで、皇学者も顔まけの「又帝室は……大日本国の名と共に万世無窮《ばんせいむきゅう》の元首にして、世界中最も尊く、最も安《やすらけ》く、又最も永《ひさし》く、実に神聖無比の国君」（〈資料篇〉1h）と主張しているのである。

C　変革の肯定・主張から歴史的現実主義・封建制の肯定へ

『概略』緒言で歴史の進歩を「恰《あたか》も一身にして二生《にしょう》を経《ふ》るが如《ごと》く一人《いちにん》にして両身あるが如し。」（『全集』④五）ととらえ、その過程における人心の変化を「所謂今吾《いわゆるこんご》は古吾《こご》に非《あら》ずとは即《すなわち》是《こ》れなり。」(同五三)と表現した福沢は、丸山がその一部を『概略』とならぶ準原理論と評価した「覚書」では、歴史の進歩をめざす変革への志向を、「志は時に随《したがっ》て変ぜざる可《べか》らず、説は事勢《じせい》に由《より》て改めざる可らず。今吾古吾恰《あたか》も二人《ににん》の如くなるこそ世事《せじ》の進歩なれ。」(『全集』⑦六五八)とメモしていた。その志にもとづいて、『概略』では、「権力の偏重……此弊害を察して偏重の病《やまい》を除くに非《あら》ざれば、……文明は決して進むことある可《べか》らず。」(『全集』④一七一)と指摘し、「憂国の学者は唯須《ただすべか》らく文明の説を主張し、官私の別なく等しく之《これ》を惑溺《わくでき》の中に救《すく》うて、以《もっ》て衆論の方向を改めしめんことを勉《つと》む可《べ》きのみ。」(同六七)と、学者がすべからく民衆を「権力の偏重」と「惑溺」から解放する任務を担うように呼びかけていた。

↑★↓ところが、「縁起」の福沢は、それなりに民衆を「権力の偏重」や「惑溺」の状況から解放しようとしていた自由民権運動を、「無益の悪戯《わるふざけ》」「風前の塵《ちり》」と誹謗《ひぼう》し、「所謂《いわゆる》百姓町人は今尚《な》ほ百姓町人」の現状にあることを熟知しながら、「徳川の封建は……日本文明の頂点に達したるもの」と封建制を再評価するように変わっていた。そして、「帝室の神聖を……天上の高きに仰ぎ奉る」民衆がその「権力の偏重」と「惑溺」の文明によって「先天の性」として形成させられた「従順、卑屈、無気力」ともいうべき日本人の国民性を、前向きに評価するのである。人心が「今吾《こんご》を以て古吾《こご》を想《おも》へば、前後恰《あたか》も二生《にしょう》あるが如」くに変革する可能性があるという者も世間にいるが(福沢自身が『概略』でそう主張していた張本人であるが、それに頬被《ほおかぶ》りするスタイルは諭吉の常習)、

「凡《およ》そ遺伝なるものは、人生の自《みず》から勉《つと》めず自から知らざる所に発して、其《その》勢は自《おのず》から禁じて禁ず可《べか》らず、教育も之《これ》を導く可《べか》らず、命令も之《これ》を止《とど》む可らざる一種微妙の能力」であるという。つまり、歴史的・遺伝的に形成された国民性は容易には変わるものではないので、この国民性に依拠して近代日本のこれからの資本主義的発展をはかっていこう、と呼びかける「思想家」に、福沢はいまや明確に変身＝変心していたのである。

以上の考察によって、丸山真男の〈『文明論之概略』は福沢の原理論であって、その基本原理は最晩年まで保持された〉という把握＝神話が完全に破綻している（つまり本人が懸念していたとおりの「ドグマ」である）ことは明々白々であろう。

しかしそれでもなお、「日本国会縁起」だけがなにかの事情で例外的に変な内容の主張になっていたのではないか、となお慎重に考える読者もおられよう。そこで〈資料篇〉にはそうした読者のために**2**として、翌年の教育勅語もすでに発布された後に福沢が書いた「縁起」以上の長期連載の重要な論説「国会の前途」（二年後に他の三編の論説とともに単行本として刊行された点——『全集』⑥五九四——からも重要な著述と判断できよう）を掲載した。

「日本国会縁起」の内容と対比するまでもなく、この「国会の前途」の一、「日本国民……帝室の神聖を尊拝《そんぱい》するのみならず、……之《これ》を視《み》ること鬼神《きじん》の如《ごと》く父母の如くし、……左《さ》れば此《この》習慣は国人の骨に徹して天性を成《な》し、今の帝室を尊崇《そんすう》敬愛するは唯人々《ただにんにん》の性に従ふのみ。」という天皇崇拝の国民性への賞賛、

二、「近年日本国の進歩、……都《すべ》て人（の）意表に出《い》で殆《ほとん》ど不可思議なれば、……国会の前途……必ずや上首尾《じょうしゅび》なる可しと断言せざるを得ず。」という国会の前途への楽観、

三、「今の政府は専制ならざるのみか、……専制の政府を……倒して第二の専制政府を造らざりし人なり。」という藩閥「功臣」政府への手放しの肯定、

四、「徳川の時代……権力平均の主義は……支那朝鮮人などの思ひ得ざる所にして、之《これ》を発明したる者は東洋唯《ただ》我徳川家康公あるのみ。」という封建制の再評価まで、

その立論が前年の「日本国会縁起」とそっくりの内容であることを確認できよう。ということは、「日本国会縁起」の認識・思想は、そのまま「大日本帝国憲法」＝「教育勅語」体制確立期の福沢の思想そのものとなっていると断定することができるのである。

丸山真男は、近代日本の基本的な国家観＝人間観が帝国憲法＝教育勅語体制として確立した時期の——自説の「典型的な市民的自由主義の政治観」とは整合しない——福沢の政治観を示す二つの重要論説「日本国会縁起」や「国会の前途」の存在を、なぜ無視したのか。なにかの偶然の事情で、丸山がこれらの論説を見落とした可能性はあるのか。もはや故人に確かめるすべはないが、私はその可能性は限りなくゼロに近いと確信する。考えうるその論拠を列挙してみよう。

一、政治思想史の研究者が、最高法規としての帝国憲法発布時の福沢の「時事新報」社説を見ようとしないとは考えられない。

二、じじつ丸山は、陸羯南《くがかつなん》の大日本帝国憲法発布四日後の『日本』の社説は引用・考察している（『丸山集』③一〇五）。

三、憲法発布の翌日からの連載「日本国会縁起」は、丸山が引用・分析した連載社説「安寧策」と『全集』の同じ第一二巻に掲載されている（前者は九日間、後者は七日間の連載）。

四、政治思想史の研究者が「日本国会縁起」や「国会の前途」というタイトルの論説を見逃すとは考えられない。

五、『旧著』を私が謹呈した際に、家永三郎と丸山真男からは対照的な返事をもらった。二人とも故人となったので、その私信の一部をこのすぐあとに紹介しよう。

六、同書の索引のページ数では丸山真男が最多の四一項もあり、目次を見れば「丸山真男氏の福沢像」批判に一章が割《さ》かれていることも明らかで、丸山が同書を一切繙《いっさいひもと》かなかったとは考えがたい。

七、同書には「日本国会縁起」が、翌年の教育勅語を福沢が受容することを示唆する重要論説として、三ページにわたって分析・記述されている。

教科書訴訟で多忙のはずの家永三郎からは、面識もない若輩《じゃくはい》の私にたいして、「……本日拝読を完了。実にみごとに一貫した論理で……舌を巻きました。私の拙《つたな》い旧著をたびたび御引用御批判下さり、光栄に存じます。きびしい御批判を賜わりましたが、私のほうからはそれほど違和感はありません。御引用の『近代精神とその限界』所収……は、実は御高見とかなり共通する受けとり方で出発したものでした。ただ……貴著のような周到かつ綜合的体系的認識にまでいたらなかったことと、その感覚を『日本道徳思想史』や『日本近代思想史研究』等において前進させず、通説と妥協してしまったことが、結果として御高見のような透徹した福沢観に比べて雲泥《うんでい》の差を生ぜしめたのでした。」云々と、それまでの自分の福沢論を自己批判するという率直な意向を私に表明しただけでなく、（当時、植木枝盛研究の第一人者的立場にいた家永が）『植木枝盛研究』も同様のきびしい目で見直しが必要であるのに、安川が植木枝盛の思想については家永説をそのまま踏襲しているのは問題ではないのか、という学者的誠実さにあふれた丁寧な返信が届き、とりわけ後半の植木枝盛についての記述に感動した私は、以来、家永三郎ファンのひとりとなった（この書簡のコピーは、〇三年三月に開かれた「家永三郎先生を偲《しの》ぶ会」の発起人に届けた）。

一方、丸山真男からは、「……熟読の上、御教示を得たいと思います。」という型どおりの挨拶の後、「小生自身が二〇年前の福沢論には、批判をもっているという大前提のうえで」とことわって、自由主義とデモクラシーの区別と関係、人民主権の理念と「抵抗権」の思想との著名な二律背反の問題についての私の理解に疑念を提示してから、「小生はいまだかつて福沢を（ブルジョア）デモクラットと規定したことはないのです。この点についての服部之総氏以来、多くのマルキシストの概念的混乱に基づく批判に困惑している次第です。また「自由論」の著者ミルはむろんのこと、「社会契約説」の著者にしても、彼等の現実政治にたいするリアリスティックな発言を辿《たど》られたならば、これが果して「典型的自由主義者」の、あるいは「典型的民主主義」思想家の「原理」から演繹されるかどうかにびっくりされるのではないかと存ずる次第です。……」とあった。具体的な批判にはなにも応えぬはぐらかしの返信と私は読んだ。

戦争責任論の視点から、福沢のとらえ直しに着手して最初に書いた一九九四年の論稿（『日本の科学者』三二五号）で、私は、『「文明論之概略」を読む』における丸山の「福沢惚れ」の自認は「ひらき直り」であり、丸山福沢論が「基本的に無理な読み込み」であることについては、すでに「勝負はあった」というきびしい批判を書いた。この論稿の送付にたいしては、入、退院をくり返している病状が書いてあり、「玉稿への感想も申し上げず、おくれてこのような簡単な返礼でまことに失礼」云々という簡単な返信にとどまった。これが丸山真男との間のやりとりのすべてである。

結論として、丸山真男は、福沢の政治観＝「典型的な市民的自由主義」という自説の破綻《はたん》・誤謬《ごびゅう》を示唆する不都合な論説「日本国会縁起」「国会の前途」は、残念ながら意図的に無視したと理解せざるを得ない。なぜなら、信じがたいことであるが、『前著』につづいて本書でも、丸山が（前掲「安寧策」の引用の場合のような）同様の作為的な研究手法をくり返している事実を指摘せざるをえないからである。もちろんそれは、「戦後日本の啓蒙の旗手」としての丸山が、日本にもこんな偉大な民主主義思想の先駆者が存在していたという「神話」によって、戦後日本の民衆と社会の民主化を励まそうと意図した啓蒙思想家・丸山真男の「善意」によるものであることを疑うものではない。しかし、そうした「政治的意欲、希望」が混入するような安易で安直な学問研究では、民衆啓蒙はおろか、現実の社会を変革することはできないのではないか。「平和と民主主義」を偉大なる祈りの言葉とした（J・ダワー）戦後民主主義がふたたび「戦争国家」に帰着しようとしつつある戦後日本の道のりと現状（自衛隊の海外出動、有事法制の整備など）に、そうした安易な研究手法も寄与した戦後責任があるのではないのか、私にはそういう思いがぬぐえないのである。

なお、遠山茂樹『福沢諭吉』（東京大学出版会、七〇年）は、私の『旧著』のもとになった論稿の成果をとりいれて、「教育勅語の発布にたいして、福沢が何の批判も公にしなかったのは、当然であった。」「教育勅語を批判する意欲をはじめから放棄していた。」（一八〇）「大日本帝国憲法の内容に関しては、……ほとんど批判の言を公にしていないのも、特徴的なことであった。」（二〇六）と書いており、同書を、丸山が読まなかったとは考えられないことも指摘しておきたい。にもかかわらず、その二〇年後の日本学士院の報告では、なお丸山が「教育勅語の発布に対して、一言半句《いちごんはんく》も「時事新報」で論じておりません。」という誤った認識を持続していたことは既述した。

つまり丸山は、私の批判や遠山の記述を二五年間無視・放置してきたが、ようやく死の前年になって、その誤りを論証する資料を入手して、（私の期待でいえば）おそらく福沢が「典型的な市民的自由主義」者であったという自説の全体像そのものの是正の必要性にも気づきはじめながら、病のためにその仕事を果たせなかったものと推定する。

それにしても、丸山が「福沢諭吉の人と思想」について語っている次の内容は、「教育」を「啓蒙」と置き換えると、そのまま彼自身を語っているように私には思えてならない。

「要するに福沢の言動というのは、……いつも役割意識というのがつきまとっている。彼が教育者として自分を規定したというのも、この役割、この使命感ということに密接に関係しています。／つまり、教育というのは、長期的な精神改造なんだ。自分は政治家ではないから、政治にコミットしない、ということの対比において、彼はそういうことを言っている。ロングランの精神改造というものに彼は賭《か》けているわけです。」（『丸山集』⑮三〇八）

2　「大日本帝国憲法」＝「教育勅語」の賛美と積極的肯定

本書の巻末〈資料篇〉の3番から8番までに、福沢諭吉が大日本帝国憲法を手放しで賛美し、教育勅語を受容・肯定していたことを示す論説を並べた。大日本帝国憲法から見ていこう。

A 「大日本帝国憲法」の手放しの賛美

帝国憲法発布の翌日からの九回の連載社説「日本国会縁起」や翌年の一二回連載社説「国会の前途」の内容をすでに知った読者には、福沢が帝国憲法賛美の発言をくり返したと聞いても、特別の驚きはないであろう。福沢は、神聖不可侵の天皇の大権の広大性と、それと対照的な議会の権限および人権規定の微弱性を特徴とする外見的立憲君主制＝神権的天皇制の欽定《きんてい》憲法を、〈資料篇〉❸「文明諸旧国の憲法を凌駕《りょうが》」、❺「議会に許すに充分の権利を以《もっ》てしたる……完美なる憲法」、❻「完全にして国民の権利を重んじ遺《のこ》す所なき……真に文明の精神を籠《こ》めて善美なる」、❼「完全無欠……皆《みな》自由開進の精神」❽「寛大自由にして、立憲の旧国にさへも稀《まれ》なる完全のもの……如何《いか》なる理由《わけ》にて斯《か》くまでに思ひ切りたるや、只《ただ》驚くの外《ほか》なきのみ。」などと賞賛・賛美した。

このうち、❺番の「議会に許すに充分の権利を以てしたる……完美なる憲法」という評価については、福沢がその言葉どおりに信じていたかどうかは疑問である。次章5で考察するように、憲法発布の三ヶ月前の論説（〈資料篇〉㊴）において「此憲法を以《もっ》て国会議員の権限を狭くし、議員が何ほどに政府に反対するも、……政府の施政を妨げ得《え》ざるものと為《な》すなど」と議会の権限を制限するよう福沢本人が主張しており、彼の期待どおりに議会権限がおおはばに制約された憲法となっていたからである。また、福沢は不問に付しているが、帝国憲法は、モデルとしたプロイセン憲法にあった「教育の自由」（第二二条以下）にかんする規定を欠き、教育事項一般にもなんらふれないことによって、むしろ逆に教育を国家の専断事項（勅令方式）にとりこむことを可能にし、教育が市民的な自由の領域から排除されることになっていた（『旧著』一一五）。

ひろたまさき『福沢諭吉研究』（東京大学出版会、七六年）は、福沢が「御用学者たちが精力的に展開したような、憲法や勅語の解説と宣伝には、なんの努力もしなかった。」(二六一)と書いているが、この評価には無理がある。「時事新報」紙は、福沢の連載社説「日本国会縁起」と並行して、八九年二月一六日から「帝国憲法義解」の連載をはじめた。「義解」は、憲法の条文ごとにまずその英語訳を付したうえで、連日、紙面の三、四段(少ない日でも二段)をさいて、詳細な解説をここ ろみたもので、四月三日までの間に三五回もの長期連載となった。また、時事新報社は憲法発布当日には祝賀の「餅まき」を行い、慶応義塾では幼稚舎生と塾生が虎の門外で明治天皇の「聖駕《せいが》」を奉迎し、塾生は帰校後「祝酒《いわいざけ》を傾け花火をあげる」企画となっている(『年鑑』㉑一一四〜七)。

すでに指摘したように、政治学者丸山真男は、自分の「市民的自由主義の政治観」という「ドグマ」にとって不都合な、福沢の憲法賛美の論稿や時事新報社・慶応義塾あげての憲法発布祝賀行事の事実をすべて無視した。政治学者が帝国憲法への福沢の評価・対応をいっさい不問に付してその政治観の結論をだすという、あまりにも乱暴で強引な作為によって、「典型的な市民的自由主義」者の〈福沢諭吉が大日本帝国憲法(や教育勅語)に賛成するはずがない〉という丸山真男の福沢諭吉神話が創りだされたのである。そして、戦後日本の社会と学者たちの丸山真男の「学問的権威」への拝跪《はいき》にも助けられ、過去の福沢研究において、これだけ明白な福沢の帝国憲法賛美の多くの論説がほとんどまったく知られないままにきたということは、やはりとても信じがたい事実である。

『旧著』で、福沢の憲法評価に論及した唯一の例外として紹介した木村時夫『日本ナショナリズムの研究』（前野書店）の場合でも、「絶えずイギリス議会制度の理想を頭の中に描いて、日本の憲法の成行《なりゆき》に深い関心を持っていた福沢であるから、実際発表された明治憲法の条項に対しても、多くの批判を持ったであろうと考えられる」（三六七）という前提のもとで考察したが、結果は逆であったというものである（この場合は、木村時夫の前提の予測そのものに誤りがあることを『旧著』一二一で指摘）。

〈福沢が帝国憲法に賛成するはずがない〉という「丸山諭吉」神話の影響をうけたと思われる具体的な事例をいくつか見ておこう。『読本・憲法の一〇〇年』1・憲法の誕生（作品社、八九年）は、表紙の帯に「伊藤博文が悩み、植木枝盛は抵抗し、中江兆民が揶揄《やゆ》し、福沢諭吉は危惧《きぐ》する」と書いている。なぜ「福沢諭吉は危惧する」のか、同書本文にその理由の記載はない。ただ、同書に掲載された憲法発布時の福沢の発言は、憲法発布当日の「憲法発布うわさの区々《まちまち》」（漫言）と連載「日本国会縁起」の初日分だけであることから、理由の推測は可能である。

前者は「八「ベランメイ、いくら盆と正月がいっしょに来たってこんな騒ぎがあるもんか、……」老「……マー絹布《けんぷ》の法被《はっぴ》が下がるにしても、……獅子舞《ししまい》まで出して騒ぐのは何のことでしょう……」」と八や熊たちが発布当日の国をあげての大騒ぎを、他紙同様に、皮肉った漫言である。しかし、すでに見たように、慶応義塾と時事新報社自身も祝い酒・花火・餅まきなどの祝賀行事を当日挙行（を予定）していることを考慮すると、この漫言に発布された憲法への批判的意味を読みとることはできない。

また、「日本国会縁起」の連載初日の記事では、憲法発布・国会開設を迎えても「国民の大多数は政権の何ものたるを知らず、ただ私《わたくし》の労働殖産に衣食するのみにして、……」という国民の政治的無関心の現状がたしかに主題となっている。ところが、すでに分析・紹介したように、連載社説全体の福沢は、その現状を憂えたり「危惧」しているのではない。「所謂《いわゆる》百姓町人は今尚《な》ほ百姓町人にして」という現状を、福沢は日本の資本主義的発展にとって有利な条件と読みかえていたのである。つまり同書が、連載社説の初日分だけを掲載すれば、読者も帝国憲法について「福沢諭吉は危惧」していたと誤解するようになっているが、それは連載の全体の論旨を無視した明らかに不適切な編集である。編集者が無意識のうちにこういう杜撰《ずさん》な編集をする背景に、私は否応《いやおう》なく〈福沢が帝国憲法に賛成するはずがない〉という神話の存在を読みとるのである。

つぎは、『手帖』〈85号〉に掲載された野村英一「福沢諭吉と帝国憲法」という論稿である。福沢研究では異例の主題であったので、期待して読んだ。しかし結果は、やはり〈福沢が帝国憲法に賛成するはずがない〉という予断と偏見で書かれたものと判断せざるをえなかった。

問題点だけを列挙しよう。いきなり「福澤諭吉は憲法を一瞥《いちべつ》しただけでその内容が八年前に、福澤の指示で……作られた「交詢社《こうじゅんしゃ》私擬憲法案」に較《くら》べ見劣りすることが判った。」と、なんの出典も論拠もなしの文章が出てくる。つぎの3で論証するように、八年の間に福沢の憲法観は交詢社案から大きく変貌し、欽定憲法でプロイセン方式でよい、英国式の議院内閣制には反対で、議会の権限は制限するようになどという見解を、福沢自身が社説で公表・主張してきているので、この文章は明らかに架空の創作であるとしかいえない。

また、「福澤は『帝国憲法』について時事新報の論説を除くと直接人に多くを語っていない。」と書いていることから、野村は、〈資料篇〉Ⅱで紹介したように、福沢が帝国憲法を賛美している「時事新報の論説」が多数存在していることは認識している様子である。ところがそれらは、福沢は帝国憲法に批判的であったというこの小稿の論旨（と丸山の福沢神話）に矛盾し整合しないという理由で、野村は、（丸山流に）無視してしまうのである。そのうえで大胆にも「たとえお粗末な憲法であってもないよりはましということではなかろうか。」と、福沢の憲法評価についての勝手な臆測を書いている。したがって、漫言「憲法発布うわさの区々《まちまち》」は、とうぜん憲法発布を「冷やかしている。」という解釈になる。そして、連載「日本国会縁起」だけはその「骨子」を紹介しているが、福沢は帝国憲法に「批判的論陣を張っている。」「「帝国憲法」と現実の政治を痛烈に批判した」という、私と相反する（福沢神話に相応《ふさわ》しい）見解が提示されているのである。どちらの見解が妥当か、判断は読者の評価にゆだねたい。

B 「教育勅語」評価――「時事新報」社説①

つぎに、福沢諭吉の「教育勅語」評価の考察に移ろう。まず、この問題にいまなお圧倒的な影響を及ぼしているので、〈福沢諭吉が教育勅語に賛成するはずがない〉という「丸山諭吉」神話の復習をしておこう。

丸山は、教育勅語発布の三ヶ月前の福沢の論説「安寧策《あんねいさく》」から、政府の機能を「妨害の妨害」に限定する「典型的な市民的自由主義の政治観」を結論づけ、「福沢が一貫して力説したのは経済・学問・教育・宗教等各領域における人民の多様かつ自主的な活動であり、彼が一貫して排除したのはこうした市民社会の領域への政治権力の進出ないし干渉であった。」と強調し、彼が保守化した場合でもこの「政治権力の対内的限界に関する彼の原則は少しも破られていない」と主張した。そのうえで、別の著書で「教育勅語が発布されたことは、日本国家が倫理的実体として価値内容の独占的決定者たることの公然たる宣言」と把握する丸山の論理をつないでいけば、読者は否応《いやおう》なく〈福沢が教育勅語に賛成するはずがない〉という丸山のメッセージを素直に受容するであろう。

このような福沢の「市民的自由主義」の貫徹の主張と、国家の「価値内容の独占」としての勅語発布へのきびしい見方をする（一九五〇年代の）丸山であるから、「安寧策」からわずか三ヶ月後の教育勅語発布への福沢＝「時事新報」の対応には、その後、とりわけ注目したものと予想できよう。ところが、それから三〇年以上あとの一九九〇年の学士院報告でも、丸山は「教育勅語の発布に対して、一言半句《いちごんはんく》も「時事新報」で論じておりません。福沢死後の「修身要領」にも、そういう教育勅語の忠君愛国的なものは全然でておりません。」と明らかな誤りを主張しているのである（つまり、巻末〈資料篇〉4の「時事新報」社説の存在は、丸山真男関係の研究者の間では一貫して無視され、見落とされてきたのであり、既述したように、丸山がそれを認識したのが死の前年のことであり、死後、二〇〇二年の『丸山手帖』⑳号の岡部泰子の「補注」によって、ようやくその存在に言及がなされたのである）。

　掲載されてから百十年以上もたってようやく慶応義塾や丸山真男周辺の研究者にもその存在が知られ始めようとしている〈資料篇〉4の「時事新報」の社説「教育に関する勅語」の内容を見よう。この社説については、論説主幹・福沢諭吉が起案、加筆・修正に関与し、とうぜん彼の同意・了解のもとに掲載されたものとじゅうぶん推定できることはすでに確認した。

　社説は冒頭で、教育勅語の発布を「我天皇陛下が我々臣民の教育に叡慮《えいりょ》を労《いたずか》せらるるの深《ふか》き」を示すもので、その事実を日本人なら「誰か感泣《かんきゅう》せざるものあらんや。」と感激・歓迎の意向を表明した後、「今後全国公私の学校生徒は時々これを奉読《ほうどく》し、且《かつ》これが師長《しちょう》たる者も意を加へて諄々誨諭《じゅんじゅんかいゆ》怠《おこた》らず、生徒をして佩服《はいふく》せし」めて、勅語の「仁義孝悌《じんぎこうてい》忠君愛国の精神を……貫徹」

させるように要求していた。そのうえで社説は、一八七一年の文部省設置以来の教育の「方針は常に一定すること能《あた》はずして、五年にして変じ三年にして改《あらた》まり甚《はなは》だしきは一年にして其《その》精神を異《こと》にしたる事さへあり。」と発足期の文部行政の試行錯誤的な度重《たびかさ》なる改正に論及した。

日本の近代学校教育は、民衆一般がなお自生的・主体的に初等教育の必要性を認識していない時代状況にもかかわらず、一八七二（明治五）年の「学制」発布の際の「学事奨励に関する被仰出書《おおせいだされしょ》」の「必ず邑《むら》に不学の戸《こ》なく家に不学の人なからしめん」という国民皆就学の方針のもとで、「子弟」を（八年制）小学校に就学させない場合は「其《その》父兄の越度《おちど》たるべき事」が（「学制」第二一章でも）布告され、啓蒙専制主義的な「文明開化」策としてスタートした。視学や教員だけでなく、警察官、水道吏員、掃除吏員までを就学督励員として動員し、罰則規定（不就学家庭に罰金）をもうけてまで小学校就学は督責《とくせき》された。しかし、教育勅語発布当時の日本は、全国平均の小学校の（出席率を考慮した）実質就学率はやっと三五％程度という「就学督促と拒否」の時代であった（安川寿之輔「義務教育就学の社会経済的背景」―『教育の時代』一九六四年四月号、参照）。

この就学不振の打開策をめぐって、一八七二年「学制」は、「時事新報」社説が指摘したとおり、一八七九年「自由教育令」（就学条件の緩和）↓八〇年「改正教育令」（就学督責の強化）↓八五年「教育令」（貧民用の小学教場制）↓八六年「小学校令」（小学簡易科制）と、わずか一〇年余の期間に四回も改正された。福沢は当時の「小学教育」について、「幾百万の貧民は、仮令《たと》ひ無月謝にても、或は又学校より少々づつの筆紙墨など貰《もら》ふほどの難有仕合《ありがたきしあわせ》にても、なほなほ子供を手離すべからず。八歳の男の子には草を刈らせ牛を逐《お》はせ、六歳の妹には子守の用あり。……之を手離すときは忽《たちま》ち世帯の差支《さしつかえ》となりて、親子もろとも飢寒の難渋《なんじゅう》免かれ難《がた》し。之《これ》を下等の貧民幾百万戸一様の有様と云ふ。」（『全集』④四六五～六）と、民衆生活と小学校就学の乖離《かいり》の実態を正しく認識・承知していた。

にもかかわらず、第Ⅲ章3で考察するように、「国の独立は目的なり、国民の文明は此《この》目的に達するの術《すべ》なり」という『概略』で提起した当面の至上課題としての「一国独立」達成のために、福沢は、専制「政府の権威」にもとづく強制義務教育としての「強迫教育法」の必要性を明確に認識していた。そのため、民衆の生活実態に即した漸進《ぜんしん》的な義務教育就学促進策を提案するなど、当時の文部行政をバックアップさえしていた福沢にとっては、「学制」↓「自由教育令」↓「改正教育令」↓「教育令」↓「小学校令」という試行錯誤的な義務教育の制度的変遷は、許容範囲の内にあったと言えよう。

しかしながら、「自今以往《じこんいおう》、祖宗《そそう》ノ訓典ニ基《もと》ツキ、専《もっぱ》ラ仁義忠孝ヲ明《あきら》カニシ、道徳ノ学ハ孔子ヲ主トシテ」云々という一八七九年の「教学聖旨《せいし》」にはじまる儒教主義的な教育反動路線（翌年の「小学校教員心得」、西村茂樹編『小学修身訓』刊行、改正教育令による修身科の諸学科の首位への位置づけ、八一年「学校教員品行検定規則」制定、八三年「幼学綱要」の「下賜《かし》」など）に対しては、福沢は伊藤博文ら明治政府開明派とならんで、当時熱心に「反対」の論陣をはった。その福沢の意向をうけて、「社説」が「教育の当局者」に向かって、「最初は西洋流の倫理学を採用し、中頃は儒教主《じゅきょうしゅ》義《ぎ》と為《な》り、更に改まりて（森有礼《ありのり》の——安川）倫理論に復し、又近来は立国の大義云々を唱《とな》ふるなど、豹変極《ひょうへんきわま》りなくして其底止《ていし》する所を知らざるにぞ」という道徳教育の朝令暮改《ちょうれいぼかい》ぶりに苦言を呈して、「今後」は「仁義孝悌《じんぎこうてい》忠君愛国の精神」という「聖意の在る所を貫徹せしむるに懈《おこた》らざらん事」を要求したのは、当然のことであった。

以上のことをふまえて、先に紹介した『丸山手帖』⑳号の岡部泰子の「補注」を検討しよう。岡部は、「時事新報」紙が教育勅語の発布に一言半句も論及していないという丸山真男の明白な誤りを訂正したうえで、社説が「教育当局者批判という形をとった間接的な勅語批判」を主張したものと把握した（その誤りについてはDで詳述）。くわえて、「修身要領」に「教育勅語の忠君愛国的なものは全然出ておりません。」という、丸山のこれまた明らかな誤りに引きずられて岡部は、「修身要領」は、慶応義塾関係者が「「修身要領」以外のものを服膺《ふくよう》しない、即ち勅語を服膺しないという決意」表明を示唆しているという、丸山同然の誤りを拡大再生産しているのである。

C「修身要領」の評価——「独立自尊」と天皇制

「時事新報」社説が「間接的」であっても教育勅語「批判」をしたものであるという岡部泰子の主張の誤りを論証することが、ここでの主題である。しかし、その前に丸山と岡部が共通して誤っている「修身要領」問題を先に論じておく必要がある。

「修身要領」は、教育勅語発布の一〇年後、一九〇〇年二月「紀元節」の日付で発表されたもので、当時の時代にふさわしい道徳の基準を、「独立自尊」を中心とする諭吉の平素の言行を箇条書きにして示したものである。この企画自体が驚くような事実でないことは、これより三年も前に第三次伊藤内閣の文相に就任した西園寺公望《さいおんじきんもち》が、教育勅語を「もっとリベラルの方」向にむけて改正し、「人民がすべて平等の関係において、自他互に尊敬し、自《みず》から生存すると共に、他人を生存せしめることを教へ」ようと意図し、勅語改正について伊藤首相の支持と天皇の内諾をえていた事実を想起すればよい（『旧著』三四六参照）。

「修身要領」は、福沢門下の小幡《おばた》篤次郎、日原《ひのはら》昌造ら長老六名が草案を作り、福沢の閲覧をへて作成された。その際、諭吉は序文の冒頭に、「凡《およ》そ日本国に生々《せいせい》する臣民は男女《なんにょ》老少を問はず、万世一系の帝室を奉戴《ほうたい》して其恩徳を仰がざるものある可《べか》らず。此《この》一事は満天下何人《なんぴと》も疑《うたがい》を容《い》れざる所なり。」（『全集』㉑三五三）を加えるように指示して、受け入れられた。つまり、帝室を「日本人民の精神を収攬《しゅうらん》するの中心」にすえていた『帝室論』者福沢にとって、その「独立自尊」が、「帝室を奉戴して其《その》恩徳を仰」ぐ「臣民」精神を大前提としたものであることは当然であった。

「閉塞《へいそく》状況にある日本」は「第三の開国」を求められているとして、「われわれが振り返るべき時代は明治維新であり、振り返るべき人物は福沢諭吉ではないだろうか。」という問題意識で、北岡伸一は、「福沢の全体像」を『独立自尊』（講談社、二〇〇二年）という表題の著作にまとめている。北岡が福沢の「独立自尊」に日本の「第三の開国」打開の鍵を求めるのは、北岡の自由である。ところが同書は、冒頭から「「独立自尊」という言葉は、福沢がとくに好んだ言葉である。」（六）という誤りを前提にしている（増補改訂版追記――北岡は第二次安倍内閣の「安全保障の法的基盤の再構築に関する懇談会」の座長となった。増補改訂版「はじめに」で、福沢と「極右」政治家の関係を指摘したが、とりわけ安倍晋三・石原慎太郎らが福沢の「独立自尊」をもてはやしている場合の教本は、この北岡伸一『独立自尊』と推測している）。

北岡は「福沢がとくに好んだ言葉」というが、二一巻の『全集』のなかで福沢自身が「独立自尊」という言葉を使っているのは、帝国憲法発布の翌年八月の社説「尚商《しょうしょう》立国論」と、九七年に執筆し、翌年の「時事新報」に掲載されて一九〇一年の死後に刊行された『福翁百余話』の「八　智徳の独立」においてのわずか二回だけである（『年鑑』②二二九、同①五九）。それにもかかわらず、「独立自尊」が福沢の代名詞のように知られるようになったのは、「福沢がとくに好んだ言葉」だからではない。福沢は一八九八年九月に脳溢血で倒れ、「殆ど絶望」と見られたので、小幡篤次郎が仏教の風習で「戒名《かいみょう》」を用意しなければならないということで、ちょうどこの年の「時事新報」に掲載された『福翁百余話』の「八　智徳の独立」中の「独立自尊」の四字を「法名《ほうみょう》」としてえらんだのである（富田正文『考証・福沢諭吉』下、以下、『考証』と略称、岩波書店、九二年、七六七）。

そして、諭吉の健康の快復後に小幡篤次郎たちが「修身要領」を編纂《へんさん》した際に、「「独立自尊」の標語を中心に、諭吉の平素の言行を箇条書きにし」て作成し、福沢が費用を負担して、「義塾の教職員を全国に繰り出し各地に講演会を開いて、この趣旨の普及に努めさせた」（同右、七五五）ことから、以後、「独立自尊」が福沢の代名詞として広がる道がはじまったのである。問題は、その「独立自尊」の意味である。

まず最初につかわれた「尚《しょう》商《しょう》立国論」では、「商人と為《な》れば……心身共に卑屈に陥《おちい》らざるはなし。……。独立自尊の境界を去ること遠し……」という文脈で使われた表現であり、「独立自尊」を主題としておしだした論稿ではない。ところが、『福翁百余話』では、「独立自尊」の登場する「八　智徳の独立」の次に「九　独立の忠」「十　独立の孝」とつづき、一九の「余話」の表題中七話に「独立」という言葉が使われているので、福沢の「独立自尊」の意味は、この『百余話』で確認することができる。

八では、自明の智徳としての「仁義忠孝」を「特に之《これ》を徳義として特に之を尊重する」とか「特に之を勉《つと》め」るということでなく、福沢は「自然に之に適し、自《みず》から徳義と知らずして身は徳義の人と為《な》る」ことを求めている。つまり、「独立自尊」という福沢の言葉は、「独立自尊の本心は百行《ひゃくこう》の源泉にして、……是《こ》れぞ智徳の基礎の堅固《けんご》なるものにして、君子の言行は他動に非《あら》ず都《すべ》て自発なりと知る可し。」という文脈で使われており、仁義忠孝の道を他から求められてではなく、「万物の霊」といわれる人間ならば、それを「自発」的に実践するようにならなければならない、と言っているだけのものである（『全集』⑥四〇四～）。

次の「独立の忠」の場合のほうはもっと分かりやすい。「君主を仰ぐ所以《ゆえん》」を「不完全なる民心をして帰《き》する所を一《いつ》にせしむるが為《た》めの必要」と把握する福沢は、「君主の地位は容易に動かす可《べか》らず。……君位の動揺は取りも直さず民心の動揺」という前提にたって、「君主」に「生命財産を犠牲にして」でも「忠義を尽す」理由を以下のように説明した。①「君主の厳命に接して止《や》むを得《え》ず」そうするのではなく、②「又その殊恩《しゅおん》を蒙《こうむ》りて報恩《ほうおん》の為《た》めにするに非《あら》ず」、さらに、③禄《ろく》による「衣食の返礼に忠義を尽す」ことでもないとして、福沢は、「唯《ただ》自尊自重、人たるの本分を忘れず、其本心の指示する所に従ふて自《おのず》から忠義の道」を実践することが、「独立自尊」の忠義だと主張しているのである（同右、四〇六～）。「仁義忠孝」の道が近代的な「市民的精神」のはずはないし、もちろん、次の「独立の孝」をみても、なぜ人は君主に忠義をつくし、親に孝行をしなければならないのかという福沢の主張の論拠に「市民的精神」を見出すことはできない。福沢にとって親孝行は「人間の高尚至極《しごく》霊妙至極なる本心」とされている。くわしくは、「福沢の忠孝思想」を主題にした第Ⅱ章1を参照されたい。

以上からすると、北岡伸一は、「万物の霊」としての「人たるの本分」にもとづいて、自《みず》ら《か》進んで「仁義忠孝」を実践する福沢の「独立自尊の精神」が、「第三の開国」、現在の日本の「閉塞《へいそく》状況」の打開を可能にすると言っていることになるが、現代の若者はそれをどう聴くであろうか。

慶応大学教授で、戦後、文相などの要職についた高橋誠一郎が、制定七〇年後にこの「修身要領」を覆刻《ふっこく》する企画に反対したのは、この福沢の指示による序文冒頭が「教育勅語の、皇室中心主義の道徳への接近を思はせるもの」があるためであった（山住正己「「修身要領」百周年」『手帖』106号）。以上でわかるように、先の丸山の主張、すなわち「福沢死後の「修身要領」」という事実誤認とともに、「教育勅語の忠君愛国的なものは全然出ておりません。」という見解は、福沢の重要な指示と自発的な「仁義忠孝」実践の勧めを無視した「福沢惚《ぼ》れ」による「あばたもえくぼ」的解釈そのものである。また、岡部泰子の「修身要領」が慶応関係者の教育「勅語を服膺《ふくよう》しないという決意」表明であるという解釈に無理のあることも、次の事実をふくめて、明らかであろう。

慶応義塾では、作成されたばかりの「修身要領」を、皇太子（大正天皇）の結婚祝いに小幡篤次郎が絹地《きぬじ》に「謹書《きんしょ》」して、鎌田栄吉塾長が、教職員学生の総代として東宮《とうぐう》御所に「奉呈《ほうてい》」した（前掲『考証』下七五六)。この年、宮内省から三〇年来の学術・教育活動に対して五万円の「恩賜金《おんし》」を「下賜《かし》」された福沢諭吉の狼狽《ろうばい》・感泣《かんきゅう》ぶりについては、第Ⅳ章1「素顔の福沢諭吉」で、別に紹介したい。つぎに、「時事新報」社説が教育勅語「批判」をしたものという、本題の岡部の解釈の誤りの論証にもどろう。

福沢が一八八〇年代前半期の文部省による儒教主義的徳育強化路線に反対していた事実から、教育勅語にも福沢がとうぜん反対であっただろうという単純でお粗末な推測は、後述する丸山真男、遠山茂樹、田中浩らの「反儒教主義は殆ど諭吉の一生を通じての課題をなした」という神話までが加わることによって、いまもほとんど不動の見解となっている。しかしながら、この推測や見解が福沢諭吉の儒教主義反対論の中身の考察を怠ったことによって創出された神話であることは、次の第Ⅱ章1において解明する。

ここではとりあえず、簡単な事実を列挙しておくと、自由民権運動への反動的対応としての文部省の儒教主義復活路線の発端となった一八七九年の「教学聖旨《せいし》」に対しては、伊藤博文内務卿が「教育議」(井上毅《こわし》執筆)を「上奏」して、民権運動などの「抑《そもそも》弊端ノ原因ハ、既ニ専《もっぱ》ラ教育ノ失《しつ》ニ非《あらず》ス」、「風俗ノ変」は「維新ノ際、古今非常ノ変革ヲ行」った結果であるという福沢同様の見解にたって、「教学聖旨」に反駁《はんばく》している。しかし、その反駁の「教育議」を起草した井上毅が教育勅語制定に深くかかわり、伊藤博文が「大日本帝国憲法」=「教育勅語」体制確立の立役者であることは周知の事実である。

同様にして、一八八五年に初代文部大臣となった森有礼は、「今の世に孔孟の教《おしえ》を唱ふるは迂闊《うかつ》なり」と断じて、「教学聖旨」以来の路線を修正し、仁義忠孝を基本にする修身教科書を「総《すべ》て瑕《か》瑾《きん》なきを免《まぬが》れざる」をもって、八七年五月にそれら教科書の使用を差し止め、また授業時間数も削減した（『世界教育史大系』第39巻、講談社、一五八）。このように、直接儒教主義的徳育を抑圧した森有礼文相（そのことで、福沢は森の文部行政を「旧来の文明主義」にひきもどしたものと賞賛）も、兵式体操の導入をはじめとする国家主義的な忠君愛国主義教育を担ったことによって、教育「勅語」体制への直接的な推進を準備した」人物と評価されているのである（同右一五九、前掲、稲田正次『教育勅語成立過程の研究』二九六）。

以上の簡単な事実からだけでも、儒教主義徳育路線に反対した者は教育勅語にも反対したはずであるなどというお粗末な類推で、福沢の徳育思想を云々することが、福沢へのたいへん失礼な評価であることは明らかであろう。福沢が支持していた明治政府「開明派」官僚は、「教学聖旨」「教育議」に端を発して、元田永孚《もとだながざね》ら宮中の「保守派」と文教政策の主導権をめぐって対立・論争しながらも、「結局は、日本の近代教育政策の車の両輪としての意味と役割を担って、一本の軸のもとに回転」していき、「一見全く対立している儒教主義と開明政策とは、国家富強という目的の為に、相互に妥協せしめ」られたのであり、その妥協的統一が、大日本帝国憲法＝教育勅語体制において完成したのである（『旧著』三三〇〜）。

D「教育勅語」評価──「時事新報」社説②

まわり道は以上にとどめ、「時事新報」の教育勅語に関する社説の評価に戻ろう。福沢が「一貫して排除したのはこうした（経済・学問・教育・宗教等の）市民社会の領域への政治権力の進出ないし干渉」であり、他方で、教育勅語発布は「国家が倫理的実体として価値内容の独占的決定」の宣言であると、丸山真男は主張した。しかしすでに見たように、社説は「我天皇陛下が我々臣民の教育に叡慮《えいりょ》を労《いたずか》せら」れた教育関与の事実そのものに「誰か感泣《かんきゅう》せざるものあらんや。」と感激・歓迎の意向を表明し、具体的には、学校教育が勅語の「仁義孝悌忠君愛国の精神を……貫徹」させるように要求したものである。伊藤博文・井上毅・森有礼らと同様に、儒教主義徳育路線に反対した当事者として、「時事新報」＝福沢は、「豹変極《ひょうへんきわま》りな」かった朝令暮改の徳育方針の変動に苦言を呈しているが、岡部が把握するような「勅語批判」の意向はなんら表明していない（『書簡集』⑨三三九は、この社説は「問題のすり替《かえ》であり、「教育勅語」は話の「まくら」として使われたにすぎない。」という意味不明の解説をしている）。

社説が文部当局の方針の変転を批判しているのは、「教育に関する聖意の所在に至りては十年一《じゅうねんいち》日曾《じっかつ》て」不変であり、しかも勅語の文面も「一辞《いちじ》を賛《さん》すること能《あた》はず」という見事なものであるのに、当局者がその不変の「聖意の在る所を体し其《その》方針を一《いっ》にして進《すす》」まなかったことへの批判にすぎない。そして、社説の考える「聖意の所在」は、「抑《そもそ》も全国四千万の臣民は悉《ことごと》く是《こ》れ帝室の赤子《せきし》にして、三千年来の恩沢《おんたく》に浴《よく》し祖先勤王《そせんきんのう》の遺風《いふう》を伝《つた》ふるものなれば、一人《いちにん》として忠孝の情なきものある可《べか》らず。」というものであった。だから社説は、文部当局者が一貫する「聖意の所在」をしっかり受け止められなかった過去への「反省の情に切《せつ》にして今後よく聖意の在《あ》る所を貫徹《かんてつ》せしむるに懈《おこた》らざらん事を祈る者なり。」と結んだのである。

以上の教育勅語評価は、八年前の『帝室論』ですでに帝室を「日本人民の精神を収攬《しゅうらん》するの中心に」すえていた福沢の、天皇制にかかわる社会的に公表した考えそのものと把握してよい。しかし、だからといって私は、かつて「歴代の天皇……其《その》不明不徳は枚挙《まいきょ》に遑《いとま》あらず。」と主張し、「聖明の天子、……難有御代《ありがたきみよ》、……偽《いつわり》に非《あら》ずして何ぞや。」と「覚書」していた福沢が、そんな「不明不徳」の天皇が「皇祖皇宗《こうそこうそう》の遺訓」によって臣民の道徳的・精神的生活を天降《あまくだ》り的に支配することが、最高の姿であると心から考えるように変心していたと主張するつもりはない。ただ、初期啓蒙期以来ひたすら「一国独立」＝「強兵富国」路線を突き進んできた福沢が、教育勅語において、臣民の遵守《じゅんしゅ》すべき「父母ニ孝ニ、兄弟《けいてい》ニ友《ゆう》ニ……」以下のあらゆる徳目が「一旦緩急《かんきゅう》アレハ《ば》義勇公《こう》ニ報シ《ほうじ》、以《もっ》テ天壌無窮《てんじょうむきゅう》ノ皇運ヲ扶翼《ふよく》スヘ《べ》シ。」に帰結する天皇制ナショナリズムの中心理念にはつよく共感するようになっていたことは、第Ⅱ章5で考察・確認するであろう。

また、社説のように「全国四千万の臣民……一人として忠孝の情なきもの」なしとか、「仁義孝悌忠君愛国の精神」こそが日本人の最高のモラルであるとか、教育勅語の日本「教育の淵源《えんげん》」としての「皇祖皇宗《こうそこうそう》」という神話的権威に裏付けられた「国体の精華《せいか》」というものを、福沢がやはり心からそう考えたり信じたりするように変わってしまっている、と主張する意思や気持ちは私にはない（『文明論之概略』第二章の福沢の「国体」の定義とのあまりの懸隔《けんかく》に注目）。わずかでもそう考えることは、天皇制を「愚民を籠絡《ろうらく》する……欺《き》術」と承知したうえで、それを選択した「具眼《ぐがん》の識者」＝近代日本の最大の保守主義者としての福沢諭吉に失礼であることはいうまでもない。ただし、そうした支配のためという醒《さ》めた意識や思想が最晩年まで持続していたのかどうか、という興味ある問題については、第Ⅳ章1「素顔の福沢諭吉」で再論することにしたい。

Ｅ 丸山「福沢神話」に影響された具体的事例——小泉仰《たかし》と山住正己など

最後に、「大日本帝国憲法」の場合と同様に、〈福沢諭吉が教育勅語に賛成するはずがない〉という丸山「福沢神話」の影響の支配下にある具体的な事例の二、三を見ておこう（慶応義塾の最新の見解を示す『書簡集』⑦解題でも、福沢は憲法と勅語の「二つに対してきわめて冷やかで、距離を置いた姿勢を貫き通した。」という神話が再論されている。）。小泉仰《たかし》「福沢諭吉と教育勅語」（『年鑑』⑱号）は、福沢研究にとっては重要な主題を正面からとりあげた、その意味では異例の貴重な論稿である。小泉仰（福沢諭吉協会理事――以下、「協会理事」と略称）は、多くの資料の引用をふまえて、諭吉が「教育勅語そのものに対して直接一言も批評らしい言葉を漏らしていない」としながらも、「福沢諭吉は教育勅語のアンチテーゼであり、勅語に対立する立場をとった」と断定している。しかし、その問題の考察には、勅語発布直後の「時事新報」社説や憲法発布直後の福沢の社説「日本国会縁起」の検討が必要であることをすでに承知している本書の読者ならば、小泉がその両者を無視している事実だけで、これが欠陥論稿であることを見てとられるであろう。

小泉は、福沢が勅語批判の立場であったことを論証するために、『全集』から「教育の方針変化の結果」「維新以来政界の大勢」などの論稿を引用して、一八八〇年代前半の文部省が「専ら古流の道徳を奨励して、満天下の教育を忠君愛国……」「老儒碩学《せきがく》の輩《はい》を喚起し、之《これ》を教場に出して和漢の古書を教授講論せしめ……」などという儒教主義徳育路線をとったことへの福沢の批判を、その主張の証左としている。しかし、儒教主義徳育路線に反対した者は教育勅語にも反対したはずなどという類推が、お粗末で浅薄な議論であることをすでに承知した読者は、これにも納得できないのは当然であろう。じじつ、「時事新報」社説はすでに見たとおり、「聖意の所在」を体認せずに、徳育の方針の「豹変極《ひょうへんきわま》りな」かった「当局者」を叱責しながら、勅語発布には「感泣」して、

「仁義孝悌忠君愛国の精神を……貫徹」するよう要求したものであった。

小泉は、「修身要領」前文冒頭の福沢の指示「万世一系《ばんせいいっけい》の帝室を奉戴《ほうたい》……」は認識しており、また、「一身独立して一国独立すという自主独立の教え」と、「天皇への崇敬を倫理の基礎に置こうとする『帝室論』の道徳論とは、明らかに矛盾している。」という判断はもっている。しかし、「『修身要領』の基本的道徳は「独立自尊の主義」」であるという理由から、「『修身要領』は、福沢の教育勅語批判の行動的表現である」という大胆な解釈を提示している。しかし、「独立自尊」がおよそ近代的な個人の主体性や自立を意味するものではなく、「帝室を奉戴して其《その》恩徳を仰」ぐ「仁義忠孝」の「臣民」精神が「独立」や「自尊」と無縁のものであることについては、すでに一部指摘した。

「福沢は、たしかに教育勅語については発言していない。しかし」修身要領を編纂し、普及の努力をしたという小泉仰同様の理由から、それが「教育勅語への最大の抵抗であった」と（小泉よりも一〇年前に）主張しているのが、『福沢諭吉選集』第三巻（岩波書店、八〇年代版）の山住正己（同じ「協会理事」）の「解説」論文である。この解釈に無理のあることも明らかであろう。それにしても、「修身要領」が「教育勅語への最大の抵抗」の実践という山住の主張に、先の「教育勅語批判の行動的表現」という小泉の把握、さらに、教育「勅語を服膺《ふくよう》しないという決意」表明という岡部の把握を並べると、これが福沢諭吉協会の統一見解なのかナ、という皮肉を私は書きたくなる。

じつは、本書の執筆中に、私はこの福沢諭吉協会への入会希望を拒否されるという、「規制緩和」の時代にしてはきわめて珍奇な体験をした。二〇〇一年一〇月、〈『福沢諭吉書簡集』月報5〉で、『福沢諭吉年鑑』『福沢手帖』の既刊全冊の一括販売の案内があったので、本書執筆のためにも、全巻そろいで入手した。三〇年余の私の福沢研究のブランクを埋めるための貴重な研究資料であり、すでに本書でも何度か引用を重ねている。

そこで、その後に刊行されている両誌も入手を希望して、翌〇二年八月に、一括販売以後の『年鑑』『手帖』の入手方法を問い合わせたら、福沢諭吉協会への「入会案内」がもらえたので、さっそく入会を希望して指示された会費を送った。するとすぐに、以後刊行の『年鑑』『手帖』同封で、八月一三日付けの理事長の公印の押された「普通会員」承認の文書がとどいた。

ところが、一〇日後の八月二三日付けで、N理事からの三枚の丁重な手紙がとどき、同年三月に承認された「協会の定款《ていかん》」では、入会申し込みについては理事会の承諾が必要となっているので、秋の理事会を経て返事すべきであったという謝罪・説明があり、入会申し込みは保留扱いにするとして、会費も返金されてきた（『年鑑』『手帖』の返送は不要とあった）。いやな予感がしないではなかったが、仕方なく秋の理事会を待つことにした。

一〇月三一日付けで、「去る十月二三日開催の理事会において、入会の審査を行いましたが、残念ながら貴殿の入会を承認するには至りませんでした。……」と、忌避《きひ》（拒否）の理由の説明のないまま、入会不承認の返事がきた。即日、私は協会宛に次のように返信した。

「……昨年五月、『福沢諭吉のアジア認識』の著者として慶應義塾大学の講義に招かれました際は、「朝日新聞」の記事のとおり「慶応リベラリズム」の存在を実感しましたが、貴協会にはその精神は無縁のようで、残念です。／昨年、お送りいただいた『福沢諭吉年鑑』『福沢手帖』各号は研究上の貴重な資料となり、目下、執筆中の福沢諭吉にかかわる次著には何度か引用させていただきました。今後の号へのアクセスの道を閉ざされるということは、自由な学問研究を抑制・妨害する措置と考えます（会員外の購読会員の制度は、即刻用意するべきです）。自由な学問研究と両立しない「福沢精神」の普及など、福沢諭吉の望むところでしょうか？」

福沢諭吉協会は、慶応義塾とは独立した組織であるから、「慶応リベラリズム」と無縁であっても、それは協会の自由であろう。しかし、毎年『福沢諭吉年鑑』という二〇〇ページ前後のそれなりに立派な学術雑誌を発行している協会が（会員以外の入手を拒み）たんなる福沢諭吉「先生顕彰《けんしょう》会」にとどまっているのは、明らかな時代錯誤であるといわざるをえないであろう。「規制緩和」の時代に相応しく「脱皮」の努力をはじめるべきであろう。なお、同じ日本教育学会の会員である山住正己の名誉のために断っておくと、山住は病気入院中で、問題の一〇月の協会理事会には欠席した様子である。

山住正己は、「彼が教育勅語発布にさいして何ら発言せず、結局、勅語体制を支える役割を果したという評価がある」と、私の『旧著』を注記したうえで、苦しく見当違いな反論を書き並べている。まず、この「解説」が小泉同様の欠陥論文であることは、福沢の「日本国会縁起」と「時事新報」の勅語賛同社説をいっさい無視していることで明らかである。三〇余年前の私の『旧著』も、勅語賛同の「時事新報」社説を見落としていた点で、半欠陥品である。しかし、同書では帝国憲法発布のさいの連載社説「日本国会縁起」を分析・紹介して、福沢が翌年の教育勅語の臣民像と同じ人間像を提示・受容していたことを論証し、「こうして福沢は、「教育勅語」の制定にもその内容にもなんら異論をさしはさまなかっただけでなく、内村鑑三の不敬事件に端を発した「宗教と教育の衝突論争」にも参加せず、そうすることによって、近代日本の〈大日本帝国憲法＝教育勅語〉体制を力強くささえていったのである。」（三七二）と結んでいた。

ところが山住は、せっかく私の『旧著』を注記しながら、福沢の帝国憲法評価、「日本国会縁起」への論及、諭吉の「宗教と教育の衝突論争」不参加の意味などというそれぞれ重要な問題の検討をすべて怠り、次のような見当違いの反論を並べたのである。

一、儒教主義徳育路線の時代に「福沢の著作はすべて使用禁止となった。」ことを山住は強調する。しかしこの時は、加藤弘之『国体新論』ほかはいうに及ばず、文部省自身が刊行した『修身論』まで、政治や民権に関する著作がすべて同様の処置をうけたのであり、この事実は、なんら福沢の教育勅語批判につながる「急進性」の論拠にはならない。また、この儒教主義路線に反対した者は勅語に反対したはずであるという類推の誤りについてはすでに述べた。

二、つぎに山住は「慶応義塾では一般の官公立学校と違い、祝祭日にも「御真影《ごしんえい》」を拝《おが》んだり、教育勅語を奉読する儀式を行なわず、……」という話をもちだしている。これも、福沢の勅語批判の論証にはならない。一九一〇年代に至るまで「御真影」の「下賜《かし》」は私学一般になされておらず、また、高等専門教育機関では、祝祭日儀式に何をするかしないかは各学校の任意に委《ゆだ》ねられていたからである（『続・現代史資料』8、佐藤秀夫「解説」参照）。

三、「「修身要領」では道徳は変化するとされていた」のに、教育勅語の徳目は「古今中外《ちゅうがい》に通ずる」であったから、両者は「鋭く対立しており」云々と山住は解説する。それならば山住は、その「（古今中外に通ずる）仁義孝悌忠君愛国」の徳目を、「時事新報」社説が「貫徹せし」めよと要求している事実にこそ着目するべきであっただろう。

四、この「解説」論文の二〇年後に、山住正己は前掲『手帖』第106号の論稿で、高橋誠一郎の「修身要領」冒頭の「皇室中心主義の道徳への接近」批判を紹介し、「「修身要領」全体については高橋誠一郎の説に賛同」すると書いているので、山住は、不十分ながらも自説のなし崩し的な自己批判を始めていたものと私は認識している。

『現代教育の思想と構造』（岩波書店、七二年）によって、日本の教育学研究の学問的水準の向上に大きく寄与した堀尾輝久の場合も、同書の福沢諭吉解釈は、丸山真男の福沢神話の支配下にあって自立できていない。堀尾は、福沢が人間の教育を「市民の私事」とし、「国家つまり政治権力が教育に干渉してはならないという教育の中立性の古典的な思想」を表明しているとしたうえで、さらに福沢の教育論は「市民社会の古典的原則」を承認した西欧の「近代教育原則」と同様のものととらえている（四〇六～）。これらの誤りは、丸山が「価値内容の独占的決定」という教育勅語に、福沢が賛成していたことだけで明らかであろう。念のために書きそえておくと、①教育の「市民の私事」性の承認については、福沢の「苦楚疼痛《くそとうつう》」の「強迫」義務教育論（第Ⅲ章3）を、②西欧の「近代教育原則」と同類云々については、一三〇〇篇をこす福沢の教育論には「教育を受ける権利」の主張が皆無で、「人間の内面形成」の自由は教育勅語に明け渡していたこと、③「教育の機会均等」原則については、福沢がその積極的な否定論者（複線型学校制度論者）であった（本書第Ⅲ章4C）という事実などを、とりあえず紹介しておこう（増補改訂版追記――堀尾輝久の福沢諭吉理解の全面的な誤りについては、二〇一三年刊の『福沢諭吉の教育論と女性論』Iの1において詳述した）。

最後に、私の『前著』が「修身要領」と教育勅語に言及した箇所――「「独立自尊」も帝室の恩徳を「自明の前提」としたものであり、「教育勅語を基本的に許容する人間観＝教育観をすでに確立していた」を、引用して、なんの論拠も示さないまま、これが安川の「誤読」であると決めつける近著（堀孝彦『日本における近代倫理の屈折』未来社、二〇〇七）のあることを書きそえておこう。

これについては、私の論拠はすでにじゅうぶん記述してきたので、堀も〈福沢が教育勅語に賛成するはずがない〉という「丸山諭吉」神話の信者らしいナ、という感想をもったことを指摘するだけにとどめたい。

II

「大日本帝国憲法＝教育勅語」体制受容への福沢の思想的道のり

以上の第Ⅰ章の考察によって、〈福沢諭吉が「大日本帝国憲法」や「教育勅語」に賛成するはずがない〉という、今なおひろく信じられている丸山真男によって創出された福沢神話の誤りは、明らかになった。確認すると、〈1〉では、丸山が福沢の生涯貫徹していた「唯一の原理論」であるという『文明論之概略』の認識・主張が、大日本帝国憲法発布時の福沢の論稿「日本国会縁起」や翌年の「国会の前途」の認識・主張によって明らかに破綻していることを論証することで、〈『文明論之概略』＝福沢の原理論〉という丸山の主張が、彼自身が懸念していたとおりの「ドグマ」そのものであることを明らかにした。また〈2〉では、いままでその存在自体が知らされずに無視されてきた、福沢が「大日本帝国憲法」と「教育勅語」そのものを直接・間接に賛美し積極的に肯定していた諸論稿を紹介・解明することで、「丸山諭吉」神話の誤りを明らかにした。

したがって、〈福沢諭吉の「大日本帝国憲法」＝「教育勅語」体制評価〉の考察は、ここで終わったとしても問題はない。しかし、『『文明論之概略』を読む』上・中・下（岩波新書）の長期にわたる売れ行きや、二〇〇三年にも『丸山真男集』の第三次刊行の予約募集がなされ、死後の丸山真男手帖の会『丸山真男手帖』が千人近い読者を擁している事実などが示唆するように、日本における丸山真男の学問的権威は依然としてたかく聳《そび》え立っている。だから、丸山の福沢諭吉神話を解体するには、念には念を入れた過剰なまでの考察が必要と思われる。

そのため第Ⅱ章では、丸山がその存在を無視したり、私と異なる読み方をしている巻末の〈資料篇〉9から41の福沢の著作・論稿の分析・考察にとり組む。初期啓蒙期から帝国憲法・教育勅語発布時にいたるこれらの福沢の論稿を読み解いていけば（つまり、福沢にただしく内在化しさえすれば）、福沢諭吉が帝国憲法と教育勅語を許容し受容していった道のりが手にとるように明らかになる、というのが私の見解である。

1　福沢の忠孝思想――儒教主義「反対論」の中身

A　福沢の忠君論

〈資料編〉9「或云随筆《わくうん》」は、「君に忠を尽すは人臣の当然」としたうえで、「封建世禄《せいろく》の臣」のように、藩主「一筋《ひとすじ》に国君一身の為と思ひ、万一の時は一命《いちめい》を捨《すつ》る抔《など》と腹を据《すえ》て安心する」者は、「所謂《いわゆる》愚忠」であるとして、福沢が、「文明の君子たらんものは、……世界万国の事情」に通じ、「外国に引けを取らざる様《よう》、国威を張り、外国に砲艦の利器あれば我国にも之《これ》を造り、外国に貿易富国の法あれば我国も之《これ》に倣《なら》ひ、一歩も他に後《おく》れを取らざる」ようにすることが、「尽忠報国」

の道であると説いたものである。このように、「君に忠を尽すは人臣の当然」と考えていた福沢が、中期保守思想の確立の一環として、「愚民を籠絡《ろうらく》する」欺《き》術としての天皇制を選択した後は、忠誠の対象を藩主から天皇に移し、初期啓蒙期に「他日為《な》す所あらん」と公約していた「一身独立」の課題を放置してきた道のりのつけとして、積極的に忠君ナショナリズムを主張するようになっていくのは必然的な帰結であった。年代順に、まずその事実を確認しておこう。

25「立憲帝政党を論ず」では、「帝室……に忠を尽すは唯《ただ》外面の義務に非《あら》ず、万民熱中の至情と云ふ可《べ》きものなり」。27『帝室論』では、「我帝室の一系万世《いっけいばんせい》にして、……此一点は皇学者と同説なるを信ず。……今日国会の将《ま》さに開《ひらけ》んとするに当《あたり》て、……我帝室は日本人民の精神を収攬《しゅうらん》するの中心なり。」日本の「軍人……帝室の為《ため》に進退し、帝室の為に生死するものなりと覚悟を定めて、始めて戦陣に向て一命《いちめい》をも致す可《べ》きのみ。」28「徳教之説」では、「我日本国士人《しじん》の為《ため》に道徳の標準と為《な》す可《べ》きもの……報国尽忠等の題目を以《もっ》て最も適応のもの」、「諸外国に誇る可《べ》き一系万代の至尊を奉《ほう》戴《たい》し、尽忠の目的は分明にして曾《かつ》て惑迷《わくめい》す可《べ》き岐路を見ず、……日本国民は唯《ただ》この一帝室に忠を尽して他に顧《かえりみ》る所のものある可《べか》らず。」33『尊王論』では、「我大日本国の帝室は尊厳神聖なり。吾々臣民……其《その》これを尊《とうと》むや、……殆《ほとん》ど日本国人固有の性に出でたるが如くにして……」などなど。

これほど多くの福沢の尽忠報国の主張があるにもかかわらず、丸山真男は、福沢のナショナリズムが「忠君ナショナリズムとはまったく異質のもの」(梅本・佐藤・丸山『現代日本の革新思想』河出書房、六六年）という、これまたたいへん大胆な主張をしているので、福沢自身がそれをどう説明・把握しているのかを見ておこう。

『丸山集』を繙《ひもと》いての丸山真男について気づいたことの一つは、この場合のように、学問や科学の世界であるのに、彼が「まったく」とか「完全に」「百パーセント」などという強調語をいとも簡単につかう研究者であるという特徴である。よほど自分に自信があったのであろうか。もっとも、それと同時に気づくのは、「……の陥穽《かんせい》に陥らなかったとはいえない。」とか「百パーセント実現したとはいえない」という表現で、丸山はたえず慎重、巧妙に逃げ道を用意しているという相矛盾した印象もつよい。

「我日本国士人《しじん》の為《ため》に道徳の標準と為《な》す可《べ》きもの」は「報国尽忠……忠義報国……尽忠報国」であると主張した[28]「徳教之説」のなかで、福沢は、それが「一部分は儒教に助けられたるものなれども、尚《なお》これよりも有力なるは封建の制度にして」、「封建主従の制度……忠義……今や封建の制度は廃したれども、一度《ひとた》び高尚の点に達したる道徳心は其《その》社会の中に存し」「封建の制度は廃したれども士人《しじん》忠誠の心は消滅す可《べ》きに非《あら》ず。……諸外国に誇る可《べ》き一系万代の至尊を奉戴《ほうたい》し、尽忠の目的は分明にして曽《かつ》て惑迷《わくめい》す可《べ》き岐路を見ず」とくり返し説明した。つまり、「尽忠報国」が儒教思想と封建主従制度によって形成された忠義、忠誠心そのものであり、その対象が主君から天皇に移されたものであると福沢自身は把握していた。「忠君ナショナリズムとはまったく異質のもの」という丸山の主張の誤りは明らかである。

B 福沢の孝行論

〈資料篇〉10「中津《なかつ》留別《りゅうべつ》の書」の「親に孝行は当然のことなり。……余念なく孝行を尽すべし。……唯一心《ただいっしん》に我親と思ひ余念なく孝行を尽すべし。」や13『学問のすすめ』第八編の「親に孝行するは固《もと》より人たる者の当然。」に見るとおり、福沢にとって、子どもが親に孝行することは自明のことであった。しかもそれは、11『童蒙教草《どうもうおしえぐさ》』の「父母の心宜《よろ》しからずして無理をいふとも、子たる者はこれに堪《た》へ忍びて尚《なお》も孝行を尽さざるべからず。」（これ自体は訳本である）に明らかなように、ダメな親の場合も選択の余地のない至上のモラルであった。そのことは、『文明論之概略』第三章における「君臣の倫《みち》」と「父子の倫《みち》」の対比の議論によっても、次のように裏付けられていた。

「文明は至洪至寛《しこうしかん》なり。豈《あに》国君を容《い》るるの地位なからんや。国君も容《い》る可し、貴族も置く可し、何ぞ是等の名称に拘《かか》はりて区々《くく》の疑念を抱くに足らん。……国の文明に便利なるものなれば、政府の体裁《ていさい》は立君にても共和にても其《その》名を問はずして其実を取る可し。」（『全集』④四二）とあるように、

「先進国」（とりわけ、英国の王制）の学習をふまえ、福沢は、維新後の日本の「王政復古」による天皇制の存在自体は、自明のことと考えていた。しかし、初期啓蒙期の福沢は、この君主の行政権を認め「奉尊」する所以《ゆえん》について、「彼《か》の皇学者流」は「政治上の得失に求めずして、之《これ》を人民懐《かい》古《こ》の至情」に求めているが、「鎌倉以来人民の王室を知らざること殆《ほとん》ど七百年……」だから、皇学者流のように「新《あらた》に王室を慕ふの至情を造り、之《これ》（人民――安川）をして、真に赤子《せきし》の如《ごと》くならしめんとする」ことは、「今世《こんせ》の人心と文明の有様とに於《おい》て頗《すこぶ》る難《かた》きことにて、殆《ほとん》ど能《よく》す可《べか》らざる」（第十章、『全集』④一八七）ことではないのか、という冷静な判断をもっていた。

　そのため、『概略』第三章では「君臣の倫を以て人の天性と称し、……君臣の分は人の生前に先《ま》づ定《さだまり》たるもののやうに思込」むことに反対し、福沢は「君臣を人の性と云《い》ふ可《べか》らず。」（『全集』④四四）と主張していた（すでに見た論稿「国会の前途」では、福沢は帝室の「尊崇敬愛」は日本人の「骨に徹し」た「天性」であると臆面もなく主張するようになっていた）。上記と同じ冷静な判断で、丸山真男の称揚する第九章の「権力の偏重」論では、「親子の交際あれば親子権力の偏重あり」（『全集』④一四六）といって、孝行という親子関係にも問題のあることを示唆していた。しかし結局、福沢は、「凡《およ》そ人間世界に父子《ふし》夫婦あらざるはなし、長幼朋友あらざるはなし。此《この》四者は人の天稟《てんぴん》に備《そな》はりたる関係にて、これを其《その》性と云ふ可し」（『全集』④四四～五）と書いて、「君臣の倫《みち》」より「親子の倫《みち》」の弊害は少ないと判断したのであろうか、（幼くして父を失った彼の境遇もかかわり）彼は生涯、親「孝行」を疑いや批判の対象とすることはなかったのである。

したがって、すでに見た「修身要領」によって「独立自尊」の道徳を鼓吹《こすい》した場合も、福沢は、「あれはチャンと立派に思想の固まった者が一身を処する上のことで、幼い子どもが独立自尊などということを……親の命令にも従わない、教師の教訓をも守らないなどと云うことになっては以ての外の事」(『年鑑』㉔二一〇)と心配して、慶応義塾の小学生(幼稚舎生)が「修身要領」の「独立自尊」の精神を誤解しないように、自《みずか》ら「今日子供たる身の独立自尊法は、唯《ただ》父母の教訓に従って進退す可きのみ」という訓示を書きあたえたのである。その福沢の直接の指示で鎌田栄吉が作成した「幼稚舎修身要領十個条」では、「第二条……男らしくふるまふべし。」「第六条　父母を親《いつくし》み敬《うやま》ひて其《その》心に従ふべし。」(同右、二一二)と規定されていた。

次著にまわすことになった福沢の教育論の原点として、記憶にとどめておいていただきたい。福沢の「独立自尊」とは、「臣民」としての日本人が「帝室を奉尊」することと、その大人《おとな》の「臣民」に子ども(男児)が服従して親孝行すること、「男らしさ(、女らしさ)」の神話に呪縛されることを自明の大前提としていたのである。それを考えると、福沢の「独立自尊の精神」が閉塞《へいそく》状況にある現代日本の「第三の開国」の鍵になるという第I章2Cで紹介した北岡伸一『独立自尊』の主張に、現代の若者が耳を傾けることを期待するのは到底無理といえよう。

C 福沢の儒教主義「反対」論なるもの

第Ⅰ章2Cで言及した「反儒教主義は殆ど諭吉の一生を通じての課題をなした」（『丸山集』②一四二）という六〇年前に丸山のつくりあげた神話（遠山茂樹『福沢諭吉』東京大学出版会、七〇年、二四六もこの神話に追随）については、諭吉本人が「本来古主義の腐敗は其《その》主義の腐敗に非《あら》ずして、神官儒者僧侶輩《はい》の腐敗に外《ほか》ならず。……社会の道徳を維持するの効能、必ず疑ふ可《べか》らず。……我輩は啻《ただ》に古主義を排斥せざるのみか、寧《むし》ろ其主張者を以て自《みず》から居《お》る」（『全集』⑯二八四）、「古学流儀の忠勇義烈……時節と場合とに由《よ》りては大《おおい》に必用……正宗《まさむね》の宝刀」（『全集』⑭三〇七）、「非常の忠孝は正宗の宝刀を袋に蔵《おさ》めて抜かざるが如く……深く心に蔵めて敢て他人に譲らざるものなり。」（『全集』⑮二二七～八）と、とりわけ晩年、日清戦争前の時期からくり返し主張していた。それにもかかわらず、一九九〇年代にいたっても「福沢は、生涯をかけて、儒教主義と格闘……断固対決した」（田中浩『近代日本と自由主義』岩波書店、一五六）という信奉者・同調者が絶えないことからいえば、学説的には、丸山の福沢＝「反儒教主義」はいまだに生きている。したがって、福沢の忠孝思想の考察を、ここで打ち切りにすることはできない。

福沢の「反儒教主義」が儒教主義「反対」論でないことは、『旧著』の後篇第四章「徳育・宗教論」で詳細に論証した。いまだに無視され続けている私の不名誉を思わないわけではないが、こんな明白な事実を、本書で再論するほどの暇も「人のよさ」も私はもち合わせていない。だからここでは、同書で論証した結論だけを列挙して紹介するにとどめたい（注記は略）。

(1)〈一国独立=強兵富国〉を至上課題とした福沢は、「修身《しゅうしん》、斉家《せいか》、治国《ちこく》、平天下《へいてんか》」自体には反対どころか「一《ひとつ》も申分《もうしぶん》ある筈《はず》な」いとしながら、一九世紀末の弱肉強食の帝国主義時代の「対外認識」が当然ながら儒教には欠落しているので、その視点を補った「修身、斉家、治国、平天下、外国交際、国権拡張」という経書の修正増補を求めた。また、儒教の教えが非日常的な戦争時などの「非常の忠孝」モラルなので、彼はそれを「人民平時の忠義」に再編成することを求めていた。しかし、同時に福沢諭吉は、「非常の忠孝」を一度たりと否定したことはない。すでに見たように、「古学流儀の忠勇義烈又は排外自尊の主義」は「正宗の宝刀」であるから、日ごろは「深く鞘《さや》に納めて抜かざるは治世の武士の嗜《たしな》みなり」としたのである。だから、日清戦争を迎えると、『前著』でも紹介したように、これまでは「態《わざ》と世論に雷同せざりしのみ。」と言って、鞘に納めてきた「正宗の宝刀」をぬき放った諭吉は、全国第二位の巨額の軍事献金をし、「報国会」組織の先頭に立ち、論説「日本臣民の覚悟」において「チャンチャン……皆殺し」戦争のために、臣民は「財産を挙《あ》げて之《これ》を擲《なげう》つは勿論、老少の別なく切死《きりじに》して人の種《たね》の尽きるまで」戦うようにと熱狂・呼号したのである。

(2) 福沢がつよく儒教主義に反対したのは、「面壁《めんぺき》九年能《よ》く道徳の蘊奥《うんのう》を究《きわ》むべしと雖《いえど》も、……蒸気の発明は迚《とて》も期《き》す可《べか》らざるなり」という強兵富国路線の殖産興業の視点で、儒教主義では「到《とう》底《てい》文明進歩」をはかれないからという理由であった。これはすでに見た儒教主義教育路線に反対した伊藤博文・井上毅・森有礼ら開明派官僚にも共通の常識であり、しかも、彼ら自身が教育勅語の制定へと帰着した点でも諭吉と同じ道のりをたどっており、この点に福沢の独自性を見ることはできない。儒教主義道徳の主張者であった西村茂樹でさえ、「今日ニ在《あ》リテハ孔孟ノ教ニモ亦《また》足ラサル所アリ」、「西国の如《ごと》き富強を得んと欲せば、卑屈柔順の風を改めしめざるべからず」といって「独立の思想」を問題にしていた時代である。

(3) これと類似するのが、福沢の著書『徳育如何《いかん》』『福翁百余話』における「自主独立の一義」をもって「君に仕《つか》ふ可《べ》し、以《もっ》て父母に事《つか》ふ可《べ》し、……以《もっ》て長幼の序を保ち」云々や、「独立の忠」「独立の孝」という彼の主張である。「独立自尊」の場合と同様に、「自主独立」や「独立」という言葉に飛びついて、武田清子らはこれを「独立自尊の市民的精神」、「自主独立の徳育」と把握した。しかし『徳育如何』の半年前に福沢は『帝室論』を著《あらわ》し、「数百千年来君臣情誼《じょうぎ》の空気中」に生活してきた「我日本国民」の「精神道徳」は、「唯《ただ》この情誼《じょうぎ》の一点に依頼」しなければならないとして、彼は、帝室を「日本人民の精神を収攬《しゅうらん》するの中心」にすえるとともに、以後その「愚民を籠絡《ろうらく》する」天皇制構想を生涯変えることはなかった。

したがって、「周公孔子の教」を包羅《ほうら》するという福沢の「自主独立」の徳教が、「君臣情誼《じょうぎ》」という枠組みの中での「自主独立」＝自発性にすぎないことは、「修身要領」の場合と同様である。福沢の代名詞のようになっている「独立自尊」を福沢自身が使うのは、既述したように、晩年の『福翁百余話』以来のことである。『百余話』での「独立自尊」の登場直後に、それ自身形容矛盾の徳目「独立の忠」と「独立の孝」が登場する。これらが「独立自尊の市民的精神」であるという類《たぐい》の武田清子らの解釈がなお横行しているので、あえて再論しておこう。

「独立の忠孝」道徳というのは「他に促されて」実践するものではなく、「自然に発する」自発的な道徳のことである。この場合、「他に促されて」という意味は、既述したように、「君王の厳命に接して止《や》むを得ず」とか、「殊恩《しゅおん》を蒙《こうむ》りて報恩の為《た》めに」とか、禄《ろく》による「衣食の返礼に忠義を尽す」ようなそれをさしている。戦後民主主義世代の私にとっては、封建的な「忠孝」道徳を市民社会において自発的に実践するということ自体、理解不能な考えである。忠孝という自己の抑制と圧殺の道徳を自発的に実践するということは、他律的に余儀なく実践する場合以上にマゾヒスティックな悪ではないのかと考える。さすがに福沢も、それが無理な要求であるという自覚はあったようで、なんとか近代の国民（臣民）に納得させようとして、次のような苦しい解釈を展開する。忠孝が自発的な忠孝でなければならない理由を、福沢は、「君主」が「文明の目的」である「社会の安寧」維持の役割や機能を果たしているのだから、臣民はその「社会の安寧」確保のために、君主に

「忠」義をつくすのであり、親は「我(子どもの——安川)為にしたる恩人」だから、子どもは自発的に親に「孝」行しなければならないと説明するのである。

しかしながら、忠義の説明については、何のために「社会の安寧」の維持が必要なのかという本質的な問題（国家の存在理由）が不問に付され隠されている。つまり、「君主」がいなくても「社会の安寧」を維持する方法は別にありうるのに、なぜ国民は「君主」に「忠」義をつくさなければならないのか、アメリカのように別の社会制度がありうるのに、なぜ福沢は国民に「万世一系の宝祚《ほうそ》」を一方的におしつけるのかという、誰にでも考えられる疑問が残らざるをえない。孝行については、親が「人力《じんりょく》のあらん限りを尽して」子どもを養育することは、普通は「無償の愛」と考えられているのに、福沢はそれを勝手に親の「恩」義の行為ととらえるのである。だから「大恩人」としての「至親に接して至情の発するは自然のこと」で、「孝行は驚くに足らず、驚く可きは唯《ただ》不孝のみ」という。私には、見返りの必要のないものが「無償の愛」ではないのか、という以上のことは考えられない（勝手に自分を生んでおいて、「恩」や老後の世話を期待するのはおかしいと考える子どもがいても、現代ではべつに驚くにあたらない）。

以上のように、諭吉の儒教主義「反対」論は、福沢版「東洋の道徳、西洋の芸術（技術）」そのものである。西洋の技術の導入を妨げる限りにおいて、儒教主義は制約されるが、モラルとしての儒教主義自体は「帝国主義の時代」的な修正・増補を行いさえすれば問題はないのである。修正・

増補は、「修身斉家治国平天下」に「一国独立」を至上課題と意識する国際関係認識（外国交際、国権拡張）を加えればよい。そして、国家のために生命・財産をなげうつような非常時の忠孝を別とすれば、福沢は、その道徳を日常的なものに組みかえて、天皇への忠義と親への孝行を、他（社会や先生や親）から求められるからではなく、自立的・自発的に実践できるような、そういう「自主的」な道徳として定着させることを期待していたのである。その限りにおいて、これは大日本帝国憲法を支える「教育勅語」的な「期待される臣民」像そのものであった。

2　初期啓蒙期自体の福沢の限界と変容の兆《きざ》し

〈資料篇〉12『学問のすすめ』第3編の定式〈一身独立して一国独立する事〉が、福沢諭吉研究史上最大の誤読箇所であることを、私は『前著』序章で論じた。丸山真男の〈福沢諭吉が大日本帝国憲法と教育勅語に賛成するはずがない〉という神話の最初にして最大のつまずきとなったのは、第一に、初期啓蒙期のこの定式の誤読（読みこみ過ぎ）と、第二に、『文明論之概略』が福沢の「原理論」であるという誤った把握にある。ここでは、この二つの問題を、福沢の「初期啓蒙期自体の限界」ととらえることにして、丸山の神話の解体のために、『前著』をさらに掘りさげて論及したい。

『前著』では定式〈一身独立して一国独立する事〉の誤読事例として、丸山以外に遠山茂樹、服部之総、（一時期の）家永三郎、岩井忠熊の名をあげた。これが福沢研究史上の最大の誤読箇所であることの確認のために、他の事例を見ておこう。加藤周一も「一身独立」を「国内の「民権」伸長」と勝手に解釈して、この定式は「外に対する「国権」の伸長という目的を達するためには国内における「民権」の伸長が必要だ」という意味と把握している（『加藤周一セレクション2』平凡社、二八九〜九〇）。ひろたまさき『福沢諭吉研究』（東京大学出版会、七六年）の「啓蒙期にあっては一身独立は一国独立と直結し、同じ理論で説かれていた。」（二一八）、「啓蒙的ナショナリズムの中核的理念は一身独立であった。」（二二〇）が、一番前向きの解釈である。「まえがき」でふれた飯田鼎『福沢諭吉研究』の「「一身独立して一国独立」という個人主義思想を要約したもの」は、これに近い解釈となろう。

これに対して、福沢美化論者の中でも実証主義的な福沢研究者として評価のたかい伊藤正雄の『現代語訳・学問のすすめ』（現代教養文庫、七七年）の定式についての「解説」は、「初編にすでにその一端を見せた国家独立論を、……拡大させたものといえよう。『学問のすすめ』

の中でも、ナショナリストとしての福沢の面目を最も発揮した」ものと見ている。私には素直に同意できる解釈であるが、この解釈は稀有《けう》の例外的な事例である。定式を福沢がどう主張しているのかという研究と無関係に、定式〈一身独立して一国独立する事〉そのものを、「国語」的に普通に解釈すれば、「一身独立」の重要性を主張したものと解釈できる表現であることはいうまでもない。中島岑夫が「福沢のこの「一身独立して一国独立す」という大旗は、今日なおもっとも勇気と闘志にあふれたスローガンであるといえるだろうと思います。」(『年鑑』⑱一四四)と講演している場合が、その国語的解釈の典型であろう。

今回『丸山集』を読んで、福沢神話の「教祖」丸山真男がさらに前向きの解釈をだしていることを知った。「一人一人が主体的に祖国の運命を担う。……福沢の「一身独立して一国独立す」――〃個人の独立なくしてなんの国民的独立ぞや〃ですね。あれがパトリオティズムで、所属的、もたれかかり的「くに」意識とは反対なんです。それこそ、福沢の掲げた最も根本的な命題で、ほとんど永久革命的課題だと思うんです。」(『丸山集』⑪二二一)。

A　定式〈一身独立して一国独立する事〉の再検討

――四人の異なる『学問のすすめ』の読み方

『学問のすすめ』第三編の定式〈一身独立して一国独立する事〉が、福沢諭吉研究史上最大の誤読箇所であることは、以下によって、あらためてすぐ明らかになる。しかし、そこが「最大の誤読箇所」という大胆な指摘は、日本では『前著』がはじめてである。それだけに、未見の読者には、以下を読む前に、直接、『すすめ』第三編の定式部分を読んでいただけるよう、特別にお願いしたい。先行研究の解釈の無理はたちどころに理解できるはずであるが、そのことを一度自分の目で確認願いたい。そうすれば、本書〈資料篇〉12の『すすめ』第三編からの私の引用が作為的なものになっていないことも、あわせて確認願えるからである。

〈資料篇〉12の定式は、「独立の気力」のない人民は、①「国を思ふこと深切《しんせつ》ならず」、②「外国人に接するときも亦《また》独立の権義を伸《のぶ》ること能《あた》はず」、③「人に依頼して悪事を為《な》すことあり。」という三点の「災害」をもたらすという理由から、福沢が、「国中の人民に独立の気力なきときは一国独立の権義を伸ること能はず。」という判断を提示して、人民は「柔順なること家に飼たる痩犬《やせいぬ》の如《ごと》」き「平民の根性」を拭《ぬぐ》いさり、「独立の気力」をもつように呼びかけたものである。そして彼が「全国に充満せしめ」るように求めた肝心の「独立の気力」や「自由独立の気風」の中身は、いきなり「国のためには財を失ふのみならず、一命《いちめい》をも抛《なげうち》て惜《おし》むに足らず。」という「報国の大義」であった。

つまり、『すすめ』第三編の主題は、もっぱら「一国独立する事」のみである。なぜ「一国独立」あるいは国家そのものが必要なのか、その存在理由はなんら問われていない。どうすれば「一国独立する事」ができるのかという、その必要条件が論じられているだけである。丸山が「一国独立」とパラレルな「同時的な課題」であると勝手に解釈している「一身独立」という課題は、「自《みず》から心身を労《ほねおり》して私立の活計を為《な》す」とあるだけで、一体どうすれば可能になるのか（『すすめ』第四編では、日本の人民の精神的自立の欠如が専制政治の結果であると認識）、そのために必要な政治的・経済的・社会的条件などは、なにも論じられていない。いわんや、すぐ次のB(1)で紹介する丸山論文の「国家を個人の内面的自由に媒介せしめた……」という解釈のような「個人の内面的自由」を、福沢はなにも論じていない。

　求められているのは、唯一の主題である「一国独立する事」を達成するための、一身「独立の気力」、「自由独立の気風」という精神のみである。そして、先行研究の大半が不問に付してきた肝心《かんじん》要《かなめ》の「独立の気力」、「自由独立の気風」とは、「国のためには財を失ふのみならず、一命《いちめい》をも抛《なげうち》て惜《おし》むに足らず。」という「報国の大義」そのものであった。いいかえれば、福沢が定式〈一身独立して一国独立する事〉で論じ、人民に求めていることは、ただ「国のためには財を失ふのみならず、一命《いちめい》をも抛《なげうち》て惜《おし》むに足ら」ない「報国の大義」という一方的な「愛国心」のみであった。そのことは、福沢が一番早く「一身独立……一国に及」ぶことを表現したと思われる一八七〇（明治三）年一月の九鬼隆義宛の書簡によって裏づけられている。「一身の独立一家に及び、一家の独立一国に及び、始て我日本も独立の勢《いきおい》を成し可申《もうすべく》、所謂《いわゆる》報国尽忠とは是等の事にも可在之哉《これあるべきや》に愚考仕《つかまつり》候《そうろう》。」の書簡内容から推測すれば、福沢の「一身独立して一国独立する」は「報国尽忠」におきかえることも可能な定式であったのである。

ところが丸山真男は、初期啓蒙期の福沢の国際関係認識は「国家平等」であるという誤った認識を前提にして、維新当初の福沢には基本的な課題が二つあり、「一つは日本を「国民国家」にすることであり、もう一つは日本を「主権国家」にすること」（『丸山集』⑭二八一）であったとして、この定式において、その二つの課題の「内面的連関というものが、最も鮮《あざや》かに定式付けられ」ており、「個人的自由と国民的独立、国民的独立と国際的平等は全く同じ原理で貫かれ、見事なバランスを保っている。それは福沢のナショナリズム、いな日本の近代ナショナリズムにとって美しくも薄命な古典的均衡の時代であった。」（『丸山集』⑤二二二）と把握する。

丸山だけでなく、服部之総、遠山茂樹、（一時期の）家永三郎、加藤周一、ひろたまさき、岩井忠熊などの先行研究もそろって同様に誤読した。しかし、福沢自身は、『すすめ』第三編の「一身独立」の中身について、先学たちが勝手に読み込んだ「民権の確立」「個人的自由」「近代的国民意識」などについて、なにも議論しておらず、自明の前提課題としての「一国独立」達成のために「国のためには……」という「報国の大義」が必要であると主張しているだけであった。

『前著』では、敗戦前夜までの軍国日本の社会においては、日本の国民は、「一旦《いったん》緩急《かんきゅう》アレハ《ば》」「死ハ鴻毛《こうもう》ヨリモ軽シト覚悟」して、福沢の定式同様に、「お国のために」生命も財産もなげ捨てることを求められていた。一九四五年八月一五日の正午の「戦争終結」の「玉音放送《ぎょくおん》」の時間、その瞬間まで、日本人はそういう生き方、死に方を求められ続けていた。また、そういう戦時体験をもったからこそ、以後、「平和と民主主義」のために奮闘するように変わったばかりの時代であるはずである。ところが、この福沢の「国のためには財を失ふのみならず、……」という一方的な「報国の大義」という、一身「独立の気力」論の中身を、戦後の福沢研究が一向に問題視しないことに、私は疑問を提示した。この疑問こそが私の長年の福沢諭吉研究の出発点であった。

『前著』刊行後、幸いなことに、この疑問にひとつの回答をえた。安川『前著』に「恩恵を蒙《こうむ》った」という岩崎允胤《ちかつぐ》『日本近代思想史序説・明治期前篇』上（新日本出版社、二〇〇二年）に次のような記述を見つけたのである。

「撃《う》ちてしやまん」、「一億玉砕《ぎょくさい》」などのスローガンがあふれていた戦時期に、『すすめ』を読んだ岩崎は、「この戦争に反対で孤独な辛《つら》い思い」をしていたので、『すすめ』の「約三編にみられる思想にはどうしても同意できなかった。」「かれのいう、国のために「命を棄てる」「一命《いちめい》をも抛《なげう》つ」などの言葉など、とんでもないことのように思えたのだった。」（二五〇）「爾来《じらい》筆者には福沢は縁遠い思想家となり、……」（六四）と書いている。この岩崎と、「福沢を読みはじめると、猛烈に面白くてたまらない」という丸山を、いきなり同列に対比・論評する意思は、私にはない。

この時代の日本の青年の思想形成について考察したことのある私は、言論・表現の自由がきびしく閉ざされ、家永三郎がわずか一〇年そこそこで学生の思想が「あまりにも大きく変化」させられたと指摘するような、戦争とファシズムに向けて国をあげて急激に変化していく時代状況の中では、青年の思想形成の考察にあたっては、世代論的考察が有効であり、かつ必要であるという認識を私はもつにいたっていた。その認識からみると、岩崎・丸山の二人は異なる世代であり、私の分類では、一九一四年生まれの丸山真男は「前わだつみ世代」であり、二一年生まれの岩崎允胤は「わだつみ世代・自由主義思想残光期」となる（安川寿之輔『十五年戦争と教育』新日本出版社、二三二。ほかに安川「国民の戦争責任再論」『わだつみのこえ』第一一〇号、九九年八月）。

岩崎は二〇歳頃に『すすめ』を読み、その論旨が「十五年戦争時の、大政翼賛《よくさん》的、大衆迎合的な文筆家の論調と、……一致するところがあると痛感し……この書から驚いて離れた」（六三〜）。同じ頃、東京帝大法学部助教授となっていた丸山真男は、「ともかく福沢を読みはじめると、猛烈に面白くてたまらない。面白いというより、痛快々々という感じです。……とくに『学問のすすめ』と、この『文明論之概略』は、一行一行がまさに私の生きている時代への痛烈な批判のように読めて、痛快の連続でした。」（『丸山集』⑬三九）という。そして丸山は、一九四二年に「福沢諭吉の儒教批判」、翌年に「福沢に於ける秩序と人間」を書いて、生涯にわたる福沢研究を開始した。

同じ時代に同じ書物をこれだけ対照的な異なる読み方をしていたという事実は、二人が異なる世代であるにしても、たいへん興味深い。くわえて、二人とはまたずっと後の世代になる中野敏男

（一九五〇年生まれ）が、『大塚久雄と丸山真男――動員、主体、戦争責任』（青土社、〇一年）において、上記の丸山の文章を引用して、「「痛烈な批判」というのは時に「熱烈な参与」にも等しい。……この福沢を持ち出す丸山自身が、総力戦という同時代の状況の中で、下からの力を十分に生かし切れていないと見える同時代の動員の不備に大いに苛立《いらだ》っているのである。福沢はそれを批判してくれていたのだ。」と分析し、当時の丸山自身の「国民を従前の国家的秩序に対する責任なき受動的依存状態から脱却せしめてその総力を政治的に動員するという課題……」という文章も引用して、当時の丸山を「確信せる戦時総動員論者となっている。」（一七二）と規定している。この刺激的で興味ある規定も意識しながら、同じ『すすめ』の読み方について、いましばらく考察しよう。

ただし、そのためにも、岩崎と中野のちょうど中間の世代に位置する一九三五年生まれで「少国民・学童疎開世代」（「国民学校一年生の会」会員）の私自身が同じ『すすめ』をどう読んだのかを、紹介しておくべきであろう。アジア太平洋戦争の時代に軍国主義とファシズムの支配する国民学校（小学校）教育を強いられた私は、国民学校五年生の敗戦を境として、目の前で軍国主義の社会が音をたてて崩壊し、民主主義社会として「再生」する歴史的な時代に遭遇した。「社会が変わりうる」のだという驚きとともに、占領軍の指示による「教科書の墨塗り」体験をふくめて、闇の時代から光の時代への転換の印象は強烈であった。国民学校二年生時の体験であるが、寒い季節の「紀元節」儀式の校長の教育勅語「奉読」中に、寒さと退屈さにたえられず私は、足袋《たび》の指先で小石をはさんで日頃の腕白友達になげつけた。そのために儀式のあと、皮のスリッパで児童をなぐりつけることで恐れられていた教頭から、全校生の前にひきずり出されて、なぐりたおされるという辱《はずかし》めをうけた。そういう「劣等生」の私が、敗戦によって児童の発言と自発性を尊重する民主主義教育に変わると途端に成績も跳ね上がった（一躍「優等生」！）という個人的体験もあって、私にとって戦後民主主義は文字どおり実感をともなう価値となった。

その私が一九六四年に『すすめ』を読んだのは偶然のきっかけによる。私は、『日本の知識人』という企画書の〈日本の知識人の人間形成史〉の原稿の分担執筆を、水田洋（現、学士院会員）から依頼された。まずは福沢であろうと考え、この時、生まれてはじめて福沢諭吉の文章を、とりあえず『すすめ』から読むことにした。戦後民主主義教育第一世代に育った者として、福沢が日本の偉大な民主主義の先駆者であることは、私にとっても自明の常識であった。第二編の「明治の年号を奉ずる者は、今の政府の法に従ふ可しと条約を結びたる人民なり。」という明白な虚偽の記述が気になりながらも、第三編まで読み進んで、「国のためには財を失ふのみならず、一命《いちめい》をも抛《なげうち》て惜《おし》むに足ら」ない「報国の大義」まできたところで、否応《いやおう》なくブレーキがかかってしまった。

何度読みかえしても、丸山真男、家永三郎、遠山茂樹らの解釈に納得がいかないのである。しかし、尊敬・畏敬するこれらの先学が誤読するとは考えられず、定式〈一身独立して一国独立する事〉が第三編でじゅうぶん納得的に論理展開されていなくても、『すすめ』の他の諸編において先学らの解釈を可能にする論理が記述されているのであろうと考え、その確認のために、忍耐づよく結局、第一七編まで全部を読み通すことになった。疑問がかえって深まりはしても、とても納得・解決にはいたらなかった。大学院を終わって研究者の道を歩みはじめたばかりの私には、丸山真男、家永三郎、遠山茂樹らの先学がいい加減な研究をする人物とは夢にも思えず、『すすめ』の内容だけでこの定式についての結論をだすこと自体に無理があるのではないか、と考えるようになった。そのため、大学院時代以来まったく別のテーマととりくんでいた当時の私が、以来、はじめて思想史研究の分野に足をふみこみ、『福沢諭吉全集』二一巻を相手に福沢諭吉研究にのめりこむことになった。結局、その成果が、一九七〇年の旧著『日本近代教育の思想構造――福沢諭吉の教育思想研究』(新評論)となった。

私が先学のように読めなかったのには、やはり世代的な隔たりがひとつかかわっていたと思う。教育学系の学部・大学院で学んでいた私にとって、その時期は、一九五四年「教育の政治的中立確保に関する法案」の成立、五五年「うれうべき教科書」問題、五六年、任命制教育委員会の発足、五七年、教員勤務評定問題、五八年、道徳教育の復活、六〇年、安保条約改定の強行、六一年、全国一斉学力テスト、六二年、中教審「大学の管理運営について答申案」、六五年「期待される人間像」などなどと、当時は戦後民主主義教育の空洞化・形骸化・反動化の進行を目撃させられる日々であった。したがって、私の教育学研究の基本的な問題意識として、日本の社会で民主主義(教育)

というものが根付くことがなぜにかくも困難なのか、日本では、とりわけ教育が自立・自律できずに、なぜ簡単に政治の道具＝「権力の伝声管」「政治の侍女《じじょ》」に変えられてしまうのか、ということの究明が否応なく切実な課題・問題意識とならざるをえなかった。

つまり、丸山真男らは福沢に先駆的な民主主義思想を勝手に読み込むことで、懸命に戦後の日本社会の民主的変革と民衆啓蒙に奮闘努力していた。その「戦後民主主義」というものが音をたてて崩れつつある時代において、後続世代としての私が、福沢諭吉を丸山らと同じ安易な姿勢で読むことが出来ないのは当然だったといえる。もっとも、私とほぼ同世代の同学の研究者（山住正己、堀尾輝久、佐藤秀夫ら）の大半は、丸山の「学問的権威」の前にひれ伏したかのように、丸山の神話的解釈をそのまま踏襲していた。私の読み方が丸山とどう異なるのか、定式〈一身独立して一国独立する事〉の解釈に即して、具体的に考えてみよう。

B　国民国家克服への道のり――「良心的兵役《へいえき》拒否」を中心に

(1) 丸山「学徒出陣」論文と徴兵忌避《きひ》

丸山真男は、旧友（林基）に依頼されて、一九四三年一一月二五日号の慶応大学「三田新聞」に学徒出陣とかかわる論稿「福沢に於ける秩序と人間」を寄稿した（「征《ゆ》かん哉《かな》、斯《こ》の道を」「決意堅し報国致死の道」などという見出しがおどり、小泉信三塾長の「征《ゆ》け諸君」などの文章が掲載された一一月一〇日の学徒「出陣」特集号ではなく、その次の二五日号に掲載)。その中で丸山は、この定式〈一身独立して一国独立する事〉についての強引な読みこみをふまえて、「福沢は……言いうべくんば、個人主義者たることに於てまさに国家主義者だったのである。国家を個人の内面的自由に媒介せしめたこと……福沢……が日本思想史に出現したことの意味はかかって此処《ここ》にあるとすらいえる。……秩序に能動的に参与する人間への転換は個人の主体的自由を契機としてのみ成就される。」(『丸山集』②二一九～)と書いた(白井厚「丸山真男の福沢論と『三田新聞』」『三田評論』九七年四月号)。

丸山は定式〈一身独立して一国独立す〉に、彼の「処女」論文の結論で提示した「個人は国家を媒介としてのみ具体的定立をえつつ、しかも絶えず国家に対して否定的独立を保持するごとき関係に立たねばならぬ。」(『丸山集』①三一)という自らの「弁証法的な全体主義」思想を、強引に読み込んだのである(国武英人「丸山真男の福沢諭吉論について」龍谷大学『国史学研究』第二四号)。

なお、丸山のこの「弁証法的な全体主義」は、今井弘道によると、「自然権」と「国家主権」の融合一体化を目ざす「ルソー的民主主義」とのことである(「国民的戦争責任論への懐疑と丸山真男のナショナリズム」『象』第四四号、〇二年秋)。ここで私の「ルソー的民主主義」への評価を紹介するのは、ルソーが両者の融合一体化に成功していないという今井と私が見解を共有しているせいもあるが、『社会契約論』の理想国家における「市民(国家)宗教」が福沢の定式〈一身独立して一国独立する事〉とそっくりであることを紹介しておきたいからである(安川寿之輔・悦子『女性差別の社会思想史』明石書店、八七年、一二)。

ルソーは、その理想国家を維持するために、平等な構成員としての市民(シトワイヤン)に「市民(国家)宗教」の必要を主張した。この宗教とは、「それなくしてはよい市民にも忠実な臣民にもなりえないような社会性の感情」であり、それは、「祖国を……熱愛」し、「法と正義とを誠実に愛」し、「必要のさいに自己の生命を義務のためにささげる」ことによって「国家に奉仕する」というものであった。この宗教を「信じない者はだれであっても、国家から追放することができる」とまでルソーはいうのである。「信仰の自由」を否定するこの契約国家は、ルソーのよき伝記作家ジャン・ゲーノをしてさえ「共和国は耐え難《がた》い牢獄となる」と嘆かせたほどに、つよい宗教的規制によって維持されるものとされていた。後述する「国民国家」との共通性、親近性は明らかである。丸山が福沢の定式の致命的な問題点を見落とすことになった要因のひとつとして、B・ラッセルのルソー批判に学べなかった当時の丸山自身の思想の問題性があると考えられる。

「門下生」植手通有は、戦後、ある友人が「あれを読んで涙がでた」と話したという丸山の証言も引用して、丸山の「学術論文の色彩をおび」た「最初の時論」になる学徒出陣にかかわる右の小論について、「福沢論として透徹しているだけでなくて、時論としても卓越しており、戦後の丸山の活躍を先触《さきぶ》れするもの」(『丸山集』②二八三〜)と高く評価している。同じ福沢研究者であると同時に、日本戦没学生記念会(わだつみ会)の一員である私は、これをどう読むのか。

「我々はここ二ヶ月足らずのうちに文字通りペンを捨て書物を閉じて銃をとることになったのです。……読みさした本にしおりをはさんで出かけねばなりません。」と、『きけわだつみのこえ』(岩波文庫ほか、以下、『わだつみ』と略称)の戦没学生の遺稿が書いているように、四三年九月二二日に発表された徴兵延期撤廃による(戦局悪化による下級将校不足に対処するための)「学徒出陣」の方策は、一〇月二日の「在学徴集延期臨時特例」の公布によって、陸軍は一二月一日入営、海軍は一〇日入団と決定(理工科系学生は入営延期)。一〇月二一日、文部省学校報国団本部主催の「出陣学徒壮行会」が神宮外苑競技場で開催され、慶応義塾では、一一月一七日に塾生出陣大音楽会が開かれ、「学びの友よいざさらば　大進軍の音ひびく　つづけよ友よわがあとに　戦いの場に君を待つ」という「塾生出陣壮行の歌」が歌われ、二三日には三田で塾生出陣壮行会が開催された。

丸山の論文は、「福沢諭吉は明治の思想家である。が同時に彼は今日の思想家でもある。」という文章ではじまる。「一身独立して一国独立する事」の定式を提示した福沢が「今日の思想家でもある。」という丸山真男の文章は、学生たちが徴兵延期の特権を奪われて、侵略戦争の渦中になげこまれ、わたつみの涯《はて》に「散華《さんげ》」「犬死《いぬじに》」を余儀なくされようとしていたその最中に、後輩学生たちに向けて、「学徒出陣」とどう向き合うべきかについて書かれたものである。

この文中には「人格の内面的独立性を媒介として……」「個人の主体的自由を契機と」する参与などというかなり危険をともなう発言がちりばめられていることは事実である。しかし全体の論旨は、「国民一人々々が国家をまさに己れのものとして身近に感触し、国家の動向をば自己自身の運命として意識する如き国家に非《あら》ずんば、如何にして苛烈なる国際場裡《じょうり》に確固たる独立性を保持しえようか。」（同右二二〇）という丸山の呼びかけに集約されている。これはどう読み直しても、青春の真っ只中から戦場にひきだされる「運命」にあった「学徒兵」たちに、「一人一人が主体的に祖国の運命を担う。」「秩序に能動的に参与する」「個人個人の自発的な決断」を求めているものである（『わだつみ』のキーワードのひとつは「運命」「宿命」であり、四人に一人がこの言葉を使っている）。

川村利秋の教示によるが、丸山の論稿が掲載された同じ号の「三田新聞」には、三木清の「死と教養とについて――出陣する或る学徒に答ふ」（『三木清全集』第一四巻所収、なお、三木の前著作集では「敗戦直後の思想状況」を考慮してこの論稿は収載されていない）も掲載された。「今日の戦争は文化戦、科学戦であると言はれてゐるが、そのことを君たちは証明すべき任務を持ってゐる。そして実際、君たちの教養は、戦闘そのものにおいて、また治安工作において、あるひはいはゆる文化工作において、その力を発揮するものと信じる。「知は力なり」といふのはベーコンの有名な言葉であるが、知識は一つの重要な戦力であるのだ。……今や青年学徒は出陣する。……今や君たちは前代とは明確に区別される世代なのだ。この新しい世代に対する期待はまことに大きい。×君。では、元気で出掛け給へ。」

この意味において、前出の中野敏男『大塚久雄と丸山真男』が「福沢を持ち出す丸山自身が、総力戦という同時代の状況の中で、下からの力を十分に生かし切れていないと見える同時代の動員の不備に大いに苛立《いらだ》っている」として、当時の丸山自身の「国民を従前の国家的秩序に対する責任なき受動的依存状態から脱却せしめてその総力を政治的に動員するという課題」という文章も引用して、戦時期の丸山を「確信せる戦時総動員論者」と規定していることに、私も積極的に同意せざるをえない。

当時の丸山真男が「千載一遇《せんざいいちぐう》の好機を近衛新体制のなかに読み込もうと」しており、総力戦体制にコミットしていたこと、天皇制についても「むしろ恭順と愛着の情さえ抱いていたような「天皇重臣リベラリズム」の立場」にあったことなどについて、姜尚中《カンサンジュン》『ナショナリズム』

（岩波書店、〇一年）が指摘している（一一四～）。とりあえず、丸山自身の天皇制にかかわる証言を確認しておく。「当時の私には「国体」を否認する考えなど毛頭なかった。むしろ（一高の――安川）寄宿寮の中で便所の壁に「天皇制打倒」という落書をみたとき一瞬、生理的ともいうべき不快感に襲われたほどである。」（『丸山集』⑮二二）。

このように、当時の丸山が総力戦体制に同調して、大学教員として、学生たちに「学徒出陣」にむけて主体的・能動的・自発的に「祖国の運命を担う」ように呼びかけていた事実を指摘すると、あの時代の教員にほかの道があったのか、という疑問や批判が予想されよう。日本戦没学生記念会の一員として、私は同じ時代の実在の人物に即して、この疑問に応えなければならない。
日本の「底辺」民衆の世界では、「命あっての物種《ものだね》」「死んだ者貧乏」「若い身空《みそら》で死ぬのは一番の貧乏くじ」『死んで花実《はなみ》が咲くものか』「名誉の戦死やいうて村葬《そんそう》してもろたところで、本人にわかるわけやなし、つまらぬ一生や」という、「生きる」ことこそが最大の基本的人権であるという一貫したリアルな良識が息づいていた（安川寿之輔・悦子、前掲書、一〇八）。じじつ、その被差別部落に生まれ育った佐藤政雄（芸名・三国連太郎）は、丸山が動員の思想を語っていたまさに同じ時代に、被差別部落民としての自らの被差別体験ゆえに、「一身独立」して、権力者の求める「愛国心」の欺瞞を見抜き、まっとうな「個人主義者」として、徴兵を忌避《きひ》して北九州から国外脱出をはかった。

残念ながら、佐藤政雄は「息子を売った」母親の密告で、国外脱出寸前に逮捕・投獄され、中国戦線で死んでくるように送り出されたが、その後も、佐藤は「二年間、鉄砲に一発も弾《たま》を込めず一等兵で敗戦を迎えた」のである（前掲、安川「国民の戦争責任再論」参照、以下同様）。

丸山真男を批判するのに、世代も学歴も階層も異なる一九二三年生まれの佐藤政雄（「わだつみ世代・自由主義思想消失期」）の生き方を対置することに、疑問・反発を感じる読者もいるであろう。それに対しては、丸山と世代・学歴が同じ北御門《きたみかど》二郎（一九一三年生まれ、東京帝大英文科入学）を紹介しておきたい。トルストイの「絶対平和の理念」に学んだ北御門は、「軍法会議の結果、……投獄、最悪の場合は銃殺刑」を覚悟しながら、「人殺しに加わるよりも、殺される」殉教者、つまり「良心的兵役拒否」の道を選んだのである。丸山が東京帝大法学部助手に就職した一九三七年の六月の同じ時期の日記に、北御門は「我々は全て世界の市民、……唯一《ゆいいつ》の肩書きは「人間」なのだ。……その我々を争わせ、虐殺ごっこを演ぜしめるのは、……民衆を己の利己的目的に駆使せんとする支配者、権力者……我等が闘うべきは、それらの人々となのである。彼等に武器を向けよ、愛と非服従の武器を！」と書いた。

佐藤政雄や北御門二郎が当時の日本で稀有《けう》な例外的存在であったことは明らかである。しかし、そういう人物がひとりでも存在したという事実は、逆に、当時の丸山には「国民国家」と対峙《たいじ》して、国民に侵略戦争での犬死を求めるという、誤った国家をこえる（永久革命的な）「一身独立」の視点はなかったことを示唆するものである。

⑵「国民国家論」から学ぶもの

なにが問題なのか。『わだつみ』は、学徒出陣を余儀なくされた日本の少数の学徒兵が最後まで鋭敏な精神と明晰な知性を失うまいと必死に努めていたことを示す貴重な記録である。しかし、『わだつみ』の遺稿筆者をふくめて多くの一般学生は、不義・不当・無謀の侵略戦争を「聖戦」と教えこまれ、「八紘一宇《はっこういちう》の民族理念」や「尊厳なる皇室」を信じ、その生命を「神州不滅」の祖国に「捧げ」ることに疑問をもてなかった。その日本の青春の稚《おさ》なさは、同時代の枢軸国であったイタリア青年が『イタリア抵抗運動の遺書』（冨山房百科文庫）を残し、ドイツの学生が『白薔薇は散らず』（未来社）などで知られる反ナチ「白バラ」抵抗運動を敢行した事実との対比で、おのずと明らかになる（わだつみ会編『学徒出陣』岩波書店、九三年、安川論文七五～参照）。

自身「わだつみ世代・自由主義思想消失期」世代であった色川大吉が戦後、『わだつみ』を毎年のように何度読んでも、「天皇とか天皇制に対する批判や疑問、天皇を中心としている国家そのものに対する言及がまずほとんどない」という問題である。天皇制について「むしろ恭順と愛着の情さえ抱いて」おり、「当時の私には「国体」を否認する考えなど毛頭なかった」という丸山真男もその一人である。ファシズム期の「日本軍国主義と一般国民の意識」を研究した小松茂夫（『権力と自由』勁草書房、七〇年）が、「戦争の政治目的にたいして問いを発する、ということは、全くない」という点では、知識人も労働者も同様で、戦争目的を問わないまま戦争に協力するという日本人の非合理な態度、「戦争目的にたいする神秘的な疑問欠如性」という「崇高なまでの無知」の状態が当時国民的規模のものとなっていたことを解明したとき、小松茂夫は日本人の政治意識の最大の問題点は、「〈国家〉の本質、起源、存在理由」への問いを欠如していたことであると指摘していた（同右、七三）。

つまり、当時の日本人は、労働者・農民だけでなく、丸山真男や大塚久雄や三木清らをふくむ最高の知的エリートまでが、「時代の子」として、「国民国家」そのものを対象化することが出来なかった。もちろん、丸山の出陣学徒にむけた前掲論稿「福沢に於ける秩序と人間」は、丸山なりの国家の存在理由への探求の姿勢を示している。しかし学徒出陣は、徴兵制とならんで、在学中の（文系中心の）学生までを根こそぎに戦場に動員し、アジア二千万の民衆の命を奪う侵略戦争を担わせ、二三〇万の日本軍兵士の過半数が飢えによる死（藤原彰『餓死した英霊たち』青木書店、〇一年）という貧血戦争によって「水漬《みづ》く屍《かばね》」「草むす屍」にさせられた愚劣きわまりない施策であった。「ペンを捨て書物を閉じて銃をとることになった」学徒兵たちにむかって、丸山が「一身独立して一国独立す」を引用して、「福沢は……個人主義者たることに於てまさに国家主義者だった」と説くことは、結果として、二重のいみで欺瞞《ぎまん》である。

学徒出陣は、学生たちが「個人主義者たること」をまるごと否定し、「一身独立」「個人の内面的自由」どころか、自らの生命そのものが侵略戦争のために人身御供《ひとみごくう》させられる施策であった。だから、差別・疎外されてきたからこそ「命あっての物種《ものだね》」『死んで花実が咲くものか』という良識が息づいていた被差別部落の三国連太郎は、国外逃亡をはかったのである。また、丸山は勝手に「一身独立」に「国家に対して否定的独立を保持する」自らの思いを読み込もうとしているが、岩崎允《ちか》胤《つぐ》は、『学問のすすめ』を読んで、福沢の「一身独立」が「国のためには財を失ふのみならず、一《いち》命《めい》をも抛《なげうち》て惜《おし》むに足ら」ない「報国の大義」を主張している（それ以外のことなど書いていない）ことを、福沢の文章どおりに素直に理解したからこそ、「この書から驚いて離れた」のである。

きびしい鞭打ちであることは承知しているが、日本戦没学生記念会の一員としての私は、東京帝国大学助教授の丸山真男が、「国民一人々々が国家をまさに己れのものとして身近に感触し、国家の動向をば自己自身の運命として意識」して、「一人一人が主体的に祖国の運命を担」い、「秩序に能動的に参与する」ように呼びかけたことは、大学教員として明らかに「教え子を戦場に」送りだし、学徒兵たちがわたつみの涯《はて》に「散華《さんげ》」「犬死《いぬじに》」することに加担した行為であると言わざるをえないのである。この意味において、丸山の呼びかけが総力戦体制への「動員」であるという中野敏男の見解に、私はかさねて積極的に同意するのである。

西川長夫がいうとおり、「二〇世紀は「大量死」と「大量虐殺」の時代」であり、E・ホブズボームの推定によれば、この「全体戦争」の時代の世界の死者の数は、一億八七〇〇万に及んでいる（歴史学研究会『戦後歴史学再考』青木書店、〇〇年、七五〜）。問題は、その大量死をもたらした中心的な装置が世界の「国民国家」であり、殺人の実行者が「国民」そのものであったという事実である。「差別と戦争」を主題にした別稿で私は「戦争は、人間が敵の軍隊や敵の国民に所属しているという（本人に責任のない）唯一の理由で、蔑視・憎悪・排除が殺人・殺戮にまで拡大することが合法化される点において、人間社会における最大の差別である。」（松浦勉・渡辺かよ子編『差別と戦争』明石書店、九九年、一三）と書いた。国民国家の国民は、徴兵制度と国民教育制度によって祖国愛を強制され、西川の表現を借りれば、「見も知らぬ相手を「敵」という名称ゆえに好んで殺戮するという驚くべき狂気にまで高めることを余儀なくされた存在」「人造人間」「怪物」そのものである（『国民国家論の射程』——以下、『射程』と略称、柏書房、九八年）。

ⓐ『前著』の刊行後にようやく「国民国家論」についての知見を得た私は、当然ながら同書の福沢分析に、その知見を生かすことはできなかった。しかし同書において、

1『文明論之概略』で「人類の当《まさ》に経過す可き階級」として、「野蛮」「半開」「文明」の三段階を設定して、半開の日本が「断じて西洋の文明を」導入・摂取することによって「文明」開化することの先頭にたった福沢が、

2中期保守思想の確立とともに、壬午《じんご》軍乱・甲申《こうしん》政変を好機として、アジアを「文明」に誘導す

るという名目で侵略を合理化したこと、

③その際、「彼《か》の人民果《はた》して頑陋《がんろう》ならば……遂《つい》に武力を用ひても其《その》進歩を助けん」と、アジアの頑陋を強調することが武力行使の容認・合理化につながるという帝国主義的論理を提示し、それとのつながりで、一〇年後の日清戦争を世界の文明と野蛮があらそう「文野の戦争」と主張し、日本が武力行使をするのは、相手が「軟弱無廉恥《むれんち》」の民であるからと、相手にその責任を転嫁したこと、

④朝鮮王宮武力占領、旅順虐殺事件、閔妃《ミンビ》殺害、台湾征服戦争という日清戦争の不義・暴虐を象徴する全事件について、福沢がもっぱらそれを隠蔽《いんぺい》・擁護・合理化・激励する最悪の戦争報道の先頭にたったことなどを明らかにした私にとって、西川長夫の「福沢は文明概念を深く理解し、文明と未開という二分法を歴史的必然として全面的に取り入れた結果として自ら「脱亜論」への道を準備した」、「「脱亜論」は『文明論之概略』の論理的な帰結である」(『増補・国境の越え方』——以下、『国境』と略称、平凡社、〇一年、二四三)という主張は、十二分に合意できる結論である。

ⓑまた、本章全体で克明に論証するように、初期啓蒙期からいきなり「国のためには財を失ふのみならず、一命《いちめい》をも抛《なげうち》て惜《おし》むに足ら」ない「報国の大義」を主張し、「一身独立」もあわせ達成するという「文明の本旨」の課題追求を「第二歩に遺《のこ》して、他日為《な》す所あらん」という、啓蒙思想家としての初期の見事な社会的公約を結局放置したまま、大日本帝国憲法＝教育勅語体制確立の思想的道のりをたどった福沢は、天皇を陸海軍統帥《とうすい》の主柱にすえ、「帝室の為《ため》に進退し、帝室の為に生死

する」天皇の軍隊を構想した。福沢は、「内国の不和を医《い》するの方便として故《こと》さらに外戦を企て、以《もっ》て一時の人心を瞞着《まんちゃく》するの奇計を運《めぐ》らすに至る者あり」として、「内《うち》の人心を一致せしむる為めに外に対して事端《じたん》を開く」権謀術数《けんぼうじゅっすう》的発言をくり返し、田口卯吉から「内危外競」路線と批判された「内安外競」路線、「富国強兵」ではなく「強兵富国」路線を先導した。そして、「軍人勅諭」同様に「圧制の長上《ちょうじょう》に卑屈の軍人を付して却《かえっ》てよく功を奏する」絶対服従の兵士の「生を毫毛《ごうもう》の軽きに比したる大精神」こそが日清戦争勝利の「本源」であったとして、彼は「益々此《ますますこの》精神を養」い「戦場に斃《たお》るるの幸福なるを感ぜしめ」るために、天皇が「靖国《やすくに》神社」の祭主となるよう主張した。

西川の表現を借りれば、この場合の福沢は、「平時においてもつねに潜在的な戦争状態にあり、一種の戦争機械である」(『射程』二六四)という「強兵富国」路線の「国民国家」建設を先導し、皇軍兵士の心性を「怪物」、「「敵」という名称ゆえに好んで殺戮するという驚くべき狂気にまで高める」積極的役割をになった思想家といえよう。

ⓒさらに、第Ⅲ章で考察するように、「仮令《たと》ひ人の身に苦楚疼痛《くそとうつう》を覚へしむるとも」強要するという強制義務教育論を提唱して、「文明開化」=「強兵富国」の近代教育の普及を先導した福沢は、労働運動・階級闘争によって「狼狽《ろうばい》して方向に迷う」先進国において、教育の普及が社会体制を脅《おびや》かす可能性をもつことを学んだ。その結果福沢は、この世の中で「最も恐るべきは貧《ひん》にして智《ち》ある者なり。」と主張するようになり、貧民に教育をあたえると労働者が賃金のひき上げや労

働時間の短縮を要求し「同盟罷工《ひこう》なり、社会党なり、又虚無党」を組織するようになると指摘して、官立大学の廃止と、「学問・教育＝商品」論・遺伝絶対論による複線型学校制度論を主張することによって、貧民の高等教育からの排除を要求した。「報国致死は我《わが》（慶応義塾）社中の精神にして、……我社中全体の気風なり」と慶応義塾の「建学の精神」を自負していた福沢が、「一系万代の至尊を奉戴《ほうたい》する」日本の近代化＝国民国家建設の中核をになう「ミッヅルカラッス」＝「日本国士人《しじん》」の「道徳の標準」を「報国尽忠」に設定したのは当然のことであった。

ⓓ『前著』の終章「アジア太平洋戦争への道のり――福沢諭吉に敷設《ふせつ》された「暗い昭和」への軌道」において、福沢は、『自伝』で明治「政府のお師匠様」を自称していたが、彼が伊藤博文首相・陸奥宗光外相らの旅順虐殺事件の隠蔽に加担したことが後の南京虐殺事件につながったように、私は福沢がそれ以上の存在であるとして、「明るくない明治」から「暗い昭和」への道をたどった日本の近代化の道のり総体の「お師匠様」であるという評価を、七点にわたって提示した。その一点として、「国家を対象化しえない国民の形成」に福沢がおおきく寄与した事実を解明・指摘した。これは私なりの国民国家論へのささやかな接近の道のりであったと考えたい。

ⓔ私が福沢研究史上最大の誤読箇所と主張する定式〈一身独立して一国独立する事〉について、丸山真男、遠山茂樹、加藤周一、服部之総、家永三郎などという日本の戦後民主主義を代表する研究者たちが「国のためには財を失ふのみならず、一命《いちめい》をも抛《なげうち》て惜むに足ら」ない「報国の大義」

という福沢の重要な主張の問題性を見逃したことは、国家の存在理由を問う姿勢が弱く、国民国家論の視座をもちえなかった当時の日本の学問の限界であったと考えることができよう。

『前著』と本書で数々の福沢神話をくつがえして、近代日本最大の保守主義者福沢諭吉の思想を解明しようとしている私は、以上のような理由から、国民国家論の分析枠組みに積極的に同意する。しかしながら私は、西川長夫の「国民主義と国家主義とは盾の両面にすぎず、国民主義は国家主義に回収される運命にあった」（『国境』四七一）とか、「ファシズムと自由主義体制は国民国家の下位区分であって、総力戦体制による編成替えの二つのヴァリエイションとして考察すべきである」（『射程』二六七）という主張については、同意を留保する。この問題にたいする私の見解の表明は、『前著』についての丁寧で適切な書評として書かれた前掲、今井弘道「国民的戦争責任論への懐疑と丸山真男のナショナリズム」（以下、「今井論文」と略称）に、私なりに応えることである。

(3) 国民国家克服への道のり——今井弘道の書評に応えて

国民国家論の立場から丸山真男の政治思想の批判・克服を目指している今井弘道は、安川『前著』の成果に「共感」し「励ましの意味」さえ感じながらも、私の「丸山批判が、丸山の福沢（研究）批判に限定され」ていて、（「超国家主義の論理と心理」と「陸羯南——人と思想」の両論文に代表される）丸山の「「超国家主義」対「健全なナショナリズム」という二項対立的枠組……それ自体を批判し、国民主権論そのものの相対化にまで進んでいかないことに、歯がゆさを感」じる、と述べていた。この点が今井の私への批判のポイントである。これに対して、この批判は、半分は当たっているが半分は当たっていないというのが、私の立場である。

『旧著』の副題が「福沢諭吉の教育思想研究」であるように、福沢の教育思想研究を主題としてきた私は、福沢を近代日本の「健全なナショナリズム」思想の典型・代表格と解釈する丸山とは正面から対立せざるをえず、したがって七〇年の『旧著』以来一貫してその研究を批判してきた。〈「超国家主義」対「健全なナショナリズム」〉という二項対立的枠組み自体を批判の視野の外においてきたのは、さしあたり私の研究の守備範囲にかかわることである。その限定された範囲のなかで、丸山の福沢研究の誤りを論証し、その福沢神話を解体することが、丸山の政治思想研究総体、さらには右の二項対立的枠組み自体の見直しの必要性も示唆することになると私は考えてきた。しかし、その課題に直接とりくむこと自体は、私にとっては、別の研究課題である。ここまでの私の考え方については、今井もおそらく異論はないはずである。

今井が問題にしているのは、福沢の思想が丸山のいう「健全なナショナリズム」ではないと私が論証すること自体ではなく、その論証過程において、丸山のいう「健全なナショナリズム」自体を批判・解体の対象としない私の研究の姿勢であろう。『前著』でも本書においても、私は、初期啓蒙期の福沢が、至上課題としての「自国の独立」確保は「文明論の中に於て瑣々《ささ》たる一箇条」に過ぎないというすぐれた歴史認識をもち、国家の独立を確保したうえで、「個人の自由独立」「一身独立」もあわせ達成するという「文明の本旨」の課題追求を自明の課題として、それを「第二歩に遺《のこ》して、他日為《な》す所あらん」と彼が公約していた事実を、たかく積極的に評価している。この福沢の公約を単純化してあえて定式化すれば「一国独立して一身独立する」と表現できよう。ところが今井は、安川が初期啓蒙期の福沢の思想的枠組みをこのようにとらえ直すことは、丸山の「国民国家」と同じ枠組みを前提にしていることになると批判する。つまり、「私は、いかなる意味での国民的主体も国民主権も、国民国家とともに、原理的に拒否したい。従って「国民的な戦争責任」という主張を拒否したい」と考えている今井弘道は、安川をその同じ枠組みゆえに批判するのである。この点で、今井の安川批判は、半分当たっている。

福沢の定式〈一身独立して一国独立する事〉についての私の解釈が、「福沢にとって酷な（歴史的条件を無視した）評であると考える。」と遠山茂樹から批判されたことがある（『福沢諭吉』六七）。私は、福沢の定式が、丸山のいう国権と民権が「見事なバランスを保っている」とか、遠山のいう「絶対主義的国家意識に対抗する、近代的国民意識」や、家永三郎のいう「民権の確立の上にのみ国権の確立が可能となる所以《ゆえん》」を主張したものではないことを論証して、三人の勝手な読みこみを、誤りとして批判しただけのことである。福沢が主張していないものは主張していない、つまり「ないものはない」だけのことであり、私はないものねだりをしたわけでない。これに対して、右の「一国独立して一身独立する」という定式は、福沢自身がそう公約したものである。思想家福沢がその後の思想の歩みにおいて（たとえば自由民権運動の高揚期に）、「一身独立」の確立の方向にむけてわずかでも努力していたならば、もう少し異なる歴史の展開もありえたし、私の福沢評価も前向きになったのに、という私なりの思いと読みこみ（初期啓蒙期に限っての「福沢惚れ」）があることは、認めてよい。しかしそれには、以下のような理由があってのことである。

今井の批判が半分当たっていないと私がいうのは、先の「国民主義は国家主義に回収される運命」とか、「ファシズムと自由主義体制は国民国家の下位区分」という西川長夫の主張の評価ともかかわって、私の「国民の戦争責任論」を否定・批判する今井と私の対立の問題である。国民国家論に多くを学んだ私は、「国民主義」と「国家主義」、「ファシズムと自由主義体制」が各々本質的に異なるものであるとは、考えていない。しかし、各々が本質的に同じものであるとまで主張されると、私は同意できない。そして、このように国民主義と国家主義、あるいはファシズムと自由主義は、本質的には同じものであるという単純化した問題のとらえ方をするところに、じつは「国民国家」論の「議論に出口が用意されていない」とか「『国民国家』論が飽きられる」（『国境』

四七〇）といわれたり、批判される「原因」があるのではないのか、というのが私の考えである。

今井弘道が「高橋哲哉の議論に通じるものがある」という安川の「国民的戦争責任論」に対置する、今井自身の戦争責任論からまず見よう。「重要なことは、むしろ〈日本国家〉と〈戦争責任に無感覚な〉〈多数派の国民〉とを批判する中で、国境を越えた（トランスナショナルな）《アジア的公共性》の立ち上げを志向すること、その志向において被害者と連帯し、国家と国民の排他的な壁の中にとどまろうとする立場を弾劾することではないのか」。この今井の戦争責任構想自体には、さしあたり異論はない。問題は、私たちが「〈日本国家〉と〈多数派の国民〉とを」どう批判することが、「国境を越えた《アジア的公共性》の立ち上げ」につながり、「被害者と連帯」することになるのか、という「重要なこと」の理解が、今井と私とではおおきく異なることである。主権者日本国民として（今井の場合では、ひとりの市民として）、まず自国の戦争責任の諸課題を担い、果たすことが先決であって、「アジア的公共性」の立ち上げや「被害者との連帯」は、その結果として生まれ形成されるものである、と私は考える。

ここでもう一度、福沢の定式にもどろう。それが〈一身独立して一国独立する事〉か〈一国独立して一身独立する事〉かは別として、この両定式における「一身独立」とは、いったいいかなる思想的意味をもつものであるのか。三国連太郎（佐藤政雄）の事例で言及したように、まずなによりも「命あっての物種《ものだね》」『死んで花実《はなみ》が咲くものか』であって、「一身独立」には、最低限「生きる」

（自分の命だけは相手が国家であっても譲れない、人身御供《ひとみごくう》できない）という意味のあることは自明である。また、自由主義的な近代「国民国家」では、「思想と良心の自由」や「信教の自由」などの基本的人権も一般に認められている。もちろん、福沢の「独立自尊」のように、「万世一系の帝室を奉戴《ほうたい》して其《その》恩徳を仰」ぐような独立自尊は、内面的自由を明け渡しており、それがおよそ「一身独立」した姿でないことは第I章で確認した通りである。

つまり、近代社会における「一身独立」とは、前提条件としての労働権や参政権は自明のものとして、私たち市民が、たとえば「日の丸、君が代」の強制には一歩も譲らないという「思想、良心、信教などの自由」を自分のものとして確立することである。また、なによりも自分の命だけは国家（や「過労死」を迫る企業）には明け渡さない。したがって、徴兵制の存続している国家では、「生きる」という最大・最低限の基本的人権を国家に明けわたす徴兵制は、断じて認めないという「良心的兵役拒否」の権利を、自己の権利として獲得し、私たち自身が兵役拒否をつらぬく主体となることであろう。西川長夫が端的にいうように、「国民が祖国のために死ぬことを止《や》めれば、もはや国民国家は成立しない。」（『射程』二八二）のである。つまり、「良心的兵役拒否」のたたかいは、国民国家に風穴をあけ、その解体をはかる重要な第一歩となるのである。

私が齢《よわい》五〇歳台半ばにして、自分もようやく「一身独立」できたのかな、と思うようになったのは、八九年一月、昭和天皇死去の際に、名古屋大学本部玄関前に掲揚された弔旗に対して開催された大学教職員組合の抗議集会での出来事以来のことである。目の前の弔旗に一指も触れないまま、「我々は弔旗の掲揚を認めないぞ！」と何度もシュプレヒコールする（認めないと連呼しながら認めている）矛盾と欺瞞（弔旗をとりはずし、丁寧に折りたたんで学長のもとに届けるべきこと）にようやく気づいた私は、以後、組合の抗議集会とは別に、有志の掲揚阻止の直接行動を呼びかけることになった。国民の心性を権威主義的に支配する「日の丸・君が代」掲揚・斉唱反対の運動は、横並びの（組織防衛の本能を持つ）組合運動ではなく、個人の良心的拒否を軸に組み立てるべきであると、気づくのが遅かった分が私の戦後責任である。

映画「スペシャリスト」は、社会にうまく適応し、組織の一員として上からの指示や命令に忠実に職務を遂行する有能なナチス・ドイツ時代の軍部官僚アイヒマンの犯罪の意味を問いかけた。家畜の調教よろしく国旗・国歌を強要する教育は、日本の子ども・青年が社会や組織に従順に適応し、組織の一員として集団に埋没して行動する過剰集団同調訓練であり、彼らが先人同様に、有事法制のもとでふたたび「人道に対する罪」を犯すようになることを励ます「潜在的アイヒマン」育成の教育犯罪である。

アジア太平洋戦争期の日本の国民（臣民）が国家と侵略戦争にどう向かい合ったのか、という問

題を戦争責任論とかかわらせながら研究してきた私は、前掲「国民の戦争責任再論」で明らかにしたように、

1 徴兵そのものを忌避《きひ》しようとした三国連太郎・北御門《きたみかど》二郎以外に、死亡診断書の偽造による徴兵逃れ、「身体毀損《きそん》作戦」や精神病者を装うことによる召集解除者、また、徴兵には応じながら、

2 兵役（軍事訓練）の拒否、「初年兵教育」として日常茶飯《さはん》に行われた中国人捕虜刺殺の軍命に背《そむ》いての拒否、強制の特攻隊参加拒否、

3 幹部候補生試験の拒否、または意図的不合格（在学中の軍事教練忌避《きひ》での「軍事教練不合格証」の場合もふくむ）による戦争への積極的加担の忌避、

4 「戦陣訓」に背いての敵軍への自発的投降《とうこう》（約五千人の朝鮮人学徒兵の「脱走」「奔敵《ほんてき》」「抗日義《ぎ》挙《きょ》」は多く、約四分の一の者が日本軍の戦線を離脱しようとした）、

5 「真空地帯」の軍隊内で、極秘所持のレーニン『国家と革命』を便所で一枚ずつ読み続けるなどして、日本の敗戦の必然性をふくむすぐれた思索・認識に到達した学徒兵などの事例を蒐集・考察してきた。しかし、朝鮮人学徒兵を除くと、これまでに知りえた人物は1〜5の総計でわずか三八名しか存在しない。

このなかで「身体毀損作戦」によって兵役を忌避した者は除外して、日本で「良心的兵役拒否」に類する行動を実行した者と評価できるのは、目下のところ、失敗した者をふくめ三国連太郎、北《きた》

御門《みかど》二郎と山田多賀市《たかいち》（死亡診断書の偽造で徴兵を忌避、戦後も戸籍を復活せず。農民作家）の三人しか、私は見出していない（逆に、せっかく徴兵検査に不合格になりながら、血書をしたためてまで懇願して入隊した人物はかなりの数になる）。その私にとって、同じアジア太平洋戦争＝第二次世界大戦の時代に、枢軸国側の対外膨張戦争への抵抗の戦争という「大義名分」をもちうる連合国側にありながら、「良心的兵役拒否」によって牢獄の道を選んでいたアメリカ「国民」が一万六千人、イギリス「国民」が五万九千人も存在していたという事実は衝撃であった。

つまり、「国民主義」と「自由主義」の体制の連合国にこれだけ多数の「良心的兵役拒否」者＝国家への反逆者が存在して、逆に「国家主義」と「ファシズム」の体制の枢軸国の日本には同様の行為者が三人程度の稀有《けう》な存在という対照的な事実は、西川長夫のいう「国民主義は国家主義に回収される運命」とか「ファシズムと自由主義体制は国民国家の下位区分」という主張の見直しの必要性を示唆する事実である、と私は考えるのである。『わだつみ』の筆者の中で、軍隊内にありながらすぐれた反軍の思索・認識に到達した上村元太《うえむらげんた》、宅島徳光《のりみつ》、上原良司、林尹夫《ただお》らの学徒兵がいずれも自由主義思想を支えにしていた事実も、自由主義思想の可能性を示唆している。

『わだつみ』の筆者ではないが、「新学生道《どう》樹立運動」「徴兵猶予《ゆうよ》特権奉還《ほうかん》運動」で侵略戦争遂行にとりわけ熱狂していた早稲田大学在学中に、軍事教練を拒否し、長髪禁止や靴とゲートルの着用命令を無視して、長髪・高下駄での大学通学を続け、入隊後も反軍の姿勢をつらぬいた夏堀正元の存在は、私にとって強烈な印象である。彼の場合は、四三年のポオル・ヴァレリイとの出逢いを契機に「精神の自由」を熱烈に志向する「反戦学徒」となっている。一八歳のその年の日記に彼はこう記した。「この戦争は、絶対に負けなければならない。もしも日本、ドイツ、イタリアの枢軸側が勝利したら、世界は……三つの獣性国家によって支配され、精神の自由は、盲目の帝国のなかで圧殺されるだけである。いまこそ、精神の自由のために、日独伊は敗退すべきなのである。」（夏堀正元『渦の真空』朝日新聞、九七年、『非国民の思想』話の特集社、九四年）

既述したように、「国民的戦争責任論」を否定する今井弘道は、「国境を越えた《アジア的公共性》の立ち上げ」の志向において「被害者と連帯」することを求めている。これにたいして私は、私たちが主権者日本国民として「アジア的公共性」を立ち上げたり、「被害者と連帯」する前に、まずなによりも、ふたたび戦争国家への道を進みつつある日本の動向を、憲法第九条・「平和的生存権」・「市民平和訴訟」などを武器に、全力を挙げて阻止することが先決であると考える（徴兵制の復活はないと私は考えているが、万々一の場合は「良心的兵役拒否」の合法化の確立を目ざす）。

また、それは、戦争国家・有事法制の道につながる①「日の丸・君が代」の強制には「思想、良心、信教の自由」の原理によって断固拒否を続けることであり、②小泉首相の「靖国神社」公式参拝には違憲訴訟をおこし、③教科書検定に対してはかつての家永教科書訴訟や現在の高嶋（横浜）教科書訴訟などでたたかい続けることである（私はこれらの訴訟に原告になったり口頭弁論で参加）。つまり私たちは、国民としてであれ市民としてであれ、自分の職場や地域や自国における戦争につながるあらゆる動きと正面からたたかうことなしに、アジアの戦争「被害者と連帯」したり「アジア的公共性」を志向・形成することはできないし、戦争責任を担うことはできないのである。そして、そのたたかいにおいて、「思想・良心・信教の自由」を筆頭に、「国民国家」の憲法原理や法律は武器になりうると考える点において、私は今井のように、世界史の現段階においては、いきなり「「主権国家」を突き抜け」て、「いかなる意味での国民的主体も国民主権も、……原理的に拒否」することには、同調できないのである。

軍需産業の代弁者・ブッシュ米国大統領の一国暴走の世界軍事戦略が許容され、そのアメリカの外圧を格好の口実にしながら「有事法制」が策動・整備され、憲法改悪までが目指されている日本と世界の現状は、混迷と絶望に近い淵にある。私たちはどこに希望の道を見るのか。アメリカでもようやく不当なイラク攻撃の企てにたいして、かつてのベトナム反戦運動にも匹敵する反戦運動がわきおこった。その第一歩は、たとえば米議会でただ一人、アフガニスタンへの反テロ武力行使を大統領に認める決議に反対したバーバラ・リー下院議員の行為であろう。泥沼のパレスチナの「暴力の連鎖」を断つ困難で遠い道のりも、昨年一月の侵略している側の五〇名の兵士の「拒否の手紙」の意見広告にはじまるのではないか。それは、イスラエル兵の軍務拒否・良心的兵役拒否の運動（半年で五〇〇名）となり、占領地からの撤退と和平交渉の再開をもとめる一〇万人集会へとひろがっており、その困難なたたかいの持続にしか「暴力の連鎖」を切断する道は展望できないであろう。世界各国で徴兵制が廃止され、憲法に保障された「良心的兵役拒否」の道をえらび、徴兵を忌避《きひ》するドイツの青年がすでに過半数をこえている（一九九九年度で六〇・八％——小田実『戦争か、平和か』大月書店、一四九ページ）という事実は、ジョン・レノンの「イマジン」の世界が夢想でない可能性を示唆しているものと、私は気長く楽観的に考えている。

強制はしないとされた「国旗・国歌」の公立学校の掲揚・斉唱の実施率が百％に近づき、「学問の自由」と「大学の自治」を特権的に保障されている（旧）国立大学までが、「学習指導要領」による強要もないのに、弔旗・国旗を掲揚する総崩れの状態となり、一部の大学では「日の丸」の常時掲揚や国歌「演奏」も始まっている。このように、大学までが過剰集団同調する日本では、反戦平和の運動は、目下絶望的なまでに困難な道のりである。しかし、組織や上からの不条理な命令・指示に抗して、私たちが非同調・不服従・抗命・異議申し立て・内部告発の主体として自己を鍛え直し、その生き方と姿勢を貫く以外に、戦争責任をにない、民主主義の再生を期待する道はないといえよう（内部告発についてはその保護法の立案もはじまっている。内部告発を容認し保護する目的は、もちろん組織を守るためのものである。しかし、内部告発の容認は、長い目で見れば、国家や組織の解体への第一歩となる可能性をもつと考えられよう）。今井弘道のいう「国民国家と対決していくべき主体」に私たちがなるためには、「民主主義的多数派に対する少数派の市民的不服従の運動」（『丸山真男を読む』状況出版、九七年、六二）をふくめて、私たちがこういう主体として「一身独立」していく困難とのとりくみ以外に道はないであろう。

「国民国家論」には「出口が用意されていない。」のではなく、出口は私たちが切り開いていくものであろう。国民国家を支えている最大の基本的原理としての「能力主義」の批判・解体をうながす各種の市民運動、環境保全や反原発のたたかい、徴兵制にたいしては「良心的兵役拒否」の法制化と実践、「日の丸、君が代」強制拒否のたたかい、内部告発の日常化、教科書訴訟、靖国訴訟などなど、それぞれ過剰集団同調の日本では、その取り組みはなお絶望的に困難な道のりであるが、国民国家を批判・克服・解体していく出口は無数に開かれていると私は考えている。姜尚中《カンサンジュン》が「国家や民族は自己同一化する対象ではない。むしろ今、個人としてどう国家と向き合うかが問われている。」（「朝日新聞」〇二・一一・二九）という場合の、個人が「国家と向き合う」姿勢やたたかいはこうしたとり組みを意味していると、私は考えている。

C 『文明論之概略』第十章問題
――〈『概略』＝福沢の「原理論」〉の誤り再論

第Ⅰ章1において、丸山の〈『文明論之概略』＝福沢の原理論〉という把握の誤りはすでに論証した。具体的には、大日本帝国憲法発布以後の近代日本の発展の道のりを展望した福沢の論説「日本国会縁起」（くわえて「国会の前途」）において、

①長年の「権力の偏重」と「惑溺《わくでき》」によって「先天の性」として形成された「従順、卑屈、無気力」の日本人の国民性を、福沢が「順良」の人格性であると前向きにとらえ直して、その国民性に依拠して日本の資本主義的発展を展望した事実、

②「愚民を籠絡《ろうらく》する」欺《き》術としての天皇制の選択、

③初期啓蒙期の変革の肯定・主張から歴史的現実主義という名の現実追随《ついずい》主義の主張と封建制の再評価へ、という思想転換の生じている事実

を論証することによって、丸山の〈『文明論之概略』は福沢の原理論であって、その基本原理は最晩年まで保持された〉という主張が、明らかな「個人的なドグマ」であることを解明した。また、福沢の天皇制論が「一切の政治的決定の世界からの天皇のたな
あげ」の「原理論」であるという丸山の主張の誤りについては、すでに『前著』で論証した。

したがって、〈『文明論之概略』＝福沢の「原理論」〉はすでに破綻しているのであるが、丸山への信奉者の多い現状では、丸山の福沢神話解体のためには、やはり過剰なまでの念押しが必要との理由で、再論をこころみる。一つは、『文明論之概略』が「唯一の原理論」ではなく、丸山自身が「福沢の場合、『概略』もふくめてあらゆる論著が時事論といえば時事論です。」と指摘していた通りの、まぎれもない時事論であることを解明する。二つは、丸山真男の「門下生」（とりあえず、『丸山集』の解題を担当した松沢弘陽、植手通有、飯田泰三）をふくむ多くの研究者が、数多くの丸山の福沢神話のなかでも、この〈『概略』＝福沢の原理論〉という神話に対しては、とりわけ『概略』第十章の理解をめぐって、重要な批判と疑念を提起していることを紹介する。

(1)　『文明論之概略』も「時事論」

巻末〈資料篇〉15に『文明論之概略』第十章を別扱いで掲載したのは、丸山が「無視した」論説だからではなく、第十章の丸山の理解・位置づけが誤っているからである。私がここで第十章をとりあげるのは、もちろんそれが〈「大日本帝国憲法」＝「教育勅語」への福沢の道のり〉の節目《ふしめ》をなす内容をなしていると評価するからであるが、〈『概略』＝原理論〉の丸山の図式では、そうした理解のはいりこむ余地はない。まず、『概略』が「原理論」ではなく、「時事論」であることから確認をしよう。

『概略』第十章が同書の結論として提起した日本の近代化についての綱領的方針は、「今の日本国人を文明に進《すすむ》るは此《この》国の独立を保たんがためのみ。故に、国の独立は目的なり、国民の文明は此《この》目的に達するの術《すべ》なり。」であった。これについての近年の研究では、諭吉の『概略』の初期構想メモ「文明論プラン」の分析によって、第十章の「『外国交際』の問題における危機的状況への言及でもって全体を締めくくるのが、福沢の「文明論」の最初からの構想だった」(『年鑑』㉒飯田泰三「福沢諭吉の日本近代化構想と西欧観・アジア観」一五五)事実も解明されている。つまり、終章＝第十章の内容は文字通り『概略』の結論そのものであった。

そしてこの『概略』の結論が「時事論」そのものであることを、福沢は、右と同じ文節中のつづく文章で次のように明快に断っていた。「国なく人なければ之《これ》を我日本の文明と云ふ可《べか》らず。是《これ》即ち余輩《よはい》が理論の域を狭くして、単に自国の独立を以て文明の目的と為《な》すの議論を唱《となう》る由縁《ゆえん》なり。故に此議論は今の世界の有様を察して、今の日本のために謀《はか》り、今の日本の急に応じて説き出したるもの」であると、「今の」という語句を三回も繰り返して、その旨を断っていた。しかも福沢は、「国の独立は目的なり、今の我文明は此目的に達するの術《すべ》なり。」という同書の結論を再確認したうえで、続く文章で「此《この》今の字は特に意ありて用ひたるものなれば、学者等閑《とうかん》に看過《かんか》する勿《なか》れ。本書第三章には、……人類の当《まさ》に達す可き文明の本旨を目的と為《な》して論を立《たて》ることなれども、爰《ここ》には余輩の地位を現今の日本に限りて、其《その》議論も亦自《またおのず》から区域を狭くし、唯《ただ》自国の独立を得せしむるものを目《もく》して、仮《かり》に文明の名を下《く》だしたるのみ。」と書いているのである。

福沢自身が「此今《この》の字は特に意ありて用ひたるものなれば、学者等閑《とうかん》に看過《かんか》する勿《なか》れ。」と断っていたのに、「福沢惚れ」を自負する丸山が「等閑《とうかん》に看過《かんか》」した責任は重大である。〈資料篇〉15の『概略』第十章から抜粋した文章の中だけでも、「今の」を九回、「今日」を二回、「今」を二回くり返しているように、『概略』の結論は「時事論」そのものであった。もっとも、「丸山真男信奉者」（『丸山手帖』㉓三五）は、次の福沢の将来的な公約を引用して、それこそが福沢の「原理論」であると弁明・弁護することができるであろう。しかし、当てのない将来的な公約が「原理論」であると強弁することが「恩師」の擁護になりうるのかどうかは、別の問題である。

『前著』巻末資料の〈福沢諭吉のアジア認識の軌跡〉の中で初期啓蒙期の福沢の偉大さを示す発言として私が唯一《ゆいいつ》、◎をつけたのがその「文明の本旨」の公約である。第十章の冒頭ですでに「外国に対して自国の独立を謀《はか》るが如《ごと》きは、固《もと》より文明論の中に於て瑣々《ささ》たる一箇条に過ぎざれども……」という見解を表明していた福沢は、『概略』の結論としての綱領的方針について、「故に此議論は今の世界の有様を察して、今の日本のために謀《はか》り、今の日本の急に応じて説き出したるものなれば、固《もと》より永遠微妙の奥蘊《おううん》に非《あら》ず。学者遽《にわか》に之《これ》を見て文明の本旨を誤解し、之を軽蔑視して其《その》字義の面目《めんもく》を辱《はずか》しむる勿《なか》れ。……此今《この》の字は特に意ありて用ひたるものなれば、学者等閑《とうかん》に看過《かんか》する勿《なか》れ。……故に今の我文明と云ひしは文明の本旨には非ず、先づ事の初歩として自国の独立を謀り、其他は之《これ》を第二歩に遺《のこ》して、他日為《な》す所あらんとするの趣意なり。」と断って、「初歩」の課題としての「自国の独立」を達成すれば、「第二歩に遺《のこ》し」た「文明の本旨」の課題の追求・達成を「他日為《な》す所あらん」と、諭吉は社会的に公約していたのである。

　この「文明の本旨」の課題の中身がなにであるかについては、同じ初期啓蒙期の『学問のすすめ』第三編の定式〈一身独立して一国独立する事〉の主題が「一国独立する事」のみであって、「一身独立する」の中身がそれを可能にする政治的・経済的・社会的条件をふくめて放置されていることを確認した私は、それが「自国の独立」達成とともに、「一身独立」や個人の「自由独立」の確立（国内の民主化）をあわせ達成するという社会的公約であると解釈する（読み込む）ことができるのである。少なくとも「福沢惚れ」の研究者ならば、「自国の独立を謀《はか》るが如きは、……瑣々《ささ》たる一箇条に過ぎ」ないという福沢の見事な歴史認識と、「一身独立」などの「其《その》他は之《これ》を第二歩に遺《のこ》して、他日為《な》す所あらん」という彼の未来展望（理論の組みかえの意向表明）に惚れこんで、これこそが『概略』の「原理論」であると解釈することができよう。そしてそう解釈する者は、丸山が〈一身独立して一国独立する事〉を、「一身独立」と「一国独立」が「同時的な課題」で初期啓蒙期においてすでに「見事なバランスを保っている。」と主張していたことは、福沢にたいへん失礼な誤読であることもあわせて確認しなければならない。

　初期啓蒙期の福沢の「文明の本旨」論をたかく評価する私が、それを彼の「原理論」と考えないことは言うまでもない。原理論が原理論であるためには、たとえ『概略』でその原理が確立していなくても、福沢が「一身独立」もあわせ達成するというその原理的課題の実現をめざして奮闘努力したという痕跡《こんせき》があって、はじめてそういえるのである。しかし、福沢が基本的にその方向にむけて一歩も努力しなかっただけでなく、『概略』第十章そのものにおいて、自《みず》らその「一身独立」への道を閉ざしてしまう提案をしていることは、以下に見るとおりである。その限りにおいて、福沢の「文明の本旨」の課題論は宙に浮いた幻の社会的公約に過ぎなかったのである。

(2) 『文明論之概略』第十章問題――作為の動員

すでに一部引用した飯田泰三「福沢諭吉の日本近代化構想と西欧観・アジア観」(『年鑑』㉒)は、同じ丸山真男「門下生」の松沢弘陽『近代日本の形成と西洋経験』の福沢論に触発されて書いた論稿とのことである。飯田の論文は、今回、私が三十年余の福沢研究のブランクをうめるために目を通し学習した諸論稿の中では、『概略』についての理解が私のそれに一番近く、その限りで納得できる内容のものであった。飯田にとっての学生時代以来の疑問でもあるここでの主題は、『概略』の第一章から第九章までの論述と終章・第十章の「間にある飛躍」「論理的亀裂《きれつ》」(飯田は『書簡集』①解題四五一でも、この「亀裂・ディレンマ」に論及)の問題である。しかもそれは「丸山真男先生の岩波新書『「文明論之概略」を読む』の説得的な説明を読んだあとも、なお釈然としない形で残ってい」るというおおきな問題である（丸山の『読む』の論旨が基本的に誤っていると把握する私は、飯田の「説得的な説明」云々にはとうぜん反対であるが、ここは、私の論旨に近い限りでの飯田の理解の紹介の場である）。

飯田は、第九章までにおいて各種の「権力の偏重」現象を摘出し、「日本の伝統社会がいかに自由と民主の契機を欠いていたかを痛論していた」福沢が、第十章になると「一変」して、「〃前近代的〃なるもののもつポジティヴな側面への逆説的な評価」が現れることを問題にする。それは「一身独立して一国独立する状態にしていくという、彼のめざす路線を、具体的にどう切り開いていったらいいかという展望が作れなくなっ」た福沢が、「本来なら目指すべき「独《どく》一個人の気象」（個人的主体性）に裏付けられた「人民独立の気風」に代わる――ある種の主体的〃エートス〃をナショナルなレベルで作り出し、それでもって下から支える形で「一国独立」を達成していくほかに道はない。」と考えはじめるという「福沢の思想全体に起こっている転機と関係」してだされた第十章の「〃代案〃」「〃緊急避難〃的な〃代案〃」の提示ではないか、と飯田は考えるのである。

こうした福沢の歩みを、松沢弘陽は「西洋産の文明論、文明史観からの「独立」を図るところにまで福沢は行ったんじゃないか」ととらえているとして、自身も「市民社会化イコール文明化のコースが崩れてくるんじゃないか」という解釈を、飯田は提示する。そして、この第十章の「代案」は、愛国心の形成を「旧来の「君臣主従の間柄」にあった「モラルタイ」の転轍《てんてつ》、ないし拡大転用によって調達しようと」するもので、「それは元来、福沢にとって、まさに否定すべき「権力偏重」の社会において培われた「惑溺《わくでき》」の心情に他ならないものを動員拡大するという道」ではないのかとして飯田は、福沢が「権力偏重」社会と闘いつづけ「市民社会化イコール文明化のコース」の実現に生涯奮闘努力したと把握する「丸山真男先生」の主張からの独立・離脱をはかっているのである。

門下生としての「丸山先生」に遠慮したもの言いの部分を削除すると、飯田の結論はこうなる。「『概略』第十章」は、丸山のいう「意気軒高《ママ》たる「明治の健康なナショナリズム」」とは明確に「異なるナショナリズム」を、「ドギツく―打ち出した」ものであり、それはアジアへの「〝抑圧と侵略〟に結びつく」排外主義的ナショナリズム（そのもの）であり、それ「なしには、アジアの一国としての日本の「独立」は達成されないことを、あまりにもリアリスティックに」指摘したものである。「むしろ、そうした矛盾、ないし亀裂《きれつ》をあえて抱え込んで、たじろがずにそれに立ち向かおうとしたところに、福沢の巨大さがあったと言えるんだろうと思います。」

最後の福沢評価の部分については、私なら、「福沢の巨大さ」を「近代日本最大の保守主義者福沢の巨大さ」とおき換えるであろう。そのことへの同意の有無は別にして、私は飯田の第十章の解釈に基本的に賛成である。このように、私が飯田泰三に好意的（？）であるのは、ひとつには、今回の私の福沢研究史学習のなかで、飯田が、〈『文明論之概略』＝福沢の原理論〉の破綻を端的に示すものとして、〈資料篇〉1に私が紹介した「日本国会縁起」の存在に言及している唯一の研究者でもあるからである。つまり、こうした福沢の重要論説を無視さえしなければ、丸山を筆頭とする従来の福沢研究者のように〈福沢が大日本帝国憲法や教育勅語に賛成するはずがない〉という福沢神話は、そもそも生まれるはずがなかったというのが私の考えである。

　飯田の「日本国会縁起」の評価・位置づけは、必ずしも私と同じではない。しかし飯田は、第十章の『概略』の結論を正しく把握したうえで、『概略』の「日本文明の由来」の記述」と対比して、さらに第十章の場合と同様に「日本国会縁起」において、初期啓蒙期の「福沢の日本人民観」が明らかに「変化」しているという重要な事実を明らかにしているのである。それは、『概略』を福沢の生涯の原理論と把握する「丸山先生」の誤りを、端的に証明する事実であり、またその事実の指摘は、大日本帝国憲法＝教育勅語への福沢の変化・変遷の道のりを、思想史的に考察する必要性のあることを否応《いやおう》なく示唆するものとなっている。

　いまひとつ私が飯田に好意的な理由は、旧版「まえがき」で言及したように、丸山の福沢研究が明らかにしたのは「福沢諭吉」の思想ではなく、「丸山諭吉」そのひとの思想であり、したがって、とうぜんその福沢論が「諭吉の客観的な像」であるはずはなく、丸山の「読み込みすぎ」の像であるという、私からいえばあたり前のことを、「門下生」や無数の「丸山真男信奉者」の中で、飯田泰三が一番あたり前に語っている研究者らしいことを今回はじめて知ったことによる（『手帖』(91)、一二——飯田泰三『批判精神の航跡』筑摩書房に再収）。本書の副題に利用させてもらったことを含めて、重ねて謝意を述べておきたい。

他の研究者の『概略』第十章への論及の考察は後回しにして、私自身の〈大日本帝国憲法＝教育勅語への福沢の思想的道のり〉における『概略』第十章の位置づけを、ここでしておこう。『概略』第十章において福沢は、「国民たる者は毎朝相戒《あいいまし》めて、外国交際に油断す可《べか》らずと云《いい》て、然《しか》る後に朝飯を」食べるようにするほど「自国の独立」確保を至上の最優先課題＝「最後最上の大目的」としていた。したがって、「一身独立」の達成などの「其他（の課題）は之《これ》を第二歩に遺《のこ》して、他日為《な》す所あらん」としていた。この課題意識に見事に対応していたのが、『すすめ』の福沢の定式〈一身独立して一国独立する事〉である。つまり、「自国の独立」確保を「最後最上の大目的」としていたからこそ、福沢がこの定式で国民に求めたものは、一方的な「国のためには財を失ふのみならず、一命《いちめい》をも抛《なげうち》て惜《おし》むに足ら」ない「報国の大義」そのものであったのである（飯田が初期啓蒙期の福沢の課題意識を、「独《どく》一個人の気象」に裏付けられた「人民独立の気風」に支えられた「国民国家」形成（民主化）としているのは「丸山先生」への誤った追従《ついしょう》である）。

したがって、「一身独立」、国内の民主化の課題を「第二歩に遺《のこ》し」たまま、福沢が「他日為《な》す所あらん」という公約の方向に一歩もあゆみ出さない限り、その「自国の独立」確保至上の路線は砂上に楼閣を築く営為であり、そのために福沢は、あらゆる作為を動員する道のりを設定せざるをえなかったのである。あまりにも多くの作為の動員であるので、それを見落とさないために、原則として年代順に番号をつけよう。最初が『文明論之概略』（一八七五＝明治八年）の二ヶ月前の〈資料篇〉⑭「国権可分の説」における、❶「明治維新」革命の評価替えと、❷民権運動との決別による「馬鹿と片輪《かたわ》」のための宗教教化路線である。

❶は「八年前の王政維新」が「暴政府を倒して……今の日本の人民は……全権を得たるもの」「今の政府……其《その》実は専制の余焔《よえん》のみ。……今日は政府も人民も唯《ただ》自由の一方に向ふのみ。」という新たな評価である。それはかつての『すすめ』第四編の「政府は依然専制の政府、人民は依然たる無気無力の愚民のみ。」という評価との福沢の決別である。

❷では「百姓車挽《くるまひき》の議論を一方に置て政府の権力に平均を取らんとするは、提灯《ちょうちん》を分銅《ふんどう》にして釣鐘《つりがね》を掛《かく》るが如し。百姓車挽の学問を進めて其《その》気力の生ずるを待つは、杉苗《すぎなえ》を植へて帆柱《ほばしら》を求るが如し。法外なる望ならずや。余輩《よはい》は性急なり。」として、性急な福沢は、全国民を対象とする初期啓蒙の断念を表明したのである。それにかわって福沢は、翌七六年の〈資料篇〉⑯で「今の世の中に宗教は不徳を防ぐ為めの犬猫の如し。一日《いちじつ》も人間世界に欠く可《べか》らざるものなり。」と書いて、はじめて「百姓車挽」のための「宗教の必用」論を説いた。これはその後、福沢が経世の要具として生涯で百篇をこす〈「馬鹿と片輪《かたわ》」のための宗教教化〉路線にもとづく宗教振興論を展開・主張した最初のものである。

作為の❸が『概略』第十章における封建制の再評価であり、❹がそれをふまえた無理な愛国心の振興策である。さきの飯田泰三の表現を借りると、❹は「報国」心を、「旧来の「君臣主従の間《あいだ》柄《がら》」にあった「モラルタイ」の転轍《てんてつ》、ないし拡大転用によって調達しようと」するもので、「それは元来、福沢にとって、まさに否定すべき「権力偏重」の社会において培われた「惑溺《わくでき》」の心情に他ならないものを動員拡大するという道」である（福沢は、『概略』第二章で「古習の惑溺」の「一掃」を、第九章で「権力の偏重……の病」の除去を主張していた）。

作為❸から見よう。「昔《むか》し封建の時代には、人間の交際に君臣主従の間柄と云ふもの有《あり》て世の中を支配し、……己《おの》が一命をも全く主家に属したるものとして、敢《あえ》て自《みず》から之《これ》を自由にせず、……其《その》間柄の美なること或《あるい》は羨《うらや》む可《べ》きものなきに非《あら》ず。……西洋の語に所謂《いわゆる》「モラル・タイ」なるものなり。……此風俗を名《なづ》けて或《あるい》は君臣の義《ぎ》と云ひ、或は先祖の由緒《ゆいしょ》と云ひ、或は上下の名分《めいぶん》と云ひ、或は本末の差別と云ひ、……兎《と》に角《かく》に日本開闢《かいびゃく》以来今日に至るまで人間の交際を支配して、今日までの文明を達したるものは、此《この》風俗習慣の力にあらざるはなし。」と書いて、福沢は、「君臣の義」「先祖の由緒《ゆいしょ》」「上下の名分」「本末の差別」などの封建的な人間関係を、「今日までの文明を達したるものは、此《この》風俗習慣の力にあらざるはなし。」と積極的に評価替えをするのである。そして、❶の「明治維新」の評価替えに重ねて、維新の結果、日本は「都《すべ》て旧物を廃し、……我人民の心の底に染込《しみこみ》たる恩義由緒名分差別《ゆいしょめいぶん》等の考は漸《ようや》く消散して、働《はたらき》の一方に重心を偏《へん》し、無理によく之《これ》を名状《めいじょう》すれば人心の活発にして、今の世俗に云ふ所の文明駸々乎《しんしんこ》として進むの有様と為《な》りたり。」

と、一八七五年現在の日本の現状を、この第十章では「文明駸々乎として進むの有様」と手放しで肯定するのである。『概略』第十章の結語にあたる〈資料篇〉15の最後の文節を見よう。

「斯《かく》の如く、結局の目的を自国の独立に定め、恰《あたか》も今の人間万事を溶解して一《いつ》に帰《き》せしめ、悉皆《ことごとくみな》これを彼《か》の目的に達するの術《すべ》とするときは、其《その》術の煩多《はんた》なること際限ある可《べか》らず。……文明中の箇条に入る可きもの多し。……天下の事物、其局処《そのきょくしょ》に就《つい》て論ずれば、一《ひとつ》として是《ぜ》ならざるものなし。一として非《ひ》ならざるものなし。……国体論の頑固なるは民権のために大《おおい》に不便なるが如しと雖《いえ》ども、今の政治の中心を定めて行政の順序を維持するがためには亦大《またおおい》に便利なり。民権興起《こうき》の粗暴論は……人民卑屈の旧悪習を一掃するの術に……。忠臣義士の論も耶蘇《ヤソ》聖教《せいきょう》の論も、儒者の論も仏者の論も、愚なりと云へば愚なり、智なりと云へば智なり、……。加之《しかのみならず》彼《か》の暗殺攘夷《じょうい》の輩《はい》と雖《いえ》ども、……必ず一片の報国心あること明《あきらか》に見る可《べ》し。されば、本章の初《はじめ》に云へる、臣君の義、先祖の由緒《ゆいしょ》、上下の名分、本末の差別等の如きも、人間品行の中に於て貴《とうと》ぶ可き箇条にて、即《すなわ》ち文明の方便なれば、概して之を擯斥《ひんせき》するの理《ことわり》なし。唯此方便を用ひて世上に益を為《な》すと否《いな》とは、其《その》用法如何《いかん》に在《あ》るのみ。……結局最後最上の大目的を忘れざること緊要なるのみ。……今この一章の眼目たる自国独立の四字を掲げて、内外の別を明《あきらか》にし、以て衆庶《しゅうしょ》の由《よ》る可き道を示すことあらば、物の軽重《けいちょう》も始《はじめ》て爰《ここ》に量《はか》る可く、事の緩急も始て爰《ここ》に定む可く、軽重緩急爰《ここ》に明《あきらか》なれば、昨日《きのう》怒りし事も今日は喜ぶ可きものと為《な》り、去年楽みし事も今年は憂ふ可きものと為り、……。余輩の所見にて今の日本の人心を維持するには唯《ただ》この一法あるのみ。」

これが、福沢の生涯の「原理論」と丸山のいう『文明論之概略』の文字通り結びの文章である。「今の日本の人心を維持する」唯一の方法が「君臣の義、先祖の由緒、上下の名分、本末の差別等の如」き「権力の偏重」社会の「惑溺《わくでき》」そのものを総動員するという提案である。これが第I章の冒頭で考察した憲法発布の翌日からの連載社説「日本国会縁起」の、「我国人は数百千年来長上《ちょうじょう》に服従して其制御《そのせいぎょ》を受け、……内《うち》には父母に事《つか》へ、外《そと》には君に仕《つか》え、兄弟姉妹、長少師弟、上官下官、古参新参《こさんしんざん》、本家分家、嫡流《ちゃくりゅう》庶流、一切の関係みな拘束の中に在《あ》る……即ち日本固有の習慣にして、……人心の順良にして能《よ》く事物の秩序に服する……我日本国人の殊色《しゅしょく》……。人或《あるい》は之《これ》を評して日本人の卑屈と云ふ者もある可《べ》けれども、……卑屈にても無気力にても、能《よ》く艱難《かんなん》に忍耐して乱れざるものは、之《これ》に付するに順良の名を以《もっ》てせざるを得ず。」と基本的に同一の提案であることは明らかであろう。

「日本国会縁起」において「権力の偏重」社会で形成された「従順、卑屈、無気力」の国民性を「順良」の人格性と前向きにとらえ直した場合と同様に、福沢は、『概略』終章でも、「国体論の頑固なる……忠臣義士の論……儒者の論も仏者の論も、……暗殺攘夷の輩《はい》」までも、「無理によく之《これ》を名状すれば人心の活発にして、……文明駸々乎《しんしんこ》として進むの有様」や「人間品行の中に於て貴《とうと》ぶ可き箇条」と見直すことができるとして、その動員を提案したのである。しかも、「日本国会縁起」が憲法発布後の日本の資本主義的発展のためという包括的な課題のための日本人の国民性論であるのに対して、『概略』第十章の場合は「自国の独立」確保という当面の「最後最上の大目的」のためのの「君臣の義、先祖の由緒《ゆいしょ》、上下の名分、本末の差別等」の動員という議論の展開であったはずであるのに、最後になるとそれが急に「今の日本の人心を維持する」ためという包括的な動員策にすりかえられていて、しかも、現状の打開策は「唯《ただ》この一法あるのみ。」と結論されているのである。

(3) 丸山真男における「原理論」と「時事論」の使い分け

飯田泰三の論稿が示唆するように、福沢諭吉協会発行『年鑑』の掲載論稿でも、丸山『「文明論之概略」を読む』上・中・下の〈『概略』＝福沢の原理論〉という把握に無理があるという認識は広がり始めている。『年鑑』㉘の関口すみ子による中村敏子『福沢諭吉　文明と社会構想』の書評論稿では、〈『概略』は「原理論」か〉という項が設定されて、次のような中村への批判が展開されている。「本書冒頭で、(中村)氏は、「原理的な著作としては、『文明論之概略』が唯一のものだと考えられている」としており、「本書の最大の前提はここにあると言ってもよい。にもかかわらず、『概略』を福沢思想の「原理論」と見る氏自身の根拠は明らかにされていない」。もともと〈『概略』＝福沢の原理論〉という主張は、丸山自身が「「この部分は立ち入った論述ができないだけに一層、私の個人的なドグマが表面にでることをお許し願いたい」と断っており、試みも端緒的なものに終わっている。」ものであった、と関口は指摘する。ところが、「個人的なドグマ……をお許し願いたい」と低姿勢で仮説を提示しながら、丸山が、次の行では「ズバリ私の結論」は『概略』が「私たちにのこされた唯一の体系的原論である」と自信ありげに断定していることもあって、それに拝跪《はいき》した「孫弟子」らしい「丸山真男信奉者」の中村敏子は、関口すみ子から当然の批判をあびることになったのである。

以上、〈『概略』＝福沢の原理論〉という把握が誤りであることについてはすでに十二分に論証した。丸山が勝手に設定した土俵を前提にした議論であるが、中野敏男が前掲『大塚久雄と丸山真男』の〈啓蒙の使い分け戦略の自己撞着《どうちゃく》〉という項（二二九〜三五）で、丸山の「原理論」と「時事論」という使い分けがどんな不毛な成果をもたらしているのかについて考察しており、それは、丸山の福沢研究自体への適切な批判となっているので、紹介しておこう。

「『概略』の「基本原理」が「最晩年にいたるまで保持されて」一貫したものである」と主張することによって、丸山が「福沢のいかにも「帝国主義者」らしい言動まで「原理論」と「時事論」という使い分けの枠組みの中に取り込んで了解し、これを擁護するようになっている」と中野は批判する。「「原理論」と「時事論」というこの区別が無原則的に使い分けられてゆくと、およそあらゆる議論の正当化を可能にするものとなり、それに対していかなる批判も不可能になってしまう」という中野の指摘を、福沢の天皇制論に即して私なりに解説してみよう。丸山は、『概略』の冷静で功利主義的な天皇制論を高く評価し、「一切の政治的決定の世界からの天皇のたなあげ」こそが福沢の「原理論」であり、それが晩年にまで維持されているからというそれ自体誤った理由で、このあとに考察する『帝室論』や『尊王論』について、それらがどんな虚偽や「溢美《いつび》の言《げん》を呈していても」、それは時事論であるから問題はないとして、頭から両著の内容を不問に付すことによって、批判的考察を封殺してしまうのである。

「時々の「時事論」において表現されないような政治思想の「原理論」とは、いったい何を論じているのか。」という中野の怒りは当然のことである。『帝室論』や『尊王論』こそが福沢の天皇制論そのものであるのに、丸山の場合、福沢の『概略』の「原理論」的天皇制論は維持されているということで、両著の思想史的考察と評価は、棚上げ・免責されるのである。「原理論」が「原理論」であるならば、『帝室論』や『尊王論』の「時事論」にその「原理」が基本的に貫徹し表現されているはずである、と中野がいうのは当然の指摘である。かくして、「このような丸山の主張に沿ってしまえば、福沢の思想と行動には「転向」と呼ばれるべきものは一切なく、むしろ、原理的にはつねに一貫していたということに」なってしまうのである。

ほんらい、「大日本帝国憲法」と「教育勅語」への福沢の道のりを思想史的に考察するということは、初期啓蒙期の『概略』の「原理論」が、それ以後の『民情一新』『時事小言《じじしょうげん》』『帝室論』『尊王論』などの諸著作においてどこまでその原理を貫いていたのか、逆に、それらの著述において福沢が「原理論」の貫徹をどこまで怠り、なし崩し的に帝国憲法と教育勅語への道のりを掃き清め、用意していったのかということを、個々の著作に即しながら総括的に研究することである。ところが、丸山は「原理論」と「時事論」を無原則的に使い分けることによって、福沢の個々の「時事論」の議論の考察の道を閉ざし、思想家福沢諭吉の主体的責任をすべて不問に付してしまうのである。

D 変容の兆《きざ》し——「覚書」の位置

『文明論之概略』刊行直後の一八七五年九月から七八年頃にかけて福沢が書きとめた〈資料篇17〉「覚書」は、初期啓蒙期の福沢が『概略』=『すすめ』で提起した「一身独立」などの課題は「第二歩に遺《のこ》して」、「君臣の義、……上下の名分、本末の差別等の如」き「権力偏重」社会において培われた「惑溺《わくでき》」の心情を総動員してでも、至上の最優先課題である「一国独立」を達成するという当面の日本の近代化の綱領的方針を、その後、彼が中期保守思想の確立の時期に向けてどう展開していくのかを示唆している貴重な資料である。すでに確認した「一国独立」を柱とする近代化推進のための福沢の作為路線は、❶維新革命の評価替え、❷「馬鹿と片輪《かたわ》」のための宗教教化、❸封建制の再評価、❹「惑溺《わくでき》」的な愛国心振興策の四点である。

次に福沢がえらぶ最大の作為が、天皇制である（ただしここでは、後に福沢が天皇制を選択する可能性を、初期啓蒙期に即して考察しておく段階である）。「覚書」に、「聖明の天子、……難有御代《ありがたきみよ》……、偽《いつわり》に非《あら》ずして何ぞや。佞《へつらい》に非《あら》ずして何ぞや。……仁徳《にんとく》天皇何《なん》の功あるや。諂諛《てんゆ》を恥とせざる家来共《ども》の口碑《こうひ》に伝へたるまで（の）こと……況《いわ》んや近代の天子将軍に至ては、其人物の取るに足らざるは事実に於て明《あきらか》に見る可くして、天下衆人の心の内に認る所……」と記して、皇学者たちと異なって、福沢は、天皇制に対する明確な批判的認識をもっていた。このため、一時期の家永三郎は、福沢を「根底に於ては、共和主義者であった」と誤認したほどである（『旧著』一二六）。しかし、「具眼の識者」福沢諭吉は、同じ「覚書」に、「日本の人心は、正《まさ》に国王の聖徳を信じ、……先生を信じ、頭取《とうどり》を……旦那を……親方を信ずるの時代なり。」と明記していた。このメモは、五、六年後の『帝室論』において、福沢が「愚民を籠絡《ろうらく》する……欺《き》術」としての天皇制を選択する可能性を示唆した重要な「覚書」である。

ところが意外なことに、丸山真男もこの「覚書」の二つの重要な文章に論及しながら（右の家永三郎は後者のメモを見落とした）、私が把握するような意味において、この二つの文章を問題にする意思はないのである。前者の文章については、丸山は私と同じ部分を引用したうえで、さらに続く文章「加之《しかのみならず》学者士君子と称する一国の人物が、尚《なお》この惑溺《わくでき》を免《まぬが》るること能《あた》はずして、動《やや》もすれば其《その》著書又は建白等に不都合《ふつごう》なる文字を用《もちう》るもの多し。」も引用して、「学者士君子のような知識階級が、建白などに恐れながらというような表現を用いたりするのを、やはり惑溺とみているわけです。」（『丸山集』⑫三三五）と書いているだけなのである。つまり丸山は、「惑溺」を主題にした論稿「福沢における「惑溺」」において、福沢が「この言葉を集中的に使った時期」を論証するために、『概略』以外の「惑溺」の使用事例として、「覚書」のこの文章を紹介しているだけなのである。

したがって、後者の文章についても丸山は、私の引用文に続く文章「西洋の人心は一歩を進め、政治を信じ、法律を信じ、……所謂《いわゆる》ステート・マシーネリを信ずるの時代なり。一歩の前後はあれども、其《その》軽信惑溺に至ては趣《おもむき》を異《こと》にすることなし。」を引用して、「とくに惑溺の使い方として重要なのは、西洋文明を絶対化しないで、これを相対的に見ようと主張しているときに、「惑溺」という言葉を使っていることです。……向うの方が進んで……治者信仰よりはましだけれども充分な批判的な精神なくして信じているという点では、あんまり差はないのだ、……ということを言っている。」と解説しているだけなのである。つまり丸山は、自分が熱中している福沢の「惑溺」論の視点からしか「覚書」の重要な天皇制論を見ていないのである。

もちろん、福沢がこの「覚書」をメモした時期には、欧米「先進国」の文明化路線を相対化していたことは事実であり、丸山がそれを指摘すること自体は誤りでない。しかし、それは、すでに丸山の「門下生」たちが『概略』第十章の考察をふまえて、「福沢の……転機」、「市民社会化イコール文明化のコース」からの離脱を示唆している明らかな事実であり、次の〈資料篇〉**18**以降に決定的となる道のりに過ぎない。つまり、私が問題にしているのは、丸山がその前の「日本の人心は、正《まさ》に国王の聖徳を信じ、……先生を信じ、頭取を……旦那を……親方を信ずるの時代なり。」という福沢の天皇制容認への道を示唆する重要な文章に留意・論及しないことなのである。

戦時中は「「リベラル」な天皇制へのゆるぎない信者」であったとしても、戦後の丸山は早くに「天皇制が日本人の自由な人格形成……にとって致命的な障害をなしている、という」認識を確立していた（『丸山集』⑮三〇～五）。したがって、その丸山が、福沢と同じレベルで近代日本の社会に天皇制を必要不可欠と認識していたとは思えないだけに、家永三郎の右記の「共和主義者」云々の速断の場合を含めて、戦後民主主義を代表する先学たちの、この福沢の「覚書」の安易なとり扱いに私は納得できないのである。武田清子、河野健二らも加えて（『旧著』一二五～）、後述する戦後民主主義論者たちの福沢の天皇制論へのあまりにあまい評価を考えると、私は、そうした論者のあり方が、最大の戦争責任を背負った身分差別・性差別・障害者差別の胴元《どうもと》の象徴天皇制、ジョン・ダワーのいう「天皇制民主主義」を、戦後日本の社会に温存する一因となったのではないのか、とさえ思えてならないのである。

「覚書」にもどろう。当時、イギリスの立憲君主制を望ましい政体と考えていた福沢にとっては、天皇制は、「聖明の天子、……難有御代《ありがたきみよ》……、偽《いつわり》に非《あら》ずして何ぞや。佞《へつらい》に非《あら》ずして何ぞや。」

という問題をもつものではあったが、「立君《りつくん》の政《せい》が次第に共和に移るも尊王の形は尚《なお》存するものなり。英人が其《その》国王の首《こうべ》を刎《は》ね又これを他国に追出《おいだ》しながら、其《その》子孫たる今の君王に腰を折《おっ》て礼を為《な》すは如何《いか》ん。」という福沢のメモは、それにもかかわらず、「愚民を籠絡《ろうらく》する……欺《き》術」としてそれを導入することが必要不可欠であるという福沢自身の判断を、ますます確信の域に進めるものであったと思われる。

「専制々々と一口に詈《ののし》る可《べか》らず。往古《おうこ》の独裁政府も中々以《なかなかもっ》て功を奏したるものなり。譬《たと》へば今日にて文部省の学制なども、理論上にては随分不都合なるに似たれども、若《も》し此《この》省の力なくば、地方の人民は第一、学問の何物たるを知らずして、或は下民《げみん》に学問は禁制と思ふ者もあらん。」というメモは、第Ⅲ章3で言及するように、近代日本の社会においては学校教育は断じて国民の権利ではなく、初等教育は「仮令《たと》ひ人の身に苦楚疼痛《くそとうつう》を覚へしむるとも、必ず之《これ》を行」（『全集』①四五五）わねばならぬという、作為❺の福沢の「強迫教育」＝強制義務教育論の原点といえよう。また、「斯《かか》る人民を教《おしう》るには、何でも構《かま》はず、神道《しんとう》にても仏法《ぶっぽう》にても、稲荷様《いなりさま》も水天宮様《すいてんぐうさま》も……」などというメモが、すでに指摘した❷「馬鹿と片輪」のための宗教教化路線であることは、あらためて指摘するまでもないであろう。

最後に、「日本を改革せんには、従来日本は如何《いか》なるものにて今は如何なるやと、其《その》有りの儘《まま》の有様《ありさま》を詳《つまびらか》にして、……出し抜けに西洋流を持込まんとするは、事物のある有様を吟味せずして、あらざる可《べか》らずの法を施す者なり。」というメモは、「具眼の識者」福沢諭吉が、次の3以下で確認するように、当初のイギリス流の立憲君主制ではなく、プロイセン流の外見的立憲君主制の選択に同意して、大日本帝国憲法＝教育勅語への道のりを歩むことを予告する彼の歴史的現実主義の哲学であり、メッセージであったと言えよう。

3　保守思想の確立＝中期の福沢諭吉（一八七七〜一八九四年）

A　保守思想への過渡としての『通俗国権論』と『民情一新』

(1)　『通俗国権論』——権謀術数の戦争の勧《すす》め

初期啓蒙期に「一国独立」だけでなく他日「一身独立」もあわせ達成するという「文明の本旨」の課題の追求を公約していた福沢諭吉にとって、一八七四（明治七）年にはじまる自由民権運動との遭遇は、その運動への同調を期待させる絶好のチャンスと考えられよう。しかし、翌年の〈資料篇〉14「国権可分の説」において福沢は、国民はすでに「暴政府を倒して全権」を得ており、「今日は政府も人民も唯《ただ》自由の一方に」向かっているという明白な虚偽を主張する一方で、既述した「百姓車挽の議論を……」以下は、かつての全国民を対象とする『すすめ』の「独立の気力」啓蒙路線を断念する意向を表明したのである。翌年、16「宗教の必用なるを論ず」において早くも「独立の気力」啓蒙路線にかわる「馬鹿と片輪《かたわ》」の宗教教化路線も表明した福沢は、二年後（一八七八年）の18『通俗民権論』では、民権運動への同調ではなく、国会開設時期尚早論の立場から、「無理無法に乱暴を働く」民権運動陣営は「無頼《ぶらい》者の巣窟《そうくつ》」であると非難し、「其財産の貧弱と議論の強大と不釣合なるを如何《いかん》せん、尚《なお》甚しきは諸君の口吻《こうふん》に天下の公義理を論じて、実際に借財の私義理を欠くを如何せん、……」と、明確に敵対する姿勢を表明した。

その『通俗民権論』刊行だけでは不十分と考え、福沢が同時出版した『通俗国権論』では、緒言で「内国《ないこく》に在《あり》て民権を主張するは、外国に対して国権を張らんが為《ため》なり。」と、国権拡張こそが主題であると断り、もともと「報国の心は殆《ほとん》ど人類の天性に存するもの」という虚偽を主張するとともに、4「惑溺《わくでき》」的な愛国心振興策の作為路線に備えて、彼は「日本の文明……既に固有の文明あり、何ぞ故《こと》さらに之《これ》を棄《すつ》ることを為《なさ》んや。」といって、日本「固有の文明」の存在をことさら強調した。また彼は、「百巻の万国公法は数門の大砲に若《し》かず幾冊の和親条約は一筐《いっきょう》の弾薬に若《し》かず。大砲弾薬は以《もっ》て有る道理を主張するの備《そなえ》に非《あら》ずして無き道理を造るの器械なり。……各国交際の道二《ふた》つ、滅ぼすと滅ぼさるるのみ」という弱肉強食の国際関係のきびしい現実を強調した。
そのうえで、六つ目の作為路線として、福沢は、報国心は「人類の天性」であるという自分の前半の主張と矛盾して、「敵国外患は内の人心を結合して立国の本《もと》を堅くするの良薬なり。」「一国の人心を興起して全体を感動せしむるの方便は外戦に若《し》くものなし。……我人民の報国心を振起せんとするの術《すべ》は、之《これ》と兵を交《まじ》うるに若《し》くはなし」と書いて、❻権謀術数的な報国心振起のための外国との「戦争の勧《すす》め」を主張した。そのために民権陣営の植木枝盛から「民権ヲ張ラントスルハ民権ヲ張ルガ為メノミ。」という原則的な批判を受けた（『前著』八七）。

以上のように、『通俗国権論』は福沢の保守思想確立への重要なステップとなる著作であるのに、丸山真男は、次のように、およそ見当違いのコメントをつけることで、読者に「時事論」としての同書の意味を、軽視ないし無視するように助言しているのである。

「この論のなかには、進歩派——とくにネクラの進歩派には悪名高い福沢の立言「百巻の万国公法は数門の大砲に若《し》かず、幾冊の和親条約は一筐《いっきょう》の弾薬に若《し》かず。大砲弾薬は以て有る道理を主張するの備《そなえ》に非《あら》ずして無き道理を造るの器械なり」——が登場します。福沢の国権論への「転向」をいう際に必ず引き合いに出される言葉です。……これがあくまで民権論とならんで喧《かまびす》しいトピックをなした時事論だ、ということです。……もし福沢がこの時期に軍事的武装が「無き道理を造るの器械」だと文字通りに信じているとしたら、『通俗国権論』の刊行直後に、彼が『文明論之概略』の特別講義（彼はこのころすでに塾の一般講義はやめていた）を行なった、という事実をどう説明したらよいのでしょうか。」（『丸山集』⑭三四一～二）

本書の読者なら、これが、『文明論之概略』を「原理論」と誤読した上に、とりわけ結論の第十章の主張を丸山が見誤ったための、見当違いのコメントであることはお分かりいただけるであろう。丸山は、この段階で原論の『概略』を講義することは、諭吉が「国権論」を支持する立場でないことの証左であるという思い込みで、二度もこの『概略』特別講義の件に論及している（『丸山集』⑫三四二）。「門下生」飯田泰三の表現では、『概略』終章は至上課題の「一国独立」＝「愛国心の形成」のために「「権力偏重」の社会において培われた「惑溺」の心情」の総動員を提案しており、それは、アジアへの「〝抑圧と侵略〟に結びつく」排外主義的ナショナリズムの主張となっていた。「惑溺」的心情の動員による愛国心形成が至上で最優先の「時事論」的課題であるからこそ、一般講義の担当を当時やめていたにもかかわらず福沢は、『通俗国権論』刊行後に、塾生たちに時事論的課題を主張している『概略』の特別講義を行ったのである。『通俗国権論』と『概略』が矛盾しているというのは、丸山の勝手な思い込みにすぎない。

(2) 『民情一新』――文明国の階級対立認識と「清濁併《あわ》せ呑む」現実追随主義

翌七九（明治一二）年刊行の〈資料篇〉**20**『民情一新』に移ろう。同書は『通俗国権論』以上に、福沢の保守思想確立にむけての跳躍台となった作品である。長い章の題名を特徴とする同書の最終章の第五章「今世《こんせ》に於て国安を維持するの法は平穏の間に政権を受授するに在り。……」では、英国の政権交代史のくわしい考察をふまえたうえで、「千八百年代に在《あり》てよく其《その》文明の衝《しょう》に当り嘗《かつ》て震動を覚へざるものは、特に英政を以て然《しか》りとす。英国の政権は守旧改進の二党派に帰《き》して一進一退、其受授の法甚《はなは》だ滑《なめらか》なり。政権全く人民に帰《き》すと雖《いえ》ども尊王の意亦《また》甚だ厚し。随時に政権を受授するの緊要なるは世界の人情を察して知る可し。」(『全集』⑤五九)という結論を福沢は出した。

しかし、同書の特徴は、五月末から病気と偽ってまで約一ヶ月間執筆に専念して、最後に書き加えた長文の「緒言」の内容にある。右の終章で「最も今日の民情に適する」政体と結論したそのイギリスでも、「千八百年代」の「蒸気の時代」＝産業革命が「民情」に深刻な影響・変化をもたらし、「文明の進歩するに従て益《ますます》官民の衝撞《しょうどう》を増」すことになり、「役夫《えきふ》の輩《やから》が「ストライキ」とて、仲間に結約《けつやく》し其《その》賃銀を貴《たか》くせんが為に職に就かずして雇主《やといぬし》を要《まちぶせ》するの風は、近来に至て益《ますます》熾《さかん》なり」という労働運動が高揚し、政治現象としても、「方今《ほうこん》「チャルチスム」と「ソシヤリスム」」、すなわち、普通選挙権獲得を目ざすチャーティズム運動と社会主義運動が盛んになり、その結果、「今日の西洋諸国は正《まさ》に狼狽《ろうばい》して方向に迷ふ者なり。」という時代を迎えていることへの、福沢の警告とそれへの対策提言がその内容である。

とりあえず「緒言《しょげん》」においては、「今後教育の次第に分布するに随《したが》ひ……貧賤の権理《けんり》説も亦《また》次第に分布し、教育に一歩を進《すす》めば不平にも亦《また》一分を増し、……遂には国安《こくあん》を害するに至る可し。亦《また》危険ならずや。」という『殖民《しょくみん》論』を引用することによって、福沢は、教育や学問の普及が社会に危険をもたらすという認識を表明した（この認識がかれの学問・教育論にマイナスの影響を及ぼすことについては、本章の5Dで確認する）。

今ひとつは、「欧州各国」がこのように「驚愕狼狽《きょうがくろうばい》の世の中」となっているのに、「我日本の普通の学者論客」が「一《いち》も西洋二《に》も西洋」と「西洋を盲信する」ことは問題であるとして、福沢は「今日の西洋諸国は正《まさ》に狼狽《ろうばい》して方向に迷ふ者なり。他の狼狽する者を将《とっ》て以《もっ》て我方向の標準に供するは、狼狽の最も甚《はなはだ》しき者に非《あら》ずや。」という重要な主張をした。

『文明論之概略』第二章「西洋の文明を目的とする事」において、福沢は日本の近代化、「一国独立」達成のために、「西洋の文明は我国体を固くして兼《かね》て我皇統に光を増す可き無二の一物《いちもつ》なれば、之《これ》を取るに於て何《なん》ぞ躊躇《ちゅうちょ》することをせんや。断じて西洋の文明を取る可きなり。」（『全集』④三二）と断言していた。しかしすでに見てきたように、諭吉は、同じ『概略』第十章において、❸日本の封建制の再評価を行い、「覚書」において「出し抜けに西洋流を持込まんとする」ことを戒め、『通俗国権論』において日本「固有の文明」の存在を強調していた。したがって、『民情一新』緒言において、「今日……正に狼狽して方向に迷」っている西洋文明を、日本近代化の「我方向の標準に供するは、狼狽の最も甚しき」ものと彼が言い切ったことは、「具眼の識者」諭吉にとっては、歴史進展の現実に即した自然な思考の流れであり、彼なりの発展であった。

もともと『概略』第二章で「断じて西洋の文明を取る可」しと主張した場合も、それが「我国体(政権の維持・存続――安川)を固くして兼て我皇統に光を増す可き無二の一物」(同右)であるからという判断に基づいていた。同様にして、『民情一新』においては、議院内閣制と二大政党の政権交代のイギリスが「最も今日の民情に適する」政治制度であると福沢は判断・推奨していた。しかし、その英国でさえチャーティズム運動と社会主義思想に「狼狽して方向に迷ふ」現状にあるのだから、福沢の論理においては、「我国体を固くして兼《かね》て我皇統に光を増す」ために、より望ましい政治制度があれば、それを選択するのは当然の帰結となる。

つまり、「いかに微細な社会関係のなかにも喰い入っている「権力の偏重」をば逃《のが》さず摘発して行ったあの殆ど悪魔的な執拗さ」(『丸山集』③一八七)などという諭吉の原理原則への固執についての丸山のおおげさな表現・主張とは異なり、およそ「原理論」などに固執しない柔軟な、というより融通無碍《むげ》な福沢は、もともと『概略』の論理そのものにおいても、「我国体を固くして兼て我皇統に光を増す」方策という判断基準にもとづいて、イギリスの立憲君主制から後のプロイセン流の大日本帝国憲法＝教育勅語体制への軌道修正をふくむ、多様な選択の可能性を許容していたのである。その歴史の選択をいかなる基準や哲学によって行うべきなのかについて、初期啓蒙期から中期にかけての移行期のこの時期に、福沢が語っているのでそれを見ておこう。

「一国独立」だけでなく他日「一身独立」もあわせ達成するという「文明の本旨」の課題追求を公約していた初期の福沢の場合は、社会の発展と変革というものを、長期的な道のりにおいて展望する余裕があった。ところが、目標としていた西洋諸国の予想外の急速な階級対立の展開という『民情一新』の新たな認識は、「一身独立」の追求どころではないという「狼狽」を諭吉にもたらしただけでなく、社会発展を長期的な視野で展望する余裕を失わせ、この時期、一八七七年から七九年にかけて、福沢の歴史観・哲学の方法論そのものに大幅な修正が生じることになった。

一八七七（明治一〇）年一一月の論説「過去現在未来の関係」（『全集』⑲六〇八～一二）において、「独裁政治の便宜《べんぎ》なる所には独裁政治を以《もっ》て暫《しばら》く美政とせざる可《べか》らず」という「現在の有様に於て便宜なる者を以て暫《しばら》く正理とす」る現実主義の議論の妥当性を主張しながらも、福沢は、他方で歴史進歩にとっての「空理」の重要性を主張していた。それが、「是《こ》れ空理なり、顧《かえりみ》るに足らずとして、現時にのみ区々《くく》たるときは、一時は不都合もなく差支《さしつかえ》もなかる可《べ》きが、何時迄《いつまで》も停滞不動にして進前の機《いとぐち》はなかる可《べ》きなり。故に苟《いやしく》も思想を将来の進捗《しんちょく》に及ぼすものは、空理を軽《きょう》忽《こつ》に看過《かんか》す可《べか》らざるなり。」である。つまり、福沢は「文明の進捗《しんちょく》」をはかるためには、現時点だけの有効性をはなれ、思想（空理）の社会進歩にはたす意義を積極的に承認し、「進《すすん》で空理を実践し、実践しては空理に移り、空理に移りては実践する」というプロセスこそが歴史の進歩であるという認識を、見失ってはいなかった。

しかしこれは、初期啓蒙期の福沢の最後の残光であった。翌年の二つの論稿では、「学問の要《かなめ》は唯《ただ》思想を高尚にして実際を忘れざるに在《あ》るのみ。」（『全集』④四五三〜）、「政治の変更は国民の風俗習慣の変更するに従ふべきものなれば、風俗習慣に先《さき》んじて変更する」ことは「不可」能である（『全集』⑲六五六）という現実主義の哲学のみを表明した。七九年の〈資料篇〉19「華族を武辺《ぶへん》に導くの説」は、弱肉強食の国際関係のもとで「大砲弾薬は……無き道理を造るの器械」であるという判断による「兵に急なる国」策、つまり「強兵富国」策のために、華族の「名望」を利用するように、福沢が岩倉具視に建言（山県有朋ら陸海軍首脳へは郵送）したものである（社説にも転載）。「華族が続々海陸軍に入って士官となる」成果をもたらしたこの具体的な福沢の現実政治への提言（植木枝盛は「是レ小児ニ正宗《まさむね》ヲ授クルノ類《たぐい》」と批判──『前著』九〇）は、同時に、以後、福沢が保守的な歴史的現実主義つまり現実追随主義の道を歩むことの宣言の意味をもつ建言であった。

「天は人の上に人を造らず……」という思想の紹介者として有名な福沢は、華族制度が「国民の権利」の平等に反するものであるという言い訳をしながら、「都《すべ》て人生、事を為《な》すに、本来無きものを造るは、既に有るものを利用するに若《し》かず。」という歴史的現実主義の哲学を表明し、この社説を読んで自宅に来訪した読者（小学校訓導《くんどう》）の質問に対しては、さらに率直に「文化は大海の如し、清濁細大《せいだくさいだい》の河流を容《い》るべし。此の世の□《ママ》華族も容《い》るべし、士族も容《い》るべし、……一切《いっさい》之を包羅《ほうら》して始めて大仕掛《おおじか》けの文化ならずや。」と後日返書した。

これは、以後、思想家・福沢が、絶対主義的天皇制、華族制度、アジアへの蔑視と侵略・植民地支配、士族保護策、大日本帝国憲法、教育勅語、政商の擁護、保護貿易論、地主小作人的労使関係論、キリスト教普及反対論、教科書検定の容認、複線型学校制度論、女子特性教育論、恋愛結婚・離婚反対論、公娼制度、「売春」婦の海外出稼ぎ奨励などなどと、雑多な思想と制度を「清濁併せ呑む」精神で、あらゆる保守的なものを許容、「包羅《ほうら》」していくことの宣言であり、予告であった。第七の作為路線として❼「清濁併せ呑む」歴史的現実主義という名の現実追随主義と命名しよう。

こうした福沢の現実追随主義への傾斜と選択は、半年後の『民情一新』の本論にも色濃く反映・刻印された。緒言で西洋諸国の「狼狽」ぶりを認識して、社会の発展を長期的な視野で展望する余裕を失った福沢は、第一章で「進取の主義とて、只管《ひたすら》旧を棄てて新に走る」ような性急な改革路線をしりぞけ、「唯《ただ》十数年の未来を憶測して稍《や》や便利ならんと思ふ」方策を選び、「唯僅《わずか》に十数年の間に見込あれば熱心して之《これ》に従事せざるを得ず」という漸進主義を主張するようになった。

これ以降の福沢は、歴史的現実主義にもとづき「唯僅に十数年の間に見込あれば……」よしとする漸進主義を自らの哲学とするが、丸山真男の『読む』では、逆の福沢像が描かれている。「彼の処方箋はい丶つ丶もロングレンジです。……「天下の大勢」を云々するときにも、現在の世論に媚《こ》びてはいけない、マジョリティの大衆に追随していては結局人民の精神を変革することはできない、と必ずいう。だからどうしてもロングレンジな課題になります。」（『丸山集』⑬三六四）。「いつも」とか「必ず」という言葉をこれほど気軽に使ってよいものか、「まったく」「完全に」「百パーセント」などの強調語の乱用の場合をふくめて、丸山がいくら「福沢惚れ」を自認したからといって、許容の限度をこえていると私は判断する。

『概略』第二章で「外《そと》の文明はこれを取るに易《やす》く、内《うち》の文明はこれを求むるに難《かた》し。」として、文明推進のためには、「内の文明」＝文明の精神をこそ先に学ばなければならないと福沢が主張したことが、丸山らによってこれまでたかく評価されてきた。しかし福沢は、『民情一新』第二章で、産業革命による資本主義発展が「社会の全面に直接の影響を及ぼし、人類肉体の禍福のみならず其内部の精神を動かして智徳の有様をも一変」させることになり、労働者に劇的な意識変革をもたらし、労働運動・社会主義運動の「其説は忽《たちま》ち社会の全面に流布《るふ》して一時《いちじ》に人心を動かし、熱心以《もっ》て直《ただち》に其《その》方向に進まんとする人民の常態」が出現したことを紹介した。この文明進展の結果に狼《ろう》狽《ばい》・驚愕《きょうがく》した福沢にとって、「一身独立」もあわせ追求・達成するという初期啓蒙期の公約の課題はどこかへ吹き飛んでしまい、以後の彼の切実な関心は、将来日本でも予想される同様の階級対立の事態にどう対応・対処するのかの課題に集約されていくことになった。その結果、七年後には、5Cで見るように、福沢はもう日本人は「完全なる文明開化人」になったと宣言して、優先すべき

「文明の精神」摂取の課題は、すでに日本では解決したと表明することになった。

第四章において「自由進取の議論蔓延《まんえん》するが為に官民共に狼狽して共に方向に迷ふは独《ひと》り魯国《ろこく》のみに非《あら》ず。日耳曼《ゼルマン》其他君主政治の遺風に従て人民を制御《せいぎょ》せんとする国々は何《いず》れもみな困難を覚へざるはなし。」というヨーロッパ諸国の現状を伝えた福沢は、「甚《はなはだ》しきは内国の不和を医《い》するの方便として故《こと》さらに外戦を企て、以て一時の人心を瞞着《まんちゃく》するの奇計を運《めぐ》らすに至る者あり。」という、彼自身が前年の『通俗国権論』で主張していた内政糊塗《こと》策としての権謀術数を重ねて紹介したのである。第五章の福沢が、こうした文明の衝突のもとでも「嘗《かつ》て震動を覚《おぼ》へ」ず、「よく時勢に適して国安を維持」できている国と評価しているのがイギリスの政体であったことはすでに見た。

B 福沢諭吉と明治政府の関係

Cで『時事小言』と『帝室論』による福沢の保守思想の確立を考察する前に、彼がその道を選択した背景として、当時の福沢と明治政府首脳との関係を考察しよう。かつて福沢が『すすめ』第四編で「学者の職分」を論じた際には、「日本には唯《ただ》政府ありて未《いま》だ国民あらず」という現状を打開するために、「学者士君子」は、皆が官途につくのではなく、「私立の地位を占め、……恰《あたか》も政府の頂門《ちょうもん》に一釘《(針)》を加へ、旧弊を除きて民権を快復《かいふく》せんこと方今《ほうこん》至急の要務」（『全集』③五二～）であると主張していた。このように、学者・知識人が在野にあって批判的知性を担うことの重要性を主張したことがあり、また福沢自身がその在野性を一貫してつらぬいた人物であるという誤解もあるので、「明治十四年政変」前後の福沢と明治政府との関係を考察しておきたい。

福沢自身はすでに見てきたように、公約の「一身独立」の課題追求を放置したまま自由民権運動の陣営に背を向け、数々の作為路線のうえに、至上の「一国独立」確保と国権確立の道をつき進んでいた。明治政府からみれば、野《や》にあって名声をもつ福沢が、思想的にも政治的にも政府に接近してきていることは明らかであった（七九年の〈資料篇〉19「華族を武辺に……」が岩倉具視宛の建言であり、それを福沢が山県有朋ら陸海軍首脳にも郵送し、「郵便報知新聞」の社説に掲載したことを思い出そう）。福沢自身も、当時〈資料篇〉21の手紙にあるように、「所謂《いわゆる》ヘコオビ書生の連中、……県官を罵詈《ばり》する等は通り過ぎ、極々《ごくごく》の極度に至ればムツヒト云々を発言する者あるよし……斯《か》くては捨置《すておき》難《かた》き事」という心境にあって、政府の手を借りてでも民権運動陣営を圧倒しなければならないと考えるようになっていた。その両者の思惑の一致の結果が、一八八〇（明治一三）年一二月の伊藤博文、井上馨《かおる》、大隈重信という政府三首脳との大隈宅での会談であった。

三人から世の安寧維持と国論の指導のために政府の新聞発行を依頼された福沢は、翌八一年一月に井上馨から政府が国会開設の意向のあることを内々に打ち明けられた。その決意に驚愕した福沢は、「是《これ》までの御決心とは露《つゆ》知らざりし、斯《か》くては明治政府の幸福、我日本国も万々歳なり、維新の大業有始有終ものと云ふ可し、諭吉も固《もと》より国のために一臂《いっぴ》を振《ふる》はんとて、即座に新聞紙」発行の件を承諾し、彼は「此一発を以て天下の駄《だ》民権論を圧倒し、政府真成《しんせい》の美意を貫通」(『全集』⑰四七四〜五)せしめ、「内安外競の主義を以て大《おおい》に国論を指導しようと決心」(石河幹明『福沢諭吉伝』第三巻、四六)したのである。その後、「明治十四年の政変」により、政府首脳と福沢に近い者たちとの関係が急激に疎遠となった後も、福沢は、次に見る『時事小言』を伊藤博文、井上馨に贈呈したうえで、同書をみれば、「著者の心事《しんじ》は今尚《いまなお》一月以来の伊井(伊藤、井上――安川)二君と主義を同《おなじ》ふする」(『全集』⑰四七八)ものであることは明らか、と書き添えたのである。

こうした福沢と明治政府首脳の動きに対抗する自由民権運動の陣営は、一八八〇年三月の国会期成同盟の結成によって、全国的な国会開設請願運動として最大の高揚を迎えようとしていた。「明治十四年政変」の秘録として同年一〇月二八日に綴った「明治辛巳《しんみ》紀事」には、次の『時事小言』を、福沢がどういう意図と狙いで同書を執筆・刊行したのかが記録されている。それはそのまま当時の福沢の思想的・政治的立場と位置を証言しているものなので、あらかじめ見ておこう。

「国会開設の建白又請願……彼《か》の有志者なるものは悉《ことごとく》皆《みな》血気の少年に非《あら》ざれば則《すなわ》ち無智無識の愚民にして、……大概皆免職官吏、無産の青年書生輩《はい》が、何か地位を求《もとむ》るの口実に国会論を唱《となう》る……彼等の熱気を冷《ひややか》にして国権論の方へ導かんとする意なれども、……」。「井上(馨)の内話を聞き、其主義全く諭吉の宿意《しゅくい》に合《がっ》したるを以て、……国会を開き、……今の政府の人をして多数を得せしめん、……」。「本年一月以来何とかして世上の無分別者《ふんべつ》を説諭し又制圧して、苟《いやしく》も中人以上財産もあり知見もある者を導《みちび》ひて世の風潮を穏《おだやか》にせんものをと思ひ」、「官権党と云はるるをも恐れず」、『時事小言』刊行後は「必ず駄《だ》民権家の気に入らずして評論を受《う》ることならんと知りたれども、毫《すこし》も憚《はばか》るに足らずとして平素の所見を述べた」（『全集』⑳二三一～）。

これによると、今や福沢は、自由民権運動の「制圧」を望む立場、つまり「中産階級」の指導者の立場に自らを置き、「明治十四年政変」にもかかわらず、政府首脳が進めようとしている進路を「全く諭吉の宿意《しゅくい》に合《がっ》したる」ものとして、国会開設の後は、「官権党」と中傷されるようなことがあっても、自分は、藩閥「功臣」政府派が議会の多数を占めるように応援して、「外に向て大に国権を皇張する」（同右）という立場の宣言として、福沢は『時事小言』を書いたのである（後の九八年五月の福沢別邸での園遊会には、閣議終了後の伊藤博文首相が閣僚「一同打揃《うちそろ》って」来訪し、福沢と「非常に愉快さうに腕を組まんばかりに快談」している〔『旧著』一一三〕）。

C　『時事小言』と『帝室論』――保守思想の確立

(1)　『時事小言』――「人為・権道」の国権論とアジア侵略の意思表明

『時事小言』第一編の冒頭で、福沢は「天然の自由民権論は正道《せいどう》にして人為《じんい》の国権論は権道《けんどう》なり。」

と断ったうえで、「我輩は権道に従ふ者なり。」と宣言した。これは初期啓蒙期において「一身独立」、国内の民主化の課題を「第二歩に遺《のこ》し」て「他日為《な》す所あらん」と公約しながら、一歩もその方向へ歩みださないまま、数々の作為路線のうえに、至上の「一国独立」＝国権確立の道をひたすら追求してきた福沢が、結局、「一身独立」＝国内の民主化の課題を放棄することを正式に宣言したものである。そのことを「第一編　内安外競之《の》事」の内容に即して確認しよう。

福沢は「自《みず》から労して自から衣食し」、人に依存しない一身独立の状態を「人間の正道」「天然の約束」としながら、「貧者は労《ほねおり》して尚《なお》飢寒《きかん》に迫られ、富者は逸《ほしいままに》して常に座食す。」というのが社会の現実であると指摘する。常識的には、「自由民権論」はそうした社会の現実を一歩でも改善・改革するための思想や運動である。しかし福沢は、「人民の財産権利を平等一様に分布するに非《あら》ざれば、天然の民権論は其《その》力を逞《たくまし》ふすること能《あた》はざるものなり。」、「元来この正論は、今の此世界の人類を十全《じゅうぜん》円満無欠の者と想像し了《りょう》して論を立《たて》たるものなり。」と書くのである。

つまり福沢は、自由民権論を、いきなりユートピア社会を目指した空想的な思想や運動であるかのように意図的に議論をねじ曲げて、そんな議論は「無限の未来を期して其成跡《せいせき》を待つ可《べ》し。之《これ》を待《まち》て千百年の後に時節到来す可きや、我輩は之を保証するを得ざるなり。」、「今より千万年の後」ならば、「天下至善にして政法廃す」こともありえよう、などと勝手に民権論の空想性をあげつらって、批判したのである。そして結局、福沢は、「天然の民権論は、今日これを言ふも到底《とうてい》無益に属して弁論を費《ついや》すに足らず。」と、自由民権論は議論しても「無益」な実現の可能性のない議論であると決めつけて、だから「我輩は権道に従ふ者なり。」と宣言・主張した。

もちろん、新たに選択した思想的立場を「権道」や「人為の国権論」と表現しているからといって、福沢は自らの立場を卑下したり、自分の作為を自己批判するようなやわな人物ではない。国際関係の現実を踏まえれば、それは正当で必然的な選択であるという趣旨を、彼はつぎのように表現した。

「金と兵とは有る道理を保護するの物に非《あら》ずして、無き道理を造るの器械なり……他人愚を働けば我も亦《また》愚を以《もっ》て之《これ》に応ぜざるを得ず。他人暴《ぼう》なれば我亦《また》暴なり。他人権謀術数《けんぼうじゅつすう》を用《もちう》れば我亦《また》これを用ゆ。愚なり暴なり又権謀術数なり、力を尽して之《これ》を行ひ、復《ま》た正論を顧《かえりみ》るに遑《いとま》あらず。蓋《けだ》し編首に云へる人為の国権論は権道なりとは是《こ》の謂《いい》にして、我輩は権道に従ふ者なり。」と。

すでに見たように、丸山真男は、『通俗国権論』の福沢は「軍事的武装が「無き道理を造るの器械」だと」は信じていなかったと主張した。その丸山をあざ笑うかのように、福沢は「金と兵とは……無き道理を造るの器械」であると復唱し、さらに『民情一新』の「権謀術数」路線も復唱したうえで、すぐ確認するように、本書で「富国→強兵」ではだめで、「強兵→富国」路線でなければならないと主張するのである。「福沢惚れを自認」した丸山は、「とことんまで惚れてはじめてみえてくる恋人の真実」（『丸山集』⑬七）であると、自らの福沢論を自負していたが、やはり「恋は盲目」といわねばならない。

以上の第一編の議論の最後を、「外の艱難《かんなん》を知《しり》て内の安寧を維持し、内に安寧にして外に競争す。内安外競《ないあんがいきょう》、我輩の主義、唯《ただ》この四字に在《あ》るのみ。内《うち》既に安《やす》し、然《しから》ば即《すなわ》ち消極を去《さり》て積極に向《むか》ひ、外に競争する所以《ゆえん》の用意なかる可《べか》らず。」と結んで、福沢は自らの国権確立至上の路線に〈内安外競〉という新たな名前をつけた。誤解の余地はないと思われるが、〈一身独立して一国独立する事〉の誤読の場合と同様に、福沢美化論者たちが、「外の艱難を知て内の安寧を維持し、内に安寧にして外に競争す。」という福沢の定式について、またまた「内安」と「外競」の二課題が丸山流に「全く同じ原理で貫かれ、見事なバランスを保っている」とか「美しくも薄命な古典的均衡」云々と誤読しないように、あえて念をおしておこう。

〈内安外競〉主義の結論を提示する直前の文章において、福沢は「抑《そもそ》も安寧とは唯《ただ》消極の事にして積極の働《はたらき》に非ず。……蓋《けだ》し安寧は堪忍《かんにん》に由《より》て得《う》べきものにして、外国交際の艱難《かんなん》を知り真に之《これ》を人々《にんにん》の身に負担するものと思へば、内国安寧ならざらんと欲するも得《う》べからず。」と断っているので、「内安」を「一身独立」や国内の民主化の意味に読み込むことは、明らかに無理である。もうすこし前では「外国の交際易《やす》からずと雖《いえ》ども、苟《いやしく》も日本人の名ある者は直接に間接に之《これ》を負担せざる可《べか》らず。……一旦《いったん》事あるに臨《のぞみ》ては財産も生命も又栄誉をも挙《あげ》て之《これ》に奉ずるこそ真の日本人なれ。……数年前世《よ》の攘夷家なる者が、仮令《たと》ひ我国を焦土《しょうど》にするも外人をば国に入れずと云ひしことあり。……其国を思ふの精神に於ては誠に感ず可し。」と書いて、福沢は『概略』第十章の「彼《か》の暗殺攘夷の輩《はい》と雖《いえ》ども……一片の報国心あること明《あきらか》に見る可し。」という提言を生かしながら、「真の日本人」ならば国家が「一旦事あるに臨《のぞみ》ては財産も生命も又栄誉をも挙《あげ》て之《これ》に奉ずる」という無謀な議論の展開を始めているのである。

同書「立論の主義は専《もっぱ》ら武備を盛にして国権を皇張するの一点に在《あ》るのであり、また、「外の艱難を知て内の安寧を維持」するという安易な権謀術数的「外競」路線であることから、福沢の「内安外競」主義はむしろ、同時代人である田口卯吉の批判的表現を借りて「内危外競」路線と呼ぶのがより適切といえよう。

福沢は第二編において、「我輩は固《もと》より民権自由の友なり、論者幸《さいわい》に安心する所あれ。」と嘯《うそぶ》きつつも、「国会開設」運動を担っている民権家をして「幾千名の調印と云ひ幾万人の結合と称するも、事実其人の大数《たいすう》は国会の何物たるを知らず、其開設の後に如何なる利害が我身の上に及ぶべきやも弁《わきま》へず、唯《ただ》他人が願望する故に我も亦《また》願望すと云ふに過ぎず。其有様は神社の本体を知らずして祭礼に群集するに似たり。又其中には非常なる狂者も多く、非常なる愚者も多くして、驚くに堪《たえ》たるものあり」と、またまた民権陣営を誹謗《ひぼう》した。

それとは対照的に、明治政府については、「維新の大業は首《しゅ》として旧強藩の力に依《より》て成りしもの」、「今の日本政府は固《もと》より民権家の叢淵《そうえん》にして、維新以降十三年の其間に民権の事を挙行し、只管《ひたすら》改進の一方に向て躊躇《ちゅうちょ》せざる者」であると手放しの評価をしたうえで、福沢は「強藩の士人は生命を以て権力を買《かい》たる者なり、虎穴《こけつ》に入《いり》て虎子《こじ》を得たるものなり。」とし、「維新の功臣が維新の政府に立ち、全権を以て国事を専《もっぱら》にするも固《もと》より理の当然」と藩閥功臣政府の正当性をこそ主張したのである。

『時事小言』は「明治十四年政変」直前の九月に刊行されたものであり（一〇月一日大隈重信に仮製本を届け、八日に明治天皇に献本。『全集』㉑五七〇）、一〇月一二日の政変で「福沢門下の政府部内に在《あ》る者続々免官」という遺憾な事態となったにもかかわらず、「大物」の福沢自身が藩閥功臣政府を支持し続けることは後に見るとおりである。また、福沢が、政変の二日後に伊藤博文・井上馨両者宛に関係者の免官措置を「諭吉の縁故なるを以《もっ》てすることなき様呉々《くれぐれ》も御注意を願」うように手紙を書いた際に、あわせてこの『時事小言』を贈呈して、「著者の心事は今尚一月以来の伊井（伊藤、井上――安川）二君と主義を同《おなじ》ふする者なりとの事」が分かってもらえるはずであると書き添えたことは既述した。

「我輩畢生《ひっせい》の目的」である権道の「国権」を確立・振起する「方略」は、第四編「国権之《の》事」で展開された。「外国交際の大本《たいほん》は腕力《わんりょく》に在《あ》り」、「苟《いやしく》も今の世界の大劇場に立《たち》て西洋諸国の人民と鋒《ほこさき》を争はんとするには、兵馬《へいば》の力を後にして又何物《なにもの》に依頼す可きや。武は先にして文は後なりと云はざるを得ず。」と書いて、軍事的武装が「無き道理を造るの器械」であるという持論の復唱をしたあと、福沢は世界各国の軍事力の比較考察を行った。そのうえで、彼は「富国」と「強兵」の優先順位という重要な主題を問題にした。「或人の説に、富国強兵の法は、誠《まこと》に此《この》語の順序の如く、先づ国を富まして然《しか》る後に兵を強くするの策に及ぶ可し、苟《いやしく》も富国にして強兵ならざるはなし、富は強の本《もと》なりとの言あり。」という世間の常識を紹介しながら、福沢は「此言《このげん》、道理に於て然《しか》るが如くに聞ゆれども、社会の事跡《じせき》に於ては往々《おうおう》然らざるものあり。」と指摘した。結論として彼は、「本編立論の主義は専《もっぱ》ら武備を盛《さかん》にして国権を皇張《こうちょう》するの一点に在《あ》り。」と主張したのである。

これは、「富国強兵……此言、道理に於て然《しか》」りであることを承知しながら、福沢が第八の作為としての❽「強兵→富国」路線を選んだことを意味する。それと同時にこれは、『前著』で私が〈日本の近代化の道のり総体の「お師匠様」〉と評価した福沢諭吉が、日本の資本主義的発展がたえず軍事を優先しアジア侵略の繰り返しを跳躍台として急速に進んでいった道のりを見事に言い当て、先導したことを意味するものである。なぜ「強兵→富国」でなければならないのか、その根拠と道のりを、彼は以下のように説明・展開した。

『前著』で福沢の国際関係認識は、丸山らの把握とは明確に異なり、建前としての国家平等論を紹介した初期啓蒙期以来、福沢は、一貫して「傍若無人《ぼうじゃくぶじん》」、「切捨《きりすて》」御免、「無情残刻《むじょうざんこく》」、「パワ・イズ・ライト」の弱肉強食の関係にあると認識していたことを論証した。その復唱として、『時事小言』では、「彼《か》の所謂《いわゆる》万国《ばんこく》公法、又は万国普通の権利云々《うんぬん》と称する其《その》万国の字も、世界万国の義に非《あら》ずして、唯耶蘇《ヤソ》宗派の諸国に通用するのみ。苟《いやしく》も此宗派外の国に至ては曾《かつ》て万国公法の行はれたるものを見ず。」と指摘して、万国公法が西洋「先進」諸国の間だけに通用するものであり、また「権力の平均」（バランス・ヲフ・パワ）の考えもアジアの国際関係においては「信ずるに足らないものであることを福沢は強調した。

そうした弱肉強食の国際関係であるにもかかわらず、アジア諸国は日本と異なり、適切な外交的対応が出来ていないとして、「波斯《ペルシャ》、朝鮮等は迚《とて》も頼《たよ》」りにならず、「最大の支那」は「数千年来陰陽五行《いんようごぎょう》の妄説《もうせつ》に惑溺《わくでき》して事物の真理原則を求るの鍵を放擲《ほうてき》したるの罪なり。……改進文明の元素は此国に入る」ことは無理であり、アヘン戦争などの敗戦を体験しながらも、「其改進の緩慢遅鈍《かんまんちどん》なる、実に驚くに堪《たえ》た」る現状にあるとして、福沢は、結局、「文明の中心と為《な》り他の魁《さきがけ》を為して西洋諸国に当るものは、日本国民に非《あら》ずして誰《た》ぞや。亜細亜《アジア》東方の保護は我責任なりと覚悟す可《べ》きものなり。」という、後世の「大東亜共栄圏」の盟主につながる不遜な日本のアジア盟主論を、福沢は主張しはじめるのである。

そして、幕末以来、国内に存在するアジア連帯の考えについて福沢は、中国、朝鮮と「唇歯輔《しんしほ》車《しゃ》」の関係で「相助《あいたすく》る」とか「互《たがい》に相依頼《あいいらい》せんことを望むは、迂闊《うかつ》の甚しきもの」と断定して、アジア諸国が（半）植民地化の危機という事態にたいして、「事情切迫に及ぶときは」、日本が「無遠慮に其地面を押領《おうりょう》して、我手を以て新築するも可《か》なり。」と、盟主の日本がアジアを直接侵略して植民地支配することもありうると主張した。また、かりに「日本の武力を以て之《これ》に応援する」としても、それは「他の為に非《あら》ずして自《みず》から為にするものと知る可し。」として、あくまで日本の利害・利益追求のためのアジア政略であることを念押しした。福沢のアジア認識というと、一般に「脱亜論」が代表格と思われているが、『前著』で解明したようにそれは明らかに的外れの認識であり、「脱亜論」より四年もまえの『時事小言』において、福沢の「脱亜」論は、より体系的な考察をふまえて提示されていたのである。

以上の「専ら武備を盛にして国権を皇張」する「強兵↓富国」路線に国民を動員していくための結びになる第六編の主題は、「国民の気力を養ふ事」となる。もともと「富国↓強兵」の方が「道理に於て然《しか》る」ことを承知のうえで「強兵↓富国」という作為路線をえらんだ福沢であったから、その愛国心涵《かん》養《よう》策も当然作為的なものにならざるを得なかった。大陸を離れた島国という地理的条件もあって、古来侵略の対象になりにくかった日本は「外敵の足を以て尺寸《せきすん》の地を穢《けが》したることもなし。実に金甌《きんおう》無欠《むけつ》、世界万国比類なきもの」と誇った後、福沢は愛国心涵養のために、「第一、外教の蔓延《まんえん》を防ぐ事」と「第二、士族の気力を維持保護する事」の二つを要求・提案した。

第一のキリスト教普及反対論の理由は、単純明快である。「国権の主義は真に不公平にして故《こと》さらに自他の別を作為するもの」であるから、「真に公平にして世界を一家と視做《みな》」す「耶蘇《ヤソ》教の主義」は「国権保護の気力」をそこなうというのである。もちろん福沢は、「元来宗教の信心は人々の勝手次第」という欧米諸国の「信仰の自由」の原理を知らないはずはないが、当局者は「都《すべ》て政治上に要用なる部分丈《だ》けは、宗旨《しゅうし》に立入《たちい》り遠慮なく命令して可《か》なり。洋学者の空論に迷はされて信教自由の主義を重んじ」る必要はないと主張しているのである。本書冒頭で見たように、丸山真男は「福沢が一貫して力説したのは……宗教等……人民の多様かつ自主的な活動であり、彼が一貫して排除したのは……市民社会の領域への……干渉」で、「国権論が最高潮に達した場合でさえ、……彼の原則は少しも破られていない」と主張していた。ところが福沢自身は「信仰の自由」を「洋学者の空論」とあざ笑っているのである。なおこの年、京都交詢《こうじゅん》会（慶応義塾関係者の団体）は、本願寺の依頼で百五十円の請け負い料をもらって、学術講演会の名目でキリスト教排撃の「排耶演説会」を開催したとのことである（『年鑑』㉕一四九）。

第二については、福沢によれば、士族が国の「其脳《のう》の如く又腕《うで》の如き」存在であるのに対して、「百姓町人の輩《やから》は……社会の為に衣食を給するのみ」の存在で「獣類にすれば豚」である。したがって、「士族の気力を消滅するは恰《あたか》も国を豚にする」ことである。そこで福沢は、封建社会消滅から一〇数年後のいま、ナショナリズムを振起するための「経世《けいせい》の一大事」として、「禄《ろく》を剥奪《はくだつ》せられて資産に窮《きゅう》」している「士族の生活を保護」することを大真面目《おおまじめ》に論じ、要求しているのである。

以上のように、『時事小言』はあまりにも網羅的な保守思想のリストとなっているので、まとめておこう。1「権道・人為の国権論」、2藩閥功臣政府の支持、3権謀術数的な「強兵↓富国」論、4「内安外競」という名の「内危外競」路線、5アジア蔑視と盟主日本のアジア侵略の意思表明、6そのための「信教の自由」の否定と、士族の気力維持によるという非合理主義的ナショナリズム（これは❹作為的な愛国心振興策の変種と考えられよう）。

福沢の保守思想の確立・完成のために、このカタログに落ちているものはなにであろうか。「強兵富国」路線に動員するための「国民の気力」が、国民一般ではなく「士族の気力」だけとなっていることを考えると、圧倒的多数の「豚の如」き「所謂《いわゆる》百姓町人」の「気力」を一体なににによって確保・動員するのかという問題が残されている。また、福沢の「内安外競」路線が、「一身独立」＝国内の民主化の課題を放棄しているために「内危外競」路線と批判される余地、つまり、国内秩序＝「内安」を一体なににによって確保するのかという課題も残されている。この二つの課題に応えるために、福沢が半年後の「時事新報」社説に一二回連載したうえで刊行したのが『帝室論』である。『帝室論』において、「日本人民の精神を収攬《しゅうらん》するの中心」「精神の集点」に帝室をおくことによって、福沢のナショナリズムと「国の安寧を維持するの方略」も確定することとなり、これによって、福沢の保守思想はようやく完成を見ることになる。

(2)『帝室論』と『尊王論』——福沢の天皇制論

◆『帝室論』——「愚民を籠絡《ろうらく》する……欺術《き》」

〈資料篇〉**27**『帝室論』の内容を見よう。八年後に予定されている国会開設以後の日本国民の「人心の収攬《しゅうらん》」方策にとりくんだ福沢は、「我日本国民の如きは、数百千年来君臣情誼《じょうぎ》の空気中に生々《せいせい》したる者なれば、精神道徳の部分は、唯《ただ》この情誼《じょうぎ》の一点に依頼するに非《あら》ざれば、国の安寧を維持するの方略《ほうりゃく》ある可《べか》らず。」と分析して、彼は「日本人民の精神を収攬するの中心」に帝室をすえることを提案した。「今後国会を開設」すると、「政党の軋轢《あつれき》」や「民心軋轢の惨状」が予想されるが、「双方を緩和し、無偏無党」の立場から「之《これ》を綏撫《すいぶ》」する役割は帝室以外に考えられない、というのが福沢の判断であった。

『民情一新』で日本においても「文明の進歩するに従て益《ますます》官民の衝撞《しょうどう》を増」し、「正《まさ》に狼狽《ろうばい》して方向に迷ふ」時代の到来することを予測するようになっていた福沢は、民権陣営の青年書生輩《はい》が「立君の政治を評して、人主《じんしゅ》が愚民を籠絡するの一欺術《きじゅつ》などとて笑ふ者」がいるが、「此《この》説を作《な》す者は畢竟《ひっきょう》政治の艱難《かんなん》に逢《あ》はずして民心軋轢《あつれき》の惨状を知らざ」る者であると批判し、「我日本にても政治の党派起りて相互に敵視し、積怨《せきえん》日に深くして解《と》く可《べか》らざ」る事態を迎えるようになり、加えて「外患の爰《ここ》に生じて国の安危に関する事の到来したら」、一体どうするのかと切り返して、彼は「愚民を籠絡《ろうらく》する……欺術《き》」を導入することが必要であると主張したのである。

『すすめ』冒頭の「天は人の上に人を造らず……」という言葉とともに記憶されている福沢諭吉が、「人の上」の人としての天皇（制）の必要性を主張するようになっていく道のりをあらためてまとめておこう。『概略』の「保元平治《ほうげんへいじ》以来歴代の天皇を見るに、其《その》不明不徳は枚挙《まいきょ》に遑《いとま》あらず。」（第四章）という実態と、「鎌倉以来人民の王室を知らざること殆《ほとん》ど七百年」になるという歴史的事実から、「新《あらた》に王室を慕ふの至情を造り、之《これ》（人民）をして、真に赤子《せきし》の如《ごと》くならしめんとする」ことは「頗《すこぶ》る難《かた》きことにて、殆《ほとん》ど能《よく》す可《べか》らざる」（第十章）ことであるという、冷静な判断を初期啓蒙期の福沢はもっていた。

しかしながら、同じ『概略』第十章の結論においては、他方で、弱肉強食のきびしい国際関係の下では、日本は「自国の独立」達成を至上「最後最上の大目的」にしなければならないと主張していた。福沢はその大目的のためには、「国体論の頑固なる」ものも「君臣の義」も「文明の方便」として許容・動員することを要求したのである。同様にして、『概略』後に記した「覚書」でも、一方で「聖明の天子、……難有御代《ありがたきみよ》、……偽《いつわり》に非《あら》ずして何ぞや。……」という事実をふまえた天皇制批判の意識と判断を書きとめながら、他方で、「日本の人心は、正《まさ》に国王の聖徳を信じ、……先生を信じ、……旦那を……親方を信ずるの時代なり。」と、天皇制の必要性を示唆するメモを書きつけていたのである。その場合、福沢にも伊藤博文と同様に、西洋諸国においては「宗教盛《さかん》にして……人心を収攬《しゅうらん》して徳風を存することなれども、我日本」では「到底《とうてい》此宗教のみを以て国民の徳風を維持するに足らざるや明《あきらか》なり。」という判断があった（〈資料篇〉27d）。

国内の民主化の課題を「第二歩に遺《のこ》し」たまま、福沢が「他日為《な》す」という公約の方向に一歩もあゆみ出さない限り、その「自国の独立」至上路線は既述したように砂上に楼閣を築く営為《えいい》であり、そのために福沢は、すでに見たように多くの作為を動員することになった。そのなかでも、「都《すべ》て人生、事《こと》を為《な》すに、本来無きものを造るは、既《すで》に有るものを利用するに若《し》かず。」という❽「清濁《せいだく》併《あわ》せ呑む」現実追随主義の哲学は、『民情一新』で西洋諸国が「正に狼狽して方向に迷ふ」という決定的な認識が加わることによって、最大の作為としての❾天皇制の選択に向けて発動されることになった。つまり福沢は、「新《あら》たに王室を慕ふの至情を造り」出すという「頗《すこぶ》る難《かた》きこと」に挑戦することになったのである。

『帝室論』の冒頭で福沢は、「帝室は政治社外《しゃがい》のものなり。苟《いやしく》も日本国に居《い》て政治を談じ政治に関する者は、其主義に於て帝室の尊厳《そんげん》と其《その》神聖とを濫用《らんよう》す可《べか》らず」と強調した。そのために、すでに紹介したように、これを丸山真男らは「一切の政治的決定の世界からの天皇のたなあげ」という構想と誤読した。しかし、福沢自身は、国会開設後の「政党の軋轢《あつれき》」の事態を予想していたから、「帝室が左を助《たすく》る歟《か》、又は右を庇護《ひご》する等の事」が「誠に得策に非《あら》ざる」ことは理の当然であるとして、「一国の緩和力」の効果的な効用を果たすために、日常的には帝室が「政治社外に在《あ》るに非《あら》ざれば行はる可《べか》らざる事」であると判断して、そう主張していたに過ぎない。

「遥《はるか》に政治の上に立《たち》て下界に降臨し、偏《へん》なく党《とう》なく、以《もっ》て其《その》尊厳神聖を無窮《むきゅう》に伝へん」という場合の福沢の「政治の上……」という意味は、丸山が読み込んだような「一切の政治的決定……からの天皇のたなあげ」などではさらさらなく、福沢は「政府は和戦の二議を帝室に奏し、其《その》最上の一決御親裁《ごしんさい》に出《いず》るの実を見て、軍人も始めて心を安んじ、……帝室の為に進退し、帝室の為に生死するものなりと覚悟を定めて、始めて戦陣に向《むかっ》て一命《いちめい》をも致す可《べ》きのみ。」と主張していたのである。つまり、大元帥《げんすい》陛下の天皇を陸海軍統帥《とうすい》の精神的主柱にすえることで、戦場において、兵士が「一旦緩急《いったんかんきゅう》アレハ《ば》」「死ハ鴻毛《こうもう》ヨリモ軽シト覚悟」して「天皇陛下のために」奮闘・奮戦するという最大の政治的効用を発揮することを期待した構想であった。

そのことは、福沢が日清戦争の際に、天皇が「軍人の志気を鼓舞」し、「吾々軍人たる者……叡《えい》慮《りょ》を安んじ聖体を安んじ奉らんとの精神……此《この》精神たるや実に我万里の長城」と呼号し、また日本軍の「生を毫毛《ごうもう》の軽きに比《ひ》したる大精神こそ」、戦争勝利の「其奇功の本源」であると主張して、「大元帥陛下自《みず》から」が「靖国《やすくに》神社」の「祭主《さいしゅ》」となって、「及ぶ限りの光栄を戦死者並《ならび》に其《その》遺族に与へて、以て戦場に斃《たお》るるの幸福なるを感ぜしめざる可《べか》らず。」（『前著』一七四〜）という「靖国の思想」の提唱者となっていたことによっても明々白々のことである。

私が福沢諭吉の天皇制構想を最大の作為ととらえるのは、『概略』において、「歴代の天皇を見るに、其不明不徳は枚挙に遑《いとま》あらず。」と認識・主張していた福沢が、これだけ巨大な政治的役割・効用をはたすものと見事に見抜いて（正しくは、当初の福沢の予想をこす政治的機能と見るべきかもしれない）それを選択したことによる。

その点では、市民運動「不戦兵士・市民の会」の一員である私は、丸山（と限らぬ多くの「戦後民主主義」時代の研究者たち）が福沢の天皇制構想を「一切の政治的決定……からの天皇のたなあげ」とか「象徴天皇制」同様の構想であると主張した事実は、たんなる誤読にとどまらず、天皇（制）の戦争犯罪・戦争責任を「たなあげ」する役割を果したものとして、その戦後責任をきびしく告発しておきたい。

天皇制の政治的効用との関係で、「帝室の尊厳と其《その》神聖」維持の必要性を認識するようになった福沢は、『概略』当時の「皇学者流」の天皇制観への批判的姿勢を後退させ、『帝室論』では、「我帝室の一系万世」を強調する「此《この》一点は皇学者と同説なるを信ず。」と言いはじめ、「我帝室は万世無欠の全璧《ぜんぺき》にして、人心収攬《しゅうらん》の一大中心なり。我日本の人民は此玉璧《ぎょくへき》の明光に照らされて此中心に輻輳《ふくそう》し、内《うち》に社会の秩序を維持して外《そと》に国権を皇張《こうちょう》す可《べ》きものなり。其宝玉《そのほうぎょく》に触《ふる》る可《べか》らず、其中心を動揺す可《べか》らず。」と主張するようになっていた。『帝室論』には福沢の期待する沢山の帝室の役割・機能の「大徳《たいとく》」が詳述されている。ここではそれらをまとめた文章を紹介しておこう。

「帝室は人心収攬《しゅうらん》の中心と為《な》りて国民政治論の軋轢《あつれき》を緩和《かんわ》し、海陸軍人の精神を制して其向ふ所を知らしめ、孝子節婦《こうしせっぷ》有功の者を賞して全国の徳風を篤《あつ》くし、文を尚《たっと》び士を重んずるの例を示して我日本の学問を独立せしめ、芸術を未《いま》だ廃せざるに救ふて文明の富を増進する等、其功徳《こうとく》の至大至重なること挙《あげ》て云ふ可《べか》らず。」

天皇制がこれだけ多くの機能を担うためには当然それを可能とする予算措置が必要になる。福沢は、『帝室論』の二ヶ月前の岩倉具視の建議に符節を合わせるように、同書の最後に皇室財産の確定・増額を要求した。じじつ、同年以後皇室財産は急激に増大し、天皇家はけた違いの日本最大の地主、最大の財閥になっていった。

なお、以上の福沢の『帝室論』を一部の保守的な大臣参議が「福沢は怪《け》しからぬ奴だ、天子を御隠居《ごいんきょ》させて番頭が政治をするとは……」と、ある意味で丸山真男同様の誤解をしたのに対して、岩倉具視は、「日本人が皆福沢諭吉のやうなら安心なのだが……」と非常に喜んだと伝えられている（『旧著』一二四、一四三）。

◆『尊王論』——皇学者流の天皇制論

〈資料篇〉25「立憲帝政党を論ず」と26『時事大勢論』は、ともに『帝室論』と同じ時期の著作であるから、「帝室は……我日本国民の諸共《もろとも》に仰ぎ奉り諸共に尊崇し奉る所にして、之《これ》に忠を尽すは唯《ただ》外面の義務に非《あら》ず、万民熱中の至情と云《い》ふ可《べ》きものなり」、「帝室の尊厳は開闢《かいびゃく》以来同一様にして、今後千万年も同一様たる可《べ》し。是《こ》れ即《すなわ》ち我帝室の帝室たる所以《ゆえん》なり。」という、初期啓蒙期の福沢の冷静な天皇制論にはない虚偽や誇張が述べられているとしても驚くことではなかろう。ただ、三年前の『民情一新』では、西洋諸国の「狼狽《ろうばい》」ぶりに驚いて、社会発展を長期的な視野で展望する余裕を失い、「唯《ただ》十数年の未来を憶測して稍《や》や便利ならんと思ふ」方策を選べばよいと主張したばかりの福沢であるから、その彼が「帝室の尊厳は……今後千万年も同一様たる可し」という確信を当然のように語っている姿には、「諭吉さん、本気でそう言っているのですカ?」という冷やかしくらいは書いておくべきであろう。

『帝室論』から八年後、一八八八(明治二一)年の38『尊王論』になると、次の4で確認するように、福沢がその基本的骨格に賛意を表明してきた神聖不可侵の天皇を元首とする大日本帝国憲法発布の四ヶ月前の著作(「時事新報」社説の連載は九月以来)であるだけに、議論のエスカレートぶりも当然の内容になっている。とりあえず、『概略』当時の冷静な議論から福沢がどこまで転落したのか(思想的な「転向」でないことについては第Ⅳ章の2で後述)に注目して考察しよう。

冒頭で、福沢は「我大日本国の帝室は尊厳神聖なり。……其《その》これを尊《たっと》むや、……殆《ほとん》ど日本国人固有の性《せい》に出《い》でたるが如《ごと》くにして、古来《こらい》今に至るまで疑《うたがい》を容《い》るる者なし」と断言するが、『概略』では「君臣の倫《みち》を……人の性と云ふ可《べか》らず。」と主張していた。つづいて彼は、「此《この》帝室は日本国内無数の家族の中に就《つい》て最も古く、其《その》起源を国の開闢《かいびゃく》と共にして、帝室以前日本に家族なく、……其由来《ゆらい》の久しきこと実に出色絶倫《しゅっしょくぜつりん》にして、世界中に比類なきものと云ふ可《べ》し。……帝室は我日本国に於《おい》て最古最旧、皇統連綿として久しきのみならず、列聖の遺徳《いとく》も今尚《な》ほ分明《ぶんめい》にして見る可《べ》きもの多し。天下万民の共に仰ぐ所にして、其神聖尊厳は人情の世界に於て決して偶然に非《あら》ざるを知る可し。」と主張していた。

この点も『概略』では、「皇学者」たちが「君主を……奉尊する由縁《ゆえん》を……人民懐古の至情に帰《き》し」ていることを批判して、福沢は「鎌倉以来人民の王室を知らざること殆《ほとん》ど七百年」で「今の人民は……王室に対するよりも封建の旧君に対して親密ならざるを得ず……新《あらた》に王室を慕ふの至情を造……るは……殆《ほとん》ど能《よく》す可《べか》らざるに帰《き》す可《べ》し。」と主張し、「我国の皇統は国体と共に連綿として外国に比類なし。……此《この》君国並立《へいりつ》の貴《とうと》き由縁は、古来我国に固有なるが故に貴《とうと》きに非ず、之《これ》を維持して我政権を保ち我文明を進む可きが故に貴《とうと》きなり。物の貴きに非《あら》ず、其働《はたらき》の貴きなり。」と述べていた。

さらに福沢は、この『尊王論』では「歴代に英明の天子も少なからずして、其文徳武威《ぶんとくぶい》の余光、今に至るまで消滅せざる……列聖の遺徳も今尚《いまな》ほ分明《ぶんめい》」と述べているが、かつて『概略』では、「保元《ほうげん》平治《へいじ》以来歴代の天皇を見るに、其不明不徳は枚挙《まいきょ》に遑《いとま》あらず。父子《ふし》相戦ひ兄弟《けいてい》相伐《う》ち、……天子は……武家の威力に束縛せらるる奴隷」とまで書いていた。『概略』の場合の主張をほぼ一八〇度改めて、福沢がこれだけ体系的な帝室の「尊厳神聖」論を展開しているのに、丸山がどうして「福沢が原理論としての『概略』の立場を維持している」と強弁できたのか、私には理解できない。

その丸山に、「これでもわからないのか」と言わんばかりに福沢は、帝室たなあげの「政治社外」論が天皇制に最大・無限大の政治機能（「正宗《まさむね》の宝刀」）を期待した議論であることを、次のように念押ししていた。「帝室は固《もと》より政治社外の高処《こうしょ》に立ち、……其政治の熱界を去ることいよいよ遠ければ、其尊厳神聖の徳いよいよ高くして、其緩解《かんかい》調和の力も亦《また》いよいよ大なる可《べ》し。……其功徳《そのこうとく》を無限にせんとするが故に政治社外と云ふのみ。」。「和戦の二議……の一決御親裁《ごしんさい》に」あたり、靖国神社の「祭主《さいしゅ》」にもなる天皇が、「一切の政治的決定の……たなあげ」を意味するという丸山の解釈の無理は、あまりにも明らかである。

福沢はまた「有識者」むけの説得も意識してであろうか、『概略』と異なり、「尚古懐旧《しょうこかいきゅう》の人情は帝室を護《まも》るに大切なるもの」であるとして、「愚民の迷信と云へば迷信ならんなれども、人智不完全なる今の小児社会に於ては、其《その》神仏視する所のものをば其《その》ままにして懐古の記念に存するこそ……智者の事なる可し。」、「苟《いやしく》も経世の利益とあれば、如何《いか》なる異様《いよう》のものと雖《いえど》も之《これ》を容《い》るるに綽々《しゃくしゃく》余地ある可し。」と主張した。同じ論理から、「歴史上の家柄……一種の古色ある」華族制度についても、「日新の道理一偏より論ずれば、身に尺寸《せきすん》の功労なくして栄誉を専《もっぱら》にするは相済《あいす》まざるに似たれども、苟《いやしく》も其栄誉名声を以て政治社会を妨《さまたぐ》ることなきに於ては毫《ごう》も意に介するに足らず、真に帝室の藩屛《はんぺい》として尊敬す可きのみ。」と「帝室の藩屛」としての華族制度の擁護を主張した。

その同じ論理からいって、「新華族を作るは経世《けいせい》の策にあらざるが如《ごと》し。」と書いて、「今《いま》、人の働《はたらき》次第にて誰《た》れも此《この》仲間に入《い》る可《べ》しとありては、恰《あたか》も華族全体の古色を奪去《うばいさ》りたるものにして、我輩は経世の為《た》めに聊《いささ》か不利を感ずるものなり。」という福沢の発言は、『尊王論』の著者にしてはいささか論理的で筋がとおっているように見えよう。しかし、融通無碍《ゆうずうむげ》の思想家・福沢が必要に応じて新華族のバーゲンセールを行うことはこのあと5cで見るとおりである。いまや福沢が、支配者の論理を自在に操《あやつ》るようになっていることに気づきさえすれば、この場合も「苟《いやしく》も経世の利益とあれば、如何《いか》なる異様《いよう》のものと雖《いえど》も之《これ》を容《い》る……可し。」という支配の論理で統一されていることは明らかである。

以上、福沢の天皇制論を代表する二著について考察した。ところが、ほかならぬこの『帝室論』と『尊王論』について、既述したように丸山真男は、「この二論……『概略』における君主政論からの「後退」をしばしば問題にされる著述です。……いかに福沢がここで日本の皇室にたいし溢《いっ》美《び》の言《げん》を呈《てい》していても、その論の核心は一切の政治的決定の世界からの天皇のたなあげにあります。」（『丸山集』⑭三四二〜三、傍点は丸山）と評価したのである。私は政治学も政治思想史も「門外漢」である。しかし、福沢の天皇制論における天皇が、①「日本人民の精神を収攬《しゅうらん》する」こと、②「和戦の二議」の「一決御親裁《ごしんさい》」をおこなうこと、③「政党の軋轢《あつれき》」や「民心軋轢」や人民の「慍《いかり》」を「緩和《かんわ》」「緩解《かんかい》調和」すること、④日本軍兵士を「帝室の為《ため》に進退し、帝室の為に生死」させること、後には⑤「大元帥陛下」として日清戦争を直接指導すること、⑥靖国神社の「祭主」となること、という各種の機能をになうことが、政治や「政治的決定」からの「天皇のたなあげ」になるという意味が、私にはおよそ理解できない。

むしろ、天皇制こそ日本の国民＝臣民に「他人の魂を我身に入れ」（『すすめ』第八編）させた「精神収攬《しゅうらん》」の総本山であり、（丸山があれほど非難した）「権力の偏重」の最大の事象であり、その「尊厳神聖」な帝室を国民が「尊崇」することは、近代日本社会の最大の「惑溺《わくでき》」であるはずである。それにもかかわらず、晩年（一九八六年）の丸山真男が、在野の言論人として、その最大の「権力の偏重」「惑溺」形成の先頭に立とうとしている福沢諭吉の天皇制論に、これほどあまい評価をしたことはおよそ理解不能のことである。丸山真男が、戦前の「「リベラル」な天皇制へのゆるぎない信者」に先祖がえりしたとは思えないので、丸山政治学をどう理解すればよいのか、「門下生」などの教示をぜひ願いたい。

D 壬午《じんご》軍乱と甲申《こうしん》政変——人為の国権論と排外主義

一八八二（明治一五）年七月の朝鮮での兵士たちの反日暴動「壬午《じんご》軍乱」と、八四年一二月の朝鮮「開化派」の「守旧派」打倒のクーデター「甲申《こうしん》政変」の際の福沢については『前著』に詳しく述べた。福沢の大日本帝国憲法＝教育勅語への思想的道のりとのかかわりに限って、そのアジア認識とアジア政略論を見ることにしよう（注記は『前著』一〇九～一八参照）。前年の『時事小言』で「強兵→富国」路線を確立し、「無遠慮に」アジアの「地面を押領《おうりょう》」する意思を表明し、壬午軍乱の二ヶ月前にも「畢生《ひっせい》の目的は唯《ただ》国権皇張の一点……内の……政治……専制に似たるも……満足」と国内の民主化放置の意向を見せていた福沢（だからこそ、『通俗国権論』『民情一新』『時事小言』の三著で権謀術数を主張していた）は、好機到来とばかりに、事件直後に出兵の準備と「開化派」支援を呼びかけた。「朝鮮政府は北京政府の別府《べっぷ》」という理由から、福沢はいきなり北京攻略の「漫言」（「時事新報」のコラム）を書き、社説で「東洋の老大朽木《ろうだいきゅうぼく》を一撃の下《もと》に挫折せんのみ」と主張した。政府寄りの「東京日々新聞」さえもがその強硬な軍事介入論を非難し、冷静な対処を呼びかけ、中江兆民や小野梓が、平和外交を主張し、政府内の井上毅さえもが朝鮮中立化構想を書いていたことを考えると、当時の福沢はもっとも激烈で強硬な軍事介入論の立場にあった。

甲申政変は、日本の国家権力が民間（福沢諭吉、井上角五郎ら）と一体になって朝鮮に内政干渉し、しかも武力介入してまで、政権の転覆をはかった事件であった。福沢は『福翁自伝』でこの政変とのかかわりを隠しているが、腹心の井上角五郎が「金玉均《キムオッキュン》、朴泳孝《パクヨンヒョ》等の一派の挙は当初から先生の与《あずか》り聞かれたところである。……啻《ただ》に其筋書《そのすじがき》の作者たるに止《とど》まらず、自《みず》から進んで役者を選み役者を教へ又道具立て其他万端《ばんたん》を差図《さしず》せられた事実がある。」と証言している。クーデターの武器提供をふくめ、福沢は民間人ではもっとも深く事件にかかわっていたので、政変後の開戦を求める福沢の発言は「朝鮮京城の支那兵を鏖《みなごろし》にし、……大挙して支那に進入し、直《ただ》ちに北京城を陥れ」、「我輩の財産最早《もはや》愛《おし》むに足《た》らず、挙《あ》げてこれを軍費に供すべし。」と激烈・熱狂をきわめ、「時事新報」紙は検閲で二度も社説ぬきの発行となり、ついには発行停止処分さえうけた。

「純粋真成の日本魂《やまとだましい》」の「要用」を説いた福沢は、八五年一月八日の社説「御親征《ごしんせい》の準備如何《いかん》」においては、「天皇陛下の御陵威《みいつ》に因《より》て我軍の大功《たいこう》を期《き》するこそ万全の策」と指摘し、「馬関（下関——安川）を以て行在所《あんざいしょ》と定められ、……鳳輦錦旗《ほうれんきんき》威儀堂々、海の一帯を隔《へだ》てて朝鮮支那に対したらんには、三軍勇躍、……我国は武を以て国を立て、天子の親征は古来其例に乏《とぼ》しからず。今回の談判万一平和を得ざることもあらば、御親征の挙《きょ》断じて行ふ可きなり。」と呼びかけた（日清戦争の際には広島での行在所設置が実現）。発行停止処分をうけたのは、八月一三日予定の社説「朝鮮人民のために其国《その》の滅亡を賀《が》す」の内容のためであった（この場合の処分は、社説の内容が政府の方針に対立的であったためではなく、明治政府の意向を上回る過激な主張で、外交上にも好ましくないためにとられた措置であり、言論人としての福沢の反骨ぶりや名誉を物語るものではなく、むしろ過度の侵略的言説に対する処分といえよう）。

日頃「人間の身に最も大切なるものは栄誉と生命と私有」といい、その中でも「栄誉」「面目《めんもく》名誉」がもっとも重要と主張し、さらに「自国の独立」確保を至上課題としていた福沢が、朝鮮人民は「滅亡こそ寧《むし》ろ其幸福を大にするの方便」という、その露骨に差別的な主張を、どう合理化したのか。「朝鮮人が独立の一国民として外国に対するの栄誉は、既に地を払《はら》ふて無に帰したるものなり。……朝鮮国民として生々《せいせい》する甲斐もなきことなれば、露《ロシア》なり英《イギリス》なり、其来《そのきたり》て国土を押《おう》領《りょう》するがままに任せて、露英の人民たるこそ其幸福は大なる可し。……終身内外の恥辱《ちじょく》中に死せんよりも、寧《むし》ろ強大文明国の保護を被《こうむ》り、せめて生命と私有とのみにても安全にするは不幸中の幸《さいわい》ならん。」、さらに、英国に占領された「巨文島の人民七百名は仕合《しあわ》せものなりとて、他に羨《うらや》まるる程の次第《しだい》」であるなどと述べて、「朝鮮の滅亡、其期《そのき》遠からざるを察して」いた福沢は、厚顔にも朝鮮人民は亡国の身となってイギリスやロシアの支配下で「内外の恥辱《ちじょく》」にさらされても耐えよ、という侮蔑的な見方を主張していたのである。

福沢の対外強硬論が国内の民主化を放棄した「権道・人為の国権論」と裏腹の関係にあることは、

甲申政変の場合にも歴然としていた。政変について「今度《このたび》朝鮮の事変こそ幸《さいわい》なれ、何卒《なにとぞ》此一挙に乗じて不調和の宿弊《しゅくへい》を一洗《いっせん》し去らん」と言って、またもや権謀術数の内政の糊塗《こと》策を思い起こした福沢は、「政府に何人《なんぴと》が居《い》て何等《なんら》の権柄《けんぺい》を握り如何《いか》なる謀《はかりごと》を運《めぐ》らすも、……国権拡張の一大義《たいぎ》を誤らざれば、夫《そ》れにて沢山《たくさん》なり。」と言い放ったのである。こうした福沢と時事新報社の排外主義的言論に呼応・連帯して、八五年一月一八日に上野で開催された大日本有志運動会の対支（対中国）示威《じい》運動に集まった会衆三千人は、午後の市中行進において、時事新報社前で同社「万歳」を連呼し、同紙と反対の立場をとる朝野新聞社前では危うく同社を焼き打ちしそうな騒動となり、警官の出動となった。

「日本は既に文明に進《すすみ》て、朝鮮は尚《なお》未開なり」、「朝鮮国……未開ならば之《これ》を誘ふて之を導く可し」と福沢は、文明史観そのものによって、アジアへの介入を合理化した。アジアを文明に誘導するという名目で侵略を合理化した福沢は、「彼《か》の人民果《はた》して頑陋《がんろう》ならば……遂《つい》に武力を用ひても其《その》進歩を助けん」と主張した。つまり、アジアの「頑陋」さを強調することが武力行使の容認・合理化につながるという論理の成立である。このように、福沢の「権道・人為の国権論」は帝国主義的対外政策につながると同時に、彼自身がアジア蔑視観形成の先導役を演じることを必然化した。

初期啓蒙期の福沢がアジア諸国への疑問や批判を展開する場合は、欧米諸国への各国の具体的な独立確保の対応策の適否をめぐる議論が中心であった。ところが対外強硬策と表裏一体の保守思想を確立した中期の福沢は、いまやアジアへの丸ごとの蔑視・偏見・マイナス評価の垂れ流しを開始し、文明史観による介入・侵略の合理化を行った。壬午軍乱後の「朝鮮人……頑迷倨傲《きよごう》」、「朝鮮人の無気力無定見」、「支那人民の怯懦《きようだ》卑屈は実に法外無類」、「チャイニーズ……恰《あたか》も乞食穢多《えた》」、「支那人……奴隷と為《な》るも、銭《ぜに》さへ得れば敢《あえ》て憚《はばか》る所に非《あら》ず」などという蔑視発言は、そのほんの一端であり、同時にそれらは武力介入の正当化とともにその必要性・必然性の論拠でもあった。

「脱亜論」は、その直截《ちよくせつ》な題名からこの時期の福沢のアジア観として有名である。しかし、すでに見たように、彼は四年前の『時事小言』でアジアの侵略・併呑の意思を表明していた。また二年前の「外交論」では、「世界各国の相対峙《あいたいじ》するは禽獣相食《きんじゆうあいは》まんとするの勢《いきおい》」という国際関係のもとで、「食《は》むものは文明の国人にして食《は》まるるものは不文の国とあれば、我日本国は其食《そのは》む者の列に加はりて文明国人と共に良餌《りようじ》を求めん」と書いていた。当時の福沢は、「文明国」の存在証明として、帝国主義的な対外進出・侵略を不動の構想・国策として確立していたのである。

Ｅ　同時代人の福沢諭吉批判——「不可救ノ災禍ヲ将来ニ遺《のこ》サン事必セリ」

報国心（愛国心）振起のために戦争を勧《すす》める『通俗国権論』と、文明国の階級対立認識を契機とする「清濁併《あわ》せ呑む」現実主義の哲学を提示した『民情一新』を過渡として、中期福沢の保守思想は、「人為・権道」の国権論と「強兵→富国」路線を提示した『時事小言』と、「愚民を籠絡《ろうらく》する……欺術《き》」としての天皇制を選択した『帝室論』によって完成・確立した。壬午《じんご》軍乱と甲申《こうしん》政変の際の福沢の最強硬な軍事介入の主張とそのためのアジア蔑視観の垂れ流しは、彼の「強兵→富国」路線の実践の第一歩であった。ところが、福沢美化に傾斜した従来の福沢研究では、この中期福沢の保守思想の全体像をその著作にそくして把握することができず、そのため、本書によってすでに破綻が論証された〈福沢が大日本帝国憲法や教育勅語に賛成するはずがない〉という神話も、今日にまで生き延びてきたのである。

福沢が「この時期に軍事的武装が「無き道理を造るの器械」」と信じていたはずがないと丸山真男が大真面目《おおまじめ》に主張したり（3 **A** (1)）、福沢のアジア認識が「脱亜論」以後に侵略的方向に変化するという誤った把握が通説的に信じられてきたのも、その具体的なマイナスの成果である。

このように、福沢は初期啓蒙期の思想的「輝き」もあって、後世の研究者の眼を欺《あざむ》くことはできたとしても、しかし、同時代人の眼には、そのあらわな保守思想ぶりは隠しようがなく、彼は多くの同時代人からきびしい非難・批判を浴びることになった。とりわけ、「権道・人為の国権論」、藩閥功臣政府の支持、権謀術数的「強兵→富国」論、「内安外競」という名の「内危外競」路線、アジア蔑視と盟主日本のアジア侵略の意思表明、愛国心涵養のためのキリスト教普及反対論と士族の気力維持策という保守一色の『時事小言』の主張と、その第一歩の実践であった壬午軍乱の際の対外強硬発言に批判が集中した（注記は『旧著』一五五〜七〇参照）。

『時事小言』刊行の翌月のキリスト教機関誌『六合雑誌《りくごう》』の「読ム二福沢諭吉氏時事小言ヲ一」は「福沢氏は、政府の力を以てしても是非ともキリスト教の蔓延《まんえん》を防ぐべし」と主張するが、「古来信仰の自由を束縛して、愛国心を盛大に導いた歴史はない」と批判した。同様に、田口卯吉は『時事小言』と同年同月刊の『東京経済雑誌』で、信仰の自由の抑圧のうえに「国権」維持を謀《はか》ろうとする福沢を批判し、同誌の次号では租税の増徴による軍備拡張を主張する『時事小言』の福沢の「内安外競」路線は「官民乖離《かいり》」をもたらす「内危外競」策であると批判した。

　翌八二年八月の『六合雑誌』に、七〇年当時、最初の正式の外務省代表として朝鮮との国交交渉を担当し、きわめて原理的な長文の征韓論批判の「建議」を提出したことのある吉岡弘毅は、「駁《ばく》ス二福沢氏耶蘇《ヤソ》教論ヲ一」を寄稿した。「方今《ほうこん》、東洋諸国ハ……西洋諸国ニ凌辱《りょうじょく》セラルルノ患《うれい》アリ。此《こ》ノ時ニ当リ、支那及朝鮮ノ如キ唇歯《しんし》ノ国々トハ別シテ親睦ヲ厚クシ、緩急相救《あいすくう》ヲ良策」とするという唇歯輔車《しんしほしゃ》のアジア連帯の視点を提示した吉岡は、「漢学者ガ、隣国相親《したし》ムハ国ノ利ナリ。無名《むめい》ノ師《いくさ》ハ起スベカラズ、ト主張スルハ、遠ク氏ノ論ニ優《すぐ》レル名説」であると主張した。

　さらに吉岡は、福沢の『時事小言』の主張を、「氏ノ漢学者ヲ蔑視シ、耶蘇《ヤソ》教徒ヲ嫌悪《けんお》スル根源ハ、専《もっぱ》ラ氏ノ掠奪《りゃくだつ》主義ニ在《あ》ル事《こと》ヲ看破《かんぱ》セリ。……今時《こんじ》ハ競争世界ナレバ、理非《りひ》ニモ何ニモ構《かま》フ事ハナイ。少《すこし》デモ土地ヲ奪ヘバ暖マリコソスレ、何ノ寒キ事ガアル者カ。遠慮ニ及バヌ。サッサト取リテ暖マルガヨイ、ト主張……此《かく》ノ如キハ是レ堂々タル我日本帝国ヲシテ強盗国ニ変ゼシメント謀《はか》ル者ナリ。」と告発したうえで、「是《かく》ノ如キ不義不正ナル外交政略ハ、決シテ我帝国ノ実利ヲ増加スル者ニアラズ。……徒《いたず》ラニ怨《うらみ》ヲ四隣ニ結ビ、憎《にくしみ》ヲ万国ニ受ケ、不可救ノ災禍《さいか》ヲ将来ニ遺《のこ》サン事必セリ。豈之《あにこ》レヲ国権拡張ノ良策ト謂《い》フベケンヤ。」ときびしく批判した。

『前著』終章「アジア太平洋戦争への道のり」で論証したように、この吉岡の批判は、事実としてアジア侵略の道を先導して日本近代化の道のり総体の「お師匠様」となる福沢諭吉にたいするもっとも原則的な批判であった。しかもその批判は、日本が福沢の「掠奪主義」による「強盗国」路線の道をあゆむことによって、(アジア諸国民二〇〇〇万の死と自国民三一〇万の死という)「不可救ノ災禍ヲ将来ニ遺《のこ》」すことになり、今日なおアジア人民からその当然の戦争責任を告発・追及されている近・現代日本の道のりにたいする見事な予言であったと評価できよう。

ここまでくれば、福沢の自信作『時事小言』をして「世間にてヂヂコゴト(爺叱言——安川)」と評されても諭吉には反論のしようがないであろう。三宅雪嶺《せつれい》『同時代史』(岩波書店、九〇年)第二巻明治一五年(下)の項は、福沢について「時事小言なる一書を著はし、世間にてヂヂコゴトと云へるが、……社論を連載しつゝ、中止して前の鉾《ほこさき》を収め、或は尻切蜻蛉《しりきれとんぼ》となり、福地(源一郎——安川)と孰《いず》れが七面鳥なるかを疑はる。福沢は大坂に生れし所もあり、武士の町人化せる者にして、幾分か武士風を残しながら、権力に対して痩《やせ》我慢を張るべきを思ひ、金力に対して之を張るべきを思はず、独立自尊も大阪流とすべし」（一八八）と、福沢の対権力の無原則的な姿勢を皮肉っていた。

同八二年九月の『扶桑《ふそう》新誌』は福沢の壬午軍乱にかかわる強硬軍事介入論について、「福沢翁ハ、最早《もはや》決シテ昔日《せきじつ》ノ福沢翁ニアラズ。……明六《めいろく》社ニ加入シタル頃マデハ、其《その》精神気骨、少シク見ル可キ者ナキニアラザリシト雖《いえど》モ、今日ハ已《すで》ニ老耄《ろうもう》シテ、何ノ糞役《くそやく》ニモ立ツ者ニアラズ。……這般《このたび》朝鮮処分ニ関シテ、少シク活発ノ説ヲ吐《は》クカトスレバ、徒《やた》ラニ無鉄砲ノ大馬鹿論ヲ唱ヘテ、其結局ヤ、恰《あたか》モ屁《へ》ノ如キ者アリ、……翁今尚《な》ホ天上天下惟我独尊《てんじょうてんげゆいがどくそん》ヲ以テ気取ルト雖《いえど》モ、最早《もはや》改進自由ノ民ヲ説法スルノ力ナク、良《よ》シヤ説法スルモ、亦《ま》タ決シテ一人《いちにん》ノ信ズル者アルナシ。」と、批判した。しかし、これはいささか品位を欠く論難である。甲申政変の際に三千人の会衆が「時事新報社万歳」を連呼した事実をみれば、これ以後、福沢こそが日本の近代化の道のり総体の「お師匠様」になっていくのであり、「一人ノ信ズル者アルナシ」という批判は、あきらかに的外れの非難であった。しかし、福沢の排外主義的熱狂に対する妥当な批判であったことはまちがいない。

また、「時事新報」に対して、「官民調和を表看板にしながら、仮面をかぶった官権新聞にほかなら」ないと批判した「東京横浜毎日新聞」系の小《こ》新聞「日の出新聞」は、同じ壬午軍乱の強硬発言を、「法螺《ほら》を福沢、虚《うそ》を諭吉《ゆうきち》、……福沢諭吉大先生は、這般《このたび》の朝鮮事件に付き、頻《しきり》に開戦論を主張せられ、恰《あた》かも西洋の某国《あるくに》が、……人の災難に付込《つけこ》んで、小さな国を横奪《よこどり》せんとする弱い者いじめの顰《ひそみ》に倣《なら》ひ、……先生は万国公法ぐらひは充分御存知なるべし。然《しか》るに……」と批判した。

つねに変わることにおいてつねに変わることのなかった融通無碍《むげ》の状況的発言の主《ぬし》の福沢を、丸山真男は前向きに評価した。しかし、その福沢に対し同時代人の中には「法螺《ほら》を福沢、虚《うそ》を諭吉《ゆうきち》」と手きびしく論難したものもいたのである。なお、丸山も、「明治のごく初年に」と時代を誤ってであるが、この「ホラを福《ふく》沢、うそを諭《いう》吉」という悪口の存在していた事実は認識していた(『丸山集』⑦三七〇)。そうすると、右記の吉岡弘毅の福沢批判も承知していた可能性が考えられるが、『丸山集』に論及はない。

いずれにしても、第Ⅳ章4での再確認をふくめ、同時代人からこれほど不評の人物が戦後民主主義時代の日本の最高額面紙幣の肖像である事実を、一体私たちはどう考えればよいのであろう。私は一万円札の肖像によって、戦後民主主義の質が問われていると考えたい。

4　「大日本帝国憲法」への道のり
——欽定・プロイセン流・議会権限の制限

以上に考察してきたように、中期の福沢は、「今日は政府も人民も唯《ただ》自由の一方に向ふのみ」という❶維新革命の評価替えにはじまって、❸封建制の再評価を開始し、「百姓・車挽《くるまひき》」を❷「馬鹿と片輪《かたわ》」のための宗教教化路線の対象に追いやり、至上課題の「自国の独立」を目指す「国民の気力」「報国心」「愛国心」を涵養・振起するための、キリスト教普及反対論をふくめ、❹「権力偏重」社会で形成された「惑溺《わくでき》」の心情の総動員や、❻権謀術数の外国との戦争の勧《すす》めを主張した。こうした無理な道のりを進めるために、教育は国家による❺「強迫教育」＝強制義務教育の体制でなければならず、また、❼「清濁併《あわ》せ呑む」現実主義の哲学をこそ必要とした。

こうした数々の作為のうえに最終的に福沢の選んだ日本の近代化の進路は、八一年『時事小言』による❽アジアへの侵略の意思をふくむ権謀術数的な「強兵↓富国」路線であった。また八二年『帝室論』で提示された政治体制は、❾「愚民を籠絡《ろうらく》する……欺《き》術」を本質とする、「尊厳・神聖」な帝室を「人心収攬《しゅうらん》の一大中心」にすえた巧妙な「政治社外」の天皇制構想の確立であった。この『時事小言』『帝室論』から七、八年後に予定されている大日本帝国憲法発布に帰結する福沢の思想的な道のりを、さらに〈資料篇〉29、30、31、39、41に則して確認していこう。

29の論説は、八二年三月から翌年八月にかけてプロイセン流の憲法調査で渡欧した伊藤博文が帰国した後の政府による憲法の「編制取調」に論及したものであり、「我輩は初《はじめ》より憲法は欽定《きんてい》なる可《べ》しと信じて疑《うたがい》を容《い》れざる所」とあるように、福沢は自由民権派の「民約憲法」ではなく、「欽定憲法」の制定を自明の前提としていた。つぎの30「開鎖論」は、注目すべき福沢のあらたな選択・

転換を意味する。すでに見たように福沢は、『民情一新』で「よく時勢に適して国安を維持するもの……英国の治風是《これ》なり」といって、議院内閣制と二大政党制による政権交代をとるイギリスの政治制度を推奨していた。ただし、同年同月刊行の『国会論』で福沢は「国会を開くの一事は、今の当路《とうろ》者の権を殺《そ》ぐに非《あら》ずして却《かえっ》て之《これ》を増《ま》すものなり」（『全集』⑤九二）と政府に進言しており、さらに二年後の『時事小言』では一方的な「権道の国権論」を主張していた。もともと「我《わが》国体を固《かた》くして兼《かね》て我皇統《こうとう》に光を増す」方策に寄与するかどうかに「西洋の文明」の選択の基準をおいていた融通無碍《ゆうずうむげ》の福沢であるから（『概略』第二章）、その福沢が30でイギリス流の議院内閣制からプロイセン流の君主制に軌道修正をしたことはとくに驚くようなことでない（驚くのは、そのこと自体を認識できない後述の福沢＝イギリス流議院内閣制という丸山の思い込みぶりである）。

　その軌道修正を、福沢は30「開鎖論」によって、次のように説明・合理化した。開国以来三〇年となって、政治制度から衣食住まで「悉《ことごとく》皆《みな》西洋の風に従はざるはなし。」という状態となり、日本はいまや「西洋の文明に入社したるものと云」える段階となった。その結果、「守旧論者と称する者」までが「独逸《ドイツ》の如き、大《おおい》に取る可《べ》きものあり、我れは独逸に従はんとて、頻《しき》りに独逸風に移るもの」が現れるようになっているが、「我輩の眼を以て見れば独逸《ドイツ》も亜米利加《アメリカ》も共に西洋にして、其間に多少、人の気風の異《ちがい》あるも、其《その》異なるや、……日本封建の世に某藩人の気風の他藩人に異なるものに過ぎず。……独逸風に従はんと云ふも、其実《そのじつ》は西洋の文明を脱社したるに非《あら》ず」。

プロイセン流を選ぶことは同じ「西洋流」を選択しただけのことであると、福沢は説明した。つまり、プロイセン（ドイツ）もアメリカ・イギリスと同じ「西洋」であるからと強弁することで、彼は軌道修正の意味を意図的にことさら軽く見るように求めたのである。

「開鎖論」連載のはじまる前の月、八四（明治一七）年四月、福沢の推薦で「新潟新聞」の主筆になり当時は「郵便報知新聞」の論説記者であった尾崎行雄は、同紙に「独逸《ドイツ》学及ビ支那学」を掲載し、プロイセン＝ドイツ流の政治体制を選ぶことを「鶏母《けいぼ》（ニワトリの母――安川）鴨子《おうし》（カモの子）ヲ育シテ其《その》水ニ入ルニ驚ク、……事物ノ性質ヲ詳《つまびら》カニセズシテ妄《みだり》ニ之《これ》ヲ奨励スルトキハ、其《その》発達成長スルニ及ンデ人亦《また》鶏母ノ驚キヲ為《な》スコトアリ」と警告していた（西川・松宮編『幕末・明治期の国民国家形成と文化変容』新曜社、五六八）。その後も尾崎の生活の面倒をみたような関係にあった福沢であるから（『書簡集』②三八七）、この論説を知らなかったとは思われない。

「独逸《ドイツ》……徒《やた》ラニ国富《と》ミ兵強《つよ》キノ外貌《がいぼう》ニ眩惑《げんわく》シテ、其然《そのしか》ル所以《ゆえん》ノ理ヲ究《きわ》メズ、特ニ其君主宰相ノ威権赫々《かっかく》タルヲ知《しり》テ、民心ノ鬱屈《うっくつ》セルコト既《すで》ニ久シキヲ知ラズ……独逸ノ民ハ未《いま》ダ言論ノ自由ヲ得ザル民也。其政府ハ専制ヲ以テ主義トナシ、鉄血ヲ以テ為政《いせい》ノ要具ト為《な》スノ政府也」。尾崎行雄は、鉄血宰相ビスマルク率《ひき》いる政府の強権的政治体質を指摘し、ドイツの人民が黙《もく》して政令がゆきとどいているかに見えるのは、社会主義者鎮圧法によってあらゆる自由主義運動・革命運動の弾圧を強行している強権政治のためであること、そして日本がその道を踏襲することは、「其発達成長スルニ及ンデ人亦《また》鶏母ノ驚キヲ為スコト」になる、と適切な批判と警告を提示していたのである。

福沢は、二年前の「藩閥寡人《かじん》政府論」において、「英国の憲法」と「日耳曼《ゼルマン》の憲法」では「根本に於て一方は人民自由の国柄《くにがら》にして、一方は帝政武断の政府なれば、到底相近《あいちかづ》く可《べか》らざるの隔壁《かくへき》あるや明《あきらか》なり」（『全集』⑧一四五）と自身も書いており、ドイツとイギリスの政治体制の違いが、封建時代の「某藩人の気風の他藩人に異なるものに過ぎ」ないような小さなものでないことは認識していた。だから彼は、鉄血宰相の強権政治が国際的地位をたかめながら、その「アメとムチ」の政策でドイツの民衆を押さえ込んでいる事実にこそ着目しているのである。そのことは、尾崎の論説から半年後の福沢の論説31「支那を滅ぼして欧州平《たいらか》なり」によっても裏づけられよう。

福沢は、五年前の『民情一新』で紹介した「西洋諸国は正《まさ》に狼狽《ろうばい》して方向に迷ふ」状況のさらなる深まりを、「抑《そもそ》も今日の欧州各国は誠に文明なりと雖《いえ》ども、文明は人事の表面にして、一方の裏面より之《これ》を窺《うかが》へば却《かえっ》て又惨痛《さんつう》の実《じつ》なきに非《あら》ず。……就中《なかんずく》其社会に貧富の差を見ること甚《はなはだ》しくして、富者は益《ますます》富みて際限を知らず、貧者は労《ほねおり》して其酬《むくい》を得ず、……露国に於ては虚無党《きょむとう》と為《な》り、独逸《ドイツ》に於ては社会党と為り、英《イギリス》に仏《フランス》に西班牙《スペイン》に、凡《およ》そ欧州文明の国に於て此種の党類を見ざる処なし。」と描きだし、その「欧州社会の危《あやう》きこと岌々《きゅうきゅう》乎《こ》として」、あたかも「羅馬《ローマ》帝国の末葉《まつよう》に等しきものなり」とつたえ、ドイツ流の強権政治による対応の必要性を示唆していたのである。

同時に、この論説の後半の右記の内容は、三ヶ月後の甲申政変に福沢自身がクーデターの武器供給をふくめて深くかかわり、最強硬の軍事介入を彼が主張した動機とその思想的背景を見事に物語っている。つまり福沢は、「文明」諸国が階級対立と労働運動・社会主義運動に脅《おびや》かされている事実と、その国内の対立・矛盾を帝国主義的な対外進出・侵略によって打開しつつある国際情勢の現状を明確に認識し、ドイツの強権政治に学ぶ必要性とともに、欧州諸国が「自家社会の安寧を維持するため」に、「支那帝国を（侵——安川）略」しようとしている帝国主義的動向に、日本も積極的にコミットすることを目指すようになっていたのである。

「今其《その》不平の熱を洩《へら》さんとするには、必ず方便を海外の地に求めざるを得ず。而《しか》して其適当の地は亜細亜《アジア》州の支那帝国ならん。……欧州文明の惨情は今正《まさ》に其惨を増加し、啻《ただ》に優勝劣敗のみならず、優者内に相互《あいたが》ひに競争して容易に勝敗も見へず、唯《ただ》座して破裂を待つのみの有様なり。今に及んで其気焔《きえん》の熱を緩和《かんわ》するがため、外に劣者の所在を求めて内の優者の餌食《えじき》に供するは、実に今日の必至《ひっし》必要とも云ふ可きものなれば、斯《かか》る必至の場合に臨《のぞみ》て何事を顧慮《こりょ》するの遑《いとま》あらんや。」

『民情一新』における「先進国」の「狼狽」認識——→『時事小言』におけるアジアへの侵略をふくむ権謀術数的な「強兵→富国」路線の表明——→壬午軍乱と甲申政変の時期の福沢の行動と発言——たとえば、八二年一一月『兵論』の「支那国果《はた》して自立を得ずして果して諸外国人の手に落《おつ》る事ならば、我日本人にして袖手傍観《しゅうしゅぼうかん》するの理《ことわり》なし。我も亦《また》奮起して共に中原《ちゅうげん》に鹿を逐《お》はんのみ。」

（『全集』⑤三一三）――→論説「支那を滅ぼして欧州平《たいらか》なり」という福沢の思想の流れに内在化すれば、八五（明治一八）年三月の直截《ちょくせつ》な題名のゆえに有名な論説「脱亜論」が、甲申《こうしん》政変の失敗に福沢が「落ち込んだ気分」で書いた例外的なアジア認識であるとか（高嶋教科書訴訟における文部省教科書調査官の判断―『前著』一二五）、「脱亜論」以後に、福沢のアジア認識が急に侵略の方向に変化するなどという先行研究の見解に無理のあることは明らかである。また、以上のような国際関係認識、アジア認識とのつながりで、プロイセン＝ドイツの強権政治方式を選ぼうとしている福沢にとっては、大日本帝国憲法は、いまや指呼《しこ》の間にあるといえよう。

すこし先を急いで憲法発布を三ヶ月後にひかえた八八年一一月の39論説「政府に於て国会の準備は如何《いかん》」を見よう。福沢は「内閣は唯《ただ》天皇陛下に対し奉《たてまつ》りて責任あるのみ、国民に向ては施政得失の責に任ずることなし」という超然内閣を予想しながらも、「あらゆる方便を尽して議場に内閣党の多数を制するの用意専一なる可し。」と助言した。そのうえで、「此憲法を以て国会議員の権限を狭くし、議員が何ほどに政府に反対するも、其権限の内に運動する間は、政府の施政を妨げ得ざるものと為《な》すなども自《おのず》から一説なり。……例へば議員が法律を議するも既成の法を変換するの権なし、歳出入の事に就ても既往の定数を減ずるの権なしなどの制限を定め、其制限の内に発言討議を自由ならしめ、以て議場の円滑を成すが如きは、案じ得て随分巧《たくみ》なるもの……」という方式の有効性を、福沢は示唆した。

もちろんこれは、大同団結運動（地租軽減、言論集会の自由、外交失政の挽回）の機関誌『政論』の同年同月号が、「我が政府は憲法を創定するもなるたけ国会の権力を制限し、その財政に関する議案を起草討議するの権力ならびにその行政官の非違《ひい》を弾劾《だんがい》するの権力のごときは充分にこれを付与せざる目的なり」と警戒し、国会が「有名無実なることはあたかも木偶《でく》の集合場」（『読本・憲法の一〇〇年』1、作品社、一二一）にならないように政府草案に要求していたのとは逆に、福沢が議会権限を大幅に制限する大日本帝国憲法方式に賛同したものである。右の論説では、このほかに「言論の自由」と「官吏の数を沙汰《さた》」するなどの「政費の節減」を勧《すす》めていた。しかし、前年の保安条例による言論弾圧に異論のなかった（第Ⅰ章1）福沢のいう「言論の自由」は、大同団結運動の側のような原理的な要求ではなく、また、「政費の節減」も「冗官《じょうかん》を省《はぶ》き繁文《はんぶん》を除き節倹を主とする」という明治「政府の常に公言する所」と同じレベルのものの「実施の奮発」を求めたものに過ぎなかった（『全集』⑪五六三〜四）。

三ヶ月後の一八八九（明治二二）年二月一一日（紀元節当日）、大日本帝国憲法が発布された。その憲法を福沢が手放しで賞賛した事実はすでに第Ⅰ章2で見た。その憲法賛美自体に、福沢の作為が加わっていることを確認しておこう。「此憲法を以て国会議員の権限を狭くし、議員が何ほどに政府に反対するも、……政府の施政を妨げ得ざるものと為《な》すなども自《おのず》から一説なり。」と提言して、帝国憲法が人権規定とならんで議会権限を大きく制約する方向となることを求め肯定していた福沢が、〈資料篇〉5では、その憲法が「議会に許すに充分の権利を以てしたる……完美なる憲法」という矛盾した評価をしている。つまりこれは、福沢が心底からそう思って帝国憲法を「完美なる」「善美なる」「完全無欠」「立憲の旧国にさへも稀《まれ》なる完全」な憲法などと評価しているのではないことを示唆している。

八一（明治一四）年に、福沢の了解のもとに小幡篤次郎ら門下生が起草した「交詢《こうじゅん》社私擬憲法案」では、「内閣ノ意見立法両院ノ衆議ト相合《がっ》セザルトキハ、或ハ内閣宰相其職ヲ辞シ或ハ天皇ノ特権ヲ以テ国会院ヲ解散スルモノトス」とあったように、当時の福沢は、イギリス流の議院内閣制を望ましい政体と考えていた。しかしすでに見てきたように、「人為・権道の国権論」、権謀術数的な「強兵→富国」のアジア侵略路線、「愚民を籠絡《ろうらく》する」天皇制の構築という保守思想を確立し、「欽定《きんてい》憲法」、ドイツ流の強権政治、議会権限の制限という路線を次々に許容し、ついに大日本帝国憲法＝教育勅語体制を（善意にとれば、必要悪として）追認することになった福沢にとっては、その体制をむしろ手放しで賛美したのは当然の帰結であった。

もちろん、以上のような福沢の思想的道のりを確認すれば、丸山真男が福沢の八九年の論説「漫《みだり》に大望《たいもう》を抱く勿《なか》れ」や九三年の論説「近来《きんらい》の弊事《へいじ》」などを引用したうえで、帝国議会開設前後の時期の福沢の考えている政体が「皇室を「政治社外」に置いた上での英国流の議院内閣制であった。」「福沢において立憲制と議会制、従って責任内閣制が論理的なコロラリーとされ、日本においても議会開設は原理的には当然政党内閣を意味すると終始考えられていた」（『丸山集』⑤二二三〜四）と結論づけているのは（『書簡集』⑦解題四〇五も同様の見解）、明らかな誤りである。

憲法発布後で帝国議会開設前年の時期の福沢の政体論を考察するためなら、丸山は、そのことに直接論及していない右の論説「漫《みだり》に大望を抱く勿《なか》れ」を引用するのではなく、同じ『福沢諭吉全集』⑫に掲載されている〈資料篇〉41の九日間連載の重要論説「国会準備の実手段」を引用するべきであった。しかし丸山は、「英国流の議院内閣制」という自分が（願望をこめて）勝手に立てた定式（仮説）に都合の悪い（『全集』の同じ巻の）論説には、目を閉ざしているのである（常習的にそうされると、丸山がたまたま右の論説を見落としたものと考えるわけにはいかない）。論説「国会準備の実手段」では、かつて自分も「英国流の議院内閣制」を主張した時期があり、民権陣営ではいまもそれを主張・期待しているものがいるが、すでに五年も前からプロイセン流の政治を望むようになっていた福沢は、「明年《みょうねん》国会の開設に至らば、同時に英国風の党派政治となり、議場の多数を以て内閣の新陳交代を催ほす可しと、容易に之《これ》を期して疑はざる者」があるけれども、と断ったうえで、しかし、「我輩は之を英政の想像論者として遽《にわか》に同意を表するを得ず」と書いて、英国流議院内閣制を願望する「英政の想像論者」たちに、あらためて反対の意向を表明しているのである。

同論説は、全体として政府側を「直接利《り》する」役割をはたす持論の「官民調和」を勧《すす》め、「言論集会の自由」についても「今俄《にわか》に之を放解」することへの「懸念」を表明し、「地租軽減」に反対するなど、いまやすっかり藩閥功臣政府寄りの立場に立っていた福沢が、国会開設を一年後にひかえて、政府に「官員の淘汰《とうた》」と官庁の統廃合などの「政費」節減や「官尊民卑の風」の一掃をはかって、「以《もっ》て国会の風波《ふうは》を其末《そのいま》だ起らざるに防禦《ぼうぎょ》することそ智者の事なれ。」と助言したものである。

5　「教育勅語」への道のり

A　福沢の忠孝思想と教育勅語

——丸山真男の福沢＝「近代的人間類型」の虚構

「反儒教主義は殆《ほとん》ど諭吉の一生を通じての課題をなした」とか、福沢のナショナリズムは「忠君ナショナリズムとはまったく異質のもの」という丸山真男のつくりだした神話のメガネをとり外《はず》しさえすれば、福沢が「教育勅語」を主体的に肯定・受容していったことはすこしも驚く事実でない。すでに明らかにした福沢の主張の結論部分の引用によって、とりあえず教育勅語の中心的徳目と福沢のそれを対比してみよう。教育勅語の「我《わ》カ臣民克《よ》ク忠ニ克ク孝ニ」という柱となる忠孝道徳については、福沢は、〈資料篇〉9「君に忠を尽すは人臣の当然」としたうえで、忠義の対象を江戸時代の藩主から27「万世一系」の「尊厳と神聖」な天皇にうつして、「帝室……に忠を尽すは……万民熱中の至情」と主張していた。孝行については、10「親に孝行は当然のこと」で、かりに11「父母の心宜《よろ》しからずして無理をいふ」親であっても「子たる者は……尚《なお》も孝行を尽さざるべからず。」という考えも紹介していた。

忠孝思想を自明のものとしていた福沢の姿をことさらに見えにくくしたものとして、とりわけ初期啓蒙期の『学問のすすめ』第六編の「赤穂《あこう》不義士論」、第七編の「楠公権助《なんこうごんすけ》論」、第八編の「二十四孝批判」などの激しい儒教主義批判があり、そのために福沢が忠孝思想そのものを批判しているという印象や誤解を生んだという事情がある。たとえば、世間のはげしい反感を招いたことで有名な「楠公権助論」の場合では、福沢は、「忠臣義士」が君臣主従の身分関係のために「討死《うちじに》」や「切腹」した事実を、下男《げなん》の権助《ごんすけ》の首縊《くく》りに例えて嘲笑した。しかし理由は、その行為が「世に益することなし」「文明の大義を以てこれを論ずれば、……」という9「所謂《いわゆる》愚忠」の行為だからという批判であって、福沢は9「人心の当然」として「君に忠を尽す」こと自体は、自明のこととしていた。

また、教育勅語に列挙された「父母ニ孝ニ」以下の諸徳目を集約する最高目的としての「一旦緩《いったんかん》急《きゅう》アレハ《ば》義勇公《こう》ニ奉シ《じ》、以テ天壌《てんじょう》無《む》窮《きゅう》ノ皇運ヲ扶翼《ふよく》スヘ《べ》シ」については、福沢は、初期啓蒙期の時期から、『すすめ』第三編の定式〈一身独立して一国独立する事〉において、なぜそうしなければならないかの論拠をぬきに、いきなり「国のためには財を失ふのみならず、一命《いちめい》をも抛《なげうち》て惜《おし》むに足《た》ら」ない「報国の大義」を主張していた。したがって、中期保守思想の確立の書である『時事小言』において、「苟《いやしく》も日本人の名ある者は……一旦事あるに臨《のぞみ》ては財産も生命も又栄誉をも挙《あげ》て之《これ》に奉ずるこそ真の日本人なれ。」(『全集』⑤一一七)とのべ、かつての「攘夷家なる者が、仮令《たと》ひ我国を焦土にするも外人をば国に入れず」と「劇烈《げきれつ》」な主張をした事実も、「其国を思ふの精神に於ては誠に感ず可し。」(同右)と評価することによって、福沢は、一貫して国民が国家のために命も財産も犠牲にすることを自明のこととしていた。

したがって、現実に「一旦緩急《いったんかんきゅう》」の事態と考える日清戦争を迎えた福沢が「万一……干戈《かんか》の動くを見るに至らば」、軍人が「生《せい》を毫毛《ごうもう》の軽きに比し……勇往無前《ゆうおうむぜん》」(『全集』⑮三二一)、27「帝室の為に進退し、帝室の為に生死するものなり」と主張しただけでなく、国民一般に向けても、いまや「国民一般、都《すべ》て私《わたくし》を忘れて国に奉ずるの時」であるとして、「家も蔵も衣服諸道具も挙《あ》げて国用に供して、身は赤裸《あかはだか》になるも心の底より一点の不平あるものなし。」、「財産を挙《あ》げて之《これ》を擲《なげう》つは勿論《もちろん》、老少の別なく切死《きりじに》して人の種の尽きるまでも戦」う「日本臣民の覚悟」を呼号したことは『前著』（二六七〜七〇）で詳述したとおりである。

したがって、本書は、これまでの考察だけですでに福沢は「教育勅語への道のり」の終着点にたどりついている、としてもよいのである。しかし、ここで打ち切りにすると、たくさんの「丸山真男信奉者」からのクレームが予想される。福沢が教育勅語に賛成・同意するはずがないという丸山の神話をささえている福沢の「近代的人間類型」なるものが存在するからである。したがって、丸山の福沢神話の解体を十全《じゅうぜん》にするには、丸山のいう福沢の「近代的人間類型」自体が虚構・虚像であることを論証することが求められるのである。

『概略』において福沢は、「徳義の作用する範囲が次第にせまくなって、知性の活動に席を譲って行く次第を委曲《いきょく》を尽して論じている」（『丸山集』③二〇一）として、丸山は、「啓蒙的合理主義に共通する科学と理性の無限の進歩に対する信仰」（同、一二九）を説いた福沢が、「数学と物理学を以て一切の教育の根底に置くことによって、全く新たなる人間類型、……つねに原理によって行動し、日常生活を絶えず予測と計画に基いて律し、試行錯誤（trial and error）を通じて無限に新らしき生活領域を開拓して行く奮闘的人間――の育成を志したのであった。」（同一二七）という有名な「近代的人間類型」なるものを抽出していた。

福沢が特定の時期に、特定の著書の、それもその一部において、右記のような主張をしたことは事実である。そうした個々の主張を集めてきて、丸山真男が「近代的人間類型」像を組みたてたり抽出することは思想史研究によくある手法であり、それ自体を非難するつもりはない。しかし、福沢諭吉自身は、初期啓蒙期に限定しても、原理論としてこうしたトータルな「近代的」な人間像を造型したことはない（あえてこう書くときの私の念頭にあるのは、すでに論及した『概略』第十章について丸山「門下生」も指摘したように、福沢が初期啓蒙期から「まさに否定すべき「権力偏重」の社会において培われた「惑溺《わくでき》」の心情に他ならないものを動員拡大する」ことを主張していた事実である）。かりに、丸山が主張する「近代的人間類型」にちかい「幻の近代人」の存在を想定するとしても、福沢自身は、そうした近代的な人間像を削りとったり掘りくずしたり、さらには解体することによって、教育勅語（＝大日本帝国憲法）の「期待される臣民像」の受容にたどり着いていたのである。その道のりを、〈資料篇〉28以降の資料にもとづいて論証しよう。

B 福沢＝「近代的人間類型」の誤り

――七分の情に三分の理

『時事小言』『帝室論』によって保守思想を確立した福沢は、『帝室論』の翌八三年28「徳教之《の》説」以降の論説において、日本の近代化を担うべき「近代人」像＝臣民像をより鮮明につくりあげていく。ただし、それを初期啓蒙期の人間像の挫折や修正と把握してはならないことを再度念押ししておこう。初期啓蒙期の福沢は、「愚忠」や「愚にして笑ふ可き」孝行をきびしく批判したが、忠と孝自体は「人臣」と「子たる者」の「当然」の道としていた。また、丸山が生涯の「原理論」と誤読する『概略』自体も結論（最終章）において、「自国の独立」確保という「最後最上の大目的」のためには、「君臣の義、先祖の由緒《ゆいしょ》、上下の名分、本末の差別等」も「貴《とうと》ぶ可き」人間の「品行」として許容・総動員することを主張していた。右に「より鮮明につくりあげていく」と私が書いたのは、同じ初期啓蒙期の福沢が、他方で（丸山がその側面にもっぱら着目した）徳義よりも知性を優先することを説き、数学や物理学の重要性も主張するという矛盾・分裂した「東洋の道徳、西洋の芸術」的なあいまいな人間像であったものを、教育勅語（＝大日本帝国憲法）体制にふさわしい臣民像に純化・総合化していく過程を、私がそう表現したものである。

まず、28「徳教之説《の》」は、「道徳の教《おしえ》は……数理を離れたる者に非《あら》ざれば目的を達するに足らず。……元来人間世界を支配するものは情と理と相半《あいなかば》するものにして、……報国尽忠……忠義報国は全く情の働きなり」と書いて、かつて『概略』第六章で、「方今《ほうこん》我邦《くに》至急の求《もとめ》は智恵に非《あら》ずして何ぞや。」と主張していた福沢が、その知性の徳義（人情）への優先・優越の主張を変えて、彼は、ここでまず人間にとって知性と徳義は五分五分の存在であるという人間像を提示する。また、「一身独立」の課題の放置に対応して、愛国心を「全く情の働きなり」として、（国家の存在理由の不問に対応して）愛国心の形成・構成に知性が関与しないという新たな主張も注目をひく点である。

つぎに、近代日本の「ミッズルカラッス」のモラル・スタンダードについての「我日本国士人《しじん》の為《ため》に道徳の標準と為《な》す可《べ》きもの……報国尽忠等の題目を以《もっ》て最も適応のもの」、「諸外国に誇る可《べ》き一系万代の至尊を奉戴《ほうたい》し、尽忠の目的は分明《ぶんめい》にして曾《かつ》て惑迷《わくめい》す可《べ》き岐路を見ず、……日本国民は唯《ただ》この一帝室に忠を尽して他に顧《かえりみ》る所のものある可《べ》からず。」という福沢の主張は、すでに『帝室論』によって帝室を「日本人民の精神を収攬《しゅうらん》するの中心」にすえた思想家として、当然の帰結であった。この「報国尽忠」が「忠君ナショナリズムとはまったく異質のもの」という丸山の誤りについては、福沢がここで「一部分は儒教に助けられたるものなれども、尚《なお》これよりも有力なるは封建の制度にして、……。今や封建の制度は廃したれども……士人忠誠の心は消滅す可きに非《あら》ず。」と断っていることを論拠として、既述した。

なお、この「報国尽忠」のモラルについて、「社会の上流……以下の群民に至ては報国尽忠の大義固《もと》より怠る可《べか》らずと雖《いえど》も、直《ただち》に此《この》一義のみを以てするも或は感動の鈍きの恐《おそれ》なきに非《あら》ず。故に此《この》下流の人民の為《ため》には宗教の信心を養ふこと至極《しごく》大切なることとなる可し。……無智の小民が苟《いやしく》も道徳を維持したるは、宗教の信心与《あずかっ》て大《おおい》に力ありと云はざるを得ず。」という発言は注目にあたいする。一八七五年の14「国権可分の説」において「百姓車挽《くるまひき》」を啓蒙の対象から追放し、翌年、16「宗教の必用」の主張をはじめた福沢が、八一年の『時事小言』では、これら「百姓町人の輩《やから》」を「社会の為に衣食を給するのみ」の「豚」同然の存在と見なすようになり、同じ頃の23「宗教の説」において、彼はこの「豚」同然の民衆をあらためて「馬鹿と片輪《かたわ》」の宗教教化路線の対象に位置づけていたからである。

右の28「徳教之説」発言は、このように下流「群民」を完全に政治とナショナリズムの主体から追放・駆逐してきたために、彼らに主体的な「報国尽忠」の愛国心を期待できないことを、福沢が認識・表明したものである。この判断は、福沢が、これら「群民」をも「強兵→富国」の（侵略）戦争路線に動員するためには、「内危外競」の権謀術数路線が必要であるだけでなく、教育勅語の「一旦緩急《いったんかんきゅう》アレハ義勇公《こう》ニ奉シ、以テ天壌無窮《てんじょうむきゅう》ノ皇運ヲ扶翼《ふよく》スヘシ」の精神（彼の言葉では「生《せい》を毫毛《ごうもう》の軽きに比し……勇往無前《ゆうおうむぜん》」「帝室の為に進退し、帝室の為に生死する」精神）を〈資料篇〉4「全国公私の学校生徒」に「貫徹せしむ可き」必要性、さらには「靖国神社」構想の必要性などを、自覚・認識していったもっとも深部の原因であったといえよう。

翌年の32「通俗道徳論」の、「人の此世《このよ》に在《あ》るは理と情と二つの働《はたらき》に支配せらるるものなり。……然《し》かも其《その》情の力は至極《しごく》強大にして理の働を自由ならしめざる場合多し。……左《さ》れば斯《かか》る人情の世界に居《い》ながら唯《ただ》、一向に数理に依《より》て身を立て世を渡らんとするは甚《はなは》だ殺風景にして、迚《とて》も人間の実際に行はれ難《がた》き……少しづつにても人情に数理を調合して社会全体の進歩を待つの外《ほか》ある可《べか》らず。」という主張は、前年の「徳教之《の》説」で人間にとって「理と情」が五分五分の存在としていた福沢が、わずか一年で「情の力は至極強大」という認識に傾いたことを示している。「唯《ただ》一向に数理に依《より》て身を立て世を渡」ろうとすることの困難さを指摘し、社会の進歩は至極強大な情の力の存在を前提にして、「数理」は「少しづつ」その人情に「調合」せざるを得ないという認識転換を、福沢が表明したものである。つまり、後退・保守化を進める福沢は、漸進主義の困難をさえ自覚し、いまや超漸進主義とでも表現すべき現状維持論者に変わりつつあるのである。

三年後の八七（明治二〇）年の37「政略」が同じ「理と情」の比率に再言及しているので、先取り的に見ておこう。「経世の要」を説く福沢は、いまや「人間世界は人情の世界にして道理の世界に非《あら》ず。」と断言し、「其有様《ありさま》を評すれば七分の情に三分の理を加味したる調合物」といって、「情」の世界を五分から一挙に七分にまで拡大し、その情の世界をコントロールする「徳行」は、「孝は百行《ひゃっこう》の本《もと》と云ひ、忠臣は孝子の門に出る」という忠孝一体の「旧日本流の道徳主義に従」えばよい、と主張したものである。つまり、「具眼の識者」福沢は、近代日本の社会には、三年後の「教育勅語」の臣民像こそが不可欠のものであることをするどく見抜きつつあったのである。

以上に見てきたように、『概略』第六章で「徳義の事は開闢《かいびゃく》の初より既に定《さだまり》て進歩す可《べか》らず、智恵の働は日に進《すすみ》て際限あることなし」として、「方今《ほうこん》我邦《くに》至急の求めは智恵に非《あら》ずして何ぞや。」と呼びかけた福沢は、それにもかかわらず同書の終章で、最優先課題の「自国の独立」確保のために「君臣の義」以下の「旧日本流の道徳」の総動員を主張していた。そして中期保守思想の確立とともに、「智恵」＝理性の啓蒙の意欲と姿勢を喪失した福沢は、人間にとっての「理と情」、理性と人情の占める比率を逆転させて、人情の世界を五分にまでひきあげ、さらにそれを七分にまで拡大することによって、近代日本にふさわしい臣民像の造型にとり組み、ついに教育勅語の世界へと行き着いていくのである。

　以上の分析をふまえて、福沢が教育勅語に賛成・同意するはずがないとする丸山のいう福沢の「近代的人間類型」なるものの誤りを確認しよう。

　丸山がいうように『概略』第六章で、福沢が「徳義の作用する範囲が次第にせまくなって、知性の活動に席を譲って行く次第を委曲《いきょく》を尽して論じ」たことは事実である。しかし同じ福沢は、すでに『概略』終章で「君臣の義」などの徳義の動員・活用を提案し、その後、「徳義の作用する範囲」を五割、七割へと拡大し、ついに「人間世界は人情の世界にして道理の世界に非《あら》ず。」と宣言するにいたったのである。したがって、福沢がひたすら「知性の活動」の拡大を図っていったとか、「科学と理性の無限の進歩に対する信仰」「数学と物理学を以て一切の教育の根底に置くことによって、全く新たなる人間類型、……つねに原理によって行動し、……無限に新らしき生活領域を開拓して行く奮闘的人間」という「近代的人間類型」の育成をはかっていったという丸山真男の把握は、丸山諭吉の勝手な願望に過ぎず、明らかな誤りである。

　ただし、福沢が「理と情」「知性と徳義」についてしばしば論じているので、丸山も私がいま考察した福沢の論稿のすべてを見落としているわけではない。たとえば、福沢の「科学と理性の無限の進歩に対する信仰」に続く文章で、32「通俗道徳論」を引用して、丸山は「しかし他方に於て彼は「凡《およ》そ人たるものは理と情との二つの働《はたらき》に支配せられて、然《し》かも其情の力は至極強大にして……」「左《さ》れば斯《かか》る人情の世界に居《お》ながら、唯《ただ》一向に数理に依《より》て身を立て世を渡らんとするは甚《はなは》だ殺風景……」という様な趣旨も屢々《しばしば》叙《の》べている事も看過《かんか》してはならない。」(『丸山集』③一二九)と書いている。しかしこの場合は、丸山が、28「徳教之説」や37「政略」などを引用しないことによって、つまり、『概略』第十章→理と情は五分五分→情は至極強大→情が七分という福沢の一貫した後退の姿勢を無視して、この場合は後半の二論稿だけに論及することで、「福沢の実際的処理の仕方は「少しづつにても人情に数理を調合して……」という漸進主義であった。」(同右)という誤った判断となっているのである。強いて造語をすれば、この場合の福沢は、漸進主義ではなく明らかに漸退主義である。

また重ねてのただし書きであるが、丸山は、右とは別の論稿「福沢諭吉の哲学」では、情が七分の37「政略」を引用して、「少《すくな》からぬ明治初期の合理主義者が後に至って我国古来の淳風美俗《じゅんぷうびぞく》を称《たた》え、……道学者に転化した際にあって、「人間世界は人情の世界にして……七分の情に三分の理……」というまでに非合理的現実に対する豊かな眼を持っていた福沢が、最晩年においても田舎《いなか》(固定的社会)の人情の素朴正直を称揚する俗論……を断固として斥《しりぞ》け、「……唯真一文字《ただまいちもんじ》に人の智識を推進し、智極《きわま》りて醜悪の運動を制せんと欲するものなり」(福翁百話)として、社会関係の複雑多様化の過程をどこまでも肯定し祝福し続けたのは彼此《ひし》興味ある対照といえよう。」(同右、一八三)とまたまた問題になる発言をしている。さらに別の論稿では、「他方……情が七分で理が三分、……これまたくどいほど強調した。しかもそれは決して非合理主義やオブスキュランティズム（蒙味主義《もうまい》）を意味しなかったのです。」（『丸山集』⑦三八二）とも書いているという問題が残っている。

まず、「七分の情に三分の理」という人間観を、ここで丸山が「非合理的現実に対する豊かな眼」と肯定的に評価するのは彼の勝手である。しかし、そう評価するのなら、その前に、その「豊かな眼」と丸山自身の「啓蒙的合理主義に共通する科学と理性の無限の進歩に対する信仰」「数学と物理学を以て一切の教育の根底に置くことによって、全く新たなる人間類型、……つねに原理によって行動し、……無限に新らしき生活領域を開拓して行く奮闘的人間――の育成を志した」という福沢の「近代的人間類型」との関係におりあいをつけてからにしてほしいというのが、私の素直な希望である。

つぎに丸山は、37「政略」の後半で福沢がその七分の情の世界を「孝は百行《ひゃっこう》の本《もと》と云ひ、忠臣は孝子の門に出る」という「旧日本流の道徳主義」の世界にするように主張しているという、自身に都合の悪い重要な事実を、またまた勝手に無視している。この主張がまさに「我国古来の淳風《じゅんぷう》美俗《びぞく》」につながるものであることは明らかである。忠孝道徳を肯定する「豊かな眼」なるものが「決して非合理主義やオブスキュランティズム」を意味しないとか、「啓蒙的合理主義」や「科学と理性の無限の進歩」を意味するという丸山の無理な解釈に、私はとてもついて行けないのである。

さらに、福沢が「最晩年においても田舎の人情の素朴正直を称揚する俗論……を断固として斥《しりぞ》け」、「唯真一文字《ただまいちもんじ》に人の智識を推進し」ようとしていたという丸山の主張も、「教育勅語への道のり」の考察の範囲からはみ出すものであるが、批判・是正しておこう。丸山は、別の論稿でも「如何なる俗世界の些末事《さまつじ》に関しても学理の入る可《べか》らざる処《ところ》はある可らず」という慶応義塾の学生むけの福沢の演説を引用して、「生活のいかなる微細な領域にも、躊躇《ちゅうちょ》することなく、「学理」を適用」(『丸山集』③一二五)するよう彼が求めていたと書いている。前者が最晩年の主張で、後者が学生向けということなので、最晩年の同じ年の同じ学生向けの福沢の演説を紹介しよう。

帰省する慶応の学生にむけて、「老生《ろうせい》が特に注意する所は、君等が学び得たる文明の主義を丸出《まるだし》にして長老を驚かすことなきの一事《いちじ》なり。……古風習慣の中にて事実無稽《むけい》なるものは矯正《きょうせい》を試みざるを得ず。……右の如く人の迷信をば遠慮なく論破するも、社会一般に宗教の信心は大切に維持して其《その》徳義を失はしむ可《べか》らず。……宗教など古風因循《いんじゅん》の談は面白からずとて故《こと》さらに之《これ》を破壊せんことを勉《つと》めて」はならないとして、福沢はそれを「上流社会の自殺」行為であると戒《いまし》めていたのである(『全集』⑮五七三〜五)。この場合の福沢の真意を理解するためにも、中期以降の福沢の「近代的臣民像」を一瞥《いちべつ》しておこう(『旧著』三六二〜)。

道徳は「純然たる徳教にして数理を離れたる」ものと考えた福沢は、「ミッヅルカラッス」＝「日本国士人」の世界を互いに隔絶した「七分の情」と「三分の理」の世界にきり離したうえで、非合理の情の世界の「道徳の標準」は、「儒教に教えられ封建制度を母体」とした「報国尽忠」であるとして、この「報国尽忠の事たるや、徹頭徹尾人生の情に出でて、数理の関する所に非《あら》ず」、「情と理と甚だしく懸隔《けんかく》して各《おのおの》其標準を殊《こと》にするが故に、却《かえっ》て滑《なめらか》に両立するを得るものなり」と念をおした。こういう「上流」の二元的人間に対して、彼が「馬鹿と片輪」「豚」と呼んだ「以下の群民」「無智の小民」には数理の世界はなく、また「報国尽忠」も彼等の徳義にはなりえないとして、福沢は、彼らをもっぱら仏教教化《きょうげ》の対象とした。

右の演説は、有智上徳《じょうとく》の慶応義塾の学生に「文明実学の実理」をもって無智下徳《げとく》の「下流群民」の無智の蒙を啓《ひら》くのはよいが、「古風因循《いんじゅん》」の宗教世界を「破壊」して、その「下徳」を脅《おびや》かしてはならないと戒めたものである。日本国士人《しじん》が三分の合理と七分の非合理の二元的人間であるように、日本社会は一握りの合理（士人）と圧倒的多数の非合理（群民）の共生・均衡のうえに成り立っているのであるから、士人は、自らの合理で下流群民の非合理を破壊してはならないのである。

ほとんど知られていない事実であるが、福沢は、慶応義塾の学生を「文明実学の実理」の合理と「報国致死」の非合理のバランスをもった青年に教育しようとしていた。福沢諭吉が日頃自負していた慶応義塾の建学の精神＝「我社中の精神」は、〈資料篇〉24「故社員の一言《いちげん》今モ尚《たっとブ》二精神一ヲ」にあるように、「報国致死」そのものであったことを書き添えておこう。もちろん、これが『すすめ』第三編の「国のためには財を失ふのみならず、一命をも抛《なげうち》て惜《おし》むに足ら」ない「報国の大義」以来のものであることは明らかである。

C 日本魂《やまとだましい》・「完全なる文明開化人」・新華族制度論

〈資料篇〉のもとの年代順の考察にもどろう。一八八四（明治一七）年一二月の甲申政変を「朝鮮事変」と呼称して、連日（一二月後半で九回）、社説で強硬な軍事介入を主張してきた福沢は、翌一月の33「敵国外患《がいかん》を知る者は国亡《ほろ》びず」において、「我日本人には日本魂《やまとだましい》と称する一種の魂あり」と言いながら、「間違ひて支那の艦隊が東京湾に侵入する」事態が生じても、その場合は、その外患・危機対応をバネにして「身を殺すも……家を焼くも日本は維持せざるべからず」という「日本魂」があらたに醸成されるとして、「是即《これすなわ》ち戦争勝敗の外《ほか》に在《あ》る一種特別の利益にして、最も日本人に要用《ようよう》あるものなり。」と主張した。これは、彼が日本臣民のナショナリズムというものを、「一身独立」や民権の確立とはおよそ関係なく、権謀術数的な方策によってでも醸成せざるを得ないと考えていることを示唆しており、また、「日本人に純粋真成の日本魂《やまとだましい》なきは、……外国を知らざるの罪なり。」と書いているのは、彼がそうした人為によってでも非合理的なナショナリズムの形成・醸成を期待するようになっていることを示したものである。

八六年の34「文明を買ふには銭《ぜに》を要す」も、福沢の融通無碍《むげ》の認識転換の事例として注目にあたいする。すでに言及したように、『概略』で「外の文明はこれを取るに易《やす》く」として、文明推進のためには、「内の文明」＝文明の精神をこそ先に学ばなければならないと主張していた（そのことで丸山らにたかく評価された）福沢が、『民情一新』では、産業革命による資本主義発展が社会の「内部の精神を動かして智徳の有様をも一変」させたことから、社会変革によって民衆意識が容易に激変しうるという認識に変わり始めていた。この論説は、「松方デフレ」と軍備拡大の増税による「体制的沈静期」のために資本主義的発展の展望が困難であるという条件もあって、「有形のものは、其《その》進歩実に遅々《ちち》として進路の険難《けんなん》」なることを強調したものである。その強調とは対照的に、福沢は、『概略』の場合とは逆に、「無形のものは、其《その》進歩改良、案外に易《やす》く且《か》つ速《すみやか》なり」、「徳を修《おさ》め知を研《みが》くの一事に至りては、習慣既に性を成してこれに応ずること甚《はなは》だ易かりし」と主張した上で、日本人はいまや「其《その》心を見れば完全なる文明開化人なり」と断言したのである。

つまり、文明推進のためには文明の精神をこそ学ばなければならないと主張し、その啓蒙に奮闘してきた福沢が、帝国憲法も帝国議会も未《いま》だ発布・開設されていない一八八六（明治一九）年の段階で、徳と知、徳義と知性をあわせた日本人の精神＝「内の文明」は、いまやすでに「完全」に「開化」したと宣言しているのである。したがって、日本人がすでに「完全なる文明開化人」の域に到達しているとすれば、福沢は、四年後の「教育勅語」の発布に対して、あらたな批判や追加的課題を提示する必要はないのである。この点からも、福沢が「時事新報」社説に、教育勅語について「誰か感泣《かんきゅう》せざるものあらんや」「仁義孝悌忠君愛国の精神を……貫徹せしむ可」しと書かせたのは、しごく当然の帰結であった。

「本来無きものを造るは、既《すで》に有《あ》るものを利用するに若《し》かず」という「清濁併《あわ》せ呑《の》む」現実主義によって、華族制度の容認・活用を主張してきた福沢には、八四年の「華族令」で五爵《ごしゃく》制（公家《くげ》は維新前の家格《かかく》、諸侯は藩の石高《こくだか》）による叙爵《じょしゃく》にくわえて、勲功ある官僚、軍人、政治家、実業家などが新華族（勲功華族）に加わることにも、なんら問題はなかった。八七年には、官民調和と挙国一致を意図し、勝海舟など旧幕臣や板垣退助のような政党指導者にも爵位《しゃくい》が与えられた。これにたいして、35論稿「日本の華族」は、「帝室の藩屏《はんぺい》」の華族を「国家無二の重宝《じゅうほう》」であるとして、福沢が「八十余名の新華族」に「其《その》新鮮快活の空気を以て千百年来華族の旧乾坤《けんこん》に充満したる一種の停滞を洗らひ尽して、大《おおい》に日本貴族の面目《めんもく》を変更せん事」を期待したものである（八九年での旧華族四八三名、新華族八三名、計五六六名）。丸山真男は『日本の思想』で「明治政府が帝国議会開設にさきだって華族制度をあらためて創設しなければならなかった皮肉」と書き、「作られた貴族制というのは本来形容矛盾である」（『丸山集』⑦二二七）という適切なコメントをしている。しかし、「福沢惚れ」のせいであろうか、丸山が「福沢イズの合言葉」という「天は人の上に人を造らず……」（『丸山集』③一六七）で知られる福沢が、この「形容矛盾」の華族制度に多くの論説で賛成・許容・利用の提言をしている事実には、丸山は終始《しゅうし》口を閉ざすのである。

このように、むしろ新華族への期待を表明した福沢が、翌年の[38]『尊王論』では、既述したように、華族制度自体は支持しながら、「新華族」は「その旧家たる由緒《ゆいしょ》の一点」に問題があり、「働き次第にて誰《たれ》も此《この》仲間に入《い》る可しとありては、恰《あたか》も華族全体の古色《こしょく》を奪去《うばいさ》」ることになるので、「経世《けいせい》の為めに聊《いささ》か不利を感」じるとして、またもや「新華族を作るは経世《けいせい》の策にあらざるが如し」という新たな見解を表明した。「官民調和」をなによりも望んでいた福沢は、国会開設目前の翌八九年以後は、新華族制度に反対してその廃止の提案をするようになった。しかしその事実は「教育勅語」以後の福沢の話であり、ここでは考察の範囲外のことである。ところが、その融通無碍《ゆうずうむげ》の彼がまた新華族制度賛成に急変するという事情があるので、その間の経緯を簡単に見ておこう。

国会開設後の九一年、福沢は「過激主義の現出すること意外に迅速なるやも図《はか》る可《べか》らず。若《も》しも彼《か》の社会主義、共産主義などの類《たぐい》が、一度《ひとた》び社会に現出して少年血気の輩《やから》が忽《たちま》ち之《こ》れに唱和するが如《ごと》きあらば、……」という懸念から、「近年新造の官爵こそ実に無益の者にして児戯《じぎ》の沙汰《さた》なりとて、その全廃」の主張をくりかえすようになった（旧華族については「帝室の藩屏《はんぺい》、社会の栄誉として永《なが》く之《これ》を保存」することを主張）。

ところが福沢は、その二年後、日清戦争によって「国内人心の一致を催ほし、官民間の紛糾も其《その》影を収め」て、日本が戦争勝利による資本主義生産の急速な躍進を見通すようになると、新華族制度反対の態度を再度転換させて、今度は爵位《しゃくい》のバーゲン・セールを開始する。相変わらず、一方で「爵位の如《ごと》き唯《ただ》是《こ》れ飼犬《かいいぬ》の首輪《くびわ》に異《こと》ならず」と嘯《うそぶ》きながら、「大《おおい》に之《これ》を利用し其《その》効能を収めんことを希望する」福沢は、同じ爵位の授与をするのならば、日本の資本主義発展に有効に利用すべきであるとして、「富豪金満家の輩《はい》には思ひ切て顕爵高位《けんしゃくこうい》の栄誉を授け」るように要求したのである（詳しくは『旧著』一三一〜三参照）。福沢はまことに融通無碍《ゆうずうむげ》そのものの思想家であった。

D　資本主義的階級社会の守護者・福沢諭吉

福沢の〈教育勅語への道のり〉をさぐる最後の論説[40]「貧富智愚の説」は、勅語発布の前年、帝国憲法発布の翌月のものである。この論説は、直接日本の近代的臣民像の徳義のあり方を論じたものではない。しかし、その内容は、第Ⅰ章1で考察した帝国憲法発布の翌日からの連載社説「日本国会縁起」が提起した近代日本人像そのものと見事な照応関係にあることを確認できよう。

既述したように、「蓋《けだ》し我国人は数百千年来長上《ちょうじょう》に服従して其《その》制御を受け……、内《うち》には父母に事《つか》へ、外《そと》には君に仕《つか》え、兄弟姉妹、長少師弟、……一切の関係みな拘束の中に在《あ》る……即《すなわ》ち日本固有の習慣にして、世々《せいせい》相伝《つた》へて先天の性《せい》……人心の順良にして能《よ》く事物の秩序に服するは、蓋《けだ》し世界各国比類なしと云《い》ふて可《か》なり。……卑屈にても無気力にても、能《よ》く艱難《かんなん》に忍耐して乱れざるものは、之《これ》に付するに順良の名を以《もっ》てせざるを得ず。」と書いて、日本の資本主義的発展の道のりが「必ず速《すみ》」やかで「都《すべ》て静《せい》」穏《おん》な道のりであることを福沢が保証する条件として、長年の「権力の偏重」と「惑溺《わくでき》」を特徴とする社会によって「先天の性」として形成された「従順、卑屈、無気力」な日本人の国民性を、「順良」の人格として積極的に評価・肯定したものであった。

「従順、卑屈、無気力」の国民性に依拠することで、資本主義の急速かつ静穏な発展を展望できると書いたものの、福沢には、自身が保守思想を確立する転機となった『民情一新』以来ひきずっている大きな不安があった。それを表しているのが、「日本国会縁起」の半月たらず後に書かれた問題の**40**「貧富智愚の説」である。一年前の論説「文明の利器に私なきや」の表現によれば、それは、「今日西洋諸国到《いた》る処《ところ》に社会主義を唱《とな》へ、……英《イギリス》の愛蘭《アイルランド》党は……仏《フランス》の共産党は……露《ロシア》の虚無党は……独墺《ドイツオーストリア》諸国の社会党は……破壊主義東漸《とうぜん》の虞《おそれ》なきにあらず。」（『全集』⑪四五八〜）という不安である。この不安への政治的対応としては、4で考察したように、福沢はプロイセン＝ドイツの強権政治方式を選択して、大日本帝国憲法への道のりをたどった。

日本の資本主義的発展の先導者であるとともに、その体制の守護者を任じつつあった福沢にとって、**40**「今日社会党の最も盛なる所は……米国に在《あり》てはシカゴ、英国に在てはマンチェスター、バルミンハムの如き製造業の盛大なる所なり」という資本主義先進地域における「社会党」の隆盛の事実認識もあって、日本にも予測される階級対立、労働運動・社会主義運動にどう対応・対処するのかという問題は、中期以降、じっさいに日本でも近代的な労働組合が誕生し、彼が「工場法」制定問題に発言・関与する晩年にいたるまで、彼の最大の関心事の一つとなった。そのために「貧富智愚の説」の福沢は、いまや日本社会が「貧愚者を以て多数を占め」る現実であるとしても、「目を閉ぢ鼻を掩《おお》ふて強《し》ひて此臭気《しゅうき》をも忍ぶべし」という心境になっていることを隠していない。

しかし、「此《ここ》に最も恐るべきは貧《ひん》にして智《ち》ある者」の存在であると彼は指摘する。「世の中の総《すべ》ての仕組《しくみ》を以て不公不平のものとなし、頻《しき》りに之《これ》に向て攻撃を試み、或は財産私有の法廃《はい》すべしと云ひ、或は田地田畑《でんちでんぱた》を以《もっ》て共有公地となすべしと云ひ、其他被傭賃《ひようちん》の直上《ね》げ、労働時間の減縮等、悉《ことごとくみな》皆彼等の工風《くふう》に出《い》でざるはなし。彼《か》の職人の同盟罷工《ひこう》なり、社会党なり、又虚無党なり、其《その》原因する所、明《あきらか》に知る可《べ》し。」と書いて、福沢は、「最も恐るべき」労働運動・社会主義運動を担っている人間は、「貧にして智ある者」であるという認識を表明した。その結果、とりあえずの対応策として彼は、「故に教育家が其《その》勧学の方便の為めに……教育を盛にして富源を開く可しとは、事物の因果を転倒したるもの……前金《まえきん》を払ふて後の苦労の種子《たね》を買ふものに異《こと》ならず。経世《けいせい》の得策《とくさく》と云ふ可きか。我輩の感服せざる所なり。」と主張して、『学問のすすめ』を説いた著者が、いまや貧民への（過度の）教育普及に反対の意向を表明したのである。

『学問のすすめ』を読んだことのある読者は、「人は生れながらにして貴賤貧富《きせんひんぷ》の別なし。唯《ただ》学問を勤《つとめ》て物事をよく知る者は貴人となり富人となり、無学なる者は貧人となり下人《げにん》となるなり。」という教育による立身出世の理念をたからかに提唱して、ここにいう「勧学《かんがく》の方便の為めに……教育を盛にして富源を開く可し」という「教育家の道理」を吹聴《ふいちょう》したのが、他ならぬ福沢その人であることを記憶しているであろう。『概略』で「今吾《こんご》は古吾《こご》に非《あら》ず」と書いた通り、人は変われば変わるものである。自らの変心の正当性を、（二年前に公表した）新たな教育論〈資料篇〉**36**「教育の経済」で彼は次のように説明していた。

「元来《がんらい》学問教育も一種の商売品にして、……家産豊《ゆたか》にして父母の志篤《あつ》き者が子の為めに上等の教育を買ひ、資力少しく足らざる者は中等を買ひ、中等より下等、その階級は段々限りある可《べ》からず。……この不平均を宜《よろ》しからずとして俄《にわか》に人間社会の組織を改《あらた》めんとするも人力《じんりょく》の及ぶ可き限りにあらず。……凡《およ》そ人間社会の不都合は人の智力と其財産と相互《そうご》に平均を失ふより甚《はなは》だしきはなし。……教育の階級は正《まさ》しく貧富の差等《さとう》を違《たが》へず、……。」

資本主義社会では学問・教育も商品であるから、親の財力によって子どものために購入できる教育商品の程度が異なるのは当然であるとして、以後、福沢は一貫して「教育の階級」と親の「貧富の差等」の対応を主張した（現代日本の「新自由主義」教育論の先駆的主張）。同時に、右記の「最も恐るべきは貧にして智ある者なり。」という理由（と「遺伝絶対論」の考え）から、授業料などの安い官立大学に貧民が入学して「貧智者」が生まれることを防ぐために、福沢は官立大学の廃止と学費のかかる私学への改編を主張した（『旧著』二六八〜参照）。

以上のような資本主義的な階級社会を維持・擁護したいという福沢の強固な意識が「従順、卑屈、無気力」な日本人の国民性を積極的に肯定し、教育勅語の「仁義孝悌忠君愛国の精神」に依拠して資本主義的発展をはかっていくべきであるという彼の考えと展望を不動のものにしたのである。

福沢の大日本帝国憲法＝教育勅語体制評価の考察をとおして、〈「丸山諭吉」神話を解体する〉という本書の主題からいえば、第Ⅱ章の考察は、ここでうち切らなければならない。しかし、〈「丸山諭吉」神話の解体〉という課題は、私にとっては、その作業をとおして思想家・福沢諭吉の全体像を解明するというより大きな課題の一環である。したがって、大日本帝国憲法＝教育勅語体制の確立以後も、約一〇年間なお第一線で活躍する福沢の考察をここでうち切るわけにいかない。

他方、私は『前著』において福沢のアジア認識をとおして最晩年までの福沢の思想のあゆみの考察を終えている。そこで、ここでは『前著』の最小限度の要約によって、大日本帝国憲法＝教育勅語体制の確立以後の福沢の思想の歩みを紹介することで、『前著』の読者の了解を得ながら、本書のみの読者にも福沢の全体像についての知見を得ていただくことにしたい。もちろんその際に、『前著』ではじゅうぶん展開していない、たとえば右記の福沢の資本主義体制の擁護論のその後の歩みなどにも論及するよう努めたい。

6　大日本帝国憲法＝教育勅語体制確立以後の福沢のあゆみ

A　労働運動・階級対立への警戒・警鐘——日本資本主義の守護者

一八七九（明治一二）年という早い時期から「先進」資本主義諸国の「狼狽《ろうばい》して方向に迷ふ」現実の認識をもち、それを転機に保守思想を確立し、帝国憲法＝教育勅語体制に同意を表明した福沢諭吉は、それ以降も一貫して資本主義社会の階級対立、労働運動、社会主義思想・運動への不安・懸念を示しながら、その思想・運動の波及への警戒・警鐘を怠らなかった。九一（明治二四）年の論稿で、「我政治社会に過激主義の現出すること意外に迅速なるやも図《はか》る可《べか》らず。」という予想を提示し、「若《も》しも彼《か》の社会主義、共産主義などの類《たぐい》が、一度《ひとた》び社会に現出して少年血気の輩《やから》が忽《たちま》ち之《こ》れに唱和するが如《ごと》きあらば、……」という懸念とのかかわりで、福沢が新華族制度の「全廃」を主張したことはすでに指摘した。

これにたいして、二ヶ月後の九一年四月末から五月下旬にかけての一三回にわたる異例の長期連載社説42「貧富論」は、福沢が、資本主義社会についてのリアルな認識とその体制の全面的擁護の意思を表明するとともに、階級対立に備える糊塗《こと》策まで示した彼の本格的な日本資本主義論といえよう。二年前の39「貧富智愚の説」で教育による立身出世の理念を批判した福沢は、「貧富の原因を挙《あげ》て其《その》人の智愚如何《いかん》に帰《き》する」（かつての福沢と同様の）論者をまた批判して、「仔細《しさい》に社会の実際を視《み》れば、今世《こんせい》の貧民は無智なるが故に貧《ひん》なるに非《あら》ずして貧なるが故に無智なり……。畢《ひっ》竟《きょう》今の社会の組織にては、……貧《ひん》はますます貧に沈み富《ふ》はますます富《とみ》を増《ま》し殆《ほと》んど際限ある可《べか》らず。」という社会の現実を率直に指摘するだけでなく、福沢は「太陽西より出《い》で黄河逆《さかしま》に流るるの不思議僥倖《ぎょうこう》あるにあらざれば、今世《こんせい》の貧乏人に開運の日はなかる可し。」とまでいって、太陽が西からのぼるような奇跡でも生じない限り、「貧はますます貧に沈み富はますます富を増」すという資本主義社会の本質は不変である、と突き放した。

かつての福沢は、『すすめ』第二編で「人々其命《にんにんそのめい》を重《おも》んじ、其身代《そのしんだい》所持の物を守り、其面目《めんもく》名誉を大切にする」という近代社会の「権利通義」宣言を紹介した。しかしいまの福沢は、「人の栄誉生命私有を保護する」というのは資本主義社会の「法律」の建前《たてまえ》であって、現実にその法律の「功《く》徳《どく》利益を被《こうむ》る」のはもっぱら「資産家」や「上流社会」であることを、「俗言これを評すれば金持の丸儲《まるもう》けと云《い》ふも可《か》なり。」とあけすけに語る人物に、なり変わっていた。そして「仮令《たと》へ国民の貧富懸隔《けんかく》して苦楽相反《あいはん》するの不幸あるも瞑目《めいもく》して之《これ》を忍び、富豪の大なる者をして益々《ますます》大ならしめ、以《もっ》て対外の商戦に備《そな》へて不覚を取らざるの工風《くふう》こそ正《まさ》に今日の急務」「目下《もっか》我日本国には大富豪を要する時節なれば勉《つと》めて其《その》発達を促がす可《べ》し」と主張して、三菱などの政商大資本の立場から、福沢はさらなる日本資本主義の発展を要望・展望した。

ところが他方で、「維新以来政府が教育の方針を誤り、国民の資力如何《しりょくいかん》を問はずして唯《ただ》一方に其《その》智識の発達を奨励し」たために、日本でも「最も恐るべき」存在である「貧にして智ある者」が出現するようになっているとして、福沢は、この貧智者が「他の貧者の苦痛を口実にして富者の冷血無情を責《せ》め、種々様々の運動」を始めることへの警戒を表明した。「近来流行の同盟罷工《ひこう》の如《ごと》き……貧困社会に不平不満の声は日にますます喧《かまびす》しく、今後如何《いか》なる事相《じそう》を呈《てい》す」ることになるかわからないという不安・懸念を指摘した福沢は、「今日富家《ふか》の財産……一朝《いっちょう》の機に際して激浪怒涛《げきろうどとう》に犯さ」れて、「宮殿の危《あやう》き」事態も予測されるとして、「事端《じたん》の発せざるに先だちて之《これ》を予防する」方策を講じるべきであるとして、彼はその対応策を列挙した。

第一は、自由民権運動対策として七六年以来説きはじめた「小民《しょうみん》の軽挙《けいきょ》を防ぐ」ための「馬鹿と片輪《かたわ》」のための宗教教化路線である。第二は、「最も恐るべき」貧智者の出現の防禦《ぼうぎょ》策として、官公立学校の私学化などの「貧者の教育を高尚に過ぐることなからしむる」方策である。第三は、「富豪」が「随時に私財」を散じて「貧民救助等」の「公益慈善」事業を開催することであり、それは「三を捨て七を取るの」方策であると説いた。第四は、貧民救済策としての移民・移住の勧《すす》めで、福沢は北海道への移住と南北アメリカや南洋諸島への移民策を説いた。

「貧富論」の二年後の『実業論』になると、福沢は、序文で「近年は商工界にも稍《や》や活気を催ほし、……実業革命の期近《ちか》きに在《あ》る」ことを予言する。現実には、翌年に開始された日清戦争の勝利を跳躍台として、紡績業を先導にしながら、日本の「産業革命」は、一八九〇年代から一九〇〇年代初頭にかけて、早熟的に進行した。福沢が、『実業論』で「英国の工場に比して……我国特有の利益は、工場の事業に昼夜を徹して器械の運転を中止することなきと、職工の指端機敏《したんきびん》にして……之《これ》に加ふるに賃銀の安きと、此《この》三箇条は英国の日本に及ばざる所なり。」と主張したのは、彼が、昼夜を問わぬ機械の長時間フル稼動と労働者の低賃金という過酷な労働関係による「絶対的剰余価値」の追求こそを、日本資本主義の長所ととらえていたことを示している。

したがって、その福沢が、九七（明治三〇）年の明治政府による労働時間短縮などの労働者保護政策としての「工場法」案の起草につよく反対したのは当然である（福沢の工場法反対論は『旧著』二三九～四七に詳述）。その際の反対の論拠として展開した彼の期待する日本の労働者像は、帝国憲法発布の翌日からの連載社説1「日本国会縁起」が指摘した「従順、卑屈、無気力」の国民性＝教育勅語の近代臣民像に見事に照応していた（『旧著』二四二～四参照）。44『実業論』において「先進」工業国に対比して「我日本国人が特に商工事業に適して」いる理由として、日本人は「性質順良にして能く長上《ちょうじょう》の命に服《よ》し」という国民性を主張した福沢は、工場法に反対する論拠として、日本の「雇主《やといぬし》と雇人《やといにん》との関係」には「此上《このうえ》もなき美風」があって両者の関係が「甚《はなは》だ円滑」であるから、工場法による規制は不要であると主張した。その場合の「美風」は、『実業論』の性質「順良」の国民性と同じである。

福沢は、日本には「情誼《じょうぎ》の温《あたたか》なる」「主従の如《ごと》く親子の如《ごと》」き、「大地主と小作人との間柄《あいだがら》」同様の労使関係（全集⑮五八二）が存在すると主張したのである。かつて、『学問のすゝめ』第十一編で「政府と云《い》ひ会社と云ひ、都《すべ》て人間の交際と名《なづ》くるものは皆大人《おとな》と大人との仲間なり、他人と他人との附合《つきあい》なり。此《この》仲間附合に実の親子の流儀を用ひんとするも亦難《またかた》きに非《あら》ずや」と主張していた福沢は、いまや近代社会の資本制工場制度のもとにおける労使関係に、地主・小作人の間柄《あいだがら》という前近代的な温情主義《パターナリズム》の人間関係の存在とその適用を主張することによって、労働者保護立法につよく反対したのである。

第二の論拠は、過酷な労働関係のもとでせっかく無自覚、無権利の状態にある労働者の「所謂《いわゆる》智恵のない子に智恵を付け」て、工場法制定が労働者を自己の権利意識に目覚めさせることを恐れたものである。そして第三の論拠は、労働者が「早朝より夜間まで正《まさ》しく十六時間もしくは十八時間労働する」のは自《みずか》ら好んでそうする「任意労働」であるのに、工場法で労働時間を制限するならば、かれらの「労働の自由」（!?）を束縛し、「貧民を飢《う》ゑ」させるという「残酷」な結果になるという、子どもが考えてもおかしい理由であった。いまや福沢は、なりふりかまわぬ資本家意識丸出しの体制擁護者となっていた。

『学問のすすめ』の著者として「文部省は竹橋《たけばし》に在《あ》り、文部卿《きょう》は三田《みた》に在り」と世評され、かつては文部大臣にまで比肩《ひけん》された福沢は、工場法に反対する同じ資本家意識そのものの理由から、産業革命期に工場労働者の一割を占める数で働いていたほとんど無教育の多数の工場労働の子どもの教育を拒否した。工場法が「児童労働」の年齢制限によって、「一つには教育の時機を誤《あやま》らざらしめ、また一つには幼者の身体を保護するの精神」であることをじゅうぶん認識しながら福沢は、「苟《いやしく》も学校の教育を受けしむ可き余裕ある人民ならんには、誰《た》れか幼年の子弟を工場に出入せしむるものある可けんや」と指摘して、「到底《とうてい》就学の見込」がないからこそ、働いている貧民児童は、むしろそうさせることによって、「是種《このしゅ》の児童を遊惰《ゆうだ》に導《みちびき》て悪風に染めしむるの結果」をふせぐことが出来るのであると主張した。もちろん、工場法によって、労働貧民児童に教育の機会を提供することを福沢が拒否した理由は、多数の年少労働児童の存在が、彼がイギリス資本主義に対抗する日本資本主義の長所と主張した、従順で低賃金に甘んじて長時間働く労働者「階級」の有力な一翼を担っていたからである。

福沢がかねて懸念・予想したとおり、日清戦争後の九七（明治三〇）年には片山潜らによって労働組合期成会が組織され、同年末には最初の日本の近代的労働組合である鉄工組合が創立された。戦争を契機とする産業発展にともなう労働力不足と物価騰貴《とうき》を背景にして、福沢のいう「同盟罷工《ひこう》（ストライキ――安川）」も起きるようになり、明治政府も一九〇〇年という早い時機に「治安警察法」を制定し、労働運動・社会主義運動への弾圧をはじめた。福沢は、九八（明治三一）年九月に脳溢血《のういっけつ》で倒れ、年末には祝賀会を催すまでに快復したが、翌九九年二月以降の「時事新報」の社説は、石河幹明が福沢の旨《むね》をうけて起草することになった（二年後の一九〇一年一月に脳溢血が再発して、福沢は二月三日に死去）。

晩年まで労働運動・階級闘争への警戒・警鐘を怠らなかった福沢の意向を受けて起草された一九〇〇年の年末二日間の「時事新報」社説は、「職工労働者の如き、……忽《たちま》ち不平を唱《とな》へて同盟罷工《ひこう》等の挙動を演ずるに至るは、必然の成行《なりゆき》にして毫《ごう》も疑《うたがい》を容《い》れざる所なり。」と警告するとともに、「我国に於《お》ける社会問題の争《あらそい》は西洋と大《おおい》に其趣《おもむき》を異《こと》にして、其性質必ず激烈なるものある可し。我輩の断言して疑はざる所なり。」と最後の警鐘をならしたものである。

B 日清戦争と福沢諭吉

――「文野の戦争」・巨額軍事献金・隠蔽報道・靖国の思想

八五年の「脱亜論」から九四年の日清戦争にかけての日本には、さまざまなアジア連帯の考えや構想があり、明治政府の権力中枢にも、朝鮮の「永世中立化」構想が現実的な選択肢として開戦直前の閣議にまで存続していた。しかし福沢は、日中両国が「唇歯輔車《しんしほしゃ》」の関係で連帯することを「空想」と切り捨て、終始一貫、対外強硬論と軍備拡大要求を続けた。彼は日清戦争を「世界の文明の為」の「文野（文明と野蛮）の戦争」と主張し、「文明改進」という口実があれば、他国の「国事を改革」したり、「国務の実権」を握ることは内政干渉にあたらないと嘯《うそぶ》き、日本が武力行使をするのは、朝鮮人が「軟弱無廉恥《むれんち》」であるからであると、相手に侵略の責任を転嫁《てんか》した。

したがってまた、この責任転嫁の口実として、福沢は、痛ましいまでのアジア蔑視を、「朝鮮人……上流は腐儒《ふじゅ》の巣窟《そうくつ》、下流は奴隷の群集」「朝鮮国……国にして国に非《あら》ず」「朝鮮……人民は牛馬豚犬に異《こと》ならず」「チャンチャン……皆殺しにするは造作《ぞうさ》もなきこと」「老大腐朽《ろうだいふきゅう》の支那国」「支那……溝《みぞ》にボウフラの浮沈《うきしずみ》するが如し」「支那兵……豚狩《ぶたがり》の積《つも》りにて」などと書きたてた。たとえば、日清戦争に出兵している兵士に向けて、「目に付くものは分捕品《ぶんどりひん》の外《ほか》無し。何卒今度《なにとぞこのたび》は北京中の金銀財宝を掻《か》き浚《さら》へて、……余《あま》さず漏《も》らさず嵩張《かさば》らぬものなればチャンチャンの着替《きがえ》までも引っ剥《ぱい》で持帰ることこそ願はしけれ。其中《そのなか》には有名なる古書画、骨董《こっとう》、珠玉《しゅぎょく》、珍器《ちんき》等も……一儲《ひともう》け……」（漫言）と、当時の戦時国際法にも違反する（吉岡吉典『日清戦争から盧溝橋事件』新日本出版社、二三）私有物強奪《ごうだつ》の勧《すす》めを活字にした。

日清戦争中の諭吉は、国「内に如何《いか》なる不平不条理あるも之《これ》を論ずるに遑《いとま》あらず」といい、自身全国第二位の巨額の軍事献金をし、「報国会」を組織した。広島の大本営で戦争指導の先頭にたつ明治天皇を絶賛した福沢は、「遥《はるか》に海を越えて大纛《だいとう》（天皇旗）を韓山の風に翻《ひるがえ》へし給《たま》ふ御事《おんこと》もある可し」と、天皇の海外出陣の可能性にさえ論及した（伊藤博文の反対で実現せず）。また、「死ハ鴻毛《こうもう》ヨリモ軽シ」の「大精神こそ」戦争勝利の「本源」と判断した福沢は、「再び干戈《かんか》の動くを見るに至らば、何物《なにもの》に依頼して国を衛《まも》る可きか。」と問いかけ、「益々此《ますますこの》精神を養ふこそ護国の要務」であるとして、天皇が「自《みずか》ら祭主《さいしゅ》」となって靖国神社に「全国戦死者の遺族を招待して臨場《りんじょう》の栄《ほまれ》を得《え》せしめ」るようにという「靖国の思想」をも主張した。

開戦時の朝鮮王宮武力占領、戦中の旅順虐殺事件、朝鮮王妃の閔妃《ミンビ》殺害事件、台湾征服戦争という公刊戦史からは隠されている日清戦争の不義・暴虐《ぼうぎゃく》を象徴する全事件について、ジャーナリスト福沢諭吉は、もっぱらそれらを隠蔽《いんぺい》・擁護・合理化・激励する最悪の戦争報道をおしとおした。とりわけ旅順虐殺事件では、白紙にも特派員によって断片的には報道されている世界的な虐殺事件の報道を「実に跡形《あとかた》もなき誤報・虚言《きょげん》」と切り捨て、「苦渋の決断」で明白な事実を隠蔽する道を選んだ政府首脳のお先棒を担《かつ》ぐことによって、福沢は遠く「南京大虐殺」事件への道を敷設《ふせつ》する役割を果たした。王妃暗殺という重大犯罪の場合も、福沢は閔妃《ミンビ》が殺されても当然の人物であるという英文の物語を慶応義塾の教員につくらせ、アメリカの新聞に掲載をはかったが、没書《ボツ》になった。

台湾征服戦争と武断的植民地支配についての福沢の発言には、侵略され殺される側への思いや想像力はひとかけらもなく、植民地人民にたいする侮蔑と非情、主権の蹂躙《じゅうりん》は自明の前提であった。「文明施政の方針は……一切止《や》め」るよう提案し、台湾人「固有の文明」への配慮や尊重も無用として、彼は「兵力」による「葉を枯らし根を絶」つ「容赦《ようしゃ》な」き「掃蕩《そうとう》」と「殲滅《せんめつ》」のうえに、「軍政組織」による統治を主張した。台湾問題に限っても、福沢はいったい何度「殲滅《せんめつ》」「誅戮《ちゅうりく》」「殲《ほろぼ》す」ことを呼号したことか、ため息さえ出ない凄《すさまじ》さである。

「近代化の過程を踏みにじり、破綻《はたん》へと追いやった、わが民族全体の敵」「最も憎むべき民族の敵」という韓国や台湾に存在する福沢諭吉への怒りや憎しみは、当然の評価といえよう。

C アジア太平洋戦争への道のり
――日本近代化の道のり総体の「お師匠様」

旅順虐殺事件を「取紀《とりただ》すことは危険多くして不得策《ふとくさく》なれば、この儘《まま》不問に付《ふ》」すという伊藤博文首相らの誤った処理策の「結果、日本軍の軍紀にはおおうべからざる汚点が生じ、残虐行為にたいする罪悪感はうしなわれ、そののちこの種の行為を続発させることにな」り、遠く南京大虐殺への道が敷設《ふせつ》された（藤村道生『日清戦争』岩波新書）。言論人・福沢もその隠蔽工作に協力することで、この道のりに積極的に加担した。「国民作家」司馬遼太郎が日本の近代史を「明るい明治」と「暗い昭和」に分断したのとは逆に、旅順虐殺事件に象徴される「明るくない明治」の事実や措置こそが「暗い昭和」につながったという関係で見ないことには、日本近代史の全体像は見えてこないのである。

つまり、「司馬が、（「明るい明治」の――安川、以下同様）栄光からの逸脱《いつだつ》とみた（「暗い」）昭和の歩みは、実は（明るくない）日清戦争以来の（明治維新当初以来の）日本の歩みの強化にすぎなかったのではないか」（弓削達）と見ることで、日本の近代史の全体のつながりがただしく把握できるのである。逆に言えば、アジア太平洋戦争期の各種の事象・逸脱を、丸山・司馬流に「暗い昭和」期特有の狂気や悲劇的な時代の出来事として把握することは、明らかな誤りである。このように、「明るくない明治」と「暗い昭和」とのつながりで日本近代史像を把握するためには、近代日本の最大の保守主義者・福沢諭吉を、本人自身が自負していた明治「政府のお師匠様」以上の大きな存在、つまり日本近代化の道のり総体の「お師匠様」に位置づけなおす必要があるのである。なぜそう考えられるのか、『前著』終章をふまえて、私なりに七つの視点（増補改訂版追記――二〇一六年刊の安川寿之輔・雁屋哲・杉田聡『さようなら！　福沢諭吉』花伝社では、両者のつながりが三〇頁以下の

Ⅲにおいて、一五の視点に拡大されて考察されている）を指摘しておこう。

[1]家永三郎は、日本の民衆が侵略のアジア太平洋戦争を阻止できなかった重要な要因として「隣接アジア諸民族に対する日本人のいわれのない侮蔑《ぶべつ》意識」をあげている。幕末・初期啓蒙期以来、とりわけ壬午《じんご》軍乱・甲申《こうしん》政変以後、保守思想を確立した福沢が、侵略・殺戮《さつりく》への道をきりひらくその日本の「アジア侮蔑意識」形成の先導役を果たした（増補改訂版追記――前掲『さようなら！福沢諭吉』三九頁以下のⅣでは、福沢は「ヘイトスピーチの元祖」として考察されている）。

[2]アジア太平洋戦争期の日本人の政治意識の最大の問題点として、小松茂夫の指摘する国民の「〈国家〉の本質、起源、存在理由」への問いの欠如という問題、江口圭一の「〈国のため〉という意識こそ日本の民衆をもっとも深く呪縛《じゅばく》していたもの」という指摘も同じ日本の「国民国家」論にかかわる本質的な問題である。この事実に先駆的に対応するのが、福沢研究史上最大の誤読箇所となった『すすめ』の〈一身独立して一国独立する事〉である。自身が名訳したアメリカ独立宣言の精神に反して、福沢は国家（独立）の存在理由を問わないまま、いきなり「国のためには財を失ふのみならず、一命をも抛《なげうち》て惜《おし》むに足ら」ない「報国の大義」を要求した。

[3]アジア太平洋戦争の時代のキャッチ・フレーズとなった「満蒙《まんもう》は我国の生命線」という勝手な主張の先駆は、歴史書の指摘する山県有朋の「我ガ国、利益線ノ焦点ハ実ニ朝鮮ニ在《あ》リ」ではなく、それよりも三年も前の福沢の「今《いま》日本島を守るに当りて、最近の防禦線《ぼうぎょ》……の地は必ず朝鮮地方た

るべきや疑《うたがい》を容《い》れず。」である。また、「大東亜共栄圏」の「盟主」思想の先駆も、壬午軍乱より前の福沢の発言に見ることができる。

④近衛内閣の国民精神総動員運動の三大スローガンのひとつ「尽忠報国」は、福沢が壬午軍乱の翌年に提示したものと同じであり、福沢が誇りにしていた慶応義塾の「建学の精神」は「報国致死」であった。

⑤日本の軍隊がフランス革命期の国民軍と異《こと》なり、賦役《ふえき》そのものの徴兵制軍隊であったことが、日本軍の無差別の暴力や残虐行為へ駆り立てる要因となったことが一般に指摘される。福沢は、この日本軍の限界と特質を見抜き、それにふさわしい「圧制の長上《ちょうじょう》に卑屈の軍人を付《ふ》して却《かえっ》てよく功を奏する」「帝室の為に進退し、帝室の為に生死する」絶対服命の愚昧《ぐまい》の「皇軍」兵士像を造形した。したがって、山県有朋司令官の降伏・捕虜禁止の訓示に対して、せめて（丸山のいう）合理主義者の福沢諭吉くらいは、刀折《お》れ矢尽《つ》きた場合の降伏の勧《すす》めを、民衆兵士に啓蒙してくれてもよかったのに、という私の勝手な期待に諭吉は応えてくれることもなかった。

⑥九七歳の石堂清倫の遺著『20世紀の意味』（平凡社）の一節と、そこでの『前著』の引用をそのまま紹介したい。

「歴史学者家永三郎は『太平洋戦争』のなかで、満州事変の首謀者である石原莞爾《かんじ》中佐の侵略思想は決して石原個人の突飛《とっぴ》な思いつきではなく、多年にわたり培《つちか》われてきた隣接のアジア諸民族に対する日本人のいわれのない侮蔑意識と、その意識に基づいて実行されてきた帝国主義政策とが、石原の頭脳のなかで典型的な形をとって体系化されたものだと述べている。

至言である。石原には明治の初年からの思想的先駆者があったのである。……安川寿之輔は、福沢諭吉の「東洋政略論」が石原の教本になっていることを指摘している。少し長いが重要なことであるから次に引用する。

石原の「国防論策」にある「国内ノ不安ヲ除ク為ニハ対外進出ニヨルヲ要ス」「軍事的成功ハ民心ヲ沸騰《ふっとう》団結セシムルコトハ歴史ノ示ス所ナリ」という判断は、初期啓蒙期に公約した「文明の本旨」につながる国内の民主化＝「一身独立」達成の課題を放置したまま、「一国独立」＝「強兵富国」路線を性急に驀走《ばくそう》していった福沢が、国内政治の矛盾・対立を糊塗《こと》・転化するための常套《じょうとう》手段として外戦・国外対立をあおりたてた、本人も自認していた「権謀術数」そのものであったことは明らかである。」

手前みそになって恐縮であるが、『前著』がどう読まれたかの事例紹介も兼ねて引用した。他の引用箇所の記述から、石堂清倫は、自分なりに福沢のアジア認識を知る機会をもち、福沢についての先行研究に不満をもっていたことが窺われる。彼の出版社あての「読者カード」には、「……実利主義的プラグマティストの福沢を強いて合理主義的に一貫させようとする丸山真男、羽仁五郎の諸氏にたいする批判は快心のものでした。」と記載されていた。

⑦歴史に「もしも……」という仮定は許されないが、あえてもし福沢がアジア太平洋戦争期に存命していたと仮定すると、彼が日本軍性奴隷＝「従軍慰安婦」制度の存在と構想に反対することはおよそあり得なかったものと推定される。なぜなら、福沢は家父長制的な差別的な日本の女性論を体系化した人物であったからである。とりわけａ、公娼制度（買売春）については福沢は積極的な賛成論者であり、ｂ、アジア人民（朝鮮女性）への侮蔑意識の先導者であり、ｃ、「人種《ひとだね》の尽《つ》くるに至るまで」という戦勝への異常なまでの熱意をもち、ｄ、『サンダカン八番娼館』『からゆきさん』などの娼婦の海外「進出」の「自由」の主張者でもあった。

あえて「もしも……」と私が逸脱する理由は、この福沢の女性論について、「福沢の説は後年になって保守化してくるものもありますが、この婦人隷属の打破という点だけは、……終生変わらない」という丸山真男を筆頭に、ひろたまさきの「最後まで女性の解放を説き続けた」という把握、遠山茂樹の晩年も「急激なる革新論」などという福沢女性論についての誤った評価が支配的だからである。性別役割分業の差別さえ長年認識できなかった戦後日本の社会科学の主流は、福沢の社会観・政治観が保守化しているのに、（その担い手の臣民男性への「柔順」と「和合」を求められている）女性の解放を彼が説き続けるはずがない、という単純明快なジェンダー史観のイロハがわからないのである（次著に予定している『福沢諭吉の女性観と教育論』はその批判の書である。――増補改訂版追記――本書「はじめに」の四〜六頁に記載したように、Ⅳ『教育論・女性論』刊行の前の「回り道」として、Ⅲ『戦争論・天皇制論』が刊行された）。

III

初期啓蒙期・福沢の思想の見直し

——「天は人の上に人を造らず…と云へり」再考

1　思想史研究の方法——丸山真男の場合

初期啓蒙期の福沢の思想を代表する定式とされた〈一身独立して一国独立する事〉についての解釈が福沢諭吉研究史上の最大の誤読箇所であるという事実（あわせて、初期啓蒙期の福沢の国際関係認識についての丸山の把握の誤りについては『前著』第一章で詳論した）は、同じ時期についての過去の福沢研究の再検討と全体的な見直しの必要性を示唆している。

その見直しの対象として、未解決のまま残されている具体的な問題として、一つは、右の定式以上に福沢の言葉として有名な『学問のすすめ』冒頭の句「天は人の上に人を造らず人の下に人を造らずと云へり。」の「……と云へり。」という伝聞態をどう理解するのかという問題と、二つには、その「天は人の上に……」という冒頭の句と『学問のすすめ』の内容との整合・不整合の関係をどうとらえるのかという大きな問題がある。

まず、「天は人の上に人を造らず人の下に人を造らず」という句が、福沢自身が翻訳したアメリカ独立宣言の文章にヒントをえて考え出した表現であるという解釈は、市河三喜、高木八尺らの指摘にはじまり、福沢研究者の間ではひろく知られていることである。丸山真男も、独立宣言の福沢の翻訳について「維新後の『学問のすすめ』冒頭の「天は人の上に……」の原型をなすのがこの訳文です」(『丸山集』⑮一二八) と書いており、この点での対立はない。

つぎに、普通に考えると、『すすめ』の冒頭は「天は人の上に人を造らず人の下に人を造らず。」と断定の表現にしたほうが、「天は人の上に……と云へり。」という伝聞態でおわるよりもはるかに鮮烈でインパクトがあると思われよう。問題は、そう思われるのに、福沢はなぜ後者の伝聞態の表現をえらんだのかという疑問である。

これについても、常識的には、福沢がアメリカ独立宣言にヒントをえたのだから、そのことを伝聞態で表現したものと考えることができよう。ところが、2で考察するように、福沢は欧米の文献から借用・引用した場合でも、自分が納得・了解できる定式や主張の場合には、「と云へり。」という伝聞態ではなく、自分の言葉として断定的に結んでいるという問題がある。くわえて、一部既述したように、福沢は読者を惹《ひ》きつけるために、著作の冒頭や第一文節に、その著作の内容とは整合しないラディカルな定式や魅力的な言葉を置くという手法をよくとっているという問題も存在する。つまり、以上の二点だけからでも、福沢は「天は人の上に人を造らず……」という考えに自分が納得・了解できていないから伝聞態で表現したという解釈や、『すすめ』の冒頭句も読者を惹きつけるための単なる飾り言葉であって、『すすめ』の内容と整合していなくても気にしなくてよいという解釈もなりたつのである。

ところが、丸山真男は、「と云へり。」という伝聞態の問題についてはいっさい言及・検討しないまま、いきなり、「「天は人の上に……」の句が「学問のすすめ」全体の精神の圧縮的表現である」、「「天は人の上に人を造らず人の下に人を造らず」という文字が……殆ど福沢イズムの合言葉」（『丸山集』③一六七）、『学問のすすめ』の「「天は人の上に人を造らず」云々という冒頭の周知の言葉は実にこの著全体を貫く根本主題の提示であ」り、「福沢の自然法思想はここに至って全面的な展開を遂げた。」（『丸山集』④二一～二）などと主張しているのである。私の三〇年余前の『旧著』はその解釈の無理についてたくさんの論拠をあげて批判を提示したが、今回、『丸山集』を検討した結果、私の批判はすべて黙殺されたままであることを確認した。

一方、丸山と異なり、この冒頭句が伝聞態であることに着目した小松茂夫は、私の『旧著』以前から、福沢が「……と云へり。」というかたちでこの命題を提起するにとどめ、『学問のすすめ』において、「さらに一歩も二歩もつっこんで論及することがない」という内容との乖離《かいり》という理由で、「この命題は結局のところ「借物《かりもの》」にすぎず、悪くすると、単なる枕言葉にさえ堕《だ》しかねないように思われる」と指摘していた（「諭吉雑感」―筑摩書房『現代日本思想大系』第二巻月報、六三年）。私は、小松茂夫の問題提起を当然の疑問と考えており、以下の第Ⅲ章の全体において、「天は人の上に人を造らず……」という「天賦《てんぷ》人権論」が『すすめ』「全体を貫く根本主題」であるという、丸山真男を筆頭とする多くの先行研究の主張の誤りを論証する。しかし、その論証の前に、過去の日本の福沢研究の傾向やあり方について、今しばらく先走って論及することをお許し願いたい。なぜなら、一九四七年の論稿「福沢諭吉の哲学」で、丸山が「「天は……」の句が「学問のすすめ」全体の精神の圧縮的表現」と主張した時、丸山は、こんな無理な主張を、本当にそう思っていたのであろうか、という半信半疑の気持ちを私はぬぐい去れないからである。

というのは、たとえば、同じ論稿の同じ「一」の論述において、「その時々の具体的状況に応じて、……条件的な命題」を記述・展開する福沢の思想傾向を強調したあとで（『丸山集』③一七三）、丸山が、「福沢から単なる欧化主義者乃至《ないし》天賦人権論者を引出すのが誤謬《ごびゅう》であるならば、他方、国権主義者こそ彼の本質であり、……という見方もまた彼の条件的発言を絶対視している点で前者と同じ誤謬に陥ったものといわねばならぬ。」（同右一七四）という、きわどい記述をしているからである。もちろんここで、丸山は「天は人の上に人を造らず……」から「天賦人権論を引出すのが誤謬である」とは書いていない。しかし見方によっては、この文章はそうとも解釈できる可能性を丸山が完全には否定はしていないのではないのか、と思えるのである。

丸山は「福沢諭吉の人と思想」について、「福沢というのは、……現在の状況ではこれを選択して売らなければいけないのだ。……あるいは自分の属している集団のなかに、見出せないか、あるいは不足している思考法ないし価値、それを強調しなければいけない。」という「使命」感や思いから、「要するに福沢の言動というのは、そういう意味で、いつも役割意識というのがつきまとっている。」（『丸山集』⑮二九八～三〇八）と語っている。同様に、「暗い谷間」の時代から解放された敗戦直後の日本の社会において、占領軍の主導のもとであっても、思いがけない民主化啓蒙のチャンスと遭遇したときの丸山も、同様の心境であったのではないか、と私は考えてみるのである。

そのうえで、丸山が「……と云へり。」という伝聞態の表現を些末《さまつ》な問題と考えた理由を、無理にも推測してみた。つまり丸山は、福沢が独立宣言の思想にヒントをえて『すすめ』冒頭の句を考え出したのであり、だから「と云へり。」と断っている事情も承知しながら、軍国日本崩壊直後の日本の社会に「見出せないか、あるいは不足している思考法ないし価値」として「天賦人権論」的な民主主義思想を、「強調し」て「売らなければいけない」という役割意識をもったのではないか。そこで、伝聞態という些末《さまつ》な問題はきり捨てて、日本にも「天は人の上に人を造らず人の下に人を造らず」という見事な民主主義思想を唱える先駆者が存在していた、と伝えることで戦後日本の民衆を民主化にむけて励まそうとしたのではないのかと考えてみるのである。なぜなら、そういう意欲にかられて、戦後日本の社会科学は、福沢の言説をめぐって安易な読みかえや「実体をこえた」読みこみを重ねてきたのではないのか、という不信感が私には根強くあるからである。

遠山茂樹は『福沢諭吉』（東京大学出版会、七〇年）の最後の「Ⅷ　評価の問題点」において、「彼は近代民主主義者ではなかった。アジアの諸民族の平等と独立との主張者ではなかった。この点の指摘をあいまいにすることはできない。しかし彼の著作は、本人の意図をこえた役割を、当時にあっても、後代《こうだい》にたいしてもはたした。」と書いて、同書の最後を「福沢の著作を国民の古典たらしめたものは、自由・平等・独立への国民の自覚にもとづく読みかえ、彼の実体をこえた読みこみの力であったと、私は結論したいのである。」（二六五〜）と、そうした読みかえや読みこみを肯定的に評価して、同書を結んでいる。これにたいして山住正己も同様に、『福沢諭吉教育論集』（岩波文庫、九一年）の「解説」文の最後で、遠山の右の文章を引用して、「私は、いまでも遠山のこの結論に同感である。」と書いているのである。

本書の冒頭で言及したように、「平和と民主主義」を「偉大なる祈りの言葉」（ダワー）としてきた戦後民主主義がふたたび戦争国家に帰着しつつあるという日本の二一世紀初頭のきびしい現実は、こうした遠山茂樹や山住正己の肯定・許容する「実体をこえた読みこみ」「読みかえ」という安易で安直《あんちょく》な政治主義的な「研究」に根源的な反省を迫っているのではないのか、というのが私の問題意識である。近代日本の社会において、学問と教育はたしかに政治によって長年にわたり支配され蹂躙《じゅうりん》されてきた。そのため、その反動・裏返しとして、戦後日本の学問、とりわけ社会科学は、そうした日本の国家と社会のあり方を変革したいという、それ自体まっとうな意欲といささか性急な問題意識のために、福沢研究における「実体をこえた読みこみ」「読みかえ」に象徴されるような、安易な政治主義的解釈をくり返してきたのではないのか、そして、そういう安易な学問研究のあり方も戦後民主主義の破綻《はたん》と崩壊の一因をなしているのではないか、というのが私の懸念《けねん》である。そうした不信感を、私がもつにいたった個別具体的な体験を付記することを、お許し願いたい。

部落問題研究所編『部落問題の教育史的研究』(同所、七八年)の出版が企画された時、当初、私が同書の編者になることを依頼された。しかし、部落解放運動が不幸な分裂をしているとき、私なりの自由な編集は許されないであろうと判断して、それを断った。そして、編集は部落問題研究所にまかせて、私は同書末尾の「解題」の担当のみをひきうけ、同書に収載された全解連系の論文以外の著作をも対象にした八〇ページをこす異例な内容の解説論文を記述した。部落解放運動は、部落解放同盟(解放同盟)と全国部落解放運動連合会(全解連)という分裂の渦中《かちゅう》にあった。そうすると、部落問題の研究者も、日本では一般にこの運動の分裂に対応した部落解放研究所と部落問題研究所の二つの研究者に系列化されてしまうのである。したがって、日本の〈部落問題の教育史的研究〉の現状を解明・代表する論文集として企画される部落問題研究所刊行の著書からは、対立する部落解放研究所系列の研究者の論文は否応なく排除され、収載されないことになるのである。

その方針が変わらないことを確認したうえで、研究者の社会的責任と研究者としての自立に固執《こしつ》する私は、編者を辞退した。日頃から、日本の「進歩的」研究者には、（私の大学院時代の指導教員・小川太郎をふくめて）「研究者としての自立」の姿勢が弱く、部落解放運動とかぎらず、研究者が各種の社会運動・解放運動と直接短絡的につながろうとする傾向があることに、私は不満をもっていた。だから、「解題」を担当した私は、とうぜん運動の系列と無関係に、つまり、すべての部落問題研究者の論文を対象にして、当該時点の日本の〈部落問題の教育史的研究〉の成果と課題を明らかにする論文を執筆した。

そのなかで私は「（歴史）研究というものは、政治の直接的な課題からひとまず自立することによってこそ、（歴史のパースペクティブを見とおした）政治の要請する課題に真に応《こた》える（最短の）道につながりうるのである。その意味では、離れることが近づくことである。」という、もってまわった文章を書いた。もちろん、部落解放の「運動や実践や行政の現実が対立・矛盾・混迷の只中《ただなか》にあればあるほど、研究者はストイックなまでの研究の政治からの自立を要請」されている、ということを言いたかったのである（同書三四九、安川寿之輔編著『日本近代教育と差別』明石書店、九八年に再録、六一九）。

研究者の社会的責任として、私はこれが当然の姿勢と考えてきた。しかし、日本の社会では、こんな研究者は歓迎されない異例の存在となるのである。だから、次のような体験もあった。『百科事典』などの部落問題にかかわる同じ項目の執筆が、その時々の部落解放運動の消長を反映した系列の研究者の担当となるために、編集の時点によって記載内容が、がらりと変わるのである。私は六〇年代から戦前の部落問題の教育史的研究を断続的に続けていたが、「同和教育」の研究の経験はなかった。その門外漢の私が、八五年の平凡社『大百科事典』一六巻の「同和教育」の項目の執筆を依頼された。どちらの運動系列の研究者を選んでも、他方の系列の研究者や運動団体からクレームがつくという事情から、苦肉の策として私が浮上したらしい。つまり、安川なら、どちらの運動団体・研究所も歓迎はしないが、クレームもつけ難《がた》いということである。

この程度の話なら笑い話として済ますこともできるが、もっと深刻な事例も存在する。私同様に直接の部落解放運動には意識的に距離をおいて研究を続けている若い研究者が、すぐれた研究成果をあげているために、部落問題研究所と部落解放研究所の双方から研究論文を依頼され、両方の研究所の紀要などに寄稿していた。そうすると、日本ではやはりこういう研究者は歓迎されず、その人物は、すぐれた研究業績がありながら、研究職につくのには、どちらかの運動団体に系列化された研究者に較《くら》べると、信じがたいほどおおはばに遅れをとるという悲劇が生じるのである。

ついでに丸山真男に関して、つい先日の体験も紹介しておきたい。私が、目下執筆中の本書について丸山真男批判の構想をふくめて話をしたら、知人が、それでは保守派の論客を励ますことになりますネ、と真顔で心配してくれた。私にとっては思いもかけない指摘であったので、正直驚いた。「戦後民主主義」を象徴する丸山真男の研究業績を批判することが、西部邁や坂本多加雄らのような福沢研究の仕事のある論者も含め、現代日本の保守派の論客を励ますことになるといわれても、私としては、研究と政治をそういうふうに短絡的に結びつける戦後日本の学問的風潮こそが問題なのではないのか、ととりあえず答えるにとどめた。

丸山真男は、日本を代表する思想史研究の「大家」として、しばしばこうした政治主義的な研究を戒めてきた。たとえば、研究対象への徹底的な内在化を意味する「歴史離れをするにはあまりに謙虚」な姿勢と、対象を徹底的に克服するという「歴史のなかに埋没するにはあまりに高（傲）慢」な姿勢（『丸山集』⑨七二、初出は「高慢」）という魅力的な表現に魅せられて、私は『旧著』の序章の思想史の方法論として、その言葉を肯定的に引用した。とりわけ研究者の政治主義的な姿勢を戒めた丸山の発言を、この機会にまとめて紹介しておこう。

「思想史はやはり史料的考証によって厳密に裏づけされなければなりません。……史料による対象的な制約、歴史的な対象それ自身によって枠をはめられることの厳しさ、に耐えられないところの「ロマンチスト」や「独創」思想家もまた思想史に向きません。」（『丸山集』⑨六九〜）、「学者が現実の政治的事象や現存する諸々《もろもろ》の政治的イデオロギーを考察の素材にする場合にも、彼を内面的に導くものはつねに真理価値でなければならぬ。……政治学が特定の政治勢力の奴婢《ぬひ》たるべきでないということ……希望や意欲による認識のくもりを不断に警戒し、そのために却《かえ》って事象《ザッヘ》の内奥《ないおう》に迫る結果となる。」（『丸山集』③一四五〜五二）、「研究者は一人の市民として一定の政党に属しておろうとも、その研究が研究であるかぎり、それを政治勢力の奴婢《ぬひ》と化し、それに政治的意欲、希望、好悪が入ることを「禁欲」しなければならない。……熾烈《しれつ》な政治的関心と意欲をもつものほど、自己の存在拘束性を自覚しているために、より客観的でありうる。」（同右、三七六）

こうした丸山のきびしい姿勢にも導かれながら、研究者としての自立やその社会的責任に不器用にこだわり固執してきた私には、以上の丸山の提言にはすべて積極的に賛成である。問題は、「天は人の上に人を造らず人の下に人を造らずと云へり。」の解釈において、丸山が「と云へり。」の伝聞態の意味を軽視あるいは無視して、『学問のすすめ』の内容との対比も怠ったまま、この句が「学問のすすめ」全体の精神の圧縮的表現」と軽々《けいけい》に結論し、（それを批判されても）生涯その解釈を修正することがなかったという事実を、どう考えるのかということである。

丸山の福沢研究は、敗戦による戦後を迎え、丸山が「現在の状況ではこれを選択して売らなければいけない」という判断から、軍国日本の「なかに、見出せないか、あるいは不足している思考法ないし価値」としての民主主義思想の啓蒙に着目して、日本にもこんな偉大な民主主義思想の先駆者がいたのだ、と戦後日本の民主化啓蒙に奮闘した善意の営為であったのかもしれない。しかしその行為を、彼自身のきびしい言葉で評価すれば、丸山が「厳密」な「史料的考証」や「真理価値」を軽視して、政治的「希望や意欲による認識のくもり」を「警戒」「禁欲」することを怠り、「史料による対象的な制約、歴史的な対象それ自身によって枠をはめられることの厳しさ、に耐えられない」ままに、やってしまったところの「ロマンチスト」の作為的な研究労働ではなかったと言えるのかどうかを、私は問うているのである。

以上、論証ぬきに思想史の先学には失礼な先走った評価を云々《うんぬん》した。以下では、その評価の妥当性を検証するために、『学問のすすめ』あるいは初期啓蒙期の福沢にとっての「天は人の上に人を造らず人の下に人を造らずと云へり。」というフレーズのもつ意味を、「厳密」に考証したい。

丸山は『学問のすすめ』について、「三百四十万部……驚くなかれ、生まれたばかりの赤ん坊から、死にかかったじいさん・ばあさんまで、また、どんな山の中に住んでいる人たちをも加えて、十人にひとり以上、一戸五人家族とすると、二戸に一戸以上は「学問のすすめ」をとにかく持っておったというわけで……」(『丸山集』⑦一二二)と、はしゃぐように同書の普及ぶりについて書いている(それほど普及ぶりを賞賛するならば、なぜその思想が日本の社会に根付かなかったのかについても、丸山は『すすめ』にも内在化して問題にするべきであった)。しかしこれについては、色川大吉が「あれはインチキなので、福沢の『学問のすすめ』というのは一冊の本ではなくて、二十頁ぐらいのものが十何冊というふうに分冊になっていたのです。それを併せると百万ぐらいになる。しかも、これは小学校の教科書に使ったりしたのですから、売れるのは当たり前なのです。」（前掲『幕末と明治期の国民国家形成と文化変容』七〇八）と書いていることだけを、とりあえず指摘しておこう。

2　「天は……と云へり。」問題

「天は人の上に人を造《つく》らず人の下に人を造《つく》らずと云《い》へり。されば天より人を生ずるには、万人《ばんにん》は万人皆《みな》同じ位《くらい》にして、生れながら貴賤《きせん》上下の差別なく、万物の霊《れい》たる身と心との働《はたらき》を以て天地の間にあるよろづの物を資《と》り、以て衣食住の用を達し、自由自在、互《たがい》に人の妨《さまたげ》をなさずして各《おのおの》安楽に此世《このよ》を渡らしめ給《たま》ふの趣意《しゅい》なり。されども今広く此《この》人間世界を見渡すに、かしこき人あり、おろかなる人あり、貧しきもあり、富めるもあり、貴人もあり、下人《げにん》もありて、其有様《そのありさま》雲と泥《どろ》との相違あるに似たるは何《なん》ぞや。其《その》次第甚《はなは》だ明《あきらか》なり。実語教《じつごきょう》に、人学ばざれば智なし、智なき者は愚人なりとあり。されば賢人《けんじん》と愚人《ぐじん》との別は学ぶと学ばざるとに由《より》て出来《でき》るものなり。……むづかしき仕事をする者を身分重き人と名づけ、やすき仕事をする者を身分軽き人と云ふ。……其本《そのもと》を尋《たずぬ》れば唯其《ただその》人に学問の力あるとなきとに由《より》て其《その》相違も出来《でき》たるのみにて、天より定《さだめ》たる約束にあらず、諺《ことわざ》に云《いわ》く、天は富貴《ふうき》を人に与へずしてこれを其《その》人の働《はたらき》に与《あたう》るものなりと。されば前にも云《い》へる通り、人は生れながらにして貴賤貧富《きせんひんぷ》の別なし。唯《ただ》学問を勤《つとめ》て物事をよく知る者は貴人となり富人となり、無学なる者は貧人となり下人《げにん》となるなり。」（『全集』③二九～三〇）

以上が、あまりにも有名な『学問のすすめ』全（初編）冒頭の第一文節の全体である。万人の「平等」と「自由」を平易に説いたこの一節が、維新当初の日本の社会にとって衝撃的で鮮烈な響きをもったことは、容易に推測できよう。なかでも冒頭の一句は、自由民権運動の政治的スローガンとして使われ、植木枝盛や木下尚江らの思想形成に影響をあたえた。

その強烈な印象とインパクトの力もあって、このフレーズが「『学問のすすめ』全体の精神の圧縮的表現」「全体を貫く根本主題」という丸山と同様の把握は、古く戦時中からもみられた。「『学問のすすめ』における福沢の根本思想は、その冒頭における「天は人の上に……」の一言に尽きてゐるのである。」（稲富栄治郎『明治初期教育思想の研究』四四年、五五）。戦後のひろたまさき『福沢諭吉研究』（東京大学出版会、七六年）も、福沢が「『学問のすすめ（初編）』で初めて主体的論理として天賦人権論を展開」（一二七）したことは、自明のこととした。この傾向は現在にも続いており、

「丸山真男を超え」る福沢論を志向したと自認する著作においても、『学問のすすめ』の初編の冒頭の言葉は人権が天与《てんよ》のものであることを述べた有名な「天賦人権論」の宣言文である。」（佐々木力『学問論』東京大学出版会、二一八）と把握されている。

しかし、既述したように、他方で、「と云へり。」という伝聞態に着目して冒頭の句と『すすめ』の内容との乖離《かいり》の問題も六〇年代から指摘されていた。その小松茂夫の疑問と、冒頭句と『すすめ』の内容を直結させる多くの先行研究の解釈の、どちらの解釈がただしいのかを検討するためには、そのための前提認識として、まず『学問のすすめ』は、もともと公表を予定して書かれた文章ではなく、新設される福沢の故郷の中津《なかつ》市学校（洋学校）の青年たちに、新しい時代の学問・教育のあり方・心得を伝えるためという「偶然の機会」に書いた小冊子であり、もちろん二編以後の続編は予定されていなかったことを確認しなければならない。したがって、当時の版ではすべて『学問のすすめ』全とあって、初編とは記されていなかった（小泉信三「解題」三七六――『福沢諭吉選集』五〇年代版①、富田正文『考証・福沢諭吉』上、岩波書店、三八三～――以下、『考証』と略称）。つまり福沢は、ひきつづき二編以下の『学問のすすめ』諸編を書く意思や意図をもって執筆に着手して、その初編の冒頭に「『すすめ』全体の精神の圧縮的表現」として、「天は人の上に人を造らず……」という句を考えだしたのではないのである。

小松茂夫と同様に考える私は、冒頭のフレーズについては、①青年たちに新しい学問（＝教育）

の必要性をアピールするための小冊子『学問のすすめ』全を書くにあたって、青年たちの関心・興味を惹《ひ》きつけるために、福沢が、冒頭にラディカルで印象的な句を置いたものとまず解釈する。②しかし、当該時点の福沢自身は、「天は人の上に人を造らず人の下に人を造らず」という「天賦人権論」思想に全面的に、あるいは基本的に賛成しているわけではないという思いを伝えるためと、③この句が、六年前に出版した自分のベストセラー『西洋事情』初編で紹介したアメリカ独立宣言の「天の人を生ずるは億兆皆同一轍《みなどういってつ》にて、……」にヒントをえて考え出した文章であること、つまり自分のオリジナルな言葉ではなく他からの借用であるという意味を表現する（学者的厳密性の）ために、というような複合的な思いが混《ま》ざりあって、「……と云へり。」という伝聞態の表現で結んだもの、と私は解釈する。

　この理解が当時の福沢の内面に即した自然な解釈であるという理由を、以下に掘りさげて詳しく論じよう。既述したように、福沢は読者を惹きつけるために、著作の冒頭や第一文節にその著作の内容とは整合しないラディカルな定式や魅力的な言葉を置くことをよく行った。それと同時に、そうした魅力的な表現を欧米の文献から借用・引用した場合でも、自分が納得・了解できる定式や主張の場合には、自分の言葉・主張として書いており、その場合にはとうぜん「と云へり。」という伝聞態はとっていない。

　まず、『学問のすすめ』同様に、著作内容とは整合しないが、読者を惹きつけたり印象づけるための魅力的な冒頭の文章の事例としては、すでに論及した『帝室論』の場合の「帝室は政治社外のものなり。」や、『時事大勢論』の「財産生命栄誉を全《まっと》ふするは人の権理《けんり》なり。道理なくしては一毫《いちごう》も相害《あいがい》するを許さず。之《これ》を人権と云《い》ふ。人権とは人々《にんにん》の身に附《つき》たる権理の義なり。……是《ここ》に於てか政府なるものを作《つくり》て一国人民の人権を保護す。之《これ》を政事《せいじ》と云ふ、政事は人権を全《まっと》ふせしむる所以《ゆえん》の方便なり。」（『全集』⑤二三七、この自然法的な人権論と同書の内容がおよそ整合しないことについては、『旧著』四九～を参照）や、『学問之《の》独立』（第一文節）の「学問と政治とは全く之《これ》を分離して相互《あいたがい》に混同するを得せしめざること、……」などがあげられる。

つぎに、本人が納得しているために、借用のことは伏せて自分の言葉で断定している事例をみると、『学問のすすめ』第十五編冒頭の「信《しん》の世界に偽詐《ぎさ》多く、疑《うたがい》の世界に真理多し。」がその典型である。この場合は、丸山自身も解説しているように、バックルの『英国文明史』に依拠したものである。なお、この断言に関連して、丸山も、冒頭で「いきなりそういう大命題を出してショックを与える手法は福沢の得意とするところです。」（『丸山集』⑬一〇七）と書いていることを紹介しておこう。これは、丸山も『すすめ』の冒頭が、福沢の得意とする手法のひとつであることを認識していた可能性を示唆している。

このように、自分が納得している場合には、自分の言葉として福沢が断定的に記述しているということは、逆に『すすめ』冒頭が「……と云へり。」と結んでいるのは、他からの借用を示唆するためという意味以上に、福沢が「天賦人権」思想に、留保の姿勢を示していることと解釈する余地を残しているといえよう。さきの「『学問のすすめ』の初編の冒頭の言葉は人権が天与のものであることを述べた有名な「天賦人権論」の宣言文である。」と佐々木力のいうように、福沢が『すすめ』全において天賦人権論を紹介したり宣言しようとしていたのならば、第二編以下の執筆は予定していなかったのであるから、その初編の記述において「天賦人権論」思想の紹介をするはずであると考えることができよう。

なぜなら、福沢はすでに『西洋事情』において、典型的な天賦人権思想であるアメリカ独立宣言を紹介しており、その思想についての智識はじゅうぶん備えていたからである。つまり、『西洋事情』の「天の人を生ずるは億兆皆同一轍《どういってつ》にて」にヒントをえた「天は人の上に人を造らず人の下に人を造らずと云へり。」という文章に続いて、独立宣言の「之《これ》に付与《ふよ》するに動かす可《べ》からざるの通《つう》義《ぎ》を以《もっ》てす。即《すなわ》ち其《その》通義とは人の自《みず》から生命を保《ほ》し自由を求め幸福を祈るの類《たぐい》にて、他《た》より之《これ》を如何《いかん》ともす可《べか》らざるものなり。」（『全集』①三二三）という天賦人権の思想を紹介することができたし、ひろたまさきや佐々木力のように初編が天賦人権の「宣言文である」ならば、そうしたはずである。

しかし、福沢は『すすめ』全（初編）では、そうしていない。だから福沢が、「と云へり。」というインパクトの弱い伝聞態で、「天は人の上に人を造らず……」という欧米の考えの紹介にとどめた理由や心境を、私たちは、真面目《まじめ》に考察・探求しなければならないのである。そしてじじつ福沢は、ひろたまさきや佐々木力の、初編が天賦人権の宣言文という把握の誤りを正すかのように、『すすめ』全の予想外の反響と評判に驚いて、約二年後に続編として『すすめ』第二編を書いた時には、「今、人と人との釣合《つりあい》を問へばこれを同等と云はざるを得ず。但《ただ》し其《その》同等とは有様《ありさま》の等《ひと》しきを云ふに非《あら》ず、権理通義の等しきを云ふなり。……其《その》権理通義とは、人々其命《にんにんそのめい》を重《おも》んじ、其身代《しんだい》所持の物を守り、其面目名誉《めんもくめいよ》を大切にするの大義《たいぎ》なり。」という天賦人権の思想を紹介しているのである。

以上のように、『すすめ』冒頭の句は、福沢が「天賦人権論」を主張したものでないことは、つぎの3以下における『学問のすすめ』の内容との対比、それも第二編以下との対比をするまでもなく、じつは「初編」の第一文節に続くすぐ次の文章において、福沢が「天賦人権論」を否定する思想を展開・記述していること（過去の福沢研究ではまったくのように気づかれていない事実）を確認することによって、さっそく論証されるであろう。

しかし先を急ぐまえに、丸山真男がいっさい無視した『すすめ』冒頭の伝聞態表現にいま少しこだわりたい。「天は人の上に人を造らず……と云へり。」という書き出しは、普通に考えると、伝聞態で結ぶより、右の第十五編冒頭の「信《しん》の世界に偽詐《ぎさ》多く、疑《うたがい》の世界に真理多し。」のように、「天は人の上に人を造らず人の下に人を造らず。」と断定の形で結んだほうが、小松茂夫のような疑問を招かずにすむということをふくめて、よりインパクトが強いと考えられるであろう。ところが、これについて、「福沢はそれを「いえり」と、日本では知られていないけれども世界ではそういわれているのだと、説得力をもたせようとしたのであろうと思います。」（有賀貞「アメリカ独立宣言と福沢諭吉」『年鑑』㉘一七九）という逆のとらえ方をする研究者も存在している。私の解釈は変わらないが、当時が「文明開化」の時代風潮ということを考慮すると、有賀貞の解釈もありうる一つの解釈であろう。

市河三喜、高木八尺らの冒頭句＝アメリカ独立宣言「出典」説は、福沢研究者には早くから知られていた。しかし、①「天は人の上に人を造らず人の下に人を造らず」という福沢の見事な表現自体のインパクトの力のうえに、②丸山真男を筆頭とする、このフレーズが『学問のすすめ』全体の精神の圧縮的表現」という研究者の誤った紹介も加わり、③さらに、昨日までの天皇絶対崇拝の軍国主義教育を、福沢諭吉謳歌に切りかえただけの底の浅い「戦後民主主義教育」が展開されることによって、アジアでは「わが民族全体の敵」と理解されている同じ人物が、日本では「天は人の上に人を造らず人の下に人を造らず」と主張した偉大な民主主義思想の先駆者であるという「神話」が不動のものとして確立した。

私は一九八九年以来一四年間、名古屋大学の新入生を対象に、かれらの歴史認識・主権者意識・男女平等意識をさぐるアンケート調査を続けてきた（安川「名古屋大学新入生の学力の中身」『季刊・高校のひろば』第四六号、旬報社）。二〇〇一年の問題に、日本の青年の右の福沢「神話」の信奉率

（戦後民主主義教育の偏向の度合？）を確かめる問題をくわえた。その結果、九二％の学生が、福沢はそう主張した人物であると認識していた（当然ながら、かれらの学んだ教科書には「天は人の上に人を造らず……と云へり。」とただしく伝聞態で記載されている）。一般市民を対象にした講演の機会に、同じことを尋《たず》ねると、やはり日本では、福沢についての三大知識のひとつとして、福沢はそう主張した人物として全員に記憶されており、「……と云へり。」の伝聞態であること自体が知られていないのである。

3 『学問のすすめ』初編における自由論
——苦楚疼痛《くそとうつう》の「強迫教育」論

『すすめ』の冒頭につづく文章を見よう。

「……と云へり。されば天より人を生ずるには、万人は万人皆《みな》同じ位《くらい》にして、生れながら貴賤《きせん》上下の差別なく、万物の霊《れい》たる身と心との働《はたらき》を以《もっ》て天地の間《あいだ》にあるよろづの物を資《と》り、以《もっ》て衣食住の用を達し、自由自在、互《たがい》に人の妨《さまたげ》をなさずして各《おのおの》安楽に此世《このよ》を渡らしめ給《たま》ふの趣意《しゅい》なり。」

ここでの、「万人皆同じ位にして、生れながら貴賤上下の差別なく」を、福沢訳のアメリカ独立宣言の「之《これ》に附与《ふよ》するに動かす可《べ》からざるの通義《つうぎ》を以《もつ》てす。即《すなわ》ち其《その》通義とは人の自《みず》から生命を保《ほ》し自由を求め幸福を祈るの類《たぐい》にて、他より之《これ》を如何《いかん》ともす可《べか》らざるものなり。」と対比することによって、初編（全）に関するかぎりは、福沢が、生まれながらの基本的人権（通義、権理通義）の主体としての平等の主張にまではふみこんでいないことを確認することができよう。一方、「万人は……万物の霊たる身と心との働《はたらき》を以《もつ》て……自由自在、互《たがい》に人の妨《さまたげ》をなさずして各《おのおの》安楽に此世を渡らしめ給《たま》ふの趣意《しゅい》なり。」については、他人を害しないかぎり誰しも「自由自在」に生きることが認められているという趣旨であることは明らかである。そうすると、天与の基本的人権の「平等」は別としても、『すすめ』初編は、万人が「自由」に生きる権利に限ってはそれを認めており、少なくとも天賦人権の「自由」については、それを宣言・主張しているという解釈は、じゅうぶん可能であると考えられよう。

しかし私は、その解釈は誤りであると考える。理由は三つある。第一の理由は、「されば天より人を生ずるには、……渡らしめ給ふの趣意なり。」の一文は、冒頭の「天は人の上に人を造らず人の下に人を造らず」の趣旨を具体的に敷衍《ふえん》・説明した文章である。したがって、この一文も「と云へり。」という伝聞で紹介した範囲のもの（つまり、福沢が主張したものではない）と理解するのが妥当と考えられる。

ついで第二の理由は、この冊子『学問のすすめ』全は「天は人の上に……」という考えを主張するための文章ではなく、青年に教育の必要性を訴えるための文章であるという問題である。つまり、右の一文につづいて『すすめ』冒頭の第一文節は、「されども今広く此《この》人間世界を見渡すに、かしこき人あり、おろかなる人あり、貧しきもあり、富めるもあり、……天は富貴《ふうき》を人に与へずしてこれを其《その》人の働《はたらき》に与《あたう》るものなりと。されば前にも云へる通り、人は生れながらにして貴賤《きせん》貧富の別なし。唯《ただ》学問を勤《つとめ》て物事をよく知る者は貴人となり富人となり、無学なる者は貧人となり下人《げにん》となるなり。」まで続いていることである。

この小冊子には『学問（教育）のすすめ』という表題が付いているように、『すすめ』は、新時代を迎えた故郷中津《なかつ》の青年たちに、なによりも教育の必要性（さらに学ぶべき新たな教育の中身や心構え）を訴えるための冊子であった。だから、第一文節は、右の傍点部分に見られるように、青年たちを「唯学問を勤て物事をよく知る者は貴人となり富人となり、無学なる者は貧人となり下人となるなり。」という最後（本題）の結論に導くために、その頭に「されば前にも云へる通り、人は生れながらにして貴賤貧富の別なし。」と書いて、①まず冒頭で「天は人の上に人を造らず……」という「先進国」の「天賦人権論」の考え方を紹介して、人間は生まれながらに「士農工商」の別はなく自由に生きてよいのであるが、②現実の社会には「かしこき人あり、おろかなる人あり、貧しきもあり、富めるもあり、貴人もあり、下人《げにん》もあり……身分重き人……身分軽き人」という差異がある、③いったいなぜ、この差異が生じるのか、と議論を進めていって、最後に④教育の勧《すす》めの結論をひき出しアピールするという展開になっているのである。したがって、冊子自体は、この①↓②↓③↓④結論という教育の勧《すす》めの議論を展開するための、インパクトをもった導入句として「天は人の上に……」と書いたものであって、「天は人の上に……」という考えを宣言したり主張するための文章ではないと考えるべきである。

「偶然の機会に」書いた（小泉信三）『すすめ』は、表題どおり、青年に教育の勧めを説いた冊子であって、「天賦人権論」を主張した冊子でないという解釈の第三の、決定的な理由は、それを主張したと誤読されてきた第一文節につづく第二文節において、福沢が民衆に天与の「自由」に生きてはならないことを主張・展開しているからである。第二文節は、福沢の勧める「学問（教育）」とは「世上《せじょう》に実《じつ》のなき文学（学問）」ではなく、「専《もっぱ》ら勤《つと》むべきは人間普通日用に近き実学」のことであると、具体的な中身に言及しながら、最後は、「右は人間普通の実学にて、人たる者は貴《き》賤《せん》上下の区別なく皆《みな》悉《ことごと》くたしなむべき心得《こころえ》なれば、此《この》心得ありて後《のち》に士農工商各《おのおの》其分《ぶん》を尽し銘々《めいめい》の家業を営《いとな》み、身も独立し家も独立し天下国家も独立すべきなり。」と結ばれているのである。

福沢は、『すすめ』初編の四年前に書いた『西洋事情外編』巻之三冒頭の「人民の教育」（『全集』①四五一～五六）において、「国民をして強《し》ひて其子弟を教育せしめんとするは、即《すなわ》ち人の家事私用に関係して之《これ》を妨《さまたぐ》ることとなれば、其《その》処置、宜《よろ》しきを得るものに非《あ》らず」と書いて、欧米には強制義務教育を否定する考え・議論のあることを紹介しながら、「然《しか》れども此説《この》甚《はなは》だ非《ひ》なり。」と反対の意向を表明した。その理由は、彼が否定的に評価していたフランス革命の「騒乱のときに恐る可き暴行を為《な》せし輩《やから》は、皆《みな》無学文盲《もんもう》放蕩《ほうとう》無頼《ぶらい》」の者であったという認識と、国家財政から「救貧の為《た》めに多く金を費《ついや》す」のは好ましくない施策ではあるが、あえてそうするのは、多くの「下民《げみん》の無知無識」の存在とその打開のためであるという判断をしていたからである（つまり福沢は、強制してでも「無学文盲《もんもう》放蕩《ほうとう》無頼《ぶらい》」の者や「無知無識」の「下民」をなくさなければならないという問題意識をもつようになっていた）。

そこで福沢は、国家が「罪人を罰するの法も、……人の私事《しじ》を妨《さまたぐ》るより他《ほか》なら」ないし、「政府若《も》し人を罰するの権あらば、亦《また》人を教《おし》ゆる権なかる可《べか》らず」という論理をくみたてたうえで、「教育は其《その》人を益《えき》し其人を利するの趣意なれば、之《これ》を行ふに於《おい》て何等の故障ある可《べ》きや。余輩《よはい》断じて云ふ。若《も》し世間一般の為めに斯《かか》る大利益の事あらば、仮令《たと》ひ人の身に苦楚《くそ》疼痛《とうつう》を覚へしむるも、必ず之《これ》を行はざる可らず。」と、強制義務教育の必要性と正当性を確信・断言していたのである。すでに第Ⅱ章2Ｃで引用した〈資料篇〉17の「専制々々と一口に詈《ののし》る可らず。往古《おうこ》の独裁政府も中々《なかなか》以て功を奏したるものなり。……文部省の学制……此《この》省の力なくば、地方の人民は第一、学問の何物たるを知らずして……」は、同じ考えを示したものである。

「三田《みた》の文部省」とか「文部省は竹橋《たけばし》に在《あ》り、文部卿《きょう》は三田に在り」と世評されていたように、文部省の田中不二麿の存在もあって、福沢諭吉は、日本の近代的な国民教育制度の出発点となった一八七二（明治五）年の「学制」の制定とその教育理念を明示した「学事奨励に関する被仰出書《おおせいだされしょ》」の内容に、圧倒的な影響を及ぼしていた（『旧著』前篇第一章、後篇第一章参照）。太政官《だじょうかん》布告「被仰出書」は、『学問のすすめ』初編のひき写しそのものであり、「日用常行」に有用な「学問（教育）は身を立《たつ》るの財本」であると説いて、「自今以後《じこんいご》一般《いっぱん》の人民（華士族農工商及婦女子）必ず邑《むら》に不学の戸《こ》なく家に不学の人なからしめん事を期《き》す……幼童《ようどう》の子弟は男女の別なく小学に従事せしめざるものは其父兄《ふけい》の越度《おちど》たるべき事」が布告されており、「学制」第二一章の条文でも、「小学校ハ教育ノ初級ニシテ人民一般必ス学ハスンハアルヘカラサルモノトス……」という強制義務教育が規定されていた。

福沢は、七四年に創刊した『民間雑誌』において、地方の読者にむかって教育の普及度についての調査の数字を寄せることを求めていたように、民衆教育の実情と普及の度合いについてつよい関心をもち続けていた。同年のその雑誌で彼は、多くの農民が「憐《あわれ》むべし田舎の小《こ》百姓、娑婆《しゃば》の地獄に陥《おちい》りて……米を作れども米を喰《く》はず、蚕《かいこ》を養《やしな》へども絹を着《き》ず」という貧窮の現状にあることを認識しながら、「役人の門も金持の門も開放《あけはな》して、誰にても其《その》仲間に這入《はい》り、更《さら》に差支《さしつかえ》あることなし。今日の土《ど》百姓も明日は参議《さんぎ》と為《な》る可し、……面白《おもしろ》き世の中にあらずや。……富貴《ふうき》の門に閂《かんぬき》はなきものぞ。……若《も》しもこの地獄を地獄と思はば、一日も早く無学文盲《もんもう》の閂《かんぬき》を破る可《べ》きものなり。」（『全集』⑲五一〇〜）という、教育による立身出世の理念をたからかに呼びかけることで、強制義務教育の普及の後押しをしようとしていたのである。

「学制」＝「被仰出書《おおせいだされしょ》」は、民衆一般があたらしい小学校教育の必要性・福利性をまだ主体的に認識・自覚せず、近代公教育制度の創出をささえる社会経済的条件が未成熟な段階で、むしろ逆に、社会経済的発展が遅れているからこそ（福沢の主観では、至上課題としての「自国の独立」確保・達成のための「文明」開化の推進のために）、強制義務教育の普及を上から強行しなければならないという課題＝転倒的矛盾を背負っていた。だからこそ福沢も、教育は「立身出世」につながる個人のためのものであるという個人主義的な理念を呼号《こごう》・吹聴《ふいちょう》しながら、「仮令《たと》ひ人の身に苦楚疼痛《くそとうつう》を覚へしむるとも、必ず之《これ》を行はざる可《べか》らず。」というその理念とは相矛盾した強制義務教育を主張したのである。この転倒的矛盾のために、表向きの小学校就学率は、翌七三年の二八％から七六（明治九）年の三八％にまで上昇したが、出席率も考慮した実質就学率はすぐあたまうちの状態となり、八〇年代末ちかくまで、日本の義務教育の実質就学率は三〇％前後に停滞しつづけていたのである（教育勅語発布の九〇年の表面的就学率四八・九％、日々出席率七二・四％、実質就学率三五・四％）。

このため、第Ⅰ章2Bでも言及したように、「就学督促と拒否の時代」と呼ばれる状況をめぐって、七二年の「学制」↓↓七九年「自由教育令」（就学条件の緩和）↓↓八〇年「改正教育令」（就学督責強化）↓↓八五年「教育令」（小学教場制）↓↓八六年「小学校令」（小学簡易科制）と、わずか十年余りの期間に、義務教育制度は四回も改定された。「明治」期の日本では、小学校就学は納税・兵役《へいえき》とならぶ「臣民の三大義務」として、視学・校長・教員・生徒だけでなく、警察官・水道吏員・掃除吏員などまでを就学督励員に動員して、さらに、就学牌《はい》・就学奨励旗から罰金をともなう罰則規定をもうけてまでも、小学校就学・出席が督責《とくせき》された時代である。「郡視学の成績は就学督責の手腕如何《いかん》（のみ）で評価」され、各小学校が出席率をあげるために、生徒が「毎日五分間の登校を命令」されるという愚かしい事例まで現れていた。

「凡《およ》そ日本国中の人口三千四、五百万、戸数五、六百万の内、一年に子供の執行金《しゅぎょうきん》（教育費――安川）五十円乃至《ないし》百円を出《いだ》して差支《さしつかえ》なき者は、幾万人もあるべからず。……月に一、二十銭の月謝を出すか又は無月謝なれば、子供の教育を頼むと云ふ者、また幾十万の数あるべし。それより以下幾百万の貧民は、仮令《たと》ひ無月謝にても、或は又学校より少々づつの筆紙墨など貰《もら》ふほどの難有仕合《ありがたきしあわせ》にても、なほなほ子供を手離すべからず。八歳の男の子には草を刈らせ牛を逐《お》はせ、六歳の妹には子守の用あり。……之《これ》を手離すときは忽《たちま》ち世帯《せたい》の差支《さしつかえ》となりて、親子もろとも飢寒の難渋免《なんじゅうまぬ》かれ難《がた》し。之《これ》を下等の貧民幾百万戸一様《いちよう》の有様《ありさま》と云ふ。……仮令《たと》ひ一度《ひとたび》入学するも、一年にして止《や》めにする者あり、二年にして廃学する者あり。」（『全集』④四六五〜）という『福沢文集』二編巻一（七九年）の「小学教育の事」は、福沢が、当時の義務教育普及に関心をよせ、その就学不振の実情をくわしく認識していたことを示している。

『文明論之概略』で「国の独立は目的なり、国民の文明は此目的に達するの術なり。」という日本の近代化の基本路線を設定した福沢は、こうした教育の困難な実情をじゅうぶん認識しながら、至上課題としての「自国の独立」確保・達成のために、熱心に「今の日本国人を文明に進《すすむ》る」方策の推進にとり組んでいた。彼は「我輩は素《もと》より強迫《きょうはく》法を賛成する者にして、全国の男女生れて何歳に至れば必ず学に就く可し、学に就かざるを得《え》ずと強《し》ひて之《これ》に迫《せま》るは、今日の日本に於《おい》て甚《はなは》だ緊要《きんよう》なり」と説いて、「仮令《たと》ひ人の身に苦楚《くそ》疼痛《とうつう》を覚《おぼ》へしむる」とも、(専制)「政府の権威に由《よ》る「強迫教育法」(『全集』⑤三七九)が必要であると、当時一貫して主張していたのである。「幾百万の貧民は、仮令《たと》ひ無月謝にても、……筆紙墨など貰《もら》ふほどの難有仕合《ありがたきしあわせ》にても、なほなほ子供を手離すべからず。」という実情を認識していた福沢は、にもかかわらず「文明」推進のために、民衆教育の推進をはからざるをえず、小学校の教育内容の「通俗」化やカリキュラムの縮小再編成、さらには教育費不足の打開策として「最寄《もより》相当の明《あ》き寺」を小学校の校舎に転用することなどという、民衆の生活実態に即した各種の教育行政の改善策を提言していた(『旧著』二二四〜)。

以上の考察をふまえて、「万人は……万物の霊たる身と心との働《はたらき》を以て……自由自在、互《たがい》に人の妨《さまたげ》をなさずして各《おのおの》安楽に此世《このよ》を渡らしめ給《たま》ふの趣意なり。」と説いた『すすめ』初編の意味を、再度考察することにしよう。

『すすめ』は、万人が「自由自在、互《たがい》に人の妨《さまたげ》をなさ」ざるかぎり「各《おのおの》安楽に此世《このよ》を渡」ってよいと説いていた。福沢自身が認めていた民衆の生活実態に即すれば、貧民の子どもの小学校不就学は、「親子もろとも飢寒の難渋《なんじゅう》」を「免かれ」るための不可避的な選択であると判断することができよう。つぎに、わが子の小学校の不就学は他「人の妨げをな」す行為かと尋《たず》ねられたら、不就学自体は、直接には他「人の妨げをな」す行為ではないと判断されよう。以上の二つの常識的な判断をふまえて、不就学が他「人の妨げをな」さない行為であるならば、万人が「自由自在」に生きることを福沢が勧《すす》めるのであれば、生活にせまられて貧民が子どもの不就学を選ぶこともとうぜん彼らの「自由」ではないのか、と『すすめ』の著者に尋ねたならば、福沢はどう答えることになるのか。

もちろん福沢の答えは、不就学の「自由」は認めない、ということになる。すでに紹介してきたように、同じ『すすめ』の第二文節で小学校教育を「人たる者は貴賤上下の区別なく皆悉《みなことごと》くたしなむべき」ことと主張しており、「仮令《たと》ひ人の身に苦楚疼痛《くそとうつう》を覚へしむる」とも、（専制）「政府の権威」による「強迫教育法」は「必ず之を行はざる可らず」と主張しているからである。

あわせて、もうひとつ、同様の問題を考えておきたい。『すすめ』初編の最後の第四文節で福沢は、「前条に云《い》へる通り、人の一身も一国も、天の道理に基《もとづき》て不羈《ふき》自由なるものなれば、若《も》し此《この》一国の自由を妨《さまた》げんとする者あらば世界万国を敵とするも恐るるに足らず。此一身の自由を妨げんとする者あらば政府の官吏《かんり》も憚《はばか》るに足らず。」（『全集』③三一～二）と書いていた。そこで、「天の道理に基て不羈自由……此一身の自由を妨《さまた》げんとする者あらば政府の官吏も憚るに足らず。」という福沢の教えを素直に受けとめた貧困農民たちが、自身の児童の就学を拒むだけでなく、強制的な学校賦課金《ふかきん》などの経済的負担に耐えかねて、「政府の官吏も憚《はばか》」らずに、「此一身の自由を妨げんとする」存在となっていた怨嗟《えんさ》の対象の学校を、たとえば焼きうちしたらどうなるのか。

これはたんなる仮定の設問ではない。「学制」実施の翌七三年の北条（現在の岡山）県の騒擾《そうじょう》では三つの小学校が焼かれ、一五の小学校の校舎と一小学校の教員住宅が壊された。鳥取、福岡、名東（現在の香川）県に続発した騒擾においても、小学校と教員住宅が襲撃の対象になった。七六年の地租軽減を中心要求とした三重・愛知の騒擾（被処罰者五万七千人）でも、多くの学校が襲われた。

では、こうした現実を福沢はどう見るのか。この場合には、まるでこの設問を予想していたかのように、福沢は同じ文章で、次のように応えていた。「凡《およ》そ世の中に無知文盲《もんもう》の民ほど憐《あわれ》むべく亦《また》悪《にく》むべきものはあらず。……己《おの》が無智を以《もっ》て貧究《ひんきゅう》に陥《おちい》り飢寒《きかん》に迫《せま》るときは、己《おの》が身を罪《つみ》せずして妄《みだり》に傍《かたわら》の富《とめ》る人を怨《うら》み、甚《はなはだ》しきは徒党《ととう》を結び強訴一揆《ごうそいっき》などとて乱妨《らんぼう》に及ぶことあり。恥を知らざるとや云《い》はん、法を恐れずとや云はん。……斯《かか》る愚民《ぐみん》を支配するには迚《とて》も道理を以《もっ》て諭《さと》すべき方便《ほうべん》無ければ、唯《ただ》威を以て畏《おど》すのみ。西洋の諺《ことわざ》に愚民の上に苛《から》き政府ありとはこの事なり。こは政府の苛《から》きにあらず、愚民の自《みず》から招く災《わざわい》なり。」（『全集』③三二）と嘯《うそぶ》き、その責任を『学問のすすめ』の福沢は人民の無知に帰した。

「人は同等なる事」を主題とした『すすめ』第二編でも、同様に福沢が、「政府の官吏も憚《はばか》」らずに「此《この》一身の自由を妨げんとする」存在とたたかおうとした農民に論及しているので、あらかじめ見ておこう。「社会契約論」を作為的に利用した福沢は、「元来《がんらい》人民と政府との間柄《あいだがら》は……政府は人民の名代《みょうだい》となりて法を施《ほどこ》し、人民は必ず此《この》法を守る可《べ》しと、固《かた》く約束したるものなり。譬《たと》へば今、日本国中にて明治の年号を奉ずる者は、今の政府の法に従ふ可しと条約を結びたる人民なり。」という明白な虚偽（当時は議会もなければ、民意を問う選挙もない）を前提にして、「故《ゆえ》に一《ひと》度《た》び国法と定《さだ》まりたることは、仮令《たと》ひ或《あるい》は人民一個のために不便利あるも、其《その》改革まではこれを動かすを得《え》ず。小心翼々《しょうしんよくよく》謹《つつしみ》て守らざる可《べか》らず。」と勝手な要求をしていた。そのうえで彼は、「新法を誤解して一揆《いっき》を起す者」や「強訴《ごうそ》を名として金持の家を毀《こぼ》ち酒を飲み銭《ぜに》を盗む者」は「無学文盲」「馬鹿者」であると罵《ののし》り、「斯《かか》る賊民《ぞくみん》を取扱ふには、……是非とも苛刻《かこく》の政《まつりごと》を行ふことなるべし。故《ゆえ》に云《いわ》く、人民若《も》し暴政を避けんと欲せば、速《すみやか》に学問に志《こころざ》し自《みず》から才徳を高くして、政府と相対《あいたい》し同位同等の地位に登らざる可《べか》らず。是《これ》即ち余輩の勧《すすむ》る学問の趣意なり。」（『全集』③四〇～一）と、ここでも教育の勧めを説きながら、人民を脅《おど》していたのである。

そろそろ結論をだすことにしよう。福沢は、先行研究がそろって指摘するように、『すすめ』初編において「天賦人権」の「自由」を宣言・主張していたのかと問われたならば、答えは、もちろん「否《いな》」である。福沢は、貧民児童の小学校不就学が「親子もろとも飢寒《きかん》の難渋《なんじゅう》」に迫られたやむをえぬ選択であることを理解し、不就学自体が直接他「人の妨《さまた》げをな」す行為でないことも理論的には認めながら、その「自由」の行使は認めておらず、「仮令《たと》ひ人の身に苦楚疼痛《くそとうつう》を覚へしむる」とも、(専制)「政府の権威」によって、「強迫」してでも小学校就学は「必ず之《これ》を行はざる可《べか》らず」と主張していたのである。

また、強制的な学校賦課金などの負担に耐えかねて、貧窮農民たちが「天の道理に基」づく「不《ふ》羈《き》自由」を求めて、怨嗟《えんさ》の対象の学校を「政府の官吏も憚《はばか》」らずに襲撃すると、福沢は、「明治の年号を奉ずる者は、今の政府の法に従ふ可しと条約を結びたる人民なり。」という明白な虚偽を前提にして、その農民たちを「愚民」「無学文盲」「馬鹿者」「賊民」と罵《ののし》り、「是非とも苛刻《かこく》の政《まつりごと》」によって処罰することを要求していた。そしてそのさい、福沢は、こうした農民を、「己《おの》が無智を以て貧究《ひんきゅう》に陥り飢寒に迫」った民衆であると把握していた。したがって、その論理からみても、農民がわが子を小学校に就学させるかさせないかは「自由自在」ではなく、「仮令《たと》ひ人の身に苦楚疼痛《くそとうつう》を覚へしむる」とも、「強迫教育法」によって義務教育は「皆悉《みなことごと》くたしなむべき」ものとされていたのである。

かりに『すすめ』初編、第二編を読んだ農民が九一(明治二四)年まで存命していて、(第Ⅱ章6で考察した)〈資料篇〉42「貧富論」を読んで、そこで福沢が「経済論者の言《げん》に、人生の貧富は智愚の如何《いかん》に由来《ゆらい》するものなり、人《ひと》学ばざれば智なし、無知の民は貧なり、教育は富を致すの本《もと》なりとて、貧富の原因を挙《あげ》て其《その》人の智愚如何《いかん》に帰する者」を誤りと批判して、「今世《こんせい》の貧民は無智なるが故に貧なるに非《あら》ずして貧なるが故に無智なり」、「字を知り理を解したり、腹飢《う》えて膚《はだ》寒し、……智あれば衣食ここに至る可《べ》しとて人の無教育を咎《とがむ》るは、因果《いんが》の順序を顛《てん》倒《とう》して無理を責《せむ》るものと云ふ可し。」と書き、しかも「貧はますます貧に沈み……太陽西より出……るの不思議僥倖《ぎょうこう》あるにあらざれば、今世《こんせい》の貧乏人に開運の日はある可《べか》らず。」とも書いているのを読んだとすれば、いったいどんな感想をもつであろうか。

以上によって、『すすめ』初編の論理を端的に整理すれば、人間は生まれながらに「平等」な人権の主体であり、「自由自在」に生きてよいという「天賦人権」を勧《すす》めておらず（「平等」は、人の貧富「の別は学ぶと学ばざるとに由《より》て出来《でき》るものなり。」という啓蒙のための導入の句）、第一文節のポイントは、あくまで最後の「人は生れながらにして貴賤貧富《きせんひんぷ》の別なし。唯《ただ》学問を勤《つとめ》て物事をよく知る者は貴人となり富人となり、無学なる者は貧人となり下人《げにん》となるなり。」ということの啓蒙にあった。その啓蒙をふまえて、第二文節のポイントは、（子どもを就学させる、させないは親の「自由自在」ではなく）「人間普通日用に近」い「人間普通の実学」というものを「人たる者は貴賤《きせん》上下の区別なく皆悉《みなことごと》くたしなむべき心得」という義務教育の勧め（強要）であった。『学問のすすめ』は、その小冊子の表題どおり「学問（教育）」の「勧め」の書であった。

福沢が強制義務教育によってでも国民に新時代の教育の普及をはかろうという熱意をもつにいたった背景・経緯については、『旧著』第三章にくわしく述べた。要約的に紹介しておこう。倒幕派のリーダーたちによって明治新政府が組織された当時の旧幕臣の福沢は、「実に淋《さび》しい」心境にあった。「新政府の当局者は元来白熱《はくねつ》なる攘夷家《じょういか》であって……必ずや攘夷を実行するであらう。……とても文明の事を談ずることは出来ない。実に困ったものだ」と考えていた。ところが、思いもかけず、その政府が七一年七月に廃藩置県を断行した。「新政府の此《この》盛事を見たる上は死するも憾《うら》みなしと絶叫」するほどこれに感激した福沢は、「コリャ面白い、此勢《このいきおい》に乗じて更らに大《おおい》に西洋文明の空気を吹込み、全国の人心を根底から転覆《てんぷく》して、絶遠の東洋に一新文明国を開き」たいという「誓願」をたてた。『すすめ』全は、この半年後に書かれたのである。

その『すすめ』第二編（七三年一一月）以降の諸編の執筆と並行して七四年三月頃から執筆を開始した日本の近代化の綱領《こうりょう》的指針としての『文明論之概略』において、福沢は、「文明とは結局、人の智徳の進歩と云《いい》て可《か》なり」という文明観を提示するとともに、「方今《ほうこん》我邦《くに》至急の求《もとめ》は智恵に非《あら》ずして何ぞや」という結論にもとづいて、『学問のすすめ』の啓蒙を必然的な課題として位置づけたのである。新政府の「殖産興業・富国強兵」政策の三大改革、「学制」「徴兵令《ちょうへい》」「地租改正条例《ちそ》」のなかでも、わずかの違いではあっても、「学制」が一番初めに実施されたことは、福沢が、時代を見事に先取りしていたことを意味しており、この点からも『学問のすすめ』は、ベストセラーの書となる可能性をもっていたのである。

読者にはたいへんまわりくどい説明におつきあいいただいたが、以上によって、第二編以下の記述をまったく予定していなかった『学問のすすめ』初編の冒頭の一句が、「『学問のすすめ』全体の精神の圧縮的表現」、「この著全体を貫く根本主題の提示」という丸山真男の主張や、稲富栄治郎の同様の「福沢の根本思想は、その冒頭に尽きてゐるのである。」や、ひろたまさきの『学問のすすめ（初編）』で初めて主体的論理として天賦人権論を展開」したとか、佐々木力の「人権が天与のものであることを述べた有名な「天賦人権論」の宣言」などという把握が、①まず、すべて誤りであることがほぼ明らかになったであろう。

ついで、②その解釈は、戦前の稲富の研究を別として、戦後日本の民主化啓蒙のためにという善意によるものではあったが、丸山本人のきびしい言葉で評価すれば、「厳密」な「史料的考証」を軽視して、政治的「希望や意欲による認識のくもり」を「警戒」「禁欲」することを怠った「ロマンチスト」たちの予断によるものであったといえよう。さらに同じ解釈は、③遠山茂樹や山住正己らが肯定・評価・許容した誤った「実体をこえた読みこみ」「読みかえ」そのものであり、安川によれば、こうした安易で安直な研究や解釈こそが、底の浅い戦後民主主義の問題性を象徴するものであった。

なお、丸山らの解釈が依然誤りでないと固執する「信奉者」の存在を想定して、「幾百万の貧民」の立場にたって再確認をこころみておこう。「幾百万の貧民」たちは、福沢が「天は人の上に人を造らず……」と主張し、万人が「自由自在、互に人の妨《さまたげ》をなさ」ざるかぎり「各《おのおの》安楽に此世《このよ》を渡」ってよいと説きながら、（国民の七割近い）貧民が「親子もろとも飢寒《きかん》の難渋《なんじゅう》」を「免かれ」るために児童の小学校不就学を選ぶと、「仮令《たと》ひ人の身に苦楚《くそ》疼痛《とうつう》を覚へしむる」とも、「強迫教育」を「必ず之《これ》を行はざる可《べか》らず」と主張している人物であると聞かされれば、かれらは、福沢を嘘つきの冷酷漢と罵《ののし》るであろう。また、学校賦課金などの負担に耐えかねて、貧農たちが「此《この》一身の自由を妨げんとする」怨嗟《えんさ》の学校を、福沢のいう「天理」の「不羈《ふき》自由」を求めて、「政府の官吏も憚《はばか》らずに襲撃すると、「今の政府の法に従ふ可しと条約を結びたる人民」という社会契約論の虚偽をもちだして、福沢がその農民たちを「愚民」「馬鹿者」「賊民」と罵り、「苛刻《かこく》」に処罰することを要求していると知れば、かれら農民たちは、福沢を支離滅裂《しりめつれつ》の偽善《ぎぜん》者と断定するであろう。

しかし、福沢は嘘つきでも偽善者でもない。彼は故郷の青年たちに新しい教育の必要性を訴えるために、「天は人の上に人を造らず……」という魅力的な欧米の「天賦人権論」的表現で冒頭を飾った『学問のすすめ』を書いた。同時に、その句が独立宣言からヒントをえて考えだした言葉であり、自分自身はその「天賦人権」論に賛成しているわけではないということも（じじつ第二文節で「自由自在」を否定）読者につたえるために、この点に関するかぎり、学者としての誠実性・厳密性を期して、冒頭の句を「天は……と云へり。」という伝聞態で結んだのである。こう解釈することによって、福沢は嘘つきや偽善者呼ばわりされる不名誉を立派に免れることができるのである。その意味で、「福沢惚れ」の先行研究は、「あばたもえくぼ」ではなくて、せっかくの誠実な学者・福沢の「えくぼ」を逆に「あばた」と見間違えた研究であったといえよう。

4　『すすめ』における自由と平等論
──秩禄《ちつろく》処分反対の建言書

A　福沢にとっての「自由」──「武者《もののふ》の道」の「面目名誉」

以上、3の考察によって、福沢が『すすめ』初編で「天賦人権論」を宣言したり主張していないことは明らかになった。これにたいする福沢美化論者からの反論として予想されることは、福沢は「天賦人権」の主張やその中身の展開は第二編以下にまわしたのであり、じじつ第二編において基本的人権の人権宣言を行っているではないか、という主張であろう。「人と人との釣合《つりあい》を問《と》へばこれを同等と云《い》はざるを得《え》ず。但《ただ》し其《その》同等とは有様《ありさま》の等しきを云《い》ふに非《あら》ず、権理通義《けんりつうぎ》の等しきを云ふなり。……其人々持前《にんにんもちまえ》の権理通義を以《もっ》て論ずるときは、如何《いか》にも同等にして一厘一毛の軽重《けいちょう》あることなし。即《すなわ》ち其権理通義とは、人々其《にんにんその》命を重んじ、其身代《しんだい》所持の物を守り、其面目《そのめんもく》名誉を大切にするの大義なり。」（『全集』③三七〜）という第二編の内容は、たしかに、福沢が「生命、財産、面目名誉」を尊重する基本的人権を紹介・主張したものと考えることができよう。

しかし、だからといって、福沢が右のように基本的人権の主張・展開を第二編以下にまわしたのであるという初編の把握の仕方は、既述したように明らかな誤りである。「初編と二編との間には、ほぼ二年に近い間隔があるが、二編以下は毎月または隔月ぐらいに刊行」（富田正文『考証』上、三八五）した事情からもわかるように、『すすめ』初編（全）は、あくまでこの一冊だけで完結したものである。くわえて、第二編の福沢の基本的人権の中身には、彼自身が紹介したアメリカ独立宣言との対比において、検討すべき重要な問題が存在する。宣言の一部はすでに紹介したが、関係する部分の全体を、福沢の名訳（『西洋事情初編』）「千七百七十六年第七月四日亜米利加《アメリカ》十三州独立の檄文《げきぶん》」で紹介してみよう。

「天の人を生ずるは億兆皆同一轍《みなどういってつ》にて、之《これ》に附与《ふよ》するに動かす可《べ》からざるの通義《つうぎ》を以《もっ》てす。即《すなわ》ち其《その》通義とは人の自《みず》から生命を保《ほ》し自由を求め幸福を祈るの類《たぐい》にて、他より之《これ》を如何《いかん》ともす可《べか》らざるものなり。人間《じんかん》に政府を立《たつ》る所以《ゆえん》は、此《この》通義を固《かた》くするための趣旨にて、政府たらんものは其《その》臣民に満足を得《え》せしめ初《はじめ》て真に権威あると云《い》ふべし。政府の処置、此《この》趣旨に戻《もと》るときは、則《すなわ》ち之を変革し或《あるい》は之を倒して、更に此《この》大趣旨に基《もとづ》き、人の安全幸福を保つべき新政府を立《たつ》るも亦《また》人民の通義なり。」（『全集』①三二三）。

第一の問題は、独立宣言の基本的人権の「自由」が『すすめ』では「面目名誉」にかえられているということである。これは、安西敏三『福沢諭吉と西欧思想』（名古屋大学出版会、九五年）によると、「自由」の伝統的な意味が「我侭放蕩《わがままほうとう》にて国法をも恐れず」であるため、それをそのまま使用することを躊躇《ちゅうちょ》した福沢が、ギゾーやミルを参考にして近代的自由が初期封建的栄誉観念から派生していることを認識し、それが武士道に見られる「誉《ほま》れ」意識に通じるということで、『西洋事情』二編巻一で「自由」を最初に「恥辱《ちじょく》に遠《とおざ》かる」と訳出し、『すすめ』でそれが「面目名誉」になったとのことである（第二章第一、二節、『手帖』⑯）。ただし、安西敏三は、福沢の「士族」が「所謂《いわゆる》、士族」に限定されない広義の概念であるということを根拠にして、この「面目名誉」が「誉《ほま》れ意識の強い武者《もののふ》の道、即ち武士道であることは言うまでもなかろう。」として、「栄誉」の行使からくる「人権」の具体化された社会が市民的自由の実現する市民社会であるとして、福沢の「面目名誉」の人権を手放しで肯定している。

この安西説について、『すすめ』初編の福沢が「自由自在、互に人の妨《さまたげ》をなさずして各《おのおの》安楽に……」や「不羈《ふき》自由……政府の官吏も憚《はばか》るに足《た》らず。」と書きながら、「幾百万の貧民」の「自由」の行使や「政府の官吏」への抵抗を拒《こば》んでいたことを確認した私は、福沢が「自由」の基本的人権を「主体的に」忌避《きひ》して、「武士道」の「面目名誉」を選んだという解釈には積極的に同意できる。しかし、その「武者《もののふ》の道」の「面目名誉」が市民社会の「市民的自由」に通じるという安西の解釈にはとてもついていくことができない（あとで論及する福沢の「瘦我慢《やせがまん》の説」や「丁丑《ていちゅう》公論」も丸山真男流に前向きに解釈する安西敏三には、その福沢が教育勅語に同意するにいたる論理の筋道の説明を願いたい）。

たしかに、福沢のいう「士族」は江戸時代の「所謂《いわゆる》、士族」ではない。福沢はすでに考察した『時事小言』において、「爰《ここ》に士族と称するは、必ずしも封建の時代に世禄《せいろく》を食《はみ》て帯刀《たいとう》したる者のみに限るに非《あら》ず。或《あるい》は浪士、豪農、医師、文人等、都《すべ》て其《その》精神を高尚にして肉体以上の事に心身を用《もちう》る種族を指《さ》すもの」と説明した後、「所謂《いわゆる》百姓町人の輩《やから》は唯《ただ》……社会の為に衣食を給するのみ。……獣類にすれば豚の如《ごと》きものなり。」（『全集』⑤二二一）と説明していた。このとき、「衣食を給するのみ」の「豚」や「幾百万の貧民」が「面目名誉」の行使をつうじて「市民的自由」の主体になるという「展望」を、福沢が描いていたとは、私にはとても考えられない。つまり、『すすめ』初編の場合と同様に、「幾百万の貧民」は「自由」の主体から除外されていたのである。

第二の問題は、「人間《じんかん》に政府を立《たつ》る所以《ゆえん》は、此《この》通義を固《かた》くするための趣旨にて、政府たらんものは其《その》臣民に満足を得《え》せしめ初《はじめ》て真に権威あると云《い》ふべし。」と独立宣言を訳した福沢が、政府の存在理由、存在根拠を基本的人権の擁護に求める考え方を基本的には理解・認識しながら、『すすめ』ではその考えを紹介・主張していないということである。「基本的に……」と断った理由は、後半の訳が誤訳であるという事情のためである。丸山の解説によると「政府はその正当な権力を被治者の同意からひき出している。」という原文を「儒教的仁政主義に近く」訳して「さすがの福沢もここはよくわかっていない。」(『丸山集』⑮一二九)とあり、有賀貞によると、福沢が原文の「consent」を「content」と勘違いして「同意」を「満足」と訳したのではないか、とのことである(『年鑑』㉘一八三)。このように、誤訳によって国民の同意という重要な条件の見落としはあるが「人間《じんかん》に政府を立《たつ》る所以《ゆえん》は、此《この》通義を固《かた》くするための趣旨」という前半の訳は、つぎの独立宣言の「抵抗権、革命権」の部分を正しく訳出している点からも、福沢の政府の存在理由の把握はおおむね妥当である。決定的な問題は、政府が国民の基本的人権を擁護するための組織であるという政府の存在理由を理解しながら、『すすめ』の福沢がそれを主張していないことである。

ただし、既述したように、丸山真男は「福沢において政府或は政治権力の存在根拠はどこに求められたかといえば、それは明らかに啓蒙的自然法の流れを汲んで基本的人権の擁護にあった。」(『丸山集』⑤二一三)「維新以後の福沢の思想にはこれがちゃんと消化されています。」(『丸山集』⑮

一二九）と主張していた。その把握に無理のあることは、『すすめ』第二編でせっかく「生命、私有、面目名誉」の人権宣言をしながら、その人権の擁護に政府の存在理由を福沢が求めていないことによって、裏付けられている。また、政府の存在理由をただしく記述している『時事大勢論』の冒頭の文章の場合は、それが同書の内容とはおよそ整合しない「天は人の上に……」と同類の事例である件については、既述した。丸山が「ちゃんと消化」しているさらなる論拠としている『すすめ』の「社会契約説」についても、その解釈に無理のあることは、三三一頁以下の5で論及する。

　第三の問題は、「政府の処置、此《この》趣旨に戻《もと》るときは、則《すなわ》ち之《これ》を変革し或《あるい》は之を倒して、更に此《この》大趣旨に基《もとづ》き、人の安全幸福を保つべき新政府を立《たつ》るも亦《また》人民の通義なり。」と、独立宣言の「抵抗権、革命権」を正しく訳出してその基本的人権を認識しながら、彼が『すすめ』ではその紹介・主張を主体的・意図的に避けていることである。この点は、福沢が初編で不就学の「自由」や、「政府の官吏も憚《はばか》」らず学校に抗議行動・抵抗することを罵《ののし》り、のちには自由民権運動や労働運動・社会主義運動などの民衆運動にも一貫して否定的であったことを想起すれば、とりたてて驚くことではなく、彼の主体的な排除の選択であることは明らかである。また、彼が基本的人権から「抵抗権」を意図的に除外している事実は、政府の存在理由を「明らかに啓蒙的自然法の流れ」をくんだ「基本的人権の擁護」に求めていたという丸山のさきほどの把握の無理を重ねて示唆しているものといえよう。

B 『すすめ』初編の平等論——教育万能論とその批判

『すすめ』初編冒頭の「天より人を生ずるには、万人は万人皆同じ位《くらい》にして、生れながら貴賤《きせん》上下の差別なく」における「皆同じ位にして、生れながら貴賤上下の差別なく」という福沢の漠然とした「平等」論が、基本的人権の主体としての平等論でないことは確認した。

第二編の「其《その》同等とは有様《ありさま》の等しきを云《い》ふに非《あら》ず、権理通義の等しきを云ふなり。」という、「有様」と「権理《利》」についての福沢の正しい区別をふまえると、初編の「生れながら貴賤上下の差別なく」という右の表現は、身分的差別＝出生主義を否定するものではあるが、基本的人権の主体としての平等を認めるものにはなっていない（一八七一年の「賤民《せんみん》解放令」が「えた・非人《ひにん》の称」の廃止にとどまったことを想起しよう）。「貴賤上下」とは「有様」の差異を示す表現である。かりに福沢に、承知していたアメリカ独立宣言と同様の人権宣言をする意志があれば、彼は「人は生れながら権理通義の差別なく」とか「万人は生れながら等しき権理通義を有す」と書くはずである。丸山の「福沢の自然法思想はここに至って全面的な展開を遂げた」という主張に、無理のあることは明らかであろう。

また約二年後に、予定外で書き続けることになった第二編で、「生命、財産、面目名誉」の人権の主体としての平等論を紹介・主張した場合も、「自由」を「士族」固有の「面目名誉」に置きかえたり、政府の存在理由を問うという最重要な視点を欠落したうえに、だからこそ「抵抗権」を否定した主張となっており、これらが自然法思想の「全面的な展開」などとはとても評価できない代《しろ》物《もの》であることを確認した。しかし、丸山の福沢神話を解体するには、やはり過剰なまでの念押しが必要ということで、『すすめ』初編にたちもどって、その「平等」論について再論しよう。

「福沢精神の継承者と自他ともに許し」、「昭和の福沢とも呼ばれ」(『年鑑』③二〇七、『手帖』④二)た小泉信三は、『すすめ』初編の冒頭句について、「『学問のすすめ』は、名の如く学問の大切なことを説いたものであって、かの「天は人の上に……」といふ冒頭の一句も、やがてその本来平等たるべき人に貴賤の別の生ずるのは、ただ偏《ひとえ》に人の学ぶと学ばざるとに由《よ》るとの結論に続くのである。」(『選集』①五一年版、三七七)と書いている。

冒頭句を「天賦人権」宣言とか「自然法思想」の「全面的展開」などともちあげることなく、『すすめ』が「名の如く学問の大切なことを説いたもの」と、ありのままの姿でとらえている点は、丸山真男ではなく、保守主義者小泉信三こそが「福沢精神の継承者」であると納得させるものがある。それにつづく「冒頭の一句も、やがてその本来平等たるべき人に貴賤の別の生ずるのは、ただ偏に人の学ぶと学ばざるとに由るとの結論に続くのである。」という文章も、福沢の文章の流れをそのまま追ったものである。小泉は、その後の福沢が「貴賤の別の生ずるのは、ただ偏《ひとえ》に人の学ぶと学ばざるとに由るとの結論」をもっぱら批判・否定している事実も承知しているはずであるから、この文章は、いささか失望のニュアンスで書いているのではないか、と考えてみたい。

ここで再度、『すすめ』冒頭の第一文節「天は人の上に人を造らず……前にも云へる通り、人は生れながらにして貴賤貧富の別なし。唯《ただ》学問を勤《つとめ》て物事をよく知る者は貴人となり富人となり、無学なる者は貧人となり下人《げにん》となるなり。」の基本的な文脈に注目してみよう。全体の論理は単純明快で、〈もっぱら、教育の有無によって人の貴賤貧富が決まる〉と主張することによって、青年に学問の習得を勧《すす》めたものである。その勧めのために、教育をうける以前の人間には貴賤上下・貧富の別はないことを強調する意味で、（天賦人権の宣言のためではなく）冒頭の「天は人の上に……」という表現が考えだされた、と私は想像してみた。そして、その冒頭のインパクトのある句に引きずられて、他方で、独立宣言の「万人は生れながら等しき権理通義を有す」という表現も記憶に残っているため、福沢はそのつぎに、教育を受ける以前の人間の平等性（差異のなさ）を示す「生れながら貴賤上下の差別なく」という表現をしたのではないか、と私は考えてみた。

つぎに、ここでの〈もっぱら教育によって貴賤貧富が決まる〉という福沢の教育万能の考えをどう評価するのかという問題が残っている。鮮烈で印象的な冒頭の句の魅力にくわえて、幕末・維新当初の日本には（福沢自身がそうであったように）教育による立身出世を可能にする一定の社会的条件も存在していたことによって、政府の「学制」布告とあわせて、『学問のすすめ』は爆発的に読まれた。教育の有無で人間の貴賤貧富がきまるという教育万能の理論は、現実社会に存在する貧困や被差別的状況をその人間が教育を受けなかったせいだから仕方がないとして、貧困や差別の現実を合理化する役割を果たしうる。その意味で、人間の生得《せいとく》的な平等を主張した冒頭の「天は人の上に人を造らず……」の思想とは、明らかに異質である。この限りにおいても、冒頭の句は『すすめ』初編の精神をさえ表現していないのである。

なによりも大きな問題は、『すすめ』以後の福沢が一転して、〈もっぱら教育の有無によって人の貴賤貧富が決まる〉というこの教育万能論を罵《ののし》り、否定しはじめることである。ところが丸山は、またもやその事実を一貫して無視したうえに、逆に教育万能論を賞賛する解説を行っている。

第十七編で『学問のすすめ』の刊行（一八七六＝明治九年一一月）を終わった福沢は、それに符節をあわせたように、教育万能論の否定・批判をはじめた。同月下旬に書いた、「人の栄枯盛衰《えいこせいすい》の果《むくい》あるは其《その》勉不勉と智愚とに因《よ》る」という考えが世間にあるが、「熟々《つらつら》世上の実境《じっきょう》を見るときは決して斯《かく》の如《ごと》くならず。」、「貧賤《ひんせん》は懶惰《らんだ》の結果にして勉強は富貴の原因なりと言ふ可《べか》らず。」（『全集』⑲五九九～）というのが、『すすめ』の主張を裏切っていく彼の最初の主張である。

つづいて二年後の『福沢文集』巻之二「貧民教育の文」において、「方今《ほうこん》文運益《ますます》隆盛にして村に不学の徒《ともがら》なしとて、左《さ》も大造《たいそう》らしく述立《のべたて》れども、余《よ》が考には、村に学ばざるの徒なくして家には却《かえっ》て食《く》はざるの子供はあらずやと、甚《はなは》だ気遣《きづか》はしく思ふなり。」と述べたあと、小学校教育の実情に即して福沢は、「十歳の息子と八歳の妹は正《まさ》に是《こ》れ定《さだま》りの学齢なりと雖《いえ》ども、此《この》子供の手伝を当《あ》てにして今年は一反《いったん》の小作を増したることなれば、無月謝の段は難有仕合《ありがたきしあわせ》なれども、入学は御断《おことわ》り申《もう》さざるを得《え》ず。」（『全集』④四三七）と、彼は貧民の無教育ゆえの貧困ではなく、貧困ゆえの無教育の現実を指摘した。翌年の『福沢文集』二編では、さらに全国的な調査をふまえて、福沢が「幾百万の貧民は、仮令《たと》ひ無月謝にても、或は又学校より少々づつの筆紙墨など貰《もら》ふほどの難有仕合《ありがたきしあわせ》にても、なほなほ子供を手離すべからず。……之《これ》を手離すときは忽《たちま》ち世帯の差支《さしつかえ》となりて、親子もろとも飢寒の難渋《なんじゅう》免かれ難《がた》し。之を下等の貧民幾百万戸一様《いちよう》の有様《ありさま》」と、指摘・主張していたことは既述した。

八四（明治一七）年になると、福沢はこの問題を六日間の時事新報連載社説「貧富論」の中に組みいれ、「教育なき者が貧に居《お》ること固《まこと》に当然なりと雖《いえ》ども、其教育は為《な》さざるに非《あら》ず、能《あた》はざるなり。衣食欠乏して未《いま》だ肉体を養ふに足らず、如何《いか》で教育に志して精神を養ふの遑《いとま》あらんや。経済論者の言《げん》に、無智即ち貧乏の原因なりと云《い》はば、貧者は之《これ》に答へて、貧乏即ち無智の原因なりと云はんのみ。」と、「貧者、力役者《りきえきしゃ》、無産者」の実態へのリアルな認識を示し、「今の地球面に在《あ》る人間社会の組織に於《おい》て然《しか》るものなれば、人力《じんりょく》を以《もっ》て遽《にわか》に如何《いかん》ともす可《べか》らざるものと観念す可《べ》きのみ。」（『全集』⑩八二～）と、「貧乏即ち無智の原因」という事象が（資本主義的な）社会組織の不可避の現実であるという見解を表明した。第Ⅱ章3で考察した中期保守思想を確立しこの社会組織の擁護者となっていた福沢は、かつて〈もっぱら教育の有無によって貴賤《きせん》貧富が決まる〉という論理によって『学問のすすめ』を組みたて、それによって時代の寵児《ちょうじ》となったのに、いまやもっぱら教育万能主義への攻撃の先頭にたっているのである。

八七（明治二〇）年の論稿で「不思議にも日本の教育法は独《ひと》り絶倫《ぜつりん》にして、……西洋諸国に伯《はく》仲《ちゅう》して大《おおい》に愧《はじ》る所のものなきが如し」との認識を前提にして、「人の貧乏は不学なるが故なり」という考えを、福沢は世間知らずの「例の教育家の道理」であると批判し、「国民の教育は衣食足りて後《のち》の沙汰《さた》なり……我下等社会……此輩《このやから》に教育を強《し》ひんとするが如きは実際に行はる可《べか》らざる事」（『全集』⑪二〇〇）と「強迫教育の法」への反対の意向を表明した。第Ⅱ章5Dで考察した二年後の〈資料篇〉40「貧富智愚の説」では、〈教育によって貴賤貧富が決まる〉という（かつて自分が提唱した）論は「教育家が其《その》勧学の方便の為めに説を作《な》し」た「事物の因果を転倒したる」空論であるとして、「智あるに由《より》て富を得たるの例は平均して稀《まれ》」であるのに、教育家が『学問のすすめ』を説くのは、この世で最も恐るべき存在である「貧にして智ある者」をつくりだし、「前金《まえきん》を払ふて後《のち》の苦労の種子《たね》を買ふ」経世の不得策であると決めつけた。

七年前の連載社説と同名の九一（明治二四）年の社説〈資料篇〉42「貧富論」は、前回の倍以上の一三日間にわたる本格的な連載社説である。これまでの議論に決着をつけるかのように、福沢は、

「今世《こんせい》の貧民は無智なるが故に貧なるに非ずして貧なるが故に無智なり」と断定し、「畢竟《ひっきょう》今の社会の組織」においては「貧《ひん》はますます貧に沈み富《ふ》はますます富《とみ》を増」すことは不可避であるとして、「太陽西より出《い》で黄河逆《さかしま》に流るるの不思議僥倖《ぎょうこう》あるにあらざれば、今世の貧乏人に開運の日はなかる可《べ》し。」というご託宣《たくせん》までくだしたことも既述した。〈教育によって貴賤貧富が決まる〉というかつての自分自身の主張を、このように素知らぬ顔で「事物の因果を転倒した」世間知らずの「教育家の道理」とくりかえし決めつけ罵倒する福沢の神経の図太さは相当のものである。この醒《さ》めた段階の福沢に言わせれば、『すすめ』の第一文節は、あくまで青年に教育を勧《すす》めるための「勧学《かんがく》の方便」の作為として、〈もっぱら教育によって貴賤貧富が決まる〉という空論を仕掛けたのであり、それを強調・印象づけるために「天は人の上に人を造らず……」という冒頭の句を考えだしたということになろう。

丸山真男は、『「文明論之概略」を読む』下において、以上のような福沢の議論の流れのすべてを無視したうえで、『文明論之概略』当時の福沢が、〈教育によって貴賤貧富が決まる〉教育万能論と同じ意味の「富強と貧弱とは天然に非《あら》ず、人の智力を以て致す可し」（『全集』④一七二）と記述している部分について、つぎのように解説している。

「ここも何でもない指摘のように見えて、実は重大な意味を内包しているので、原文についてくりかえし味読して下さい。とくにそのなかに「富強と貧弱は天然に非ず、人の智力を以て致す可し」云々とあるのが大事です。これを福沢の主知主義的個人主義――アメリカ人にも共通した――としてだけ片づけて、社会における貧富の差は社会機構の産物で、個人の智力などによって生じるものではないなどと、したり顔で「社会科学的」批判を加えるのは野暮というものです。富強と貧弱とがけっして宿命的な天然現象でない、という意識は、それが可変的なものだ、という意識です。可変的なものなら、これを宿命としてあきらめずに自分の努力で自分の進路を開拓してゆこうという態度となって現われます。」(『丸山集』⑭二二〇)

このしたり顔の丸山のコメントは、彼の福沢研究の内実をあますところなく語っていないだろうか。問題点を列挙しておこう。①すでに見てきたように、福沢本人は初期啓蒙期から、それも『概略』の翌年には「富強と貧弱は……智力を以て致す」という教育万能論の批判をはじめている事実を、一貫して無視あるいは見落としている。②以来、福沢はくりかえし執拗に教育万能論を批判しているのに、丸山は福沢の教育万能論を「くりかえし味読して下さい」と読者に注文していることの奇妙さ。③「畢竟《ひっきょう》今の社会の組織」では「貧はますます貧に沈み富はますます富を増」すことが不可避であると、福沢は「社会における貧富の差は社会機構の産物」であると主張しているのに、丸山は読者に向かって、そういう主張をするのは「したり顔で「社会科学的」批判を加」える「野暮《やぼ》」な行為であると批判している。くわえて福沢は、貧富が「宿命的な天然現象」であることを、「太陽西より出で黄河逆《さかしま》に流るるの不思議僥倖《ぎょうこう》あるにあらざれば、今世《こんせい》の貧乏人に開運の日はなかる可し。」とわかりやすく説明しているのに、丸山は、福沢が貧富は「宿命的な天然現象でない、……可変的なものだ」と主張しているのだ、と逆の解説をしているのである。これでは、丸山が「福沢惚れを自認する」資格そのものが問われよう。

④福沢が、『概略』の翌年から〈教育によって貴賤貧富が決まる〉万能論への批判をはじめ、かつての自分のその主張を、福沢が素知らぬ顔で「事物の因果を転倒した」世間知らずの「教育家が其勧学の方便《ほうべん》の為めに」作為した空論であると決めつけ罵倒するようになり、さらにその「教育家の道理」が、この世で最も恐るべき存在の「貧にして智ある者」をつくりだし、「前金《まえきん》を払ふて後の苦労の種子を買ふ」経世の不得策であるとまで批判を強めていく推移は、中期の福沢思想の保守化の軌道と見事に対応している。その意味で教育万能論への福沢の評価の変転こそ、福沢思想の保守化の進行をあぶりだすリトマス試験紙である。そういう福沢思想の推移を如実にしめす重要な一連の議論のすべてを無視した丸山の福沢研究は、その点だけにおいても、失格と判定されても仕方がないであろう。

ただし、紹介した七つもの教育万能論の批判・否定の福沢の論稿〈そのうち二篇は〈資料篇〉の重要論稿〉を丸山がたまたま見落としたために、つい『概略』時点での万能論に「自分の努力で自分の進路を開拓してゆこうという態度」「独立進取の路」（同右）を誤読したということであれば、非難もその点に限定されよう。ところが丸山は、第Ⅰ章1で紹介・批判したように、『文明論之概略』

こそが福沢の「唯一の原理論」であると主張しているのである。つまり、⑤丸山は『概略』＝原理論における福沢の立論が「最晩年にいたるまで保持されている」と主張していた。教育万能論ひとつに限定しても、福沢自身が翌年から批判を開始し、経世論の立場から空論であると決めつけ罵倒するに至っているのであるから、『概略』が「原理論」という丸山の把握《ドグマ》の破綻《はたん》を、ここでも再確認せざるをえないであろう。

C 福沢は断じて平等論者ではない

――「教育を受ける権利」の欠落と「教育の機会均等」の否定

以上の考察をとおして、①『すすめ』初編が「自由」の「天賦人権」を宣言・主張したものでないこと、また、②その「平等」論が基本的人権の主体としての「平等」論ではないこと、③第二編の人権宣言の場合は、「自由」と「圧制への抵抗」の自然権と国家の存在理由の主張を福沢が意図的に排除していたこと、④『学問のすすめ』の論拠である〈教育の有無によって貴賤貧富が決まる〉教育万能論については、初期啓蒙期から福沢自身が批判・否定をはじめ、後にはそれが「事物の因果を転倒した」世間知らずの「教育家が勧学の方便の為めに」作為した空論であるうえに、「最も恐るべき」「貧智者」を生みだす経世の不得策であると決めつけていたことなどを確認した。

フランスでは、「人は、自由かつ権利において平等なものとして出生し、かつ生存する。……」

という「人および市民の権利宣言」を提示した革命議会に、「国民の間に平等を実際に樹立」するための施策として、国民の「教育を受ける権利」を認めたコンドルセらにより、小学校、中学校、アンスチチュ、リセーという全「四階梯《かいてい》の教育は、全く無償で授けられる」という「教育の機会均等」理念に基づく画期的な公教育制度が提案された。これに対し、啓蒙思想家（兼「三田の文部卿」）、慶応義塾の創設者、時事新報の論説主幹という二重三重の意味での日本社会の教育者であった福沢は、その膨大な数の教育論（慶応義塾『福沢諭吉教育関係文献索引』五五年によると、一三〇〇篇をこす）を著述しながら、その教育論の展開・考察をとおして、初期啓蒙期の社会的公約であった国民全体の「自由・平等」の実現の探求の方向に、一歩も進みでることはなかった。以下、世界史的な近代社会における「教育の平等」の原理とされている「教育の機会均等」原則に焦点をしぼって、思想家福沢の歩みをまとめておこう。

『すすめ』初編の「天は人の上に人を造らず……人は生れながらにして貴賤貧富の別なし。唯《ただ》学問を勤《つとめ》て物事をよく知る者は貴人となり富人となり、無学なる者は……」や、二年後の「農に告《つぐ》るの文」の「役人の門も金持の門も開放《あけはな》して、誰にても其《その》仲間に這入《はい》り……今日の土《ど》百姓も明日は参議《さんぎ》と為《な》る可《べ》し、……面白き世の中にあらずや。」という福沢の〈教育による立身出世〉の呼びかけは、万人を対象としたものであり、「教育の機会」を特定階層の子どもに限定した主張ではなかった。その呼びかけが、新しい時代を迎えた明治の民衆を、「人間普通日用に近き実学」の学習にむけて、その意欲をかきたて励ましたことはじゅうぶん考えられよう。また、彼が提唱・推進した「仮令《たと》ひ人の身に苦楚疼痛《くそとうつう》を覚へしむる」とも教育を強制するという、専制政府による「強迫」義務教育制度が、「学問の何物たるを知ら」なかった「地方の人民」の子どもに「教育の機会」にふれさせる一定の役割をはたしたことも事実である。

しかしながら、『福沢文集』第二編巻一が示しているように、「幾百万の貧民は、仮令《たと》ひ無月謝にても、或《あるい》は又学校より少々づつの筆紙墨など貰《もら》ふほどの難有仕合《ありがたきしあわせ》にても、なほなほ子供を手離すべからず。」というのが七九（明治一二）年当時の日本の学校教育をとりまく社会の現実であった。したがって問題は、福沢がその現実をどういう方向に打開しようとしていったかである。答えはすぐに示された。この『福沢文集』第二編と同年同月に刊行した『民情一新』緒言においてすでに福沢は、労働運動・社会主義運動によって「今日の西洋諸国は正《まさ》に狼狽《ろうばい》して方向に迷ふ者なり。」という新たな認識を提示するとともに、教育が普及する「其《その》割合に準じて貧賤の権理説も亦《また》次第に」普及して、「教育に一歩を進れば不平にも亦《また》一分を増し……遂《つい》には国安を害するに至る可し。亦《また》危険ならずや。」という新たな知見を紹介して、結論として、西洋諸国「の狼狽する者を将《とり》て以《もっ》て我方向の標準に供するは、狼狽の最も甚《はなはだ》しき者」という見解を表明していたのである。

すでに見たように、この『民情一新』の新たな認識の表明こそが、福沢が保守思想確立にむけて大きく舵《かじ》を切る転機であった。これに直接対応するかのように、福沢は、フランス革命期のコンドルセのような明確な「教育の機会均等」原則の教育論を一度も提示することのないまま、同じ『福沢文集』第二編巻二で「人民の貧富、生徒の才不才に応じて、国中《くにじゅう》の学校も二種に分れざるを得ず。……世の中の大勢《たいせい》これを如何《いかん》ともす可《べか》らざるなり。」（『全集』④五二七）と、それを正面から否定する複線型の学校制度論の主張をはじめたのである。

この場合、「人民の貧富」に応じてという社会的な条件を別とすれば、「生徒の才不才に応じ」た複線型学校という考えには、教育論としては階級的な閉鎖性はない。ところが、第Ⅱ章5Dで見たように、資本主義的な階級社会の守護者への道をあゆんだ福沢は、人間の能力の発達は遺伝による自然的素質や能力の差によって根本的に規制され、「如何《いか》なる術《てだて》を施し如何なる方便を用ふるも」、その素質や能力を変えることができないという〈遺伝絶対論〉の考えを、その複線型制度論に導入することによって、「幾百万の貧民」の子どもを、「上等の学校」教育の対象から排除した。それが、八二年の社説「遺伝之《の》能力」で、「其《その》区別とは何ぞや。良家の子を撰《えら》ぶ、即《すなわ》ち是《これ》なり。……其《その》子弟は祖先遺伝の能力を承《う》けて自《おのず》から他に異なる所のものなきを得ず。」という主張である。

福沢が「既に遺伝の能力を有」しているという「良家の子弟」とは、「豪農」「豪商」「旧藩士族」の「子弟」であり、彼は、「人民一般に普通の学を奨励して之《これ》を智徳の門に入らしむる」ことと並行して、以上の「良家の子弟をば特に之を撰《えらび》て高尚に導き、其《その》遺伝の能力を空《むなし》ふする無からんこと我輩の最も希望する所」（『全集』⑧五六～）と主張した。いっぽう、「財産の安寧」を守るために、貧民「子弟」を中・高等教育機関から排除する「人民の貧富」に応じた複線型学校論については、福沢は、〈学問・教育＝商品論〉という教育論によって、それを体系化・合理化した。

なお、この場合の「良家の子弟」の「子弟」には、当然、娘・女性は入っていない。福沢は「女子の身体、男子に異なるものありて、……学問上に男子と併行《へいこう》す可《べか》らざるは自然の約束」と主張して、男女の知的能力は遺伝的に異なるので、女性には、男性と異なる特性教育が必要であると主張していた。ところが、『すすめ』の「天は人の上に人を造らず……」の場合と同様に、冒頭に本論とは整合しないラディカルな句や定式を置くといういつものスタイルに欺《あざむ》かれて、先行研究は、信じがたい事実であるが、そろって福沢の女性論を男女平等論、女性解放論であると誤読してきた。

たとえば、最晩年の『女大学《おんなだいがく》評論・新《しん》女大学』の『新女大学』で「女子教育の通則」を論じた場合、福沢は冒頭で、「扨《さて》学問の教育に至りては女子《によし》も男子《なんし》も相違あることなし。……極端を論ずれば兵学の外《ほか》に女子《によし》に限りて無用の学なしと言ふ可《べ》き程《ほど》の次第《しだい》（なれども……）」（『全集』⑥五〇六〜七）というラディカルなテーゼを提示する。このために、ひろたまさき『福沢諭吉』（朝日新聞社、七六年）は、「福沢の女子教育論」が「学問の教育に至りては女子も男子も相違あることなし」と主張していると誤読することによって、「日本の啓蒙思想家のなかで福沢のみが、最後まで女性の解放を説き続けた」という類の結論をだしているのである。

ところが、右の福沢の文章には、括弧以下の文章が直接続き、文章全体は「……女子に限りて無用の学なしと言ふ可き程の次第なれども、其《その》勉学の程度に至りては大《おおい》に注意す可きものあり。」となっており、そのあと、女性が「学問上に男子と併行す可《べか》らざるは自然の約束」（同右、五〇七）という右とはまったく逆の主張を福沢は展開しているのである。残念ながら、先行研究はこういう初歩的な誤読（作為）にもとづいて、既述したように、丸山真男は「福沢の説は後年になって保守化してくるものがありますが、この婦人隷属の打破という点だけは、維新直後から前面にでて、しかも終生変らない。」と評価し、遠山茂樹は「国内政治論が後退して生彩を失い」、アジア侵略の道を歩んでいる時期に、その女性論が「急激なる革新論」を構成し「なお改革者としての意気込みを回復」していたと評価しているのである。

三人に共通する誤りは、男性像（政治論、社会観）がゆがみ保守化し「後退して」いるのに、その女性像が「解放」論や「急激なる革新論」であり続けるはずがないという「ジェンダー史観」の基本がわかっていないことである。水田珠枝が「女性像がゆがんでいるということは、男性像もまたゆがんでいるのである。」という問題提起（『歴史学研究』二五五』号）をしたのは一九六〇年代初頭のことである。ところが戦後日本の社会科学は、つい近年まで、一人の思想家の女性論を、女・子どもは天下国家の問題になじまないとばかりに、その人物の総体の政治観、社会観＝人間（男性）観と無関係に分析・把握してきたのである。福沢の政治観・社会観が保守化しているのに、その担い手の「臣民」男性への「柔順」と「和合」を求められている女性の解放が説かれ続けているという事実と論理は、およそ理解不能なことである（増補改訂版追記――福沢の差別的女性論については、二〇一三年刊の『福沢諭吉の教育論と女性論』Ⅲ章で本格的に論じている）。

すでに見た八七年の〈資料篇〉36「教育の経済」の「元来学問教育も一種の商売品にして、……家産豊《ゆたか》にして父母の志篤《あつ》き者が子のために上等の教育を買ひ、資力少しく足らざる者は中等を買ひ……」が福沢の〈学問・教育＝商品論〉である。つまり、（資本主義社会にあっては）学問や教育も一種の「商品」であり、「富豪の子女は縮緬《ちりめん》を着用して金玉《きんぎょく》を飾り、中等以下は綿服《めんぷく》より下りて終《つい》には其《その》綿服にさへ不自由する者」がいるのと同じだという論理である。「人間貧富の不平均に由《よ》りて」教育の機会が差別されるのは「社会の今の組織に於《おい》て到底免《とうていまぬ》かる可《べか》らざるの不平均」であり、この社会の不平等性を批判して、「俄《にわか》に人間社会の組織を改めんとするも人力《じんりょく》の及ぶ可き限り」にあらずと福沢は主張していた。これは、近代資本主義社会の現実においては、教育の「機会均等原則」は「不平等になる機会」が平等にひらかれているという意味（堀尾輝久『現代教育の思想と構造』岩波書店、二二〇）であり、社会経済的不平等をテコにして、「教育の機会均等」の原則のもとで、「教育の機会」が実質的に不平等にならざるをえないという近代社会の現実を、福沢が率直に肯定・表明したものにすぎない。

以後、福沢は、「天下公共は人の私《わたくし》を助るの義務あらざれば……貧家の子を教《おしう》るに公共の資本を以てす可《べか》らざるの理由も亦《また》明白ならざるを得ざるなり。」として、「人の知力と其《その》財産と相互《あいたがい》に平均を失ふ」ことが「天下の禍源《かげん》を醸《かも》すの懸念」（『全集』⑪三一〇）という論稿「教育の経済」の見解にますます磨きをかけていった。その翌八八（明治二一）年には、「高尚なる教育は唯《ただ》富人の所望《しょもう》に任せて之《これ》を買はしめ、貧人は貧人相応《そうおう》に廉価《れんか》の教育を得《え》せしむる」方向へ「日本教育全般の組織」を改革することを彼は主張した。その具体的な中身は、同年の「官立公立学校の利害」「公共の教育」などの論稿（『全集』⑪四六七～九六）で提示された。全国の官公立の中学・師範学校・大学などの中・高等教育機関を、私立学校に改編せよという要求である。たとえば「大学教育の事は挙《あ》げて之《これ》を民間の私《わたくし》に任じ、其《その》課程を高くし其《その》受業料を多く」することで、福沢は、「貧家の子弟と雖《いえど》も之《これ》に入ること容易なる」現状を改めさせようとした。つまり、私立学校に改編することによって、中・高等教育機関が「専《もっぱ》ら富豪の子弟を教《おしう》るの門」となるように求めたのである。そうしないで、逆に「貧生に高尚なる教育を授《さず》くる」ことは誤っていると主張する福沢によれば、その理由は、それが「国庫の累《わずらい》」＝国家財政の浪費（官公立学校財政は「一国の経済より視《み》るとき」は「厚きに過《すぐ》る」ため）であるばかりでなく、「本人の仕合《しあわせ》」と「社会の安寧」をそこなうという「積極の患《わずらい》」をもっているからという理由であった。

大日本帝国憲法＝教育勅語体制の確立する翌八九年の〈資料篇〉40「貧富智愚の説」と、九一年の〈資料篇〉42「貧富論」はすでに見た。福沢によれば、「世の中の総ての仕組を以て不公不平のものとなし、頻《しき》りに之《これ》に向て攻撃を試み」、私有財産の廃止や土地の共有化、賃上げ、労働時間の短縮などを要求する「貧智者」こそがこの世で「最も恐るべき」存在であるのに、「教育を盛にして富源を開く可し」と主張する教育万能論は経世の不得策そのものである。初期啓蒙期の一時期には〈もっぱら教育の有無によって貴賤貧富が決まる〉という教育万能論者であった福沢がいまや、世間に「貧富の原因を挙《あげ》て其《その》人の智愚如何《いかん》に帰《き》する者あり。」と、かつての自説をひとごとのように冷笑しているのである。その一方で、とうぜんの帰結として福沢は、「今世《こんせい》の貧民は無智なるが故に貧なるに非《あら》ずして貧なるが故に無智なり」と断定し、「貧者の教育を高尚に過ぐることなからしむる」ことが「財産の安寧を維持する一法」であると主張しているのである。

以上の考察によって、中期以降の福沢の教育論は、「貧富論」の二年後の『実業論』の序文で「実業革命の期近《ちか》きに在《あ》る」（『全集』⑥一四五）と指摘したように、産業革命の到来を指呼《しこ》の間《かん》に見すえて、彼が来《きた》るべき資本主義的階級社会を「大富豪」（「富豪の大なる者をして益々《ますます》大ならしめ……」）の立場から擁護・守護するために構想・立論した階級的な教育論であったことは明らかである。

初期啓蒙期の場合はどうか。啓蒙期の福沢の基本的な課題意識は、『概略』の「今の日本国人を文明に進《すすむ》るは此《この》国の独立を保たんがためのみ。」となろう。これに、晩年の『福翁自伝』の「如何《どう》でもして国民一般を文明開化の門に入れて、此《この》日本国を兵力の強い商売の繁盛する大国」にしたいという「大本願《だいほんがん》」（『全集』⑦二四八）をあわせて、福沢の生涯にわたる教育論を規定した日本近代化の綱領的方針を図式化するとすれば、〈「文明開化」＝資本主義的発展──→「一国独立」＝「強兵富国」〉となろう。

右の生涯にわたる「大本願」との対応関係で、福沢の万人を対象とした民衆教育論の推移を『旧著』の成果にもとづいてまとめておくと、①『学問のすすめ』＝「苦楚疼痛《くそとうつう》」をいとわぬ「強迫」義務教育論──→②八〇年代前半期の「体制的沈静期」に対応した「強迫教育」反対論──→③ただし「国民無教育の弊悪」回避のための「最下等（小学簡易科）」教育論──→④資本主義的発展と日清戦争の勝利に対応する飛躍的な新『学問のすすめ』──→⑤低賃金・長時間労働維持のための工場労働児童の教育は拒否（「工場法」反対）となる（二四四）。つまり福沢の教育論は、一貫して彼の「大本願」＝近代化の綱領的方針を達成・貫徹するために立論された「……のための教育論」であり、日本の資本主義的発展の各時点の政治的・経済的課題に対応して、およそ教育（学）的な原理・原則にとらわれることなく融通無碍《ゆうずうむげ》に、「強迫義務教育」賛成↓反対・最低限の維持↓賛成↓一部留保などと変転していったのである。

福沢の教育論が一貫して政治的・経済的な課題を達成・確保・補完する「……のための教育論」

であり、また、「第二歩に遺《のこ》して、他日為《な》す所あらん」と公約していた「一身独立」の課題の追求に福沢が歩みださなかった（第Ⅰ章2Cで確認したように、「帝室を奉戴《ほうたい》して其《その》恩徳を仰《あお》」ぐ「臣民」の「独立自尊」は、近代的な個人の「一身独立」ではない）という決定的な条件が加わり、福沢の教育論を際立《きわだ》たせる特徴として、「一身独立」の基礎的条件としての「学習権」をふくむ子どもの「教育を受ける権利」の視点が皆無であったという問題がある。一三〇〇篇をこす膨大な福沢の教育論のなかに、「教育を受ける権利」の思想を主張したり、紹介した論稿は一篇もない。あるのは、逆に教育権の主張を否定的に見ている論稿だけである。すでに見た『民情一新』の「今後教育の次第に分布するに随《したが》ひ……貧賤の権理説も亦《また》次第に分布し、……遂《つい》には国安を害するに至《いた》る可《べ》し。」における「貧賤の権理説」は、チャーティズム運動におけるイギリス労働者階級の教育権要求をふくむ「権理説」であり、福沢は、その広がりが「国安を害する」と見ていたのである。

以上のように、福沢の教育論が一貫して政治的・経済的諸課題を補完する従属的な「……のための教育論」であるということは、かれの教育論におよそ「学問の自由」や「教育の自由」、「教育の自立＝自律」という原理的な視点が見られないことを示唆している。ここではそれが、教育勅語の受容による、国家の倫理的「価値内容の独占」への福沢の屈服・同意と、それにつづく内村鑑三「不敬事件」に端を発した有名な「教育と宗教の衝突論争」にも福沢が沈黙を守って不作為をとおすことにつながったという事実の指摘にとどめたい。

D 「廃藩置県」直後の「秩禄処分《ちつろくしょぶん》」留保の建言書

一部すでに紹介したように、福沢は、一八七一年八月二九日の「廃藩置県」という「大胆政略」の断行を、「学者社会の意表に出」た「古今の一大盛事《せいじ》」と評価し、「新政府の此《この》盛事をみたる上は死するも憾《うらみ》なしと絶叫」するほどの感激をもって迎えた、と晩年の『福翁百余話』に書いている（『全集』⑥四一九）。しかし、この評価は『前著』の終章で指摘したように、「一身独立」の課題を「第二歩に遺《のこ》して、他日為《な》す所あらん」と公約した初期啓蒙期の『概略』の視座からではなく、保守思想宣言をおこなった『時事小言』の「強兵富国」路線の視座から福沢がその人生を総括しているための「手放し」の評価（『前著』二一二）であるという偏り《バイアス》がかかっている。そのことを示唆しているのが、福沢諭吉が「世の事物、一利あるものも一害あり、……先般《せんぱん》廃藩置県の御沙汰《ごさた》は封建世禄《せいろく》の旧弊《きゅうへい》を絶つの御趣意……」という文章ではじまる廃藩置県にともなう「秩禄処分《ちつろくしょぶん》」にたいする批判的な「建言書」を、「政府の当路者」宛に提出している事実であり、これは右の「死するも憾《うらみ》なし」という感激の態度とは異なる福沢の意外な対応である。

「抑《そもそ》も日本国世状の沿革を尋《たずぬ》るに、……都《すべ》て天下の大事に関《かかわ》る者は悉皆《しっかい》士族にて、農工商は唯《ただ》士族の指揮に従ひ其風《ふう》に靡《なび》くものと云ふ可し。……王制一新の功を成《な》し……其《その》説皆《みな》士族より出《いで》ざるはなし」。つまり、「概して云へば方今《ほうこん》日本の文明は士族の手に在《あ》る現状であると判断する福沢は、この「文明」開化の担い手の士族から「今其《その》禄を剥取《はぎと》り一時に活計の道を奪ふ」ことは「文明世《せい》教《きよう》の源を塞《ふさ》ぐ」ことになるので、「現今士族の禄は一旦被召上《いったんめしあげられ》、更にこれを其《その》子弟教育老幼扶助《ふじょ》の料《あてがい》として下し賜《たま》」(『全集』⑳六五〜六)うよう提案した。つまり福沢は、日本の近代化の推進の担い手としての士族にたいし保護政策の継続を主張したのである。

問題は、七一年八月末から年末までの間にこの士族の特権を継続する建言書を書いたばかりの福沢が翌年二月に、つまりわずか三、四ヶ月後に、「天は人の上に人を造らず人の下に人を造らずと云へり。……」と書いていることである。なにが問題か。いくら日本の近代化の推進のためにではあっても、近代化と逆行する士農工商の封建制度の士族の特権の継続を主張したばかりの思想家が、その直後に「天は人の上に人を造らず……」と書いているという事実に注目するならば、先行研究のように、その人物が「天は……と云へり。」によって、万人の「自由」ととりわけ「平等」の「天賦人権論」を宣言・主張したものと軽々しく結論できるのか、と私は問いかけているのである。

『すすめ』の冒頭句を「……と云へり。」と伝聞態で福沢が結んだ理由については、①他文献にヒントをえた「借物《かりもの》」であることと、②今の自分の考え・思想とは別であるという二重の意味を表明したものであるという解釈は既述した。右の事実も考慮するならば、③ほんの数ヶ月前に士族の特権継続の「建言書」を公《おおやけ》に書いたばかりという福沢自身の、ためらいやはにかむ思いの下意識も作用して、「……と云へり。」と結んだものという解釈を追加することができよう。

思想家というのもはばかられるほど、福沢は、その生涯で権謀術数的な発言・主張をくりかえした事実をふくめて、『前著』で融通無碍《むげ》に発言を変える「福沢という人物は相当神経のふとい「おもの」、悪くいうと鉄面皮《てつめんぴ》であった」(二五)と指摘した。しかし、社会変革を志向していた初期啓蒙期の福沢は、以上のような複合的な理由をふまえて、「……と云へり。」と表現するだけの感じやすい《センシブル》感性・感覚(学者的誠実さ)そのものは失っていなかったものと考えたい。じじつ、それを示唆するように、『前著』巻末の〈資料篇〉を見ると、福沢の権謀術数的発言は、中期への過渡期を象徴する『通俗国権論』『民情一新』の二著において始まり、中期保守思想確立後は、『時事小言』を皮切りに以後頻出《ひんしゅつ》するという、そういう展開になっていることが確認できるからである。

5 『すすめ』と初期啓蒙期福沢の国家観＝人間観
――「天賦国権＝国賦人権」的ナショナリズム

『学問のすすめ』における福沢の〈個人と国家の関係〉認識をさぐる素材として、社会契約論の問題がある。丸山は、『すすめ』で「社会契約説」が論じられていること自体が「政府或は政治権力の存在根拠」を福沢が「明らかに……基本的人権の擁護」に求めていた証左であると指摘しているが（『丸山集』⑤二一三）、これには二重三重の無理がある。まず、一部既述したように、七三（明治六）年一一月段階で「今、日本国中にて明治の年号を奉ずる者は、今の政府に従ふ可しと条約を結びたる人民なり。」（二編、『全集』四〇）と主張して、福沢自身が明治「政府は依然たる専制の政府、人民は依然たる無気無力の愚民のみ。」（七四年一月、四編、四九〜）と維新後の現状を認識しているその政府のもとで、日本人民はすでに社会契約を実現（締結）しているという明らかな虚偽が、その社会契約論議の前提になっている。

これについては、植木枝盛が「赤穂四十七士論」で福沢を名指しで批判したように、日本の人民が「政府の法に従ひ、其《その》保護を蒙《こうむ》るべしと約束したるものなりと云へるが如きは、不稽《ふけい》妄誕《ぼうたん》の至りにして、決して其実《そのじつ》を得ざる也《なり》、試みに見よ、日本の人民が、何《いつ》の世、何《いつ》の時、何《なん》の話、何《なん》の辞《じ》を以て、政府の法に従ひ、其《その》保護を蒙《こうむ》るべしと約束したるヤ。決して其証《そのあかし》を得ざるべし。蓋《けだ》し実に其《その》事あるなき也。日本の人民は只々《ただただ》無約を以て現在奉ぜし所の法を奉ぜるに過ぎず。」というのが維新当初の現実であることは、あまりにも明白な事実である（『旧著』四三）。

つぎに、この虚偽の前提のうえに、契約論の理屈上では「一国の……家元……又主人」である人民が、実質的な抵抗権ぬきで（学制や徴兵令反対の具体的な農民運動について福沢は「斯《かか》る賊民《ぞくみん》を取扱ふには、……是非とも苛刻《かこく》の政《まつりごと》を」要求）、「国法は不正不便なりと雖《いえ》ども、……これを破るの理なし。」（七編、七一）「小心翼々謹《つつしみ》て守らざる可《べか》らず。」（二編、四〇）という一方的な国法への服従・遵法《じゅんぽう》と、「国を護《まも》るための入用《にゅうよう》（税金――安川）を払ふは固《もと》より其《その》職分なれば、この入用を出《い》だすにつき決して不平の顔色《がんしょく》を見《あら》はす可《べか》らず。」（七編、七三）という自発的な納税の義務をもつことを、福沢は説いていたのである。つまり福沢は、明治政府への国民の服従の内面的自発性を喚起するために、本来は革命的な社会契約思想を換骨奪胎《かんこつだったい》して、明らかな虚偽を前提にした遵法と納税の義務を要求していたのである。それを象徴するのが、政府が「師《いくさ》を起すも外国と条約を結ぶも政府の権にある事にて、この権はもと約束にて人民より政府へ与へたるものなれば、政府の政《まつりごと》に関係なき者は決して其《その》事を評議す可《べか》らず。」（七編、七一）という彼の要求である。これを丸山のように、国民の「基本的人権の擁護」に政府の「存在根拠」を求めた「国内政治」構想と読み込むことの無理は、明らかであろう。福沢は、生涯、明治政府存立の正当性を、国民の「基本的人権の擁護」の視点からチェックすることはなかった。

ただ、以上の事実から私は、福沢が政府の存在理由・「存在根拠」を理解していないとか、虚偽にもとづいて「政府は依然たる専制の政府、人民は依然たる無気無力の愚民」の体制の維持をはかっていると結論づけようとしているのではない。すでに確認したように、福沢は「人間《じんかん》に政府を立《たつ》る所以《ゆえん》は、此《この》（生命を保し自由を求め幸福を祈る――安川）通義を固くするための趣旨にて、……政府の処置、此《この》趣旨に戻《もと》るときは、則《すなわ》ち之《これ》を変革し或は之を倒して、……新政府を立《たつ》るも亦《また》人民の通義なり。」（『西洋事情』初編）と紹介しており、アメリカなどにおける政府の存在理由の考えとそれが侵害された場合の抵抗権思想も基本的に彼は承知していた。それにもかかわらず、『すすめ』の福沢がそれらを主張していない理由・思想的背景についても、第Ⅱ章2において、すでに『文明論之概略』にもとづいて考察した。初期啓蒙期の福沢は、「一国独立」の確保を至上の最優先課題として、「一身独立」の課題は「第二歩に遺《のこ》して、他日為《な》す所あらん」と公約していたために、一方的な遵法《じゅんぽう》と自発的な納税の義務を求めることの不当性を、不当とは考えていなかった、と善意に解釈できる余地があるからである。

この『概略』と『すすめ』との思想的なつながりを語っているのが、『すすめ』第十二編の草稿として残された七四年後半期執筆の「内《うち》は忍ぶ可《べ》し外《そと》は忍ぶ可《べか》らず」（『全集』⑲二二一～七）である。そこで福沢は「舌に籍《たす》くに軍艦を以てし、筆に次ぐに鉄砲を以てし、暗に兵力の端《たん》を示して事を為《な》し、遂に我国を第二の印度《インド》に陥《おとしい》れんとするの目論見《もくろみ》ならん。万国公法は何処《いずこ》にあるや。耶蘇《ヤソ》正教は何の用を為《な》すや。公法は欧羅巴《ヨーロッパ》各国の公法にて、東洋に在《あり》ては一毫《いちごう》の働をも為《な》さず。」という弱肉強食の国際関係認識を前提にして、彼はここでも、「今我日本に於て最大一《さいだいいち》の難事は外国交際に在《あ》りて、他は顧《かえりみ》るに遑《いとま》あらず」と主張している。だから、「此学問のすすめ、初編より十一編に至るまで、……其《その》大趣意として失はざる所は、上下同権、共に日本国を守て独立を保たんとするの一事に在るのみ。……日の丸の旗は政府の私有に非《あら》ず、日本国の旗なり。政府も人民も此《この》旗と共に存亡を与《とも》にせざる可《べか》らず。……唯其《ただその》目的とする所は、……以《もっ》て外国交際に平均を得るの一事に在《あ》るのみ。」というのが、『学問のすすめ』の執筆意図であると福沢は、証言しているのである。

さらに福沢は、まるで丸山真男らの誤読を予想していたかのように、「一身独立」論とかかわって自分の「上下同権の義を誤解する者」は「著者の素志《そし》に背《そむ》く」行為であるとして、「学者、人の著書を半読して遽《にわか》に評する勿《なか》れ。」とあらかじめ戒めていた。つまり、自分が「上下同権の説を主張」して、「理の在《あ》る所は政府と雖《いえ》ども敢《あえ》て屈す可《べか》らず」（初編の表現では「此《この》一身の自由を妨げんとする者あらば政府の官吏も憚《はばか》るに足《た》らず。」）と言うのは、「弱小をして強大に当らしむるの下《し》た稽古《げいこ》」、「外国の強敵に抗せしむるの調練」のためであり、「妄《みだり》に目上の者を犯して内々の争端を開くの趣意に非《あら》ず。詰《つま》る所は日本国中の人民をして共に与《とも》に国を守ら」しめて「以て外国交際に平均を得るの一事に在《あ》るのみ。」と主張していたのである。

この草稿「内は忍ぶ可し外は忍ぶ可らず」についての丸山の誤読に関しては、遠山茂樹『福沢諭吉』（東京大学出版会、七〇年）も、「全文の論旨からしても、「下た稽古」「調練」の言葉からも、民権の主張が国権達成のための手段としてうち出されていることは明らかである。……民権の主張を国権の主張に従属……」させていたと批判している（七一〜）。

したがって、半年前の『すすめ』第三編の〈一身独立して一国独立する事〉を、丸山真男のように「一身独立」と「一国独立」は「同時的な課題」「全く同じ原理で貫かれ、見事なバランスを保っている。それは福沢のナショナリズム、いな日本の近代ナショナリズムにとって美しくも薄命な古典的均衡の時代であった。」というあまりにも有名なテーゼのように解釈することは、すでにじゅうぶん分析したように、誤りであるだけでなく、「著者」福沢諭吉の「素志《そし》に背《そむ》く」行為であり、その意味で、丸山には「福沢惚れを」公言する資格はないといえよう。「福沢惚れを自認」するならば、「あばたもえくぼ」までは許されようが、福沢本人が「学者、人の著書を半読して遽《にわか》に評する勿《なか》れ。」と戒めていることまでを無視することは許されないことであろう。

『文明論之概略』と『学問のすすめ』で展開された福沢諭吉の初期啓蒙期の〈個人と国家の関係〉認識、国家観＝人間観について、私の最終的な結論を提示することにしよう。

内田義彦が、河上肇の表現を借用して、ヨーロッパは個人の基本的「人権を自明の理としておいて、人間のために国家がどの程度の権力を持つべきかがきめられる」〈天賦人権・人賦国権〉であるのにたいして、近代日本は、国家の独立や「国家（の存在——安川）が自明のこととされて、その国家の発展のために、どの程度の人権を（個人に——安川）与えておけばいいか、といったことから、国家がその範囲をきめる」〈天賦国権・国賦人権〉であると説明している（『日本資本主義の思想像』岩波書店、六七年、一九八、三五一～二）。

この内田義彦の類型を借用するならば、自由民権運動期の中江兆民が「個人是れ目的なり、国家是れ手段なり」と直截《ちょくせつ》に把握した場合は、〈天賦人権・人賦国権〉を志向していたものといえよう。これにたいして、福沢の定式〈一身独立して一国独立する事〉は、弱肉強食の帝国主義時代の序幕という国際関係のもとで、「一国独立」の課題をアプリオリな前提課題に設定して、国家の存在理由を問わないまま、人権宣言としては自由権や抵抗権を欠落させて、至上課題の「一国独立」達成のために、「国のためには財を失ふのみならず、一命をも抛《なげうち》て惜《おし》むに足ら」ない一方通行的で非合理な「報国の大義」を要求した「天賦国権」的な一国独立論、国権主義的なナショナリズムそのもの、つまり、「人民主権」の理念を欠き、「ブルジョア・デモクラシー」の諸原理との結びつきをもたないナショナリズムであり、内田義彦の類型でいえば、典型的な〈天賦国権・国賦人権〉の日本的近代のパターンを表明したものである。

もちろん、「外国の強敵に抗せしむるの調練」「弱小をして強大に当《あた》らしむるの下《し》た稽古《げいこ》」のためという「一国独立」達成の枠組みにおいてではあったが、福沢がまた「妄《みだり》に目上《めうえ》の者を犯して内々の争端を開くの趣意に非《あら》ず。」と断りながらではあっても、「此《この》一身の自由を妨げんとする者あらば政府の官吏も憚《はばか》るに足らず。」「理の在る所は政府と雖《いえ》ども敢《あえ》て屈す可《べか》らず」と「一身独立」の気力を説いた積極的な意義を見落としてはならない。同様に、『概略』の一部で福沢が、「君臣の義」をはじめとする「権力の偏重」と「惑溺《わくでき》」をきびしく批判した事実も見逃してはならない。

しかしだからといって、多くの先行研究のように、〈一身独立して一国独立する事〉や『概略』の全体の論旨が「政府の官吏も憚《はばか》る」ことなく「一身独立」を貫くことや、「権力の偏重」「惑溺」の排除を断固主張したものと把握することは、福沢の文脈（『概略』第十章）を無視した逸脱である。『すすめ』の「一身独立」の気力の中身が「国のためには財を失ふのみならず、一命をも抛《なげうち》て惜《おし》むに足ら」ない「報国の大義」にほかならず、『概略』の場合も、結論の第十章において、「自国の独立」確保という「最後最上の大目的」のために、福沢は「君臣の義、先祖の由緒《ゆいしょ》、上下の名分、本末の差別等」の「権力偏重」社会が形成した「惑溺」そのものを総動員することを呼びかけていた。それが初期啓蒙期の思想家福沢のありのままの姿であった。

したがって丸山の「門下生」植手通有も、〈一身独立して一国独立する事〉について、丸山の解釈を踏襲しながらではあっても、「明治の啓蒙はなによりもまず「国家の自覚」……であったのであり、……ナショナリズムの意識が個人の意識に先行していた」、「福沢に於てすら、国家の独立が個人の自由・独立や普遍的な文明から乖離《かいり》して、前面に押出される傾向があった。」（『日本近代思想の形成』岩波書店、七四年、一一三〜）と断っているのである。では、福沢研究において、その著述の全体の論旨や文脈を無視した勝手な「読みこみ」が、なぜしばしば行われてきたのか。既述した戦後日本の学問研究の戦争責任意識の希薄さや丸山真男の「学問的権威」への拝跪《はいき》・追随などのほかに考えられる要因について、指摘しておこう。

日本の近代社会では一般的に思想が自生的形成史をもたず、「先進国」の理論や思想が水先案内的理論として輸入・受容・摂取されてきたために、言葉だけが一人歩きをし、ために一人の思想家の思想を表面上の用語や定式だけからはただしくとらえられないこと、したがって、個々の発言や主張がその思想家のどのような論理構造のもとに組みたてられているのかを重視して、表面的には矛盾・錯綜した発言を、総体的・統一的に把握する努力が求められるのである。

最新の福沢神話の事例で見よう。二〇〇二年一二月一六日の朝日新聞「天声人語」は、福沢に論及して、「個々人の独立……が国家の独立の基礎」と書いた。〈一身独立して一国独立する事〉を字面どおりに読めば、日本語的な意味で「個人の独立が国家の独立の基礎」と説いていることは明らかである。だから、「天声人語」の筆者の日本語力が責められるいわれはどこにもない。しかし、福沢研究者が同じ定式を、「民権の確立の上にのみ国権の確立が可能となる所以《ゆえん》」（家永三郎）とか、「絶対主義的国家意識に対抗する、近代的国民意識を表現」（遠山茂樹）と解釈することは許されないのである。既述したように、福沢はこの定式において「個々人の独立」や「一身独立」のことを論じておらず、もっぱら一身「独立の気力」を論じているのであり、肝心のその一身独立の気力の中身が「国のためには財を失ふのみならず、……」という「報国の大義」そのものであり、すべてがそこに収斂《しゅうれん》されていることが最大の問題なのである（言葉や定式自体ならば、福沢と限らず、たとえば明治政府首脳の木戸孝允も「各人自立して其《その》国自ら独立すべし」と書いている――『旧著』二四）。

もうひとつの問題として、思想史においては、こうした言葉や定式が、福沢の主張している意味を離れて、それ自体が思想的な影響や役割を果たしうるということが存在する。右の有名な定式の場合は、それが記載されている『すすめ』第三編の内容とかかわりなく、〈一身独立して一国独立する事〉は（「報国の大義」と無関係に）、「一身独立」の重要性を主張した定式であると解釈できるために、人はこの定式に感銘を受け、思想的な影響も受けることができるのである。

『すすめ』冒頭の「天は人の上に人を造らず……」の句の場合は、維新当初の日本社会にとっての衝撃的で鮮烈な響きが、（内容との整合性は気にせず、冊子内容に読者の関心を引きつけるためという）福沢の意図や思いをはなれて、さらに大きな役割や影響をあたえてきたことは明らかである。この句が自由民権運動家と民権運動の思想形成にインパクトをあたえ、進歩的な役割を果たしたことは事実である。しかし、本章で具体的にみてきたように、福沢自身は、多くの読者や研究者までがそう解釈したような、「天賦人権論」を主張していたのではないのである。つまり、一人の思想家について、とりわけ「先進国」の理論や思想を受容することが可能な「途上国」の思想史研究の場合は、その著述の中で用いられている用語や部分的な叙述を、全体の文脈から切り離して、それだけを取り出して解釈・評価してはならないのである。また、その部分的な記述や用語が果たした社会的役割や影響から逆に、その思想を分析したり解釈してはならないのである。つまり、福沢の論理と、それがどううけとめられたのかという受容・影響は、基本的に別の問題である。

　したがって、既述した遠山茂樹『福沢諭吉』末尾の「彼の著作は、本人の意図をこえた役割を、……はたした。」、「福沢の著作を国民の古典たらしめたものは、……彼の実体をこえた読みこみの力であった」という、読みこみに対する肯定的な「結論」と、山住正己のそれへの「同感」に、私は積極的に反対しているのである。そうした「実体をこえた読みこみ」という安易な学問研究のあり方が、戦後民主主義の破綻と崩壊の一因ではないかという私の懸念についても既述した。くわえて、福沢の影響や果たした役割という場合、戦争責任意識不感症の戦後民主主義社会の学問がもっぱら福沢美化の研究を重ねてきただけに、福沢の思想のはたした進歩的役割なるものが一面的に語られてきたという問題もある。

　福沢の平易な言葉をつかっての啓蒙が日本の「民衆」にあたえた影響が大きければ大きいほど、彼の思想の枠組みが、逆に日本の民衆の意識変革を制約した側面に注目し、そのはたした消極的、保守的、否定的役割もあわせて論じなければならないのである。自由民権運動に一貫して否定的・批判的態度をとり続け、とりわけ、大日本帝国憲法＝教育勅語体制に福沢が（結果として、積極的に）賛同し、その直後のマスコミ史上でも有名な「教育と宗教の衝突」論争については彼が完全に沈黙を通し、さらに『前著』がはじめて明らかにしたように、福沢がアジア蔑視思想の形成とアジア侵略の先頭にたっていた事実を考えると、むしろ福沢が近代日本社会の進歩と変革を制約した事実こそが注目され解明されなければならないのである。

ただし、本書でも何度も強調したように、初期啓蒙期の福沢のすぐれた姿勢として、彼には「一国独立」至上論が「今の世界の有様《ありよう》」のもとで選択した限定的な課題であるという明確な自覚があり、「今の我文明と云ひしは文明の本旨には非《あら》ず、先づ事の初歩として自国の独立を謀《はか》り、其他は……他日為《な》す所あらん」と断っていた。ところが、「福沢いかれ」派（丸山真男・加藤周一『翻訳と日本の近代』岩波新書、二六）、「福沢惚れ」の研究者たちは、初期啓蒙期の福沢諭吉の偉大さを示すこの本人の重要な自覚と、将来は理論の組みかえの可能性があるという意向表明には、まったくのように注目しないのである。そして、「学者等閑《とうかん》に看過《かんか》する勿《なか》れ」という福沢の注意・戒めや彼自身の意向に反して、啓蒙期の福沢がすでに政府の正当な存在理由をとらえていたとか、「一身独立」＝「一国独立」の国民主義的なナショナリズムを主張していた、などと勝手に把握してきたのである。

以上をふまえた思想家・福沢諭吉の評価の最大のポイントは、このように日本の近代化路線をめぐる初期啓蒙期の自分の綱領的方針の限界を見事に自覚し、「他日」の組みかえの可能性を表明していた福沢が、それ以後の実際の思想の歩みにおいて、啓蒙期の不十分な論理をどう組みかえていくことで、歴史の課題と民衆の期待にどう応《こた》えていったのか、応えていかなかったのか、という視点からその福沢の思想を評価することである。

『前著』が明らかにしたのは、その福沢が、「第二歩に遺《のこ》して」いた「文明の本旨」の課題追求・追究に一歩も進みださず、ひたすら「求《もと》むる所は唯国権拡張の一点のみ」という「瑣々《ささ》たる一箇条」を呼号し続けたことによって、彼が結局、アジア諸国への侮蔑・蔑視と侵略・併合の道を歩んだことであった。本書は、福沢の同じ道のりが、大日本帝国憲法＝教育勅語を受容し、天皇制ナショナリズム構築の道をたどることになることを、最後の第Ⅳ章において確認することにしよう。

第Ⅲ章の結びとして、「丸山諭吉」神話の存続の最新の事例を紹介しておこう。二〇〇三年四月五日「朝日新聞」の土曜特集「ｂｅ」に、同社「コラムニスト」早野透のアメリカ「独立記念館」「議会図書館」などの現地取材をふまえての〈ことばの旅人〉「天は人の上に人を造らず人の下に人を造らずと言えり」が二面にわたり掲載された。これまでの分析をふまえて、問題点のみを列挙しておこう。

①「独立宣言と諭吉の「学問のすすめ」は、まず天賦人権論で共通している。」という誤り。②「天は……と云へり。」というフレーズの伝聞態の問題が、「「天は人の上に人を造らず……」のルーツはアメリカの独立宣言だったんだ。」という以外にはなにも考察されていない。③「一身独立して一国独立す」の誤読の踏襲。④「諭吉の先進的女性観」という見出しで、奴隷制を非難したジェ

ファーソンが多数の奴隷を所有していた事実や独立宣言の「人」に女性が入っていなかった事実と対比して、アメリカ女性の日本研究者の質問に応えて早野透は、「諭吉の『人』には女性は入っていると思いますよ」と大胆に答えている。つまり、福沢が男女平等論者という相変わらぬ神話が外国にまたまた輸出されようとしているのである。⑤第Ⅰ章2Cで批判した北岡伸一の「帝室を奉戴《ほうたい》して其《その》恩徳を仰」ぐ『独立自尊』（講談社）が誤って「天は人の上に……」を理解するための参考文献の研究書にあげられている。

IV

福沢諭吉をどう評価するか

——近代日本最大の保守主義者の素顔と思想

1　素顔の福沢諭吉

日本の「戦後民主主義」社会において福沢諭吉は、学問・教育・政治などの世界をとおして過度に美化されてきた。福沢について国民のほとんどが共通にもっている知識は、最高額面紙幣の肖像と慶応義塾（大学）の創設者であること、それに「天は人の上に人を造らず人の下に人を造らず」と唱えた人物であるという、この三つであろう。「天皇制民主主義」（ダワー）という矛盾した民主主義の道をいまも歩んでいる日本の社会にとって、「天は人の上に人を造らず人の下に人を造らず」と主張したと誤解されている福沢が、近代日本社会に不可欠なものとして積極的に天皇制を選択したという事実は、いかにもふさわしい照応関係にある。そのことまで見通してかどうかは別として、戦後日本の自民党の最長期政権を維持した佐藤栄作元首相は、その政治演説で『すすめ』の〈一身独立して一国独立する事〉をはじめ、福沢の著作を引用して、明治の日本人がいかに「国家意識が強かった」かをくりかえし国民に訴えかけた（逆に言えば、佐藤は福沢が近代日本の個人主義思想の成長を封殺した事実を賞賛しているのである)。

しかも、丸山真男を筆頭とする戦後民主主義を代表する「進歩的知識人」(もっとも「うしろ向きの進歩主義者」という把握もある。——高島善哉・水田洋・平田清明『社会思想史概論』岩波書店、六二年、三八〇)までが数々の福沢神話をつくりだして福沢を美化してきたので、戦後日本の権力者側から見て、これほど望ましい「代表的日本人」はなく、一九八四年に聖徳太子のあとをついで、福沢が最高額面紙幣の肖像となった(この年、一一月一四日の「朝日新聞」の「声」欄には「アジア軽侮の諭吉なぜ札に」と題して、「アジアに対して強硬な侵略的国権論者であった」福沢をえらぶ「関係者の国際感覚の欠如は理解に苦しむ。……新札の廃止を切望する。」という貴重な投書があった。増補改訂版追記——安川『福沢諭吉の教育論と女性論』では、同じ一一月に松下竜一が『毎日新聞』に福沢起用反対論を寄稿した事実を紹介した。二七〇〜)。

前著『福沢諭吉のアジア認識』で福沢がアジアを蔑視し、アジア侵略の先頭に立った人物と知って、それ以来、一万円札は使わないことにした(人から受け取った場合は両替する)という奇特な読者が現れた(彼は私に「代金は自分が負担するから、同書を友人の梅原猛(日本ペンクラブ会長)に送ってほしい」と申し出た人物であり、右の「朝日」の「声」欄の投書者とも同窓の関係にある——この人物については、梅原猛『宗教と道徳』文芸春秋、〇二年、九〇参照)。また、同書刊行の翌年、私が慶応義塾大学に招かれて総合講義〈戦争と社会〉の分担講義「福沢諭吉の戦争観」を担当した際に、浦和市から聴講に参加して、その後、「一万円札から福沢諭吉の降板をうながす市民運動」をはじめたいという意向を表明して、同書の目次を添えたその市民運動の「趣意書」を私宛に送ってきた、やはり奇特な読者がいる。

梅原猛が「神々の否定の書」と題して、前著を評した文章の末尾に「今後韓国や中国と友好関係を保つためには、福沢の脱亜入欧論は十分に批判されなければならぬと思う。」(同右、九二)と書いたように、私も日本が日清戦争以来の戦争責任を真剣にうけとめ、アジアとの和解をはかっていくためには、福沢諭吉の全面的な学問的見直しが必要と切実に考えている。また同書刊行後に、韓国の日本軍性奴隷(従軍慰安婦)問題の挺身隊対策協議会共同代表のユン・ジョンオク(かの女に市民運動の有志が同書を届けたと聞いている)が「日本の一万円札に福沢が印刷されているかぎり、日本人は信じられない。」とつねづね語っていることを知った私も、右の読者にうながされて同様の運動ができないものかと考えはじめている(増補改訂版追記——花伝社ブックレット『さようなら!福沢諭吉』二〇一六年は、雁屋哲・杉田聡・安川の三人がその福沢の引退を促す運動の開始を告げる著作である)。しかし、権力者側からみてやはり福沢は最高の期待される「代表的日本人」であるためであろうか、まもなく千円札、五千円札の肖像人物が変えられるにもかかわらず、福沢はひきつづき一万円札の肖像にとどまることが決まっている。

日本の最高額面紙幣の肖像として、福沢諭吉がひきつづきとどまることが望ましいのかどうかを考える今後の国民的な論議の素材として、この第Ⅳ章で福沢の学問的評価をおこなう前に、日常生活にみる福沢諭吉の素顔を紹介してみたい。もちろん私には、福沢が不当に美化されてきたという判断がある。だから、美化され過ぎてきたぶんの修正をはかるだけであって、福沢をおとしめる気持ちは毛頭ない。個人的に福沢諭吉と慶応義塾になんのかかわりもない私には、福沢へのうらみつらみはなにもない（あるとしたら、むしろ私を講義に招いた「慶応リベラリズム」への敬意がある）。

福沢が不当に美化されてきたうえに、大学新入生の九割以上が福沢を「天は人の上に人を造らず人の下に人を造らず」と主張した人物と誤解しており、それがむしろ国民的常識となっている現状があるので、福沢の素顔といっても、とうぜんここでは「天は人の上に人を造らず……」の主張者という認識や印象に比較的遠いと思われる福沢の日常の「素顔」の紹介につとめる。依拠する史料の中心は、もちろん『福沢諭吉全集』である。日常生活の素顔ということから、福沢の私信や家族の結婚式でのスピーチのようなプライベートな資料が多くなる。したがって、ここに描きだす福沢の「素顔」は、本章2以下の学問的な福沢諭吉評価とは別のものと考えている。ただし、その素顔と福沢の社会的発言（思想）が重なる場合には、簡単にそのことに言及する。また逆に、その素顔と先行研究の福沢評価があまりにかけ離れている場合も、そのことに言及する。

ひとりの人物の素顔が比較的に一番素直に表出される場面《シチュエーション》の事例として、子どもの結婚をめぐる情景が考えられよう。そこで、長男・福沢一太郎の結婚と、まもない離婚という思いがけない事態をめぐる「偕老同穴《かいろうどうけつ》」（離婚の自由の否定）論者の父親福沢諭吉の対応の考察からはじめよう。

A 長男の結婚をめぐって——あらわな士族エリート意識と町人蔑視

一八八九年四月二七日の「時事新報」に掲載された「長男一太郎結婚披露の席上に於ける演説」（結婚式は一八日、新郎二七歳、新婦は横浜の商人箕田長二郎の長女かつ一八歳、披露宴参会者約二百名）を見よう。

「文明人の意に叶《かな》はぬかは知らざれども、先《ま》づ老生夫婦が云々と耳語《じご》したる後に当人に結婚の可否を承《うけたま》はり、差支《さしつかえ》なき旨を慥《たしか》に聞取りて、然《しか》る後に処々方々種々様々の探索に及び、……最終に……唯《ただ》当人の決断に任《まか》せ、然《し》かも其《その》決答を急がず、……。……旧礼に従はんとて、旧同藩の故老某翁（近藤良薫《りょうくん》——安川）に依頼して、尋常一様《じんじょういちよう》日本風の婚式を堅く窮屈に用ひて、以《もっ》て事を終りたり。／以上の次第にて、第一、嫁の詮索《せんさく》に父母が最も力を用ひ、婚礼式に父母の意の如《ごと》く旧式を行ふたるが如《ごと》き、……圧制など云ふ者もあらんかなれども、……新婦たる可《べ》きものの詮索は父母の手を以て無限の労《ほねおり》を取りしことなれども、……西洋流の自撰結婚の軽率なるものよりも更に美なるが如し。……日の吉凶《きっきょう》、方角の開塞《かいそく》等、……人の言ふがままに任《まか》せて其《その》俗習に従ひ、所謂《いわゆる》吉日に吉礼を執行せしことにして、……。……当家の延喜《えんぎ》を申さんに、福沢の家並《ならび》に老妻の里の家も……百余年、代々の夫婦、何《いず》れも初婚のままに偕老《かいろう》に及び、生前に離婚の風雨なく、死後に再婚の沙汰《さた》を聞かず、正統同父母の子孫相伝《あいつた》へたることにして、……」（『全集』⑲七一五〜）。

「西洋流の自撰結婚の軽率」云々は、福沢が恋愛結婚の反対論者であったことの言行一致である。また、「代々の夫婦、何れも初婚のままに偕老《かいろう》に及び、生前に離婚の風雨なく……」は、結婚後不幸にして夫妻二人の愛がさめたからといって、あるいは夫が蓄妾《ちくしょう》や芸者遊びに血道《ちみち》をあげたとしても、離婚は好ましくない、「生涯相《あい》離るるを許さ」ぬ「一夫一婦偕老同穴《かいろうどうけつ》」を「最上の倫理」と主張していた福沢にとって、ごく自然なスピーチである（以下もふくめて、福沢の女性論についての注記は、すべて『旧著』後篇第五章「女子教育論」を参照願いたい。ほかに、前掲筆者稿「福沢諭吉の女性観と女子教育論」『人権と教育』増刊第三五号）。「良家の子女」が高等教育に学ぶとしても、女子学生の郷里を離れての「下宿」や「寄宿」舎生活に大真面目《おおまじめ》に反対する「明治の男」であった福沢が、男女の性別役割分業は自明の前提として、「男女の間を同権にするが如き、一切の平均論は、……以《もっ》て衝突の媒介たる可きのみ。」と男女同権への反対論者であったことを考慮にいれさえすれば、披露宴スピーチの内容は、彼自身の女性論がそのまま「素顔」に反映されたものと理解できよう。

つぎに、「日の吉凶、方角の開塞《かいそく》等、……人の言ふがままに任せて其《その》俗習に従ひ、所謂《いわゆる》吉日に吉礼を執行」「尋常一様日本風の婚式を堅く窮屈に用ひ」についても、福沢自身は、それが「西洋の文明流」ではないと自覚しているが、彼が二ヶ月前の帝国憲法発布直後の連載社説「日本国会縁起」において、その憲法だけでなく翌年の「教育勅語」をも受容する意向を表明する人物となっており、また、五六歳という当時としては老境にもあること（本人は四五歳頃から「老生」を自称——『書簡集』④三六六）を考えると、驚くような発言ではない。驚くのは、その同じ人物の「哲学」を、丸山真男がどう描きだしてきたかということである。

「福沢の実学に於ける真の革命的転回は、実は、学問と生活との結合、学問の実用性の主張自体にあるのではなく、むしろ学問と生活とがいかなる仕方で結びつけられるかという点に問題の核心が存する。」「一切の固定的なドグマ、歴史的な伝統、アプリオリとして通用している価値は、峻厳に彼の実験的精神の篩《ふるい》にかけられて、無慈悲にその権威の虚偽性を暴《あば》かれて行った。」「生活のいかなる微細な領域にも、躊躇することなく、「学理」を適用して是《これ》をすみずみまで浸透させる。」「数学と物理学を以て一切の教育の根底に置くことによって、全く新たなる人間類型、……つねに原理によって行動し、日常生活を絶えず予測と計画に基《もとづ》いて律し、……無限に新しき生活領域を開拓して行く奮闘的人間——の育成を志したのであった。」「啓蒙的合理主義に共通する科学と理性の無限の進歩に対する信仰」、『概略』に示された進歩観が最後まで維持せられた」、「少からぬ明治初期の合理主義者が後に至って我国古来の淳風美俗を称《たた》え、……道学者に転化した際にあって、……最晩年においても田舎（固定的社会）の人情の素朴正直を賞揚する俗論を……断固として斥《しりぞ》け、……「……唯《ただ》真一文字に人の智識を推進し、智極《きわま》りて醜悪の運動を制せんと欲するものなり」（福翁百話）として、……」。

以上はすべて、「門下生」植手通有が「分析が福沢内在的でかつ鋭く、文章も重厚である。」「この二つの論文は、生涯にわたる丸山真男の福沢研究を代表する著作であるだけではなくて、丸山真男の全著作のなかでもっとも秀れたもの」（『丸山集』③三六四～九）と激賞する論文「福沢に於ける「実学」の転回」と「福沢諭吉の哲学」（『丸山集』③）からの引用である。福沢が、結婚式の「日の吉凶、方角の開塞《かいそく》等、……其俗習に従」ったり、「尋常一様日本風の婚式を堅く窮屈に」とり行うことが、「つねに原理によって行動」し、「学問と生活との結合」を目指して、「生活のいかなる微細な領域にも、躊躇することなく、「学理」を適用」「唯《ただ》真《ま》一文字《いちもんじ》に人の智識を推進し、智極《きわま》りて醜悪の運動を制せんと欲する」者の行為・行動になるのか、私には丸山の「福沢の哲学」評価も、それを激賞する植手通有の丸山評価も理解することはできない。

しかしすでに断ったように、私は、この福沢の「素顔」をもって、丸山の二論文「福沢に於ける「実学」の転回」と「福沢諭吉の哲学」が誤りであると主張する意思はない。この場合の福沢の行為は、息子の結婚にあたっての所謂《いわゆる》「親ばか」の行動であり、彼の日頃の思想とは関係ないという評価もありうるからである（逆に、日常の行動に反映・表出されないような思想は、その人物の思想とは呼べないという評価もありうる）。右の二論文の福沢の「近代的人間類型」なるものが誤りであることは、福沢の「素顔」とは無関係に、すでに、本書第Ⅱ章5**B**において、〈『概略』第十章──↓理と情は五分五分──↓情は至極強大──↓情が七分──↓「教育勅語」の肯定・受容〉という道のりに即して、「福沢内在的」に批判した。その意味で、ここでの福沢の素顔は、丸山の福沢＝「近代的人間類型」の誤りを論証する論拠ではなく、それを示唆している日常の事例にすぎない。

長男一太郎とかつ子（かつ）の結婚は、新妻かつが一一月初旬、突然婚家を去って横浜の実家に帰ってしまい、六ヶ月半で破れることになった。六日に媒酌人《ばいしゃくにん》の近藤良薫《りょうくん》（福沢家のホームドクターの一人）が来訪して離婚の内談があって以来、翌日から翌年四月にかけて福沢は、近藤宛に残っているだけでも一〇通の長文の手紙をかき送っている。「人倫の大本《たいほん》は夫婦」「偕老同穴《かいろうどうけつ》」と考え、離婚は「人倫の重き」に反すると主張する福沢であり、一太郎自身の「離別抔《など》の念《おもい》なきのみならず、……万々一《まんまんいち》も離別とあれば、……再び妻を娶《めと》る意《こころ》なし」の意向も確認したうえで、諭吉はかつの復縁を熱心に求めるが、かつの強い意向で結局断念に追いこまれるという経過の中で書かれた書簡（日付順、『全集』⑱三二七〜三七四）に、福沢の「素顔」をさぐることにしよう。

「朝《あした》に婚《えんぐみ》して夕《ゆうべ》に破《こわ》る、是れは此れ下等社会の事なり。此方《こちら》におゐては万々《ばんばん》忍びざる所なり。」「其身の去ると共に直に匆々《そうそう》衣裳引取の談に及ぶなど、下流社会に在《あり》てはイザ知らず、吾々《われわれ》の身分品格に於《おい》ては何分にも赤面に不堪《たえず》、……人の大倫たる結婚は忍ぶべからざるを忍んで之《これ》を維持せざる可《べか》らず。人品《じんぴん》に上流下流の分るるは正に此辺《このあたり》に在ることと存候《ぞんじそうろう》。……人倫破壊の原告は先方にして、此方《こちら》は被告の不幸に陥りたるものなれども、尚ほ其際にも上流社会の体面は維持致し度存居候《たくぞんじおりそうろう》」「凡《およ》そ天下に離婚の沙汰少なからずと雖《いえど》も、其手順の無造作なる、今度《このたび》の如《ごと》きは先《ま》づ以《もっ》て異常の例なるべし。」「此事は兼て本人の胸底に思ひしことにて、決して一事の発意《ほつい》にあらずと申すよしなれども、いよいよ斯《かく》の如くなれば、新婦は年こそ小娘なれども心は則《すなわ》ち老姦《ろうかん》を欺《あざむ》くものと云はざるを得ず。……恐ろしき大姦物《かんぶつ》と云はざる（を）得ず候得共《そうらえども》、此方《こちら》にては彼《か》れの平生を詳《つまびらか》にし、決して姦物ならざるを知るのみならず、敢《あえ》て之《これ》を保証する所なり。然《しか》るに先方の両親は兼《かね》て当人に去るの覚悟ありしと云ふか。即ち自分の娘は大姦権謀の女なりと云ふに異らず。其《その》理由《わけ》篤《とく》と承《うけたまわ》りたし。」

「本文の次第、此方は徹頭徹尾、人間の大倫を重んじ、武骨ながらむかしの武家風に事を鄭重《ていちょう》に致し、一旦結びたるものを解くなどとは思ひも寄《よ》らず、他人の家へ嫁《か》するは決死の覚悟なるべきことと存《ぞん》じ居候処《おりそうろうところ》、何ぞ計《はか》らん、軽率至極、恰《あたか》もうら店《だな》の嫁入《よめいり》の如《ごと》し。是れにても先方は愧《はじ》る所なきか。」「此帰籍《きせき》の事に付、……当人より一書を所望《しょもう》との義、是れは俗に云ふ三行半《みくだりはん》の離縁状なるものならんか、左《さ》りとは棒腹《ほうふく》の次第、元来三行半と申《もうす》は、下等社会素町人《すちょうにん》土百姓《どびゃくしょう》の輩《やから》が……他日の紛紜《ふんうん》を懸念して、……古来日本国中武家以上には絶《たえ》て無き慣行に御座候《ござそうろう》。……唯《ただ》不縁の一事のみ千載《せんざい》の遺憾《いかん》、恰《あたか》も福沢の家に古来未曾有《みぞう》の不祥なれども、是《こ》れは致方無之《いたしかたこれなく》、然《しか》るに尚《なお》その上に三行半の離縁状とは、福沢家を目《もく》するに素町人《すちょうにん》を以《もっ》てするに異《こと》ならず、先方の習慣は之《これ》を知らず、此方におゐては何分赤面に堪ざる次第に付、此義は断じて拒絶致し候。扨《さて》此方の離縁法は、元《もと》と媒酌《ばいしゃく》を以て成《な》りし縁談なれば、之《これ》を破るも亦《また》媒酌に依《よ》る可《べ》し。公明正大、即ち上流社会の事なり。況《いわ》んや公《おおや》けには帰籍の事さへあり。三行半の離縁状、何の所用あるべきや。」

コメントはいらないであろう。九〇年三月末には「いよいよ離婚」と決まり、四月一八日に手続きが終了。一太郎は「再び妻を娶《めと》る意なし」という意向のはずであったが、福沢は早速「一太郎の家内も色々詮索致《せんさくいたし》候得共《そうらえども》、長し短し誠に困り、遂《つい》に宇都宮の妹に取極《とりき》め……」と、離婚手続きからわずか五日後の四月二三日に、諭吉の親友・宇都宮三郎の妻の妹大沢イト（大沢昌督の次女）と再婚させている。初婚が「下等社会素《す》町人（商人）」の娘であったために失敗したが、今度《こたび》は士族（医師）の娘であるから大丈夫という思いを、福沢は長姉・小田部礼宛の手紙で、次のように書いている。

「最初は町人にても不苦《くるしからず》と存候処《ぞんじそうろうところ》、何分《なにぶん》にも士族と町人とは丸で家風の異なるものにて、如何にも人品賤《いや》しく致方無之《いたしかたこれなし》。／右の次第にて先妻は離別して、今度《こたび》は医師大沢氏の次女を貰《もら》ひ受候《うけそうろう》。……元《も》と学者の家に生れ品柄《しながら》も宜敷候間《よろしきそうろうあいだ》、今度《このたび》は必ず永久致《ながくひさしくいたし》候事と存候《ぞんじそうろう》。」

この諭吉の姉宛の手紙は、彼の「あらわな士族エリート意識と町人蔑視」意識の素顔を語るものとして、やはりコメントはいらないであろう。

B　家父長制的女性差別論――娘の教育と女「乞食《こじき》」への対応

遅まきながら、女性の自立の基礎としての「労働権の確立」と長年疑われなかった「性別役割分業」の打破という「静かで長い革命」としての「女性革命」（男女共同参画社会）の時代を迎えて、日本でも福沢諭吉に代表される家父長制的な差別的女性論は基本的にすべて過去のものになろうとしている。確認のために、とりあえず福沢の女性論の主要な内容を列挙してみよう。

①女性が家事・育児を「天職」として、「男子を助けて居家処世《きょかしょせい》の務《つとめ》に」つく性別役割分業観。②女性の参政権と労働権の欠落。③日本資本主義の対外進出のための娼婦の海外「出稼ぎ」をふくむ積極的な公娼制度必要論。④「温和《おんわ》良淑《りょうしゅく》」「優美」「柔順」という日本女性「固有」の「美徳」養成のための女子特性教育論。つまり、男女共学と男女共通教育の否定。⑤女子の郷里を離れての「遊学」反対。⑥恋愛結婚反対論と、離婚の自由否定の「偕老同穴《かいろうどうけつ》」論。⑦結婚の際の夫妻の姓とは異なる新苗字《みょうじ》創出のアイデア。

不十分ながら男女共同参画社会基本法がともかく成立した（一九九九年）日本では、以上の福沢の女性論の①から⑥の内容のすべてが博物館入りの代物《しろもの》であることは明らかである。唯一、今も福沢の平等的センスを示す新苗字創出のアイデアも、二〇〇三年一月からの通常国会で家庭裁判所の許可を条件とする夫妻別姓法案が提出され成立が見込まれる段階を迎えており、彼のアイデアの輝きも風前の灯《ともしび》である。つまり、政府世論調査でも別姓制度導入の賛成が反対を上回り、夫妻はなにがなんでも同一姓という考えが、もはや日本社会の常識ではなくなろうとしているのである。

「明六社《めいろくしゃ》」同人をふくめて福沢に身近な同時代の人々が廃娼論、女性参政権、男女共学、男女共通教育をそれなりに主張し運動も展開していたのに、福沢はそれらの主張にすべて背を向けていた。ところが、その福沢の女性論について、既述したように、丸山は、「福沢の説は後年になって保守化してくるものもありますが、この婦人隷属の打破という点だけは、維新直後から前面に出て、しかも終生変らない。……福沢の社会批判のなかでも最も一貫しているものの一つです。」(『丸山集』⑬一〇八～九)と評価する。同様に、ひろたまさきも「晩年の女性論は、彼が政治、経済、社会、学問の分野で節操をまげ現実主義の世俗にまみれることを強いられ続けたなかで唯一の、節操を貫きとおした分野であった」として、福沢が「最後まで女性の解放を説き続けた」と結論する(鹿野政直は、このひろたの評価を肯定的に引用)。さらに遠山茂樹も、福沢の「国内政治論が後退して生彩を失い」、対外的にはアジア侵略の道を歩んでいる時期に、その女性論が「急激なる革新論」を構成し、「なお改革者としての意気込みを回復」していたと評価する。つまり、戦後民主主義を代表する研究者たちがそろって福沢の女性論を「女性の解放」論と誤って評価しているのである。ひとりの思想家の政治思想、社会思想などが保守化しているのに、女性論だけは革新論や解放論でありうるなどという把握がジェンダー史観への無知・無関心を示唆していることは明らかである。福沢美化の研究では、福沢には「民衆を、「愚民視」し「蔑視」する観念は、見あたらないと考へたい。」（『年鑑』⑮二二五）とされている。民衆の半数をしめる女性への差別観の存在ひとつで、こんな単純な美化論は崩壊する。また、本書の既述内容に限っても、「馬鹿と片輪《かたわ》」のための宗教教化路線、「愚民を籠絡《ろうらく》する……欺《き》術」としての天皇制論、『時事小言』における「百姓町人の輩《やから》は……豚」という記述など、福沢の民衆蔑視思想は自明のものである。被差別的存在の女性のなかでも、もっとも差別・抑圧される「職業」としての買売春《ばいばいしゅん》にかかわる女性への見方、位置づけに福沢のあらわな蔑視観を確認することができよう。

「青楼遊郭《せいろうゆうかく》は……欠くべからざる一種の要具」「娼妓《しょうぎ》に依頼して社会の安寧を保つの外《ほか》あるべからざるなり。」「廃娼など思ひも寄らず、我輩の全く反対する所にして、寧《むし》ろ必要」、国外への「娼《しょう》婦《ふ》の出稼《でかせぎ》」も日本資本主義の対外進出のために「公然許可することこそ得策《とくさく》なれ。」と主張していた福沢が、「内安外競」の「経世」に貢献する娼婦を「濁世《じょくせ》のマルタル……身を棄《す》てて衆生済度《しゅじょうさいど》に供するの仁者《じんしゃ》」と解説することは、それなりに筋がとおっている。しかし、「之《これ》を秘密にして世間に隠すべし」という条件で、蓄妾や芸者遊びを容認する福沢は、社会「上流の士君子」が遊郭への出入りをしないように、「公《おお》けに売淫《ばいいん》を以《もっ》て業《なりわい》とする者は、之《これ》を人間社会の外に擯斥《ひんせき》して……恰《あたか》も封建時代の穢多村《えたむら》の如く」するよう要求した（右の文章に見られるように、福沢には中江兆民のような被差別部落問題への批判的発言は皆無)。

娼婦を「濁世《じょくせ》のマルタル」「衆生済度《しゅじょうさいど》……の仁者《じんしゃ》」と評価しながら、福沢はその娼婦たちと買売春を「人倫の大義に背《そむ》きたる人非人《にんぴにん》」「無智無徳破廉恥《はれんち》の下等婦人」「夜叉鬼女《やしゃきじょ》」「無頼放恣《ぶらいほうし》の婦女」「人類の最下等にして人間社会外の業《なりわい》」「人間以外の醜物《しゅうぶつ》」「賤《いや》しみても尚《な》ほ余《あま》りある者」などと、口をきわめてさげすみ蔑視した。

ただし、福沢は、「経世」論としては公娼制度の積極的賛成論を主張して、廃娼運動にも一貫して背を向けていたが、三歳の幼時に父を失い母の手ひとつで育ったという生い立ちもあって、植木枝盛たちが遊郭《ゆうかく》にいり浸《びた》りながら女性参政権などの「女性解放」論を説いたあり方とは異なり、自身「今日に至るまで曾《かつ》て自《みず》から心に疚《やま》しきの所業《ふるまい》なき」(『全集』⑥四六五) ことを誇っていた。日常生活と思想が乖離《かいり》することが一般的であった近代日本の知識人のなかで、この点での福沢の傑出ぶりは評価できよう。そのために彼の女性論の評価が甘くなったという事情があるのかもしれない。しかし、その「謹厳方直《きんげんほうちょく》」な素顔と、福沢の女性論が近代日本の典型的な家父長制的で差別的な女性論であったという事実とは別の問題である。

以上は福沢の女性や民衆にたいする「素顔」ではなく、公的発言に見られる彼の女性論である。『福沢諭吉家族論集』解説(中村敏子)をふくめて、先行研究のそれがあまりにも神話の域にとどまっているために、素顔の前に福沢の女性論の一端を確認した。論をあらかじめ覗《のぞ》いておけば、素顔にも驚かないという思いがあっての言及であった。

しかし、福沢の民衆蔑視論を熟知しているつもりの私でも、思わず息をのんだ福沢の素顔の光景がある。それを紹介しておこう。晩年の福沢には健康維持もかねての塾生同伴の「朝の散歩」の習慣があった。一八九二年義塾入学、九七年別科卒の葦原雅亮の目撃記録である。「筆者は、先生が古川の四の橋辺《あたり》でたびたび女乞食《こじき》の一群に銭《ぜに》を恵《めぐ》まるるのを見ていたのであるが、決して彼等の掌《てのひら》に与えらるることは無かった。ぽとぽと道路上に落さるるのであった。」（西川俊作・西沢直子『ふだん着の福沢諭吉』慶應義塾大学出版会、九八年、一七四）。

ところがある日、遭遇した「決して汚れては見えな」い「何処《どこ》かの隠居」風の「老人」の前に立ちふさがった福沢は、無作法な言葉遣いで「貴様はなんだ」と質問、「宿六《やどろく》だ」の返事にたいし「宿六は分っている。昔の身分は何か」と尋ね、「旗本みたいなものだった」の返事に、「与力《よりき》か、同心《どうしん》か」と問い、「与力」「伊賀組」の返事を聞くと、「先生は二、三粒の小銀貨を取り出して「掌《て》を出せ」と言われ、老人の差出す掌《てのひら》の中にのせられ、「達者で暮らせよ」と言われたなり、……家路に就かれた。」と書いているように、葦原は、いつもの女乞食《こじき》への対応と異なることに特別の印象を受けて、この記録を残したのである。

既述したように、福沢の女性教育論が〈「温和良淑」「優美」「柔順」という日本女性「固有」の「美徳」養成のための女子特性教育論、男女共学と男女共通教育の否定、女子の郷里を離れての

「遊学」反対〉であったことを前提にすれば、以下のように、自分の息子に対比して娘の教育をおおばばに差別（福沢の意識では「区別」）したり、家庭での女性への対応に裏表があったとしても驚くことではない。「福沢諭吉は男の子の教育には大変熱心だったけど、女子教育には関心がなかった」（同右「孫が語る福沢諭吉」、八二）という孫の証言にあるように、福沢は息子と娘（次女）の夫（養子の福沢桃介）の教育には熱心で、長男一太郎と次男捨次郎を八三年から八八年まで約五年半アメリカに留学させ、養子の桃介も八七年に同じ米国留学に送りだしている（三男、四男も留学）。

対照的に、「福沢諭吉は婦人の教育を一向にしなかったという話ね。志立のおばさま（四女）は学校にはとうとう行かなかったんじゃない。」「そうなの、一、二か月横浜の学校（山手共立女学校）に行ったら、福沢のおばあさま（妻）が寂しいって、三人（次女、三女、四女）行ったのにみんな（外泊は一切ゆるさない）寄宿舎から呼び帰されちゃったんです。」（同右、五八、八一、九四）という証言がある。これについては、「日本におけるウーマン・リブの先駆だといっていいと思う。」「死ぬ直前に至るまで、終始一貫して婦人解放の問題を考えていた」という、大甘《おおあま》の福沢女性論評価を提示している武田清子も、「多少、問題と考えられることは、女性の高等教育には消極的な態度である。……慶応義塾は男子のための塾で、女子の塾をつくらなかったのは、なぜか？　などとも考えさせられる。」（『婦人解放の道標』ドメス出版、八五年、三一、三四）と書いている。戦前の慶応義塾は、小学校にあたる幼稚舎においてさえ男女共学を実施しなかった。

日常生活の福沢の素顔については、東京ＹＷＣＡの会長も務めた四女のたきが、「あの人（福沢諭吉）は自分の家では随分違った人だったんですよ」というのが口癖であったとのこと（『手帖』101号一二）。これについては、長女さとの同様の証言を高橋誠一郎が紹介している。福沢の最晩年の女性論にあたる『女《おんな》大学評論』が毎朝「時事新報」紙上に連載されていた頃、「先生が常に口に、一家の主人の専制君主的傍若無人《ぼうじゃくぶじん》の態度を戒めながら、自分自身は屢々《しばしば》遠慮会釈《えしゃく》もなく家人を大声に叱りつけて仮借《かしゃく》することがないのに平らかならず、「母と私とは何度も台所で何んて憎らしいのだろうと申し合ひました」」（『選集』⑤、五〇年代版、三九四）とのことである。

C　二階から見下ろしてはならない——天皇に「感泣」する福沢

『概略』で「保元平治《ほうげんへいじ》以来歴代の天皇を見るに、其《その》不明不徳は枚挙に遑《いとま》あらず。後世の史家諂諛《てんゆ》の筆を運《めぐ》らすも尚《なお》よく其罪を庇《かば》ふこと能《あた》はず。父子相《あい》戦ひ兄弟相伐《けいていあいう》ち……」と書いた初期啓蒙期の福沢は、「鎌倉以来人民の王室を知らざること殆《ほとん》ど七百年」であるため、「新《あらた》に王室を慕ふの至情を造」ることは「頗《すこぶ》る難《かた》きこと」というリアルな判断ももっていた。また「覚書」では「聖明の天子、……難有御代《ありがたきみよ》……などとは、……偽《いつわり》に非《あら》ずして何ぞや、……況《いわ》んや近代の天子将軍に至《いたり》ては、其《その》人物の取るに足らざるは事実」とメモしていた。しかし同時に福沢は、同じ「覚書」で

「日本の人心は、正《まさ》に国王の聖徳を信じ、……旦那を信じ、親方を信ずるの時代なり」という冷静な判断をもち、初期啓蒙期の『概略』でも天皇制については、「之《これ》を維持して我政権を保ち我文明を進む可きが故に貴《とうと》きなり。」という功利主義的判断を示し、「自国の独立」確保のために、「国体論」「君臣の義」などの思想の動員を主張していた。

その後の福沢は、「一身独立」は「第二歩に遺《のこ》して、他日為《な》す所あらん」という初期啓蒙期の貴重な社会的公約を放置したまま「一国独立」路線をつき進んだために、自由民権運動と遭遇すると、八二年『帝室論』で「愚民《ぐみん》を籠絡《ろうらく》する……欺《き》術」としての天皇制を選択した。その後、大日本帝国憲法＝教育勅語体制への道のりをあゆんだ福沢は、八八年『尊王論』の「我大日本国の帝室は尊厳神聖……古来今に至るまで疑を容《い》るる者なし」と、初期の自身の認識からいえば明らかな虚偽を主張するようになり、帝国憲法発布時には、「帝室は……大日本国の名と共に万世無窮《ばんせいむきゅう》の元首にして、世界中最も尊く、最も安《やすらけ》く、又最も永《ひさし》く、実に神聖無比の国君」と主張するようになった。

翌年の教育勅語の発布にたいして福沢は、「時事新報」社説に「我天皇陛下が我々臣民の教育に叡慮《えいりょ》を労《いたずか》せらるるの深き、誰か感泣《かんきゅう》せざるものあらんや。」と書かせた。以後、福沢自身が天皇とかかわってしばしば「感泣」するようになるのは、臣民に「尊厳神聖」な天皇制を売りこむための作為的な表現なのか、それとも次第に福沢自身が天皇制の尊厳に「惑溺《わくでき》」陶酔するようになって「素顔」のまま感泣するようになったのか、判断は微妙である。

その考察に移る前に、九三年の初頭、内閣弾劾上奏案まで提出されて難航していた政府の軍備拡張計画が「今後六年間毎年内廷費から三〇万円を支出し、また文武官僚は、同じ期間俸給の十分の一を献納……」という、天皇が直接的に政治関与した「軍艦勅諭」によって一挙に問題が解決した事実は、福沢に天皇制の政治的効用を決定的に認識させる貴重な体験となったであろう。後に彼はそれについて、「危機一髪の際、突然詔勅《しょうちょく》の発布……一旦《いったん》否決したる軍艦製造の費目を復活……感泣の外《ほか》なき」と書いた（『前著』一一～）。

天皇の奉迎に慶応義塾の学生生徒を動員する教育がいつ頃から始まり、どういう経過をたどったかについては、本書では今回明らかにできなかったが、とりあえず断片的に知りえた事実だけを紹介しておこう。八九年二月一一日の帝国憲法発布当日には、「幼稚舎生は……引率されて、虎の門外で聖駕《せいが》を奉迎。又大人《おとな》生も揃って御通輦《つうれん》の通筋《みちすじ》で奉迎し、帰校の上祝酒《いわいざけ》を傾け花火をあげる」ことが予定されていた（『年鑑』㉑一一四）。また九一年五月二二日には、「天皇陛下が京都より還幸《かんこう》せられたため、幼稚舎は臨時休業して、幼稚舎生数百名が教員と共に、お帰りの御通筋《おみちすじ》、新橋際《ぎわ》に整列して、歓迎し奉った。」（『年鑑』㉖八〇）。

福沢が天皇崇拝者の素顔をもつようになったのか否かの考察にもどろう。日清戦争を迎えると、「伝家の宝刀」の天皇の最大限の政治的活用の先頭にたった福沢は、「平壌《へいじょう》の戦争……我軍の大勝利……畢竟《ひっきょう》我天皇陛下の威霊《いれい》と将校以下の忠勤に依るもの」、「開戦以来天皇陛下には大本営……

終日御《ご》軍服のまま……玉体《ぎょくたい》を労《いたずか》せらるる……一日も早く叡慮《えいりょ》を安んじ聖体を安んじ奉らんとの精神……此精神たるや実に我万里の長城」、「我大元帥陛下……遥に海を越えて大纛《だいとう》（天皇旗）を韓山の風に翻《ひるが》へし給ふ御事《おんこと》もある可し。」（『前著』巻末資料二六一、二七一、二七三番）などと、大本営で侵略戦争の戦争指導にあたる天皇を手放しで賛美・賞賛した。

それだけに、日清戦争に勝利して広島の大本営から東京にもどった天皇を迎えた時の福沢の感激ぶりはひとしおであり、「本日の御還幸《かんこう》に付き聊《いささ》か奉迎の辞を述べんとするに当り、我輩は唯《ただ》感激の情に迫りて殆《ほと》んど言ふ所を知らざるものなり。……凡《およ》そ一年足らずの日月間、只管《ひたすら》軍務の事に叡慮《えいりょ》を委《ゆだ》ねさせられたるは、吾々臣民たるもの唯《ただ》感泣の外《ほか》なきのみ。……今上《きんじょう》皇帝の御《ご》功業は実に日本開闢《かいびゃく》以来前古無比《ぜんこむひ》の御偉蹟《ごいせき》にして、……実に今上《きんじょう》陛下の御功業は神武《じんむ》天皇以後、御列世《ごれっせい》の間にも絶えて見る可《べか》らざる中興の御成業として仰ぎ奉る可きのみならず、之《これ》を世界古今に求むるも、僅々《きんきん》三十年間の御《ご》治世に於《おい》て、斯《か》くの如《ごと》き非常絶大の大偉蹟を収《おさ》めさせられたる例はある可《べか》らず。吾々日本臣民は何の幸《さいわい》ぞ、生れて此盛世《せいせい》に逢《あ》ひ、眼前に此盛事《せいじ》を観《み》る。誰《だ》れかますます感激して報効《ほうこう》を思はざるものあらんや。唯《ただ》この上は只管聖寿《ひたすらせいじゅ》の万々歳《ばんばんざい》を祈り奉るのみ。」（『全集』⑮一七二～三）という最大限の賛辞を書き記した。

以上は、福沢の天皇とかかわる素顔というより、公的な発言や行動にあらわれた思想というべきものである。中期以後の福沢が天皇制ナショナリズムの思想を熱心に主張・展開したことは明らかな事実である。しかしながら、初期啓蒙期の天皇制に対する彼の醒《さ》めた認識や判断があるため、思想家の素顔あるいは内心においても、福沢が天皇崇拝者となり変わったと判断することに、私にはどうしてもためらいが残るのである。

以下は、一八九一、二年頃からもっとも多く「時事新報」社説の起稿を担い、福沢没後は主筆を継ぎ『福沢諭吉伝』四巻（三二年）を執筆・刊行した石河幹明の目に映った、天皇とかかわる福沢の素顔である。出典はすべて『諭吉伝』第一巻（五七五〜八六）である。「往年《おうねん》三田四国町に育種場なるものがあって、其《その》構内の競馬場でをりをり競馬を挙行し、時には天皇陛下の御臨幸《ごりんこう》を仰ぐこともあった。ところが先生の家の二階は、遠望ではあるが此競馬場を見下《おろ》す位置に在ったので、御臨幸のある場合にはかりそめにも見下すことは畏《おそ》れ多いとて其二階を閉ぢて、家人《けにん》及び使用人のこれに入ることを固く誡《いまし》められるのが常であった」。天皇制を「愚民を籠絡《ろうらく》する……欺《き》術」と見抜いて選択した醒めた福沢と、この場合の福沢の素顔はどうつながるのであろう。

福沢は生涯爵位勲章をうけず、「勲章か何かを授けようとの内意はしばしばあったが、先生は其《その》都度《つど》これを謝絶し、又其事のありそうな場合にはこれを予防することに努め」た。これは、さすがに「爵位の如《ごと》き唯是《ただこ》れ飼犬《かいいぬ》の首輪に異《こと》ならず」と嘯《うそぶ》いた福沢らしい姿として、素直に評価できる。ところがそれが、「其栄誉の発源たる皇室に対する」場合の福沢の態度は別ということであるから、私はその評価に戸惑いを感じるのである。「明治三十一年の大病のとき、両陛下並《ならび》に皇太子殿下より御見舞品を賜ったので、病気快復の後、御礼を申上げるため自身で宮内省に出頭しようと思はれたが、起居動作尚ほ意の如くならざるより、万一失態ありては相済まずとて、（長男一太郎、次男捨次郎、小幡篤次郎、手塚猛昌の四人を伴い、羽織袴《はかま》で人力車に乗り）宮内大臣並に東宮大夫《とうぐうのだいぶ》の官邸に赴き、面会の上、御礼の執奏を依頼せられた。其時先生は甚だ恭虔《きょうけん》なる態度で、畏れ多くも数《かず》ならぬ微臣《びしん》の病気を御心《みこころ》に掛けさせられ給ひたるは、諭吉の身に余る光栄、実に謝し奉るべき言葉を知らずとて、声涙共に下り言葉も途切れ勝に御礼を申述べられたのには、聞く者をして非常に感動せしめた」ということであった（前掲、富田正文『考証』下七五三も、この時の福沢について同一の記述をしている。括弧内は同書による）。

さらに、「明治三十三年「校舎を開きて才俊を育し新著を頒《わか》ちて世益に資す云々」の御沙汰《ごさた》書を以て金五万円を下賜《かし》された。先生は、「病後の身であったので小幡篤次郎を代理として其優渥《ゆうあく》なる御沙汰を拝した」が、そのとき石河幹明に「余は謹んでこれを拝受し其《その》意外なるに驚きて未だ一言も発せざるに、家内も子供も傍《かたわら》より口を揃《そろ》へて、此恩賜《おんし》金を一日にても福沢の家に留め置くは心に済まぬ次第なり、御沙汰の旨《むね》を体《たい》して早速義塾に差出したしの言《げん》は、恰《あたか》も余が意中に符合して、妻子に相談の要もなく、即座に寄付の手続に及びたることとなり。誠に望外の恩典、一身一家の栄誉この上もなきこと」（『全集』⑯六〇六）云々と語ったのである。なお、この時の福沢について、石河幹明は五月一六日に「今回の恩賜《おんし》に付き福沢先生の所感」と題する「時事新報」社説を掲載している。「莫大《ばくだい》の恩賜《おんし》を辱《かたじけな》うしたるは、諭吉に於て身に余るの光栄、謝し奉る可き辞を知らず、感泣の外《ほか》なき次第……帝室より斯《かか》る優渥《ゆうあく》なる御賞与に預る可しとは夢にも思ひ掛けざる所にして、唯《ただ》意外の感に堪へざるのみ。……。実に意外の光栄にして只恐懼《きょうく》の外《ほか》なし。……ますます聖恩の限りなきを感謝し奉ると同時に、轉《うた》た歓喜の情に堪へざるなり。」（同右六〇一～六）。

天皇とかかわると、くり返し「感泣」する福沢。「声涙《せいるい》共に下《くだ》り言葉も途切れ勝」ちの諭吉。「かりそめにも見下すことは畏《おそ》れ多い」「微臣《びしん》」「恭虔《きょうけん》な態度」「聖恩」「恐懼《きょうく》の外《ほか》なし」「身に余るの光栄」などという言葉につつまれた天皇を畏服《いふく》するばかりの「素顔」の福沢を、どう評価するのか。すでに老境の病後の身であったことはある程度、差し引いてもよい。

しかし、初期啓蒙期の福沢と対比すると、あきらかに度をこえている。「聖明の天子、……難有《ありがたき》御代《みよ》……などとは、……偽《いつわり》」というリアルな認識をもちながら、他方で「日本の人心は、正《まさ》に国王の聖徳を信じ……るの時代」であるという冷静な判断をもち、天皇制を「之《これ》を維持して我政権を保ち我文明を進む可き」手段だといって、その「愚民を籠絡《ろうらく》する」政治的効用から、福沢は天皇制を選択した。したがって、天皇制という政治装置の「物の貴《とうと》きに非《あら》ず、其働《はたらき》の貴きなり。」と一貫して功利主義的に判断し、その政治的機能「其功徳《こうとく》を無限にせんとするが故に政治社外と云ふのみ」という権力サイドから見て合理的な天皇制＝「政治社外」論も構想していた。以上のように天皇制を位置づけ把握する福沢の論理からは、たとえ病後であっても、彼が天皇制の「尊厳神聖」性に「惑溺《わくでき》」する余地を見出すことはできない。

他方で、「鎌倉以来人民の王室を知らざること殆《ほとん》ど七百年に近」い事実から、「新《あらた》に王室を慕ふの至情を造り」だすことは「頗《すこぶ》る難《かた》きこと」という冷静な判断ももっていただけに、その天皇制を支配装置として選択した福沢は、その制度をおしだし近代日本社会に定着させるために、在野《ざいや》の知識人としては最大の努力を傾けた思想家であった。そのため福沢は、『帝室論』以前から「帝室は……我日本国民の諸共《もろとも》に仰ぎ奉り諸共《もろとも》に尊崇し……之に忠を尽すは……万民《ばんみん》熱中の至情《しじょう》」（『前著』資料八六番）という虚偽の主張を開始し、「覚書」とは逆に「歴代に英明の天子も少なからずして、其《その》文徳武威《ぶい》の余光、今に至るまで消滅せざる」（同、一七五番）ことを強調した。『概略』では「君臣の倫《みち》を以て人の天性と称し、……之を人の性と云ふ」（同、二七番）のは誤りと主張していた福沢が、『尊王論』以降は、「我大日本国の帝室は尊厳神聖……これを尊《とうと》むや、……日本国人固有の性」（同、一七三番）、「帝室の神聖を尊拝……此習慣は国人の骨に徹して天性《てんせい》を成し、……尊崇敬愛……唯人々《ただにんにん》の性に従ふのみ。」（同、一八六番）と、まったく逆の主張を展開したのである。

あとは転落の一途あるのみで、「その論の核心は一切の政治的決定の世界からの天皇のたなあげ」という丸山の福沢天皇制論を冷笑するかのように、日清戦争という最大の政治の舞台で「伝家の宝刀」を抜きはなった福沢は、すでに見たように、「天皇陛下の威霊と将校以下の忠勤」、「三軍の将士は皆御馬前《ごばぜん》に討死《うちじに》の覚悟」、「一日も早く叡慮《えいりょ》を安んじ聖体を安んじ奉らんとの精神……たるや実に我万里の長城」などと呼号し、天皇の海外出陣の可能性さえ主張し、最晩年にいたるまで、労働運動・階級対立への警鐘をくりかえすのと並行して、「万世《ばんせい》一系、宝祚《ほうそ》（天子の位――安川）の盛《さかん》なる天壌《てんじょう》と与《とも》に極《きわま》りある可《べ》からず。殊《こと》に一般臣民の帝室に忠誠なるは世界に其《その》類を見ざる所にして、苟《いやしく》も帝室の為《た》めとあれば生命尚《な》ほ且《か》つ惜《おし》むものなし。況《いわ》んや財産に於《おい》てをや。」（同、三九七番）と、その天皇制の尊厳神聖と臣民の忠誠のキャンペーンはエスカレートする一方であった。

『前著』終章で、晩年の思想家福沢の自身の生涯の総括が、「一身独立」を「他日為《な》す所あらん」と公約した初期啓蒙期の視座からではなく、「此日本国を兵力の強い商売の繁盛する大国に」したいという「第二の誓願」からのものとなり、そのため「前後を思へば洸《こう》として夢の如く、感極《かんきわ》まりて独《ひと》り自《みず》から泣くの外《ほか》ない。」「今や隣国の支那朝鮮も我文明の中に包羅《ほうら》せんとす。畢生《ひっせい》の愉快、実《じっ》以《もっ》て望外の仕合《しあわせ》に存候《ぞんじそうろう》。」という手放しの評価・総括であることを見た（二〇八〜）。したがって、「恐懼《きょうく》の外《ほか》な」き「聖恩」の明治天皇の「重臣」＝宮内《くない》大臣・東宮太夫《とうぐうのだいぶ》にむかって「声涙《せいるい》共に下《くだ》り言葉も途切れ勝」ちに「感泣」する福沢の姿は、民衆への作為ではなく、「第二の誓願」どおりに日本が帝国主義大国になりあがった喜悦による緊張感のゆるみも加わって、自《みずか》ら長年その尊厳神聖キャンペーンを行なった天皇制の価値観に福沢自身も陶酔《とうすい》「惑溺《わくでき》」するように変化した老残《ろうざん》の姿と考えたい。

D 「忠臣孝子」の日常性

素顔の福沢の忠臣孝子ぶりについては、先行研究でひろく紹介されているので、その引用にとどめたい。「善《よ》く儒を罵った福沢は、他面において実に「儒の道を信じて疑はざる者」であった」として、小泉信三『福沢諭吉』（岩波新書）は、「何人《なんぴと》も福沢の父母と兄姉にたいする孝悌《こうてい》の行いの申分《もうしぶん》なきを批評することはできない。」といい、福沢のその発言を引用して、「凛然《りんぜん》たる孝子の一語、百年の後にしてなお人の襟《えり》を正《ただ》さしめるというべきであろう。」と書いている（第八章）。石河幹明『諭吉伝』では、家庭での福沢が、「父百助《ひゃくすけ》の遺墨《いぼく》を額《がく》に掲げて、いかなるばあいにもこれに一礼してからしかその下に座ったことがなかった」（第四巻、七六九）と伝えている。

忠臣そのものの姿については、「福沢の中津藩《なかつ》とのつながりは、明治維新後、あるいは廃藩置県後もきわめて濃密であり、中津市学校の設立・運営をはじめ、多くの中津の事業に助言・助力しただけでなく、藩主奥平家《おくだいらけ》の東京移住や家計の管理、若い藩主奥平昌邁《まさゆき》の留学まで面倒を見るなど、「私《わたし》の為《た》めに門閥制度は親の敵《かたき》で御座《ござ》る」と言ってのけた封建制批判のイデオローグ福沢という像からは、想像できないものがあった。」（『書簡集』①四二〇）。「旧藩主の奥平家に対しては旧藩士の礼を守って、年頭その他の折り目切り目には正装して伺候《しこう》して、主公《しゅこう》の御機嫌伺いを欠かさなかったり（中津藩最後の藩主は福沢の門下生の少年であるが、更にその子孫についても福沢は旧主従の礼を崩さなかった）、初めてアメリカへ連れて行ってもらった木村芥舟《かいしゅう》（旧攝津守）に対しては生涯旧従僕《じゅうぼく》としての態度をもって慇懃《いんぎん》に奉仕することを怠らなかった。」（『年鑑』②二三〇〜）。

「反儒教主義は殆ど諭吉の一生を通じての課題」という丸山真男、遠山茂樹、田中浩らの見解の誤りは、第Ⅱ章1で福沢の思想に即して批判したが、もちろんそれらの評価が福沢の日常の素顔とも遠くかけ離れた神話であることは明らかであろう。

2　思想家・福沢諭吉は転向したのか

丸山真男は、初期啓蒙期の『文明論之概略』が福沢諭吉の思想の「唯一の原理論」であり、その「基本原理は、……最晩年にいたるまで保持されてい」たと主張していた。これにたいして、第Ⅰ章1の考察において私は、『概略』の時点の主張から「大日本帝国憲法」発布時の論説「日本国会縁起」＝「国会の前途」における主張では、福沢が〈Ａ「権力の偏重」の排斥から受容へ〉、〈Ｂ天皇制認識──「惑溺《わくでき》」排除から「愚民を籠絡《ろうらく》する」欺《き》術の利用へ〉、〈C変革の肯定・主張から歴史的現実主義・封建制の再評価へ〉と、その主張をおおきく変えていることを明らかにした。

Aでは「我国……此《この》権力の偏重《へんちょう》……洽《あま》ねく其人間交際中に浸潤して至らざる所なし。……偏重の病を除くに非《あら》ざれば、……文明は決して進むことある可《べか》らず。」から、「我国人は数百千年来長《ちょう》上《じょう》に服従して其《その》制御を受け、……我日本国人の殊色《しゅしょく》……卑屈にても無気力にても、能《よ》く艱難《かんなん》に忍耐《にんたい》……順良の名を以《もっ》てせざるを得ず。」と、「権力の偏重」への評価が排斥から受容の主張へと百八十度逆転していた。

B天皇制認識では、「歴代の天皇を見るに、其《その》不明不徳は枚挙《まいきょ》に遑《いとま》あらず。」と指摘し、皇学者流に「君臣を人の性と云ふ……惑溺《わくでき》」に断固反対していた福沢が、『帝室論』『尊王論』の「帝室は尊厳神聖……万民《ばんみん》……これを尊《とうと》むや、……日本国人固有の性」という主張に変わり、帝国憲法発布時には「帝室は……万世《ばんせい》無《む》窮《きゅう》の元首にして、世界中最も尊く、最も安《やすらけ》く、……実に神聖無比の国君」と賛美するというように変化していた。Cでは「恰《あたか》も一身にして二生《にしょう》を経《ふ》るが如《ごと》く……所謂《いわゆる》今吾《こんご》は古吾《こご》に非《あら》ず」という社会の変革を賛美・主張していた福沢が、封建制の再評価を始め、「今吾を以て古吾を想へば、前後恰《あたか》も二生あるが如《ごと》」き社会変革を否定し、歴史的・遺伝的に形成された「従順、卑屈、無気力」な国民性は容易に変わるものではないと主張を変えていた。つまり、『概略』から一〇余年後の帝国憲法発布時の福沢は、同じ「権力の偏重」、天皇制認識、社会変革にかかわる主張を文字通り逆転させており、初期啓蒙期の「基本原理は、……最晩年にいたるまで保持されていた」という丸山の主張が明らかに破綻していることを確認した。

ここでの問題は、福沢諭吉のこの明確な変心の事象を、思想的な「転向」と理解・把握するのかどうかである。本書が明らかにしたように、先行研究の大半が初期啓蒙期の福沢の思想を誤って前向きに評価・解釈してきたために、転換の時期についての研究者によるとらえ方の違いはあるものの、福沢の思想について、否応《いやおう》なくその「転向」「挫折」「変転」「逆転」と呼びうる現象の存在を共通に把握・主張してきた。その点では、福沢が『概略』の基本原理を晩年まで保持していたと主張する丸山真男も、彼の「帝国主義者」への「転向」に論及したことがある。一九四九年の講演「明治国家の思想」がそれである。

「この日清戦争の勝利によって多くの民権論者の態度が変って来るのであります。例えば福沢は、……民権論と国権論の内面的な連繫《れんけい》を最も見事に定式付けた思想家でありますが、……福沢に取っては日本が国際的な独立を確保するということ、どういうふうにしたら植民地化の運命を免《まぬが》れるかということが非常に切実な意識でありまして、日夜そのことばかり考えていた。ところが日清戦争の勝利によって、これまで彼を重苦しく圧していた危機意識からいわば忽然《こつぜん》として解放されたのであります。その解放された、ホッとした気持、ともかく日本の独立を確保しえたという安心感が、日本の近代化は一応達成されたのだという一つの心理的な錯覚に福沢を陥《おとしい》れたのではないかと思うのであります。しかしながら決して福沢だけではなく、この日清戦争を契機として、多くの民権論者が民権論と必ずしも必然的関連を持たない様な国権論の主張者となる、つまり帝国主義者に転向して行くのであります。」(『丸山集』④七四〜五)。

この場合の問題は、「帝国主義者に転向」する以前の初期啓蒙期の福沢の思想を、丸山が「民権論と国権論の内面的な連繫を最も見事に定式付けた思想家」と把握することに無理があったことである。第Ⅱ章2Ａで紹介したように、丸山は、維新当初の福沢の基本的な課題が「一つは日本を「国民国家」にすることであり、もう一つは日本を「主権国家」にすること」であったとして、『すゝめ』の定式〈一身独立して一国独立する事〉において、その二つの「同時的な課題」の「内面的連関というものが、最も鮮かに定式付けられ」ており、「個人的自由と国民的独立、国民的独立と国際的平等は全く同じ原理で貫かれ、見事なバランスを保っている。」と把握していた。

しかし、同じ初期啓蒙期の『概略』第十章の福沢は、国際的平等の精神で外国「交際に天地の公道を頼《たより》にするとは果《はた》して何の心ぞや。迂闊《うかつ》も亦《また》甚し。」という弱肉強食の国際関係認識を前提にして、「一視同仁四海兄弟《けいてい》の大義と報国尽忠建国独立の大義」、すなわち丸山のいう「国民的独立と国際的平等」は「互に相戻《あいもとり》て相容《あいい》れざる」(『全集』④一九一)現実にあるとして、「国の独立は目的なり、今の我文明は此《この》目的に達するの術《すべ》なり。」という日本の近代化の方針を提示し、「報国心」という名の「一国に私《わたくし》するの心……自《おのず》から私する偏頗《へんぱ》の心」、つまり「偏頗心」を選択・推進する意向を表明していたのである。それが何度も言及した「先づ事の初歩として自国の独立を謀《はか》り、其他は之《これ》を第二歩に遺《のこ》して、他日為《な》す所あらん」という初期啓蒙期の福沢が到達・確定した日本の近代化の綱領的方針であった。

そして、丸山真男の門下生も解明したように、この基本的な方針を推進するために、福沢自身は、『概略』の結論として、「国体論……忠臣義士の論も……儒者の論も仏者の論も……暗殺攘夷の輩《はい》」の思想も「文明の方便」として総動員していくことを主張していたのである。したがって、初期啓蒙期の福沢は、丸山の主張する「国民的独立と国際的平等は全く同じ原理で貫かれ、見事なバランスを保っ」た思想や、「民権論と国権論の内面的な連繋《れんけい》を最も見事に定式付けた思想」をもともと確立しておらず、主張もしていなかった。また、丸山が原理論『概略』の「核心的命題」とか「中核的用語」と大仰にいう「権力の偏重《へんちょう》」「惑溺《わくでき》」についても、門下生飯田泰三が痛恨の思いをこめて「丸山先生」を批判したように、ほかならぬ『概略』第十章で、「まさに否定すべき「権力偏重」の社会において培《つちか》われた「惑溺」の心情」を、「動員拡大するという道」を主張していた。つまり、「権力の偏重」「惑溺」の排除という思想に限定しても、福沢は初期においてさえその思想の主張を貫いていなかったのである。したがって、「権力の偏重」「惑溺」の排除は、初期啓蒙期の福沢の思想とはなっておらず、したがって、その「核心的」思想から福沢が「帝国主義者に転向」したという丸山の「転向」図式はひとまず破綻しているのである。

初期啓蒙期の福沢の思想に（敬意をもってただしく）内在化する道は、彼が『概略』第十章において、「外国に対して自国の独立を謀るが如きは、固《もと》より文明論の中に於て瑣々《ささ》たる一箇条に過ぎざれども……」「人間智徳の極度に至りては、其期《き》する所、固《もと》より高遠にして一国独立等の細事《さいじ》に介々《かいかい》たる可《べか》らず。僅《わずか》に他国の軽侮《けいぶ》を免かるるを見て、直《ただち》に之《これ》を文明と名《なづ》く可《べか》らざるは論を俟《ま》たずと雖《いえ》ども」（『全集』④一八三、二〇八）と、「一国独立」の課題を「瑣々たる一箇条」「細事」とくりかえし断っている事実にこそ着目すべきである。しかも、それでいて福沢は、「傍若無人」「無情残酷」「パワ・イズ・ライト」の国際関係を考えると、「先《ま》づ日本の国と日本の人民とを存してこそ、然《しか》る後《のち》に爰《ここ》に文明の事をも語る可《べ》けれ。国なく人なければ之《これ》を我日本の文明と云ふ可《べか》らず。是《これ》即ち余輩が理論の域を狭くして、単に自国の独立を以て文明の目的と為《な》すの議論を唱《となう》る由縁《ゆえん》なり。故に此議論は今の世界の有様を察して、今の日本の急に応じて、説き出したるものなれば固《もと》より永遠微妙の奥蘊《おううん》に非《あら》ず。」（同右、二〇八）と断り書きをしていた。つまり、『概略』当時の福沢は、「細事」の自国の独立確保によって「先づ日本の国と日本の人民」の存在を確保することを「最後最上の大目的」の課題としていたのであって、「個人的自由」や「一身独立」の確立という「文明の本旨」の課題は留保して「他日為《な》す所あらん」と公約していたのである。

『時事小言』『帝室論』によって保守思想確立直後の福沢の発言（それも「漫言」）であるから、どこまで彼の本音とうけとってよいのか問題は残るが、かつての『学問のすすめ』における民衆啓蒙の意図について、福沢は次のように書いている。

「是《これ》は困った世の中なり。畢竟《ひっきょう》彼の庠序《しょうじょ》学校（郷里の学校――安川）を興《おこ》して家に不学の子弟なからしめよと申したるは、読み書き十《そ》露盤《ろばん》一ト通りを覚へ、戸長《こちょう》の触れや納税の催促状位《くらい》の意味が分かり、唯命是従《ただめいこれしたが》ふの良民たらしめんとこそ存じたるに、近来の始末は何事ぞ。白雲頭《しらくもあたま》の小丁《こでっ》稚共《ちども》めが、小学読本の二、三冊も読上げたかと思ふ間もなく、肩上《かたあげ》は下《おり》るは、口髭《くちひげ》は生《は》へるは、何《い》時《つ》何処《どこ》で覚へて来たか、未《いま》だ生青《なまあお》い口先きで、民権とか自由とかそこらあたりへ触散《ふれち》らし、馬糞《まぐそ》拾ひや秣草《まぐさ》狩り、己《おの》が役目は棚に上げて、戸長は圧制で困るの、郡長は公選が当然《あたりまえ》のと、……村中を煽動《せんどう》し、遂《つい》にはチョン髷《まげ》の老人株迄《まで》も誘ひ出し、酒屋会議に出席すべし、政談演説の会主となるべしとて、一切万事不始末千万《ふしまつせんばん》、人の深切《しんせつ》を無にする計《ばか》りでなく、恩を仇《あだ》の此為体《ていたらく》、到底此儘《このまま》に捨置《すてお》くときは、大日本国八十二箇国、今十年を出《い》でずして厄介者《やっかいもの》の巣屈（窟）となるべし。……古人《こじん》言はずや、知字民権《じをしるは》の始りと。……」（『全集』⑧「学校停止」一六七～八）。

これによると、福沢が『学問のすすめ』で民衆を啓蒙しようとした意図は、彼らが「読み書き十《そ》露盤《ろばん》一ト通りを覚へ、戸長の触れや納税の催促状位の意味が分かり、唯命是従《ただめいこれしたが》ふの良民たらしめ」ようとしたのであり、民衆が「馬糞《まぐそ》拾ひや秣草《まぐさ》狩り」という「己《おの》が役目」をこえて自由民権運動に参加して政治的主体としての権利を主張することではない、そうすることは『すすめ』で教育を勧《すす》めてもらった幾百万の貧民が「恩を仇《あだ》」で返す行為であるという程度のものであった。これが『すすめ』当時の福沢の意図であったと、そのまま受けとめるつもりは私にはない。しかし、初期啓蒙期の課題が「一身独立」は留保して、「先づ日本の国と日本の人民」の存在の確保であるという右の『概略』第十章の綱領的方針とはそのまま対応していると言うことができよう。

また第Ⅲ章で解明したように、『学問のすすめ』において、福沢は天与の「自由」などの「天賦人権論」を主張していないだけでなく、当時の日本人民は「今の政府に従ふ可しと条約を結びたる人民なり。」という明白な虚偽を前提にして、「国法」は「小心翼々《しょうしんよくよく》謹《つつしみ》て守らざる可《べか》らず。」、「入用《にゅうよう》（税金――安川）を出《いだ》すに付き決して不平の顔色を見《あら》はす可《べか》らず」、政府が「師《いくさ》を起すも外国と条約を結ぶも……決して其事を評議す可らず。」という政府への服従の内面的自発性だけを人民に求めていた。それでいて、「国のためには財を失ふのみならず、一命をも抛《なげうち》て惜むに足らない「報国の大義」を一方的に要求するなど、『すすめ』の思想は恣意的で不徹底なものであり、当時の日本の人民を「一身独立」させる思想や構想にはほど遠い内容のものであった。

しかし、初期啓蒙期の福沢の思想をきびしく批判的にとらえ直すとすれば、この時期の福沢にとって、『概略』と『すすめ』が内面的にふかくつながる関係にあったことを見なければならない。したがって『すすめ』が右にみたような多くの限界をもっていたことは、「自国の独立」確保が『概略』の最優先の課題であるという福沢の綱領的な基本方針からいえば当然の結果である。第Ⅱ章2Aの九鬼隆義宛の書簡に関連して言及したように、この時期の福沢の思想を代表する〈一身独立して一国独立する事〉は、一言で表現するとすれば、「報国尽忠」の類《たぐい》そのものであったことを、私は再確認せざるをえないのである。同様にして、富田正文の「『学問のすゝめ』十七編を貫いてゐる根本主張は、我国に圧迫を加えつつある先進諸外国に対する後進国日本の国権確立の叫びそのものに外ならない。」（『学問のすゝめ』一九四一年、日本評論社、三二）という解題は、結果として、初期啓蒙期の福沢の思想に適切に内在化した解釈となっている。

先行研究と私の初期啓蒙期の福沢思想の把握の違いは、先行研究の大半がこの時期の福沢に「天賦人権論」の成立や主張を読みこみ、〈一身独立して一国独立する事〉に「主権国家」と「国民国家」樹立の同時的主張とか「啓蒙的ナショナリズムの中核的理念は一身独立」、「民権の確立の上にのみ国権の確立が可能となる所以《ゆえん》」、「近代的国民意識」の主張などという、福沢にもっとも進歩的な思想を読みこんできたことである。これにたいして私は、福沢が、「自国の独立」確保は「細事《さいじ》」で「文明論の中に於て瑣々《ささ》たる」課題に過ぎないことを充分承知しながら、弱肉強食の「今の世界の有様に於て」は、「先づ日本の国と日本の人民とを存」することが緊急の先決課題であるとして、「国の独立は目的なり、今の我文明は此目的に達するの術《すべ》」であるという綱領的な方針を確定・主張していたと把握する。続く文章で、既述したように、福沢は「此《この》今の字は特に意味ありて用ひたる者なれば、学者等閑《とうかん》に看過《かんか》する勿《なか》れ。……爰《ここ》には余輩の地位を現今の日本に限りて、其《その》議論も亦《また》自《おのず》から区域を狭くし、唯《ただ》自国の独立を得せしむるものを目《もく》して、仮《かり》に文明の名を下《くだ》したるのみ。

故に今の我文明と云ひしは文明の本旨に非《あら》ず、先づ事の初歩として自国の独立を謀《はか》り、其他は之を第二歩に遺《のこ》して、他日為《な》す所あらんとするの趣意なり。」と断っていたのである。

つまり、先行研究はこの時期の福沢に進歩的な思想を勝手に読みこんできたが、福沢自身は「今の我文明」の主張や思想は「文明の本旨」にはほど遠い不十分・不徹底なものであるという明確な自覚をもっており、だからこそ「一身独立」とか国内の民主化などの課題は、「自国の独立」の達成・確保の次の課題であるとして、「第二歩に遺して、他日為す所あらん」と公約していたのである。したがって、初期啓蒙期の福沢の思想にただしく内在化するためには、『概略』以後の福沢が、その思想の歩みにおいて、「他日為《な》す所あらん」と公約していた「文明の本旨」の諸課題の追求にどこまでこだわり、初期啓蒙期の不十分な思想をどう組みかえ再編成することによって、日本の歴史現実の形成にどう寄与していったのかという視座から、福沢を考察していくことが求められるのである。

本書第Ⅱ章は、そうした視座から近代日本の支配的な国家観＝人間観を確定した大日本帝国憲法＝教育勅語の発布・「下賜《かし》」にいたる時期の福沢の思想の歩みを考察したものである。自由民権運動との遭遇は、「一国独立」だけでなく他日「一身独立」もあわせ達成するという「文明の本旨《ほんし》」の貴重な課題の追求を公約していた福沢にとってそのための絶好の機会《チャンス》になったと思われるが、右の「漫言」にも見られたように、福沢自身は、民権運動の陣営を「無頼者の巣窟《そうくつ》」「無益の悪戯《わるふざけ》」「風前の塵《ちり》」的存在と罵倒し、明確に敵対的態度をとった。とりわけ、『時事小言』『帝室論』による中期保守思想の確立の跳躍台となったのが、政情の一番安定していると判断していたイギリスにおいてさえチャーティズム運動と社会主義運動が高揚するなど、「今日の西洋諸国は正《まさ》に狼狽《ろうばい》して方向に迷ふ者なり。」という『民情一新』における新たな「先進国」認識であった。

保守思想を確立するこの時期の福沢諭吉は、初期啓蒙期の発言・認識・主張と対比すると明らかに作為的な発言や主張をいっせいに開始した。考察の結果をまとめてみると、❶「今日は政府も人民も唯《ただ》自由の一方に向ふのみ」という維新革命結果の評価替えと❷封建制度の再評価、❸「百姓・車挽《くるまひき》」の一般大衆を「馬鹿と片輪《かたわ》」のための宗教教化路線の対象に追いやり、❹至上課題の「自国の独立」を目指す「国民の気力」「報国心」「愛国心」を涵養《かんよう》・振起《しんき》するために、キリスト教普及反対論を主張したり、「権力偏重」社会で形成された「惑溺」の心情の総動員を提案した。『民情一新』とならぶ過渡期の著作『通俗国権論』では、「百巻の万国公法は数門の大砲に若《し》かず……大砲弾薬は……無き道理を造るの器械なり。……各国交際の道二つ、滅ぼすと滅ぼさるるのみ」というきびしい国際関係認識にもとづいて、❺権謀術数的な報国心振興策として、外国との戦争の勧《すす》めまで主張した。こうした無理な道のりを進めるために、❻教育は国家による「強迫教育」＝民衆に「苦楚疼痛《くそとうつう》」をもたらす強制義務教育の体制でなければならなかった。

福沢は初期啓蒙期から強制義務教育を主張していた。この場合、私がその強制義務教育の選択を作為と評価するのは、福沢が「国民をして強《し》ひて其《その》子弟を教育せしめんとするは、即《すなわ》ち人の家事私用に関係して之《これ》を妨《さまたぐ》ることなれば、其《その》処置、宜《よろ》しきを得るものに非《あら》ず」という考えと、希望者のみを対象とする初等教育制度の存在を認識したうえで、「強迫教育」制度を選んだからである。ところが福沢は、八〇年代前半期の経済的危機を迎えると、「日本国の財政確保のために、「人民が私《わたくし》の目的にする其教育に公《おおや》けの金を使用するは正則《せいそく》にあらず」という建前で「強迫教育」反対を唱えるようになり、また、日清戦争の勝利によって「殖産興業万般の計画に勇往《ゆうおう》進取」することを呼びかける時期になると、逆に、義務教育「反対説」に「大反対の意見」を表明した。しかし同時に、「日本資本主義の保護者」の福沢は、工場法によって工場労働児童に教育の機会を保障する明治政府の施策には反対する、つまり工場で働く貧民児童の教育には反対するという作為的な道のりをたどった（『旧著』後篇第一章参照）。

「空理を軽忽《きょうこつ》に看過《かんか》す可《べか》らざるなり。」といって、社会進歩にはたす思想の積極的役割を認識していた福沢が、中期になると、❼「清濁併《あわ》せ呑む」歴史的現実主義という名の現実追随主義の哲学を主張するようになった。こうした数々の作為のうえに最終的に福沢の選んだ日本の近代化の進路は、『時事小言』による❽アジアへの侵略をふくむ権謀術数的な「強兵→富国」路線であり、壬午《じんご》軍乱と甲申《こうしん》政変の際の対応はその実践の第一歩であった。また、『帝室論』で提示された政治体制は、❾「愚民を籠絡《ろうらく》する……欺術《きじゅつ》」を本質とする「尊厳・神聖」な帝室を「人心収攬《しゅうらん》の一大中心」にすえる巧妙な「政治社外」の天皇制構想の確立であった。

つまり福沢諭吉は、初期啓蒙期に提示した「先づ事の初歩として自国の独立を謀《はか》り、其他は之《これ》を第二歩に遺《のこ》して、他日為《な》す所あらんとするの趣意なり。」という社会的な公約の追求・実現の方向へは一歩もあゆみ出なかったのである。「一身独立」の課題を留保した初期啓蒙期の「天賦国権・国賦人権」論的ナショナリズム、国権論的ナショナリズムを組みかえないまま、中期の福沢は、帝国主義時代の国民国家にふさわしい排外主義的な天皇制ナショナリズムの道のりを先導していったのである。その道のりにおいて、福沢の思想に「転向」はあったのか。

思想が思想と呼ばれるには、国家観＝人間観についてのそれなりの体系や基本的な倫理構造が存在することが前提となると考えられる。「個人是れ目的なり、国家是れ手段なり」（中江兆民）に表現される「天賦人権・人賦国権」的な「天賦人権」論は、明らかに一つの思想である。福沢の〈一身独立して一国独立する事〉も、「国語」的な意味においては、「一身独立」をふまえた「一国独立」の構想として、一つの思想となる可能性をもつ定式である。しかし、福沢の場合は、「一身独立」の課題は「之《これ》を第二歩に遺《のこ》して、他日為《な》す所あらん」としていた限りにおいて、初期啓蒙期においては、国家観＝人間観についての思想として不可欠な体系をもっていなかった。

天皇制についての構想も同様であった。丸山真男は、丸山が「原理論」とみなす『文明論之概略』から「一切の政治的決定の世界からの天皇のたなあげ」という福沢の天皇制構想を導き出し、その構想が「最晩年」まで「維持」されたと主張していた。しかし、『概略』における福沢は、「政治的決定の世界からの天皇のたなあげ」という構想はなんら提示していない。「文明は至洪至寛《しこうしかん》なり。豈《あに》国君を容《い》るるの地位なからんや。国君も容《い》る可し、貴族も置く可し、……国の文明に便利なるものなれば、政府の体裁《ていさい》は立君にても共和にても其名《な》を問はずして其実《じつ》を取る可し。」(『全集』④四二〜三)と述べて、福沢は、天皇制の存在自体は自明のものと考えており、しかもそれは「古来我国に固有なるが故に貴《とうと》きに非《あら》ず、之《これ》を維持して我政権を保ち我文明を進む可きが故に貴きなり。……其働《はたらき》の貴きなり。」(同右、三七)という政治的効用の観点から構想されていた。

しかしながら、『概略』の福沢は、既述したように、「保元平治《ほうげんへいじ》以来歴代の天皇を見るに、其《その》不明不徳は枚挙《まいきょ》に遑《いとま》あらず。」という天皇制の歴史的実態を指摘し、くわえて「鎌倉以来人民の王室を知らざること殆《ほとん》ど七百年」という歴史的事実をふまえて、皇学者のように「新《あらた》に王室を慕ふの至情を造り、之《これ》(人民——安川)をして、真に赤子《せきし》の如くならしめんとする」は「頗《すこぶ》る難《かた》きことにて、殆《ほとん》ど能《な》す可《べか》らざる」ことであるという冷静な判断をもっていた。また、「覚書」でも福沢は、一方で「聖明の天子、……難有御代《ありがたきみよ》、……偽《いつわり》に非《あら》ずして何ぞや。……」という事実をふまえた天皇制批判の意識と判断を書きとめながら、他方で、「日本の人心は、正《まさ》に国王の聖徳を信じ、……先生を信じ、……旦那を……親方を信ずるの時代なり。」と、維新当初の日本における天皇制の必要性を示唆していた。しかし、初期啓蒙期の福沢の天皇制論はここまでであって、「政治的決定の世界からの天皇のたなあげ」云々という構想や議論はなんら展開されていない。

　さらに、「権力の偏重……偏重の病を除くに非《あら》ざれば、……文明は決して進むことある可《べか》らず。」という重要な問題を提起しながら、同じ福沢が、弱肉強食のきびしい国際関係の下では、日本は「一身独立」などの課題は他日にのこして、「自国の独立」達成を「最後最上の大目的」にしなければならないという『概略』の結論的主張とのかかわりで、「国体論の頑固なる」ものも「君臣の義」も「文明の方便」として許容・動員することを要求していたことも既述した。つまり、初期啓蒙期の福沢は、天皇制の存在は前提にしながらも、その制度こそが文明の進歩を阻害する「権力の偏重」や「惑溺《わくでき》」を生みだす可能性をもっており、また「七百年」の空白を考えると「新《あらた》に王室を慕ふの至情を造」ることの困難もあるとして、少なくとも皇学者流に「君臣を人の性」と考えることには積極的に反対の意向をもっていた。したがって、「自国の独立」確保という至上最優先の課題を達成するために、その天皇制を丸山のいう「政治的決定の世界からの天皇のたなあげ」をふくめ、具体的にどう構想しどう利用していくのかは、福沢にとって未完の課題であった。

　つまり、初期啓蒙期の福沢には、天皇制についてのそれなりの体系をもった思想はなお構想されていなかったのである。したがって、その初期啓蒙期から「愚民を籠絡《ろうらく》する」天皇制の構想を積極的に提示していく中期にかけての福沢の思想の道のりを「転向」と呼ぶことはできない。

それにしても、福沢の思想の道のりには、「転向」と呼びたくなるようないちじるしい「変貌」が、それも数多く見られることは明らかな事実である。『学問のすすめ』の「教育による立身出世」の呼びかけで一躍有名になった福沢が、〈もっぱら教育によって貴賤貧富が決まる〉という教育万能論を否定するだけでなく悪罵するまでに変貌した姿は、第Ⅲ章で見た。同じ『すすめ』第十一編において、「普請奉行《ふしんぶぎょう》が大工に割前《わりまえ》を促《うなが》し、会計の役人が出入《でいり》の町人より付届《つけとどけ》を取るが如きは、三百諸侯の家に殆《ほとん》ど定式《じょうしき》の法の如し。」と書いて、「尽忠報国」とか「御馬前《ごばぜん》に討死《うちじに》さへせん」などと「大造《たいそう》らしく言ひ触《ふ》ら」す「忠臣義士」の偽善や偽君子《ぎくんし》ぶりを嘲笑していた福沢（『全集』③九九）が、中期以後は、日本の中産階級の「道徳の標準」として「尽忠報国」を主張するようになり、日清戦争に際しては「三軍の将士は皆御馬前《ごばぜん》に討死《うちじに》の覚悟を以《もっ》て復《ま》た身命を顧《かえりみ》るに遑《いとま》あらず。」（同右⑭六四三）と呼号する「惑溺」する姿は『前著』に見た。

　さらに、同じ『すすめ』第十一編で、「都《すべ》て人間の交際と名《なづく》るものは皆大人《みなおとな》と大人との仲間なり、他人と他人との附合《つきあい》なり。此《この》仲間付合に実の親子の流儀を用ひんとするも亦難《またかた》きに非《あら》ずや。……他人と他人との附合《つきあい》には情実を用ゆ可《べか》らず、必ず規則約束なる者を作り、……」（同右③九七〜八）と述べて、近代的な人間関係の形成・創出の重要性を主張していた福沢が、産業革命期の労働者保護立法としての工場法制定に反対するために展開したのが、地主小作人的労資関係論であった。福沢は、日本では西洋諸国の場合と異なり、「雇主《やといぬし》と雇人《やといにん》との関係」には「此上もなき美風」があって、両者の関係は「甚《はなは》だ円滑」（同右⑯二六六）であるから、両者の関係を法的に規制しなくてもよいと主張した。ここでいう「一種の美風」とは、「情誼《じょうぎ》の温《あたたか》なる、父子《おやこ》の如く又親戚の如し」という、「大地主と小作人との間柄《あいだがら》」（同右⑮五八二）と同様の温情主義《パターナリズム》の労資関係のことであり、福沢は、いまや前近代的な人間関係の存続を根拠にして、近代的な資本制工場制度の労働者保護立法に反対する「日本資本主義の守護者」に変貌していたのである。

こうした百八十度の転換とも見える福沢の変貌ぶりを、どう評価するのか。これを考える素材として、福沢諭吉自身が自分は初期啓蒙期から「転向」「挫折」などしていないという意味の主張をしている興味ある事実を考察しよう。

一八八三（明治一六）年七月下旬、民権運動陣営の「朝野《ちょうや》新聞」から福沢の主張の変節を指摘する批判がだされたことに反論するかたちで、福沢は、四日間にわたる「朝野新聞に答ふ」「世態《せたい》論時事新報に呈す（五九楼千蛮《ごくろうせんばん》寄送）」の二編において、自分の所論の初期啓蒙期からの一貫性を主張した。前者では、「朝野新聞は……察するに或は我輩の持論たる兵備拡張の事を好まざるが如し。……我輩は不敏《ふびん》なりと雖《いえ》ども、斯《かか》る無理の願に口舌《こうぜつ》を費さざるなり。然《しか》れども我輩は兵備拡張を以て泰山《たいざん》北海の無理と為《な》さず。能《あた》はざるにあらず、為《なさ》ざるなりの事と知る」と指摘して、増税については「我輩の説に異存あらば、……其《その》非《ひ》なる所を教へよ。」（『全集』⑨九七）とひらきなおって、次のように書いた。

「「読時事新報」の一篇中にて、最も我輩が笑を忍ぶべからざるの一事《いちじ》は、朝野新聞が時事新報をして自殺せしむるなりと唱へ、福沢先生著「学問のすすめ」三篇（明治六年一二月出版）同四篇（明治七年一月出版）同五篇（明治七年一月出版）中に論述したる「国は同等なる事、一身独立して一国独立する事」「学者の職分を論ず」「明治七年一月一日慶応義塾社中に告《つぐ》るの詞《ことば》」等の論説に就て、其章句を切取り、十年前福沢先生の時事を論じたる説と、十年後時事新報が論述する説と、何か大《おおい》に反対する所あるが如くに言做《いいな》し、「先生の卓論、以て時事新報の奇説を論駁《ろんばく》し、其謬妄《びゅうもう》を指《し》斥《せき》するに十分なり。己れの匕首《あいくち》を以て己れの咽喉《のど》を刺す者は新報記者に非《あら》ずして何ぞや。」などと揚々自得《ようようじとく》し、自《みず》から欺《あざむ》き人を欺かんと欲するもの、是《これ》なり」。これにつづけて、『すすめ』第三、四、五篇の大意をくりかえして、福沢は「然《しか》るに朝野新聞は「学問のすすめ」の諸篇と我時事新報とを対照熟読して、何等《なんら》の不都合を見出《みいだ》したりと言はんとするか。実に奇怪千万なる誤魔化し考と云ふべきなり。」（同右九九～一〇〇）と書き、『すすめ』から「時事新報」の論説にいたる自分の所説が一貫していることを主張した。

しかもこれでなお意にみたないと感じた福沢は、「五九楼仙蛮《ごくろうせんばん》」のペンネームで後者の「世態《せたい》論時事新報に呈す」を書いて、『すすめ』段階から八三年まで彼が一貫していると主張する自己の論理がほかならぬ「国権論」の論理であることを、次のように説明した。「余《よ》が所見にては先生十年前の議論も今日《こんにち》時事新報の主義も……其《その》帰する所は国権拡張に在《あ》り、今日新報の主義も同様の点に在《あ》ればなり。……先生畢生《ひっせい》の心事は国権拡張の一点に帰して、……結局の目的は唯《ただ》国権の一点に在《あ》るのみ。即ち今の時事新報にて国権拡張の事を論ずるは正しく主義を一《いつ》にするものに非《あら》ずや。……左《さ》れば十年前福沢先生が「学問のすすめ」を著《あらわ》し、今日《こんにち》時事新報に国権拡張の事を論ずるも、其《その》目的は厘毫《りんごう》も齟齬《そご》する所を見ざるのみ」（同右一〇〇～二）。そしてさらに福沢は、「僅《わずか》なる内々《うちうち》の小利害に齷齪《あくせく》して、外に対する全国の大利害を看過《かんか》することはなきや、去《さ》り迚《とて》は国民最上の目的たる国権拡張の主義に戻《もと》るものなり」（同右一〇三）と書いて、『時事小言』の緒言を引用しながら、あらためて国権拡張の論と官民調和の必要性の主張をくりかえしたのである。

この論争をどう理解するのか。先行研究一般のように初期啓蒙期の福沢に「天賦人権論」などの進歩的な思想を読み込んできた立場から見れば、八三年というのはすでに福沢が『時事小言』『帝室論』で保守思想を確立している時期であるから、常識的には、民権運動の陣営から保守化した自分を批判された福沢が、何らかのことを隠しだてて自己の保守化を否定したり、弁明している反論であると推測することができよう。しかし、本書が基本的にその立場をとらないことは当然である。本書は、定式〈一身独立して一国独立する事〉の本質的な意味が「国のためには財を失ふのみならず、一命《いちめい》をも抛《なげうち》て惜むに足ら」ない「報国の大義」（あるいは「尽忠報国」そのもの）であることを明らかにし、また『概略』の結論的主張として、福沢が、「自国の独立」確保の課題を「最後最上の大目的」に設定し、「一身独立」の課題は「第二歩に遺《のこ》して、他日為《な》す所あらん」と公約した事実をふまえて、初期啓蒙期の福沢が、「天賦国権・国賦人権」的ナショナリズム、国権主義的ナショナリズムしか主張していなかったことを解明した。

以上の事実は、右の福沢の反論とのかかわりでいえば、自分は『すすめ』第三編「国は同等なる事、一身独立して一国独立する事」を論述して以来、一貫して「唯《ただ》国権の一点」「国権拡張の一点」を主張してきた、つまり初期啓蒙期以来自分の思想には「転向」や「挫折」はないという福沢の証言と符合するものである。しかしながら、それでは右の福沢の反論・弁明に、私が全面的に或は基本的に賛同・支持をするのかと問われたならば、その答えが「否《いな》」であることも当然である。やはり福沢は、決定的に重要な事実を隠して自己の保守化を否定したり、弁明をしているのである。

いうまでもなく、福沢が隠しているのは、『文明論之概略』の終章の末尾で、「先づ事の初歩として自国の独立を謀《はか》り、其他《そのほか》は之《これ》を第二歩に遺《のこ》して、他日為《な》す所あらん」と公約していた事実、くわえてその初期以来、同じ終章で表明していた「外国に対して自国の独立を謀《はか》るが如きは、固《もと》より文明論の中に於て瑣々《ささ》たる一箇条に過ぎ」ないという自身の見事な歴史観を裏切って、もっぱら「一国独立等の細事に介々《かいかい》」として、「唯《ただ》国権の一点」「国権拡張の一点」という「瑣々《ささ》たる一箇条」だけをひたすら追求し、「一身独立」などの「文明の本旨」の追求を放置・サボタージュしてきた事実である。そうした自身の思想の道のりの必然的結果として、福沢は、右の朝野新聞とかぎらず、同時代人から日本を「強盗国ニ変ゼシメント謀《はか》ル」その道のりは「不可救《ふかきゅう》ノ災禍ヲ将来ニ遺《のこ》サン事《こと》必」然という批判を招くことになったのである。

しかし、その道のりが思想の「転向」かと問われるならば、もちろん否である。定式〈一身独立して一国独立する事〉が、丸山真男を筆頭とする先行研究が誤読したような意味の主張（「天賦人権論」「近代国民意識」など）であれば、当然、福沢は中期保守思想の確立に向けて「転向」したと結論してよい。しかし、初期啓蒙期の福沢は、くり返し紹介したように、「一身独立」の課題は留保して「他日為《な》す所あらん」と公約していたのである。自らのその公約の追求・実現に向けて一歩も進み出なかったこと、「今吾古吾《こんごこご》恰《あたか》も二人《ににん》の如くなる」「一身にして二生《にしょう》を経《ふ》るが如」き社会的変革のとり組みを放棄した点において、思想家福沢諭吉はどれだけ責められてもよい。しかしそれは思想の「転向」と評価すべきものでないというのが、第Ⅲ章で福沢の初期啓蒙期の思想を未発の思想としてとらえ直しを行なった本書の立場である。

最後に、丸山真男らの把握とは異なって、国民国家論の立場の研究者が「脱亜論」への福沢の道のりは「転向」でないと主張している問題に言及しておこう。飛鳥井雅道は遺著『日本近代精神史の研究』（京都大学学術出版会、〇二年）で、「福沢諭吉において、いわばそれは「転向」ではなく、一種の内的必然であった。」（三五六）と書き残した。飛鳥井と同年の西川長夫は、飛鳥井の直感的な主張を敷衍《ふえん》するようなかたちで、「「脱亜論」が『文明論之概略』における文明概念の論理的に必然的な帰結である」（前掲『国境』一〇八）ことを、「福沢は文明概念を深く理解し、文明と未開という二分法を歴史的必然として全面的に取り入れた結果として自《みずか》ら「脱亜論」への道を準備したのであった。それは西欧の文明概念が植民地主義に至るのと軌《き》を一《いっ》にしている。」（同右、二四三）と書いている。

これについては、『概略』あるいは初期啓蒙期の福沢の国際関係認識から「脱亜論」への思想的道のりにおいて「転向」はないという結論を私も共有するし、国民国家論の思想的枠組みからいえば、『概略』の文明論理解が日本の帝国主義的進出の道のりにつながったという（予定調和的きらいのある）把握は、枠組み的な理解としては当然であると受けとめられよう。しかし、福沢諭吉の研究としては、この枠組みの中での福沢への思想内在的な考察をふまえた思想家福沢の道のりと、その主体的責任を問う分析が必要であることを付記するにとどめたい。

3　丸山真男の福沢諭吉評価
――一貫する思想家福沢の主体的責任の無視

丸山真男も問題にしている『文明論之概略』第二章の日中文明の対比に論及して書かれた橋川文三「福沢諭吉の中国文明論」は、丸山真男批判として書かれたものではないが、結果として、『概略』を福沢の「原理論」と把握する丸山への批判となっている。福沢が「支那と日本との文明異同」について論じた部分をまず引用しよう。

「純然たる独裁の政府又は神《しん》政府と称する者は、君主の尊《たつと》き由縁《ゆえん》を一《いっ》に天与《てんよ》に帰《き》して、至尊《しそん》の位《くらい》と至強《しきょう》の力とを一《いっ》に合《がっ》して人間の交際を支配し、深く人心の内部を犯して其《その》方向を定《さだむ》るものなれば、此《この》政治の下《もと》に居《お》る者は、思想の向ふ所、必ず一方に偏し、胸中に余地を遺《のこ》さずして、其心事《そのしんじ》常に単一ならざるを得ず。……単一の説を守れば、其説の性質は仮令《たと》ひ純情善良なるも、之《これ》に由《より》て決して自由の気を生ず可《べか》らず。自由の気風は唯多事争論《たじそうろん》の間に在《あり》て存するものと知る可し。……我日本にて……中古《ちゅうこ》武家の代に至り漸く交際の仕組を破て、至尊必ずしも至強ならず、至強必ずしも至尊ならざるの勢と為《な》り、民心に感ずる所にて至尊の考《かんがえ》と至強の考とは自《おのず》から別にして、恰《あたか》も胸中に二物を容れて其運動を許したるが如し。……神政尊崇《しんせいそんすう》の考《かんがえ》と武力圧制の考と之に雑《まじう》るに道理の考とを以てして、三者各《おのおの》強弱ありと雖《いえ》ども一《ひとつ》として其権力を専《もっぱら》にするを得ず。之を専にするを得ざれば其際に自《おのず》から自由の気風を生ぜざる可らず。之《これ》を彼《か》の支那人が純然たる独裁の一君を仰ぎ、至尊至強の考を一《いっ》にして一向の信心に惑溺《わくでき》する者に比すれば同日の論に非《あら》ず。此《この》一事に就《つい》ては支那人は思想に貧なる者にして日本人は之に富める者なり。支那人は無事《ぶじ》にして日本人は多事《たじ》なり。

心事繁多にして思想に富める者は惑溺《わくでき》の心も自《おのず》から淡白ならざるを得ず。独裁の神政府にて、……益《ますます》君上を神視《しんし》して益《ますます》愚に陥ることあり。方今《ほうこん》支那の如きは正《まさ》に此風《このふう》を成せりと雖《いえど》も、我日本に於ては則《すなわ》ち然《しか》らず。……斯《か》くの如《ごと》く至尊の考と至強の考と互に相平均して其間《そのかん》に余地を遺《のこ》し、聊《いささ》かにても思想の運動を許して道理の働く可き端緒《たんしょ》を開きたるものは、之を我日本偶然の僥倖《ぎょうこう》と云はざるを得ず。……至尊と至強と相合一《ごういつ》して人民の身心を同時に犯したることあらば、迚《とて》も今の日本はある可らず。或は今日に至て彼《か》の皇学者流の説の如く、政祭一途《いっと》に出《で》るの趣意を以て世間を支配することあらば、後日《ごじつ》の日本も亦《また》なかる可し。今其然《そのしか》らざるものは之を我日本人民の幸福と云ふ可きなり。……西洋の文明を取るに日本は支那よりも易《やす》しと云ふ可し。」(『全集』④二三〜六)。

橋川文三は、「学問的に実証されていないものがそのまま前提化されているという疑いがかなり濃いのである」として、この「日中文明の比較と評価そのものは到底疑問なしにはうけ入れがたいもの」「かなり空想的な考え方」(『橋川文三著作集』7、筑摩書房、四一〜二)ではないかという批判を、以下のように展開する。

「たとえば、前記引用文の中に「至尊の位《くらい》と至強の力とを一《いつ》に合《がっ》して人間の交際を支配し、深く人心の内部を犯してその方向を定るもの」という語句がある。いうまでもなくそれは中国社会の本質と構造をさすものとして福沢は用いているわけだが、現在の私たちがそれを読むとき、この分析は、むしろまさに近代国家日本の構造的特性を指摘したものと思われないであろうか。少なくとも欽定《きんてい》憲法と教育勅語によって形成された日本国家こそ「深く人心の内部を犯してその方向を定」めたものにほかならなかったし、「この政治の下に居る者は、思想の向うところ、必ず一方に偏し、胸中に余地を遺《のこ》さずしてその心事《しんじ》常に単一ならざるをえず」とあるのも、まさに日本臣民の精神構造を指摘したものと見えないであろうか。／いいかえれば、日本の「近代化」を可能ならしめた理由は、福沢の論理とは正《まさ》に逆に、日本においては権力ないし価値の一元的集中——福沢のいう「神《しん》政府」の形成が容易であったということ、すなわち、「至尊至強の考を一《いっ》にして一向の信心に惑溺《わくでき》」せしめることが日本では容易であったという点にこそ求めらるべきであって、その逆ではなかったと見るべきではなかろうか。」(同右、四二)。

この橋川文三の分析は、次にみる丸山真男と並んで、福沢諭吉が「欽定憲法と教育勅語によって形成された日本国家」に積極的に同意して、欽定憲法発布直後の「日本国会縁起《えんぎ》」において、「権力の偏重」と「惑溺《わくでき》」によって形成された「日本臣民の精神構造」をむしろ日本の近代化にとって有利な条件と評価していた事実を完全に見落とすという重大な欠陥をもっている。しかし、丸山真男が福沢諭吉のこの「支那と日本との文明異同」分析を終始支持してたかく評価しているのに対して、橋川は、この分析を「空想的」としてしりぞけている点で対照的である。橋川の見解から見ておこう。

「ちょうど福沢が日本の文明適性についていわば希望的な評価を与えたことのうらはらとして、

ある重大な手落ちがあったとみなければなるまい。いいかえれば、福沢は日本について社会的価値関係の複雑化にともなう「自由の風《ふう》」の抽象的な可能性を強調したが、その反面において、その「自由」を支えるべき社会集団と個人の自立的形成が現実的にいかに困難であったかという社会的実態には目を注がなかった。そして、逆に中国については、その伝統的・静態的な価値体系の巨大な重圧がその文明化を頑強に阻止していることを鋭く見抜きはしたが、かえってその阻止要因の強大さが、社会的現実の底層から進行すべき近代化の徹底性を保障するであろうという関係については、なんらのヴィジョンをもいだかなかった。」

橋川は、この見解を補強するために、竹内好の次の文章（「日本人の中国観」）を引用している。「デューイによれば、日本は、伝統の圧力が少なかったために、容易にヨーロッパの技術を取りいれることに成功したが、そのため逆に、根柢《こんてい》に古いものが温存された。中国は、伝統の抵抗が激しいために、近代化の時期におくれたが、そのためかえって、変革が徹底化されて、国民心理の革新という本源的な基盤に立つことができた。」

この橋川の福沢評価についても、私は、福沢が「個人の自立的形成が現実的にいかに困難であったかという社会的実態には目を注がなかった。」のではなく、「自国の独立」確保という優先課題のために「一身独立」という「文明の本旨」の課題を留保したまま、結局、その課題追求に一歩も進みでなかった事実を見落としていることを見過ごすわけにはいかない。しかし、その後の「抗日八年戦争」から中国革命の成功にいたる歩みを視野にいれるならば、私は、福沢の「支那と日本との文明異同」比較を誤りとする橋川の見解の方を支持すべきと考える。

つぎに、福沢の「支那と日本との文明異同」分析を終始支持した丸山の見解を見よう。丸山は『概略』第二章の右の部分を引用して、「日本が東洋で最も早く近代化への道を歩み出し、それによって支那の国際的運命を免れえた最も内奥《ないおう》の思想的根拠を福沢はここにみたのであった。」（『丸山集』③一八六）と書いて、福沢の分析が、日本がアジアで「最も早く近代化」の道を進んだのに対し、中国が植民地支配と帝国主義的侵略を余儀なくされた違いの「最も内奥の思想的根拠」を言い当てたものと評価した。もちろん丸山も、橋川が問題にした「近代国家日本の構造的特性」や「日本臣民の精神構造」に論及している。しかし、橋川がこれらの「構造的特性」や「精神構造」にかかわる福沢の「重大な手落ち」をそれなりに問題にしようとしているのに対して、丸山は、そうした「構造的特性」や「精神構造」とかかわる思想家としての福沢の主体的責任を一切たなあげにしたまま論じているのである。

その例として、『概略』を主題にした晩年の著作『読む』を見よう。丸山も、精神的権威と政治的権力の分立を望ましいとする「こういう見方が、おのずから明治以後できた国体に対する批判になっています。まさに至強と至尊とが制度的に一緒になったのが明治天皇制国家でしょう。」（『丸山集』⑬一四五）と指摘する。そして、福沢のさきの日中文明論の中の「……方今《ほうこん》支那の如きは正《まさ》に此風《このふう》を成せりと雖《いえど》も、我日本に於ては則《すなわ》ち然《しか》らず。」の部分を引用した後、丸山は「だが、近代日本のその後の運命にとっては、福沢の命題は実に皮肉なことになるわけです。わが日本においては「則ち然らず」ではなくなってくるのです。「軍人勅諭《ちょくゆ》」というのは、みなさんには馴染《なじ》みがないでしょうが、私などの世代はみんな暗誦させられたものでした。その軍人勅諭に「朕《ちん》は汝等《なんじら》軍人の大元帥《だいげんすい》なるぞ」といい、だから今後は朕が親《みずか》ら兵馬《へいば》の権をとる、……大元帥陛下として天皇が兵馬の大権《たいけん》をとって、そのうえに明治国家が築かれる。軍人勅諭は、この『概略』の出たあと、明治十五年に発布されます。」（同右、一四七）と解説する。

さらにつづいて、福沢の「至尊と至強と相合《あい》一して人民の身心を同時に犯したることあらば、迚《とて》も今の日本はある可《べか》らず。或は今日に至て彼《か》の皇学者流の説の如く、政祭一途《いっと》に出《いず》るの趣意を以て世間を支配することあらば、後日の日本も亦《また》なかる可し。」の部分を引用して、丸山は、「まさに敗戦までの近代日本の現実は、ちょうど右に「後日の日本も亦なかる可し」と福沢が仮定法でのべた方向に向っていくのです。かつて戦争中に読んだときには、この個所なども実に痛切の思いでした。……昭和の国体論はまた祭政一致に舞い戻りました。……林（銑十郎――安川）内閣を通称、祭政一致内閣といいます。「オレの楽観は早まったかな」と天上で福沢がつぶやいているのではないか、と当時私は思ったものです。」（同右、一四八〜九）と述べている。

福沢が果たした実際の政治的役割について知らない人は、うっかり読み過ごすかもしれない。しかし、「まさに至強と至尊とが制度的に一緒になった」大日本帝国憲法＝教育勅語体制の「明治天皇制国家」に、ほかならぬ福沢諭吉が積極的に同意し、「大元帥陛下《だいげんすい》」として天皇が兵馬《へいば》の大権《たいけん》をとっ」た軍人勅諭の皇軍構想をふくめて、皇学者流の天皇制論まで呼号して、神権的天皇制国家を力強く支えていった事実を知っている本書の読者は、これら一連の近代日本の歴史現実から思想家福沢の主体的責任を完全に切り離し、彼を一貫して「天上《てんじょう》」に祭り上げたかたちの丸山の議論の展開には驚きあきれるであろう。

もっとも、この程度の粗雑な議論は、丸山思想史学にとっては序の口にすぎない。その実例として、丸山が福沢諭吉＝「典型的な市民的自由主義」という結論をひきだした論説「安寧策」からわずか三ヶ月後の教育勅語「下賜《かし》」の時点にもどって、福沢が生涯「一貫して排除したのはこうした（経済・教育・宗教等の）市民社会の領域への政治権力の進出ないし干渉であった。」という丸山福沢論を再度検証することにしよう。

B 「教育と宗教の衝突」論争事件と久米邦武「神道《しんとう》は祭天《さいてん》の古俗《こぞく》」事件

一八九〇（明治二三）年一〇月末の発布から三ヶ月足らず後の九一年一月九日、教育勅語はさっそく史上有名な「不敬事件」をひきおこした。第一高等中学校（後の一高）で、前日文部省で受領したばかりの明治天皇睦仁の署名入りの勅語謄本《とうほん》を講堂の壇上にかざり、職員生徒が一人ずつ登壇して最敬礼の礼拝をする際、キリスト教徒の嘱託講師内村鑑三がこの偶像崇拝の儀礼を拒んだために諭《ゆ》旨免官《しめんかん》となったのである。さらに二月下旬には、内村の事件処理に努力した同じキリスト教徒の木村俊吉教授も同校を追われた。当時二〇万と称されたキリスト教徒たちは勅語・「御真影《ごしんえい》」に積極的奉戴《ほうたい》の態度を示さなかったために、各地で不敬事件が摘発された。翌年一月の熊本英学校事件では博愛世界主義を説いた教員が解職され、翌月、同県内の二校の高等小学校で生徒が勅語・御真影への不敬の故に退学処分となった。

植村正久、本多庸一《よういち》ら八名のキリスト教徒が事件につき公開状を各新聞に送り、他方で仏教関係雑誌が内村鑑三やキリスト教徒攻撃を開始するかたちで、事件が波紋をひろげていった。これが「教育と宗教の衝突」事件の大論争となる発端は、九二年一一月の『教育時論』に「勅語衍義《えんぎ》」の著者で帝国大学文科大学教授の井上哲次郎が、キリスト教は反国体的で教育勅語の国家主義の精神に矛盾するという談話を掲載したことである（事件については、前掲、稲田正次『教育勅語成立過程の研究』第十五章、『世界教育史大系』39、講談社、七七年、第四章を参照）。

内村鑑三が九三年三月の同誌に「勅語に向って低頭《ていとう》せざると、勅語を実行せざるとに、不敬何《いず》れか大なる」と問う「文学博士井上哲次郎君に呈する公開質問状」を書いたのを筆頭に、植村正久、本多庸一、大西祝《はじめ》、横井時雄などが次々に井上への反撃を行い、井上も「教育と宗教の衝突」（この連載は二八種の定期刊行物に転載された）『教育と宗教の衝突』「衝突論の惑《まどい》を解く」などの論著で反駁《はんばく》した。『国民之友』の徳富蘇峰や英語学者の高橋五郎らが井上攻撃に参加し、井上円了《えんりょう》や村上専精《せんじょう》らの仏教徒が井上説に加担した。植村正久が、『福音週報』で御真影と教育勅語に対する敬礼を「児戯《じぎ》に類すること」と弾劾《だんがい》したために、帝国憲法下での信教の自由への国家権力のあらわな介入をまねき、同紙は発行停止処分を受けた。

後年（一八九八年）、高山樗牛《ちょぎゅう》が論稿「明治思想の変遷」でこの衝突論争について、「事実の上より見る時は、基督《キリスト》教徒の勢力是《これ》より俄《にわか》に頓挫《とんざ》して、……従来の世界主義を捨て其《その》説を国家主義に調和せむと務《つと》めたるの人たるに過ぎず。基督《キリスト》教の逢迎《ほうげい》主義是《これ》より漸《ようや》く明なり。是《これ》に反して国家主義の道徳は、是《この》論戦によりて愈々《いよいよ》其教育上の基礎を固《かと》うし、其勢力延《ひ》ひて広く社会の四辺《しへん》に及び、漸《ようや》く一世《いっせい》の思想を統一するの途《と》に就《つ》けり」と総括しているように、この「教育と宗教の衝突」論争は、キリスト教を天皇制との妥協の道においやり、国家主義道徳の確立と国体論のタブー化をもたらす、まさにエポックメーキングな文化的大事件であった。

同じ天皇制の確立の時期に、もうひとつの大きな学問弾圧の文化史的事件があった。それが一八九二年の久米邦武《くにたけ》「神道《しんとう》は祭天の古俗《こぞく》」事件である。帝大文科大学教授久米邦武が、厳密で実証的な考証学研究にもとづき、日本の神道は宗教ではなく祭天（天を祭ること）の古俗の一つであるという意味の右の論文を『史学会雑誌』に掲載した。それに共感した田口卯吉《うきち》が、自《みずか》ら主宰する『史海』に転載したところ、神道家や国家主義者からの排撃運動をまねき、久米は大学を非職《ひしょく》に追い込まれ、久米の所属した文科大学史誌編纂掛《へんさんかかり》は閉鎖、帝国大学総長加藤弘之までが更迭《こうてつ》された。そして、『史学会雑誌』と『史海』は治安妨害という理由で発売禁止処分となった。

三月四日の発禁処分に対して、田口卯吉は処分に反対する以下の「神道者諸氏に告く《ぐ》」を「東京日々」新聞に寄稿した。「唯々《ただただ》問題は日本古代の歴史の研究は今日の儘《まま》に放擲《ほうてき》して可《か》なるやと云へること是也《これなり》、本居《もとおり》（宣長《のりなが》——安川）平田《ひらた》（篤胤《あつたね》——安川）等が古事付《こじつ》けたる解釈（或る反対論者が余を評したる語を借用す）の他に今日の人民は新説を出すべからざるや否や是なり、新説を出せは《ば》皇室に不敬《ふけい》なるや否や是なり、嗚呼《ああ》余は之を信せ《ぜ》ざるなり、余は固く信す《ず》、日本人民は随意に古史を研究するの自由を有することを、余は固く信す《ず》、随意《ずいい》に古史を研究するも皇国に対し不敬に渉《わた》らざることを、余は固く信す《ず》、神代《かみよ》の諸神は霊妙《れいみょう》なる神霊とならずして、吾人《ごじん》と同一なる人種則《すなわ》ち飯も喰い水も飲み踊も踊り夢も見玉《みたま》へるものなるも、決して国体を紊乱《ぶんらん》するものにあらざることを、余は固く信す《ず》、皇室を敬し国家を愛する気は、彼《か》の本居《もとおり》平田等の如く単に古事記の語義を尋思《じんし》して研究するよりも、広く、人種、風俗、言語、器物等に就《つ》いて研究するの間に於《おい》て盛に発揮すべきことを、……余は固く信す《ず》、若《も》し此《かく》の如き旧説の外《ほか》に新説を発表するは国体を紊乱《ぶんらん》するものなりと云《い》ふか《が》如きあらば、有職《ゆうしき》の人物は復《ま》た古史を繙《ひもと》くなきに至らんことを、見よや、彼《か》の水戸の義公《ぎこう》（水戸光圀《みつくに》——安川）が古史を随意に研究したるを見よや……」という堂々の反駁の論であった（三月二八日刊の『史海』第十巻七一ページに転載)。

その「学問研究の自由」の主張は「明治の学問史上特筆さるべき」ことと評価されている(伊ケ崎暁生『大学の自治の歴史』新日本新書、一九六五年、二〇〜二)。また、帝国憲法の天皇の神権的絶対性と近代的歴史学との衝突を象徴するこの事件は「日本における近代史学の青春を挫折させる大転換の契機となった」(日本近代思想大系13『歴史認識』岩波書店、一九九一年の宮地正人「解説」論文、五五八)という意味でも特筆すべき事件であった。

さて、ここでの主題は、「市民社会の領域への政治権力」の進出・干渉を一貫して排除した「典型的な市民的自由主義」論者と丸山の規定する福沢諭吉が、教育勅語発布直後の九一年から四、五年にわたる近代日本の「思想・良心の自由」「信教の自由」にかかわる大事件(九三年までにこの問題を扱った書籍三〇冊、論説は二〇〇篇)であった「教育と宗教の衝突」論争と、九二年の「学問研究の自由」にかかわる最初の典型的な弾圧という二つの事件に、「時事新報」主幹として彼がどう向き合いどう報じたのかの考察である。しかし、その主題にせまる前に、八一年の『時事小言』でキリスト教普及に反対し、「信仰の自由」を「洋学者の空論」とあざ笑い、門人を地方に派遣して「耶蘇《ヤソ》退治の演説会」さえ開催させた福沢のその後のキリスト教観と、彼の「学問の自由」観をあらかじめ確認しておくという回り道が必要である。

八四年六月の論説「宗教も亦《また》西洋風に従はざるを得ず」で、外国人の「内地雑居論の如《ごと》きも、近来に至《いたり》ては衆敢て之《これ》を怪《あやし》むこと無く、……イザと云はば内地を押開《おしひらき》て之と与《とも》に雑居せんとするの事態」を迎えているという認識を示した福沢は、三年前に「我人民が耶蘇《ヤソ》教を信」仰することは「護国の気力を傷《きずつ》くるならん」と自分が考えたのは「一時の過慮《おもいすごし》」であったとして、内地雑居にともない「其《その》教義は交際上よりして我国に浸入するや必然にして、実際上決して耶蘇《ヤソ》教の滋蔓《じまん》を防ぐ能《あた》は……ずとすれば、……一刀両断、断然之《これ》を容《い》るるに一決す」ればよいとして、キリスト教普及反対論の撤回を表明した。この場合の議論を含めて、百篇をこす宗教振興論の著述のある福沢において、「信仰の自由」の原理的な把握や主張が一篇もないことに注目されたい。内村鑑三が福沢を名指《なざし》して「自身宗教を信ぜざるに之《これ》を国家或は社会の用具として利用せん」とする「宗教の大敵」と非難したように、福沢にとって宗教は、一貫して経世《けいせい》の要具であった。

二つの大事件の際の福沢の対応を理解するために、もうひとつ回り道が必要な理由は、福沢が学問・教育の政治からの独立と自由の主張者であったという厄介な「神話」が存在するからである。丸山真男、羽仁五郎、武田清子、河野健二、山住正己、堀尾輝久らがそろって福沢を「学問・教育独立論」者と把握・主張していることからいえば、これは現在でも研究史上では「神話」でなく生きているのである。しかし、福沢の「学問・教育独立論」が「神話」であることの確認なしには、二大事件への福沢の（意外な）対応がおよそ理解できないという事情があるため、とりあえずここでは『旧著』後篇第三章「学問・教育独立論」の結論部分だけを紹介しておきたい。

福沢の「学問・教育独立論」には、①それによって学問・教育の自立的発展を保障するという肝心の視点はなく、②その主張は自由民権運動による「政壇の波瀾」を防ぎ、「政談の波を鎮静」化して、政府の「政略を逞《たくまし》うせん」ための「大火消防の法」であり、同時に文部省による儒教主義教育復活への批判という二つの本質をもった「国のため」の経世論であった。③したがって、その議論の七割が民権運動と儒教主義教育復活の八二年から九〇年にかけての時期に集中して立論されており、逆に大日本帝国憲法＝教育勅語によって神権天皇制の国家体制が確立して以降は、彼の「学問・教育独立論」の主張は基本的に放棄されるという特徴をもっている。④学者による「学問社会の中央局」の福沢の構想がそろって高く評価されているが、それは「学問の事は学者に任し、……苟《いやしく》も其事の政治上に関せずして自家の政権に事実の妨《さまたげ》を為《な》さざるの限りは、之《これ》を容《い》るる」という徳川封建社会の御用学問にたいする「徳川の制度慣行」をモデルしたものであり、「学事会なる者が斯《か》く全権を有する其代《そのかわ》りには、之《これ》をして断じて、政事に関するを得せしめ」ないで、かえって「政機を助け」るという構想であった。

さらに⑤「教育の法は区々《まちまち》にして各々《おのおの》好む処を従はしむる」という福沢の「教育の自由」論は、「富国強兵」の国策に不都合な「国学者流漢学者流の教育を禁ずるを限りとし、自由に教育の法を」というもので原理的な教育の自由論ではなかった。したがって、⑥「有害」「不都合の図書」は排除してよいというのが福沢の教科書検定許容の論理であった。また⑦しばしば指摘したように、丸山の主張に反して、福沢には「集会・結社・表現の自由」「思想・良心の自由」「信教の自由」「学問の自由」などについての原理的な主張はなく、貝原益軒作とされてきた儒教主義的な『女大学《おんなだいがく》』を政府が発禁にするよう要求することに、福沢はなんの疑問も感じていなかった。

「帝国大学ハ国家ノ須要《しゅよう》ニ応ス《ず》ル学術技芸ヲ教授シ及《および》其蘊奥《うんのう》ヲ攻究《こうきゅう》スルヲ以テ目的トス」

という大学の国家主義的理念を確立した「帝国大学令」を制定した森有礼文相の文教政策への福沢の評価はたかく、「森氏が文部大臣と為《な》りてより、政府の学校は其面目《めんもく》を一新し、旧来の文明主義に立戻《たちもど》りて着々《ちゃくちゃく》其歩《ほ》を進めたるは明白なる事実にして、天下衆人の認むる所なり」と評価した。また、芳川顕正文相が、帝国大学の評議官の反対をおしきって東京農林学校を合併して農科大学を新設したときには、「此一条は政府部内の小事にして、左程《さほど》重大なる問題にもあらず。……是式《これしき》の事は従来政府部内の常にして怪《あや》しむに足らず。我輩は是を雲煙過眼《うんえんかがん》視し去らん」といって、福沢は、北海道開拓使官有物払下げ事件のときと同様に、文相の「専断」を許容・弁護した。つまり、福沢には「学問の自由」や「大学の自治」の原理的な理解や主張そのものがなかった。

以上で、「信教の自由」と「学問の自由」が踏みにじられた二大文化史的事件への福沢諭吉の対応を考察する用意はそろった。ただし、丸山が念をいれて、こういう場合に一般に福沢がどういう姿勢で対応したかについても語っているので、公平を期して、その確認のための回り道を再度お許し願いたい。

「福沢の性格からいっても、また著作を読んでみますとおわかりになりますように、福沢は何がきらいといって、そのときの大勢に順応したり、あるいはすでに定まった世の中の方向をあとから弁護したり、画一的な世論に追随《ついずい》するということくらい彼の本意にそむいたことはなかった。」（『丸山集』⑦三七四）。「すくなくともそのときどきの支配的な風潮にたいして、あるいは世論がある方向にだけ画一化する傾向に対して、福沢がいつもことさらに反対の面を強調したことはあきらかです。」（同右、三七八）。「現実の衆論は絶対的、あるいは固定的なものではない。……衆論が非《ひ》ならば、その衆論の方向を変革すること――いいかえれば、人民の気風の変革が大事だ。……世論追随主義とはまったく異なる点に着目して下さい。こうした衆論の変革可能性の前提になるのは、少数意見の尊重であり、その意味で……「学者宜《よろ》しく世論の喧《かまびす》しきを憚《はばか》らず、異端妄説の譏《そしり》を恐るることなく、勇気を振ひて我が思ふ所の説を吐く可し」というテーゼと結びつくわけです。」（同右⑬三一八）。「福沢が、権力や価値の牽制と均衡《チェックス●アンド●バランセズ》という側面からみると明治時代より徳川時代の方がかえって自由があった、……とかいう逆説をのべる際には、……集中化的思考様式（＝惑《わく》溺《でき》）を揉《も》みほぐそうという彼の「戦術的」考慮がたえず働いている。」（同右⑦三六五）。

以上で、「教育と宗教の衝突」論争事件と久米邦武「神道は祭天の古俗」事件に、宗教・学問・教育などの「市民社会の領域への政治権力」の干渉に一貫して反対した「典型的な市民的自由主義」者福沢がどう立ち向かったのかを考察する舞台装置は、すべてそろった。

丸山真男を通して福沢諭吉を学んだ読者ならば、〈福沢諭吉が大日本帝国憲法や教育勅語に賛成し同意するはずがない〉という福沢神話を信じたように、少数意見の尊重を説き、なによりも大勢順応を嫌い「学問・教育独立論」者でもあった福沢であれば、「思想・良心の自由」「信教の自由」と「学問の自由」があらわに否定・弾圧されたこの二つの大事件に積極的に論陣をはり、反対しなかったはずがない、と考えたり、そう予想するであろう。また、とりわけ「教育と宗教の衝突」論争をつうじて、少数派のキリスト教の勢力が「俄《にわか》に頓挫《とんざ》」して、衆論・世論の大勢が国家主義に傾き、「其《その》勢力延《ひ》ひて広く社会の四辺《しへん》に及び、漸く一世《いっせい》の思想を統一する」傾向にあったのだから、丸山が主張するように、「大勢に順応」する「世論追随主義」ではなく、「ことさらに反対の面を強調した」り、「少数意見」を「尊重」して、「異端妄説の譏《そしり》を恐るることなく、勇気を振ひて我が思ふ所の説を吐」くことを求めた福沢であってみれば、自身は無神論者であっても、『国民之友』の徳富蘇峰らとならんで、とうぜん彼は内村鑑三やキリスト教徒の側に肩入れをして、井上哲次郎批判に参加したであろうと推測したとしても、当然であろう。

しかしながら福沢は、事件の発端の九一年一月九日から、とりあえず九三年末まで、九一年は三四〇回、九二年は三四四回、九三年は三二九回、毎年相変わらず「社説」か「漫言」の健筆をふるっているのに、この二つの大事件については一切発言をせず、かたく口を閉ざしているのである。その福沢の見事なまでの完全な沈黙に、思想的な意味がないとは考えられない。ところが、丸山真男を筆頭とする福沢美化論者たちは（後述する小泉仰を唯一人の例外として）、その事実について一切論及しないまま、福沢を「市民社会の領域への政治権力」の干渉に一貫して反対した「典型的な市民的自由主義」者であるとか、「学問・教育独立論」者であるという主張をくりかえしているのである。もちろん、日本政治思想史の第一人者として、丸山真男が二つの事件を知らないはずはない。確認しよう。

「たとえば教育勅語の発布以後から、国家主義的な教育が非常にさかんになって、そのために基督《キリスト》教が教育勅語と矛盾するというようなことが、保守的な国家主義者によって唱えられて、当時の大問題となり、また、帝大教授久米邦武が「神道は祭天の古俗」という論文を発表したために、大学教授の職を逐《お》われるというような事件が起り、さらに内村鑑三は、教育勅語の捧読《ほうどく》式にあたって拝礼をしなかったというので、第一高等中学校の職を免ぜられたりした。……反動的な国家主義的風潮が、明治二十四、五年ころから濃厚になるにしたがって、民権論者の下からの国民的な国権主義は、上からの藩閥的＝官僚的な国家主義動向のなかに吸収されて行った。「一身独立して、一国独立す」と福沢がいったような意味の国家主義、つまり個人の解放を通じて、国家的独立を確保していこうという考え方は、明治時代が進むとともに、逆に個人の自由を抑圧する強大な国家権力の肯定へと、変貌《へんぼう》して行ったのである。」（『丸山集』③二四七～八）。

この文章のなかでも、不思議なことに丸山真男は、帝国憲法と教育勅語の発布の大事件の場合と同様に、二つの事件と「当時の大問題」に論説主幹福沢諭吉がどう反応し、なにを書いたのか書かなかったのかを、福沢の名前には言及しながら、問題にする意思や気配はまったくないのである。また、「「一身独立して、一国独立す」と福沢がいったような……個人の解放を通じて、国家的独立を確保していこうという考え方は、……逆に個人の自由を抑圧する強大な国家権力の肯定へと、変貌して行ったのである。」という丸山の文章では、国民的な国権主義が国家主義的な国権主義へと「変貌」していく歴史の具体的な展開に、「一身独立して、一国独立す」といった肝心の福沢がどうかかわったのか、かかわらなかったのかはいっさい問題にされていない。見方によっては、福沢が「教育と宗教の衝突」の大論争に完全な沈黙を続けるという不作為によって、「個人の自由を抑圧する強大な国家権力」の確立に強力かつ積極的に加担・協力したという解釈の可能性も十分成り立つのに、丸山はなんら気にする様子はないのである。

これは、〈**A** 福沢の日中文明比較論〉の場合と同じ結論への帰着を余儀なくさせる議論展開である。つまり、丸山の福沢研究は、いつも歴史の現実の具体的な展開とは無関係に、まるで真空の中の福沢の思想を考察・把握するという、思想家福沢諭吉の主体的責任を一貫して無視・たなあげするという手法そのものではないのか、という疑問が、再度浮上しているのである。丸山の福沢研究の本質とかかわって、問題があまりに重大であるので、しばらくその確認のために、またまた三度目の回り道をすることを許されたい。

(1)「ついに今度のカタストロフ（アジア太平洋戦争の敗戦のこと——安川）に至ったわけであります。が、こういう悲劇の由《よ》って来《きた》るところは、一つは勿論日本の国内構造の特質に根ざしていると同時に、他方国際環境というものが非常に悪かったということをわれわれは忘れてはならない。日本がちょうど一人前の国家になったときに、世界が帝国主義的な段階に入ったという事情、この事情というものをやはり無視することは出来ないのであります。……福沢が、「理のためには「アフリカ」の黒奴《こくど》にも恐れ入り、道のためには英吉利《イギリス》、亜米利加《アメリカ》の軍艦をも恐れず」ということを『学問のすすめ』でいっている、これが本来あるべき自由民権論者の考え方であります。ところがその福沢ですら明治十一年の『通俗国権論』の中では「百巻の万国公法は数門の大砲に若《し》かず……大砲弾薬は以て有る道理を主張するの備《そなえ》に非《あら》ずして無き道理を造るの器械なり」といわざるをえなかった。自由民権論者をして、そういう認識に導かせたところのものは……当時最高潮に達した帝国主義的な世界争奪であったのでありまして、これをたとえていうならば、思春期に達した子供が非常に悪い環境に育ったために性的な方面で、他と不均合《ふつりあい》にませてしまった様なものではないかと思うのであります。」（『丸山集』④八八～九）。

『すすめ』で建前としての国家平等観を紹介していた福沢が『通俗国権論』で帝国主義的な主張をするようになったのは国際環境が悪かったせいであるというこの場合の丸山の論法は、福沢の保守化をもっぱら国際環境のせいにすることで、思想家福沢の主体的責任をすべて棚上げし免責する手法そのもので、明らかに思想史研究からの逸脱である。アジア太平洋戦争敗戦にいたる近代日本の「カタストロフ」は、「国内構造の特質」と「国際環境」のせいであるという説明も、帝国憲法＝教育勅語体制に賛同し、「教育と宗教の衝突」論争事件や久米邦武事件への沈黙で国家主義の確立に追随・寄与するというかたちで、福沢が近代日本のカタストロフへの道のりに積極的に加担したのではないのか、という問題の考察に封印をする論法といえよう。近代日本のこの道のりによって侵略され植民地支配されたアジア諸国の民衆は、いったい、この丸山の日本の戦争責任にかかわる歴史の説明をどう聞くのであろうか。

(2)「日本資本主義の歴史的条件は福沢のあらゆる努力にも拘らず、この国に国家権力から相対的に独立な市民社会の形成を妨げた。」(『丸山集』③二〇三)。この場合も、悪かったのはひたすら「日本資本主義の歴史的条件」であって、「典型的な市民的自由主義」者福沢はもっぱら市民社会形成に努力したのであり、逆方向の歴史への加担はなかったというものである。同じ論文の中の記述に即して、具体的に一点だけ問題を指摘しよう。

福沢が「英雄豪傑史観に与《くみ》しなかったのは明瞭である。だから彼が文明を「人の智徳の進歩」と簡潔に定義した際においても、その智徳の担い手となるものは少数の学者や政治家ではなくてどこ、までも人民大衆であった。」（同右、一九一～二）。

ところが福沢は、第Ⅱ章5Ⓑで明らかにしたように、七五年の〈資料篇〉⑭「国権可分《かぶん》の説」で、はやくも「百姓車挽《くるまひき》」を啓蒙の対象から追放して宗教教化路線の対象に位置づけ、「馬鹿と片輪《かたわ》」「豚」とよんだ「無智の小民」、下流「群民」を数理の世界から排除し、帝国憲法発布後は、逆に「従順、卑屈、無気力」の人民をむしろ「我日本国人の殊色《しゅしょく》」と肯定的に評価した。そうした福沢の民衆啓蒙の姿勢が「国家権力から相対的に独立な市民社会の形成を妨げ」なかったとは、私にはとても考えられない。

(3)「「一身独立して一国独立す」という有名な命題の示すように、両者の間に必然的な内面的連関が成立することである。……福沢にとって本来内部の解放と対外的独立とは不可分の問題として提起されていた。……にも拘《かかわ》らず、福沢の国際的観点の優位の立場が、外からの衝撃《インパクト》のあまりの強さによってその実質的文脈を漸次《ぜんじ》変貌させたこと、しかも日清戦争の勝利は、彼の危機意識の急激な弛緩《しかん》をもたらし、日本の近代化と独立の前途に対する楽観的展望を産んだことは到底否定出来ない。福沢逝《ゆ》いて半世紀、歴史はその展望を見事に覆《くつがえ》すことによって、却《かえ》って彼の発想の根本的な正当性を立証したのである。」（『丸山集』⑤二三一～四四）。

これについては、大前提の「一身独立して一国独立す」という定式理解の丸山の誤りを再論する必要はない。この議論展開においても、「日清戦争の勝利」のために福沢その人がどれほど奮闘努力したのかもいっさい問われていない。それにしても、最後の「歴史はその展望を見事に覆《くつがえ》すことによって、却《かえ》って彼の発想の根本的な正当性を立証したのである。」という評価は、いったいどう理解すればよいのか。私なら、歴史が福沢の楽観的展望を覆したというのであれば、楽観的展望を描いた思想家福沢の責任を問題にしたいと思うし、その展望が覆って福沢の「発想の根本的な正当性」が立証されたというのは、福沢の「発想」そのものに無理や問題があったから、展望が覆ったのではないのかと考えるのが普通ではないのか、と思うのである。

(4) 丸山真男は、自分の福沢研究が中国語訳された區 建英《オウジエンイン》『福沢諭吉と日本の近代化』に寄せた序文において、「「脱亜入欧」があたかも福沢の造語であり、愛用語であるかのような俗説」が流布しているが、「脱亜」という言葉は「福沢のキー・ワードでなかった」(『丸山集』⑮二一六)という自説の正当性を示す論拠をいろいろあげている。前著『福沢諭吉のアジア認識』の著者の私からみれば、見当はずれの苦しい弁明の羅列という印象である。橋川文三も前掲論文で「脱亜論」の論旨が例外的なものでなく、「この前後に福沢が何十篇となく書いている論文と大差ないもの」(前掲『著作集』⑦三)と指摘している事実をとりあえず紹介して、二点だけ触れておこう。

「濃厚な儒教的色彩を帯びた徳目をちりばめた「教育勅語」(一八九〇年発布)が、一体どういう意味で「脱亜」であり、「入欧」であるのか。」(同右二一五)と書いて、丸山は、近代日本の「現実の歴史的道程」(同右)は「脱亜入欧」でなく、むしろ「脱欧」「入亜」ではないのかと指摘・主張している。その是非を争うつもりはない。問題は、「濃厚な儒教的色彩を帯びた徳目をちりばめた「教育勅語」」に福沢が賛同しているという重大な事実を知らず棚上げしたまま、丸山が立論していることの奇妙さである。

丸山は、福沢の蔑視は「中国や朝鮮の人民や国民」に向けてではなく、「「満清政府」あるいは李氏政権」により向けられていたとして、日清戦争の「戦勝後の日本の中に、中国と中国人とを侮蔑し軽視する態度が一部に生まれていることに対し、憂慮し、警告することを忘れなかったのである」(同右、二一七)として、その論稿を注記している(日付は誤記)。その福沢の論稿を紹介しよう。「近来支那人が……日本に親しむの心を生じたるは実際の事実にして、……日本に依頼するの念……百五十名の留学生を我国に送り……彼より進んで親しまんとするこそ好機会なれば、……決して因循《いんじゅん》姑息《こそく》を以て目《もく》す可《べか》らず。況《いわ》んやチャンチャン、豚尾漢《とんびかん》など他を罵詈《ばり》するが如きに於てをや。」(『全集』⑯二八六)。ほかならぬ福沢が「満清政府」ではなく中国人を「チャンチャン、豚尾漢」と罵詈する侮蔑・蔑視観を垂れ流し、中国侵略の先頭に立っていた事実を前著『福沢諭吉のアジア認識』で知った読者ならば、福沢の中国人観を代表する発言として、(日清戦争の敗戦によって、日本からも学ぼうという姿勢をもちはじめた中国に好感をもって書いた例外的な)この社説を紹介することが、いかに作為的な引用であるかは理解してもらえるであろう。

「朝日新聞」〈私の視点〉欄に私が寄稿した「福沢諭吉　アジア蔑視広めた思想家」（二〇〇一年四月二一日）を批判した同欄（五月一二日）の平山洋「福沢諭吉　アジアを蔑視していたか」が「福沢の評論で蔑視されているとされた「朝鮮人」や「支那人」とは、民族全体のことではない。……批判の対象となっているのは、政府の指導部にすぎない。」という意見と、田中浩『近代日本と自由主義』（岩波書店、九三年）の、福沢は中国に対して、その「近代化、工業化に協力」する姿勢をもち、「中国の惨状に同情し」中国人を「激励」しようとしていた（一四六～）という意見は、ともに右の丸山の論稿を下敷きにしたものであろう（増補改訂版追記――インターネット報道メディアIWJ社は、二〇一四年九月に、福沢こそが「ヘイトスピーチの元祖」という主題で安川に九時間余のインタビュー取材を行い、その内容を三夜にわたって放映し、そのDVDの発売も行った）。

(5)「明治三十年に及んでなお」諭吉が「今世《こんせい》の人が西洋文明の学説に服しながら尚ほ其胸中深き処に儒魂《じゅこん》を存」する事を指摘して、「儒魂の不滅」を痛嘆《つうたん》せねばならなかった……反儒教主義は殆ど諭吉の一生を通じての課題をなしたのである。」（『丸山集』②一四一～二）という把握の誤りは、本書の第Ⅱ章1で論及したとおりであり、諭吉自身が「儒魂」の存続に加担していた。同様に、「明治後半期になると、「家族国家論」のイデオロギーが登場しますし、大正時代になると企業一家といった考え方も出てきます。この点でも近代日本の考え方は、福沢とは反対の方向に逆行していると言えます。」（同右⑬三〇四）という把握にも無理のあることは、本章2で紹介した工場法制定に反対するために、福沢が主張した地主小作人的労資関係論で明らかである。日本では「雇主《やといぬし》と雇《やとい》人《にん》との関係」に「此上《この》もなき美風」があると彼が主張した「一種の美風」とは、「情誼《じょうぎ》の温《あたたか》なる、父子《おやこ》の如く又親戚の如し」という、「大地主と小作人との間柄」同様の温情主義《パターナリズム》の人間関係そのものであった。いくら「福沢惚れを自認」する丸山にしても、近代日本の歴史の具体的な展開をいつも福沢と無関係に記述するその手法は、福沢その人をあまりにもないがしろにする行為である。

(6)「私の学生時代・青年時代の大日本帝国」では「「国体」の名において国家権力が「人心の内部までも」平気で犯していました。何とおどろくべき近代日本の「進歩」の実態ではないでしょうか。」（同右⑭二〇六）、「福沢が「皇学者流」にたいして、尊王の問題を「政治上の特質に求めずして、之れを人民懐古《かいこ》の至情に帰《き》」するのが困る、といっている……功利主義的立場は、……近代日本の「国体教育」を支える思想的前提とはついに相容《あいい》れない考え方でした。その意味では福沢が……結果的には近代日本の国体論の発展を見損っていたといわれても仕方がないでしょう。」（同右二五七）。

これについては、第Ⅱ章3Cの(2)で、福沢が「日本人民の精神を収攬《しゅうらん》するの中心」に帝室をすえ、国家権力が「倫理的実体として価値内容の独占的決定者」となった教育勅語に賛同することで、また逆に「教育と宗教の衝突」論争には完全に沈黙することによって、国家権力が「人心の内部までも」侵《おか》すことに積極的に加担したこと。また、初期啓蒙期の功利主義的天皇制観を放棄して、福沢自身が尊王を「人民懐古の至情に帰」した皇学者流の『尊王論』を主張することによって、「近代日本の国体論の発展を見損っ」たのではなく、その国体論の発展を支えていた事実を確認すれば、この場合も、近代日本の歴史現実とのかかわりでの福沢の主体的責任のすべてを棚上げした評価であることは明らかである。

(7) 丸山は、「日本のナショナリズム」の道のりを、福沢諭吉とのかかわりにはふれないまま、次のように描きだしている。「日本のナショナリズムが国民的解放の課題を早くから放棄し、国民主義を国家主義に、さらに超国家主義にまで昇華させたということは、……深く国民の精神構造にかかわる問題であった。……暗くよどんだ社会的底辺に息づく庶民大衆――「全人民の脳中に国の思想を抱かしめる」ことを生涯の課題とする決意を福沢に固めさせたほど、「国家観念」に無縁であった大衆――はまさにこの「義務」国体教育によって、国家的忠誠の精神と、最小限度に必要な産業＝軍事技術的知識とを、……兼ね備えた帝国臣民にまで成長したのである。……国家意識が伝統的社会意識の克服でなく、その組織的動員によって注入された結果は、……政治的責任の主体的な担い手としての近代的公民《シトワイヤン》のかわりに、万事を「お上《かみ》」にあずけて、選択の方向をひたすら権威の決断にすがる忠実だが卑屈な従僕を大量的に生産する結果となった。」（『丸山集』⑤六六〜九）。

二二ページにおよぶ「日本のナショナリズム」の道のりを主題にした論文において、不思議なことに、福沢が登場するのは右の一個所だけである。しかも、この個所では「「国家観念」に無縁であった大衆」を形容する文節として、「「全人民の脳中に国の思想を抱かしめる」ことを生涯の課題とする決意を福沢に固めさせたほど」に大衆は国家観念に無縁であったという文脈で言及されているだけである。つまり、問題をもった「帝国臣民」「忠実だが卑屈な従僕」を生産したのは、あくまで「義務」国体教育のせいであって、キリスト教普及反対論をはじめとして、「全人民の脳中に国の思想を抱かしめ」ようと生涯奮闘努力した福沢とは無関係であるという不思議な構成になっている。一体、この「日本のナショナリズム」論は、はたして妥当なものといえるのか。

初期啓蒙期から「一身独立」の課題を「第二歩に遺《のこ》して、他日為《な》す所あらん」としながら、結局その課題を放置したまま、福沢はひたすら「自国の独立」確立を目指した。そのため、右の「全人民の脳中に国の思想を抱かしめる」『通俗国権論』の方策は「外戦に若《し》くものなし。」という権謀術数の提案となり、『時事小言』での「国の為にするの気力」養成策はキリスト教普及反対と「士族の気力」の維持保護という後ろ向きの非合理的な提案であった。つまり、右の丸山の「日本のナショナリズムが国民的解放の課題を早くから放棄し、国民主義を国家主義に……」という説明は、「福沢のナショナリズム」の道のりそのものである。

また、「忠実だが卑屈な従僕」の「帝国臣民」を形成したのは、福沢ではなく「義務」国体教育であると丸山は主張する。しかし、福沢その人が、「苦楚疼痛《くそとうつう》」の強制「義務」教育を先導し、神権的天皇制の大日本帝国憲法が発布されると、「従順、卑屈、無気力」の国民性こそが日本の資本主義的発展にとって有利な「我日本国人の殊色《しゅしょく》」であると主張し、したがって、翌年の教育勅語の発布に対しては、「感泣《かんきゅう》」して学校教育による「仁義孝悌《こうてい》忠君愛国の精神」の「貫徹」を要求する社説を書かせて、発布直後の「教育と宗教の衝突」論争や久米邦武事件にも不作為の協力をすることで、丸山のいう「国体教育」の発展を支えていったのが、ほかならぬ福沢諭吉その人なのである。それなのに丸山は、なぜその福沢と無関係に「日本のナショナリズム」の道のりを描こうとするのか、私にはまったく理解不能である。

以上、丸山真男の福沢諭吉研究の問題点として、近代日本の具体的な歴史的現実の進展とつねに無関係に福沢を考察するために、丸山福沢論が思想家福沢の主体的責任を一貫して棚上げする研究となっていることを確認した。これは「福沢惚れを自認する」研究者の場合においても、許容される限度をこえた思想史研究からの逸脱的手法といえよう。そのため、中野敏男、姜尚中《カンサンジュン》、西川長夫、今井弘道、国武英人など多くの研究者が、口をそろえてその手法を批判している。ここでは、福沢の思想への内在的考察の欠如とともに、その手法が「健全なナショナリズム」対「超国家主義」という丸山の二項対立的枠組みをもたらし、『前著』で批判した司馬遼太郎の「明るい明治」

と「暗い昭和」の分断の場合と同様に、その枠組みが近代日本の歴史を総体として把握することを困難にしているという二点に限って、代表的な批判を紹介しておきたい。

中野敏男は、日清戦争の勝利によって、福沢をふくめた「民権論者」が「帝国主義者に転向して行く」という丸山の論稿「明治国家の思想」に論及して、戦勝で日本の近代化が達成されたという心理的な「錯覚」から「転向」が始まったと把握し、「この「転向」を決定づける主因」を（先に私も引用した）「思春期に達した子供が非常に悪い環境に育ったために性的な方面で、……ませてしまった様なもの」と、もっぱら当時の国際的「環境」から説明する丸山を批判している。前者についてては「日本の近代思想に内在する問題性の現れとして」錯覚を考察すべきであり、後者の「転向」要因については、とうぜん福沢の「思想に内在する問題に求め」るべきことであるというのが中野の批判である（前掲『大塚久雄と丸山真男』二二三～四）。同じ問題について、姜尚中は「丸山は、そのような「色調の時代的変貌」を日本にとっての「劣悪な」国際環境の変化のせいにしてはいても、その変貌の内在的な根拠について深く掘り下げているとは思えない。」と書いている（姜尚中ほか『丸山真男を読む』情況出版、九七年、二四）。

つぎに、「健全なナショナリズム」対「超国家主義」という丸山の二項対立的枠組みを、中野敏男は〈明治前期のわきまえのある「国家理性の認識」〉対〈昭和前期の限界を知らない「皇道の宣《せん》布《ぷ》」〉との「精神的態度のコントラスト」、つづめて〈明治前期の「国家理性の認識」〉対〈昭和前期の「超国家主義」〉ととらえて、丸山の福沢研究の「総括」にあたる『「文明論之概略」を読む』には、重要な「論点について意図的と思える排除」がなされていると批判する。中野は、両者が「精神的態度と質を異にするというのであれば、たしかに、その所以《ゆえん》を問うということを通して、侵略戦争に突き進んだ「超国家主義」に帰結するこの近代化の歩みが実質的に反省されることになるはずだ。」として、「そのような「精神的態度のコントラスト」の認識からは、どうしてその落差が生じてしまったのかという問題が本当に切迫した問いとして浮かび上がり、ここに、近代日本を全体として総括する重要な視点が与えられると考えることができる」と指摘する。

ところが、丸山の福沢研究の「総括」書『「文明論之概略」を読む』では、「肝心要《かんじんかなめ》であるはずのこの落差が生じた所以《ゆえん》への思想内在的な問いが、まさに福沢の「最高傑作」を主題にして三冊もの新書を費やしたこの著作において問われていないということである。」(中野前掲書、二一五～七)というのが中野のここでの結論である。同じ問題を、姜尚中は「明治前期と軍国主義時代との際《きわ》だったコントラストを強調することで前者と後者の連続性をアイマイにし、軍国主義的な〈国家理性〉の大言壮語が、冷厳な〈国家理性〉の認識にもとづく植民地の獲得、経営、防衛の結末でもあることにほとんど目を閉ざすことになっているのだ。」(姜前掲書、二三)と批判する。

西川長夫は、同じ問題を丸山の「国家あるいは国民国家に対する疑いの欠如」の問題であるとして、次のように批判する。「戦後の歴史学は……皇国史観と軍国主義を第一の批判の対象としたにもかかわらず、あるいはそれ故に、戦後歴史学は国民国家それ自体を批判の対象にすえることができなかった。……典型的な例は、丸山真男の「超国家主義の論理と心理」にみてとれる。この論文は近代国家を「国民国家《ネーションステート》」と規定し、それが武力的膨張やナショナリズムの内在的衝動を秘めていることを指摘しながらも、その国家主義に「超《ウルトラ》」という形容詞を付して、もっぱらその「超」の分析に向かうことによって、本体である「国家」と「国家主義」を傍《かたわ》らに放置するという構造をもっている。」（前掲『戦後歴史学再考』八〇）

以上三人の論者が共通に批判しているのは、思想史研究であるにもかかわらず、民権論者や福沢自身の「転向」的事象の原因を、もっぱら国際「環境」や国内構造の特質のせいにして、一貫して福沢諭吉の思想に内在化して考察しようとしない丸山の手法である。また、〈明治前期の「国家理性の認識」〉対〈昭和前期の「超国家主義」〉の二項対立的枠組みについては、丸山が両者のコントラストを強調するばかりで、なぜその落差が生じたのかという「切迫した問題」、あるいは両者の連続性という重要問題を不問に付していることであり、この批判も三人に共通している。

これにたいして、本書は、〈明治前期のわきまえのある「国家理性の認識」〉＝〈健全なナショナリズム〉という丸山の図式そのものの誤りを、福沢の思想に内在化することによって明らかにしようとする作業であった。そして、「大日本帝国憲法」＝「教育勅語」体制受容への福沢諭吉の必然的な思想的道のりを明らかにすることによって、本書は、日本の近代化が〈昭和前期の「超国家主義」〉につながって（転落して）いった道のりを解明するための基礎作業となったと考えたい。また、「健全なナショナリズム」対「超国家主義」という二項対立的枠組み自体が誤りであって、丸山は明治前期の国民意識を誤って福沢を代表とする「健全なナショナリズム」と把握したからこそ、「昭和前期の超国家主義」へのつながりや展望をえがきだすことができなかったのである。本書は、この丸山の二項対立的枠組みが、明治前期と昭和前期の「連続性」をもともととらえることのできない杜撰《ずさん》な図式であったことも明らかにしたと考えたい。

丸山同様に、近代日本の総体を「明るい明治」と「暗い昭和」に分断する司馬遼太郎史観にたいして、『前著』では福沢諭吉のアジア認識の解明によって、「明るい明治」を「明るくない明治」とおきかえれば、「暗い昭和」へのつながり・架橋《かきょう》も可能になるとして、私は、弓削達の表現を借用しながら、「司馬が、（「明るい明治」の）栄光からの逸脱と見た（「暗い」）昭和の歩みは、実は（明治維新当初＝初期啓蒙期の福沢以来の）日本の歩みの強化にすぎなかったのではないか。」（二三四、一部修正）あるいは、大沼保昭の視座を借りれば、アジア太平洋戦争は「アジアの盟主として欧米列強と肩を並べようという、脱亜入欧信仰に基づく無限上昇志向のたゆみない歩みの一環であり、近代日本の軌跡の行きつくところであった」（四八）と「日本近代史像をとらえ返す」（『前著』副題）ことの必要性を提起した。今回は、『前著』のように「アジア太平洋戦争への道のり」という終章までは設定できなかったが、丸山のいう〈昭和前期の限界を知らない「皇道の宣布《せんぷ》」「超国家主義」〉

高文研
人文・社会問題
出版案内
2025年

無名東学農民軍慰霊塔　韓国全羅北道古阜　（富士国際旅行社提供）

KOUBUNKEN
高文研
ホームページ https://www.koubunken.co.jp
〒101-0064 東京都千代田区神田猿楽町2-1-8　三恵ビル
☎03-3295-3415　郵便振替 00160-6-18956

この出版案内の表示価格は本体価格で、別途消費税が加算されます。

ご注文は書店へお願いします。当社への直接のご注文も承ります（送料別）。なお、上記郵便振替へ書名明記の上、前金でご送金の場合、送料は当社が負担します。

◎オンライン決済・コンビニ決済希望は右QRコードから

【教育書】の出版案内もございます。ご希望の方には郵送致します。

◎各書籍の上に付いている番号は【ISBN 978-4-87498-】の下4桁になります。

◈日本と世界を考える◈

862-6
コスタリカ
伊藤千尋著
「軍隊を持たない国」中米・コスタリカの人びとの平和、民主主義、人権観を通して日本を考える。
1、800円

851-0
アフガニスタン
レシャード・カレッド著
日本在住のアフガニスタン人医師が綴る、祖国の歴史と現状、真の復興への熱い想い。
2、000円

430-7
知ってほしいアフガニスタン
レシャード・カレッド著
アフガンの苦難の歴史と復興への願い。
1、600円

882-4
ゾヤの物語
自由を希求するアフガニスタン女性の闘い
ゾヤ著
タリバンの圧政・女性差別に立ち向かうひとりの女性の半生を綴ったノンフィクション。
2、200円

633-2
知ってほしい国 ドイツ
新野守弘・飯田道子・梅田紅子編著
ドイツとはいったいどういう国柄なのか？ もっと深く知りたいドイツを知る入門書！
1、700円

378-2
ドイツは過去とどう向き合ってきたか
熊谷 徹著
「ナチスの歴史」を背負った戦後ドイツの、被害者と周辺国との和解への取り組み。
1、400円

607-3
国のために死ぬのはすばらしい？
ダニー・ネフセタイ著
1、500円

283-9
イスラエル・パレスチナ 平和への架け橋
高橋和夫・ピースボート著
両国の若者が平和共存への道を語る。
1、600円

799-5
増補版 プーチン政権の闇
林 克明著
テロや暗殺でその基盤を固めたプーチン政権の推移と、ウクライナ開戦に至るまでの背景を探る。
1、700円

417-8
チェチェン民族学序説
ムサー・アフマードフ著
今西昌幸訳
チェチェン民族の世界観、宗教観。
2、500円

586-1
キューバ
伊藤千尋著
超大国を屈服させたラテンの魂。「カリブの赤い星」と呼ばれたキューバの姿に迫る！
1、500円

371-3
反米大統領チャベス
●評伝と政治思想
本間圭一著
独自路線を貫く南米の指導者の素顔に迫る！
1、700円

344-7
カナダはなぜイラク戦争に参加しなかったのか
吉田健正著
カナダ外交から学ぶアメリカとの付き合い方。
1、900円

755-1
イギリス労働党概史
本間圭一著
イギリス二大政党の一翼を担う労働党の誕生から
3、000円

412-3
私たち、「何じん」ですか？
●「中国残留孤児」たちはいま…
樋口岳大・文／宗景正・写真
帰国した中国残留孤児の「いま」を追う。
1、700円

365-2
中国残留日本人
大久保真紀著
敗戦の混乱で「満州」に置き去りにされた残留婦人・孤児が辿った苦難の道のり。
2、400円

270-9
我愛成都
●中国四川省で日本語を教える
芦澤礼子著
中国・成都で日本語を教えて6年、素顔の中国と教え子たちの現在・過去・未来を紹介。
1、700円

832-9
ちっちゃな捕虜
リーセ・クリステンセン著 泉 康夫訳
インドネシアで何があったのか?! 日本軍抑留所を果敢に生きたノルウェー人少女のものがたり。
2、700円

674-5
橋の下のゴールド
●スラムに生きるということ
マリリン グティエレス著 泉康夫・訳
フィリピン社会に一石を投じたルポルタージュ！
1、400円

215-0
アジア各国事情
ヘン・キムソン画・田村宏嗣解説
痛快無比！ 異色のアジア風刺漫画。
1、500円

562-5
日本の柔道 フランスのＪＵＤＯ
溝口紀子著
1、700円

この出版案内の表示価格は本体価格で、別途消費税が加算されます。

への道のりを展望できる基礎作業だけは果たしたものと、自己評価しておきたい。

以上、神権的天皇制の帝国憲法＝教育勅語体制確立直後の「教育と宗教の衝突」論争と久米邦武事件への福沢の対応を考察するための、三度にわたる回り道の途次において、先走って結論的な見解まで提示した。しかし、やはりその結論は、この時の福沢の対応の考察もふまえて、はじめて論証・補強されるべきものである。「時事新報」の論説主幹として健筆をふるっていた福沢は、なぜ後世にまで影響の及ぶこの二つの大事件に沈黙を保ったのか。それが意図的な不作為であることはすでに示唆した。

まず、久米邦武「神道は祭天の古俗」事件について。福沢の「学問・教育独立論」は、自由民権運動による「政壇の波瀾」を懸念した福沢が「学問社会の中央局」「学事会」が「学問の事は学者に任」す代わりに、学者や学事会が「断じて、政事に関するを得せしめ」ないで、「政権に事実の妨《さまたげ》を為《な》さざるの限りは」その自由を認めるという、「政機を助け」、政府の「政略を逞《たくまし》うせん」ために構想したものであったこと、つまりそれは原理的な「学問の自由」の主張ではなかった（似《え》非《せ》学問教育独立論）。したがって、帝国大学の評議官の反対を無視して文相が農科大学の新設を「専断」した場合と同様、福沢自身が、もともと事件を「学問の自由」の侵害・弾圧と考えなかったものと推定したい。

福沢が「神道」をどう考えたかは別として、神道国教化政策をとろうとしていた明治政府から見れば、「敬神は日本固有の風俗なり。……蓋《けだし》神道は宗教に非《あら》ず、故に誘善利生《ゆうぜんりしょう》の旨《むね》なし。只《ただ》天を祭り攘災招福《じょうさいしょうふく》の祓《はらえ》を為《な》すまでなれば、佛教と並《ならび》行はれても少しも相戻《あいもと》らず。故に敬神崇仏を王政の基本となして今日に至り、其《その》習俗は臣民に結び着《つき》て堅固なる国体となれり。然《しか》れども神の事には迷溺《めいでき》たる謬説《びゅうせつ》の多きものなれば、神道佛教儒教に偏信《へんしん》の意念《いねん》を去りて公正に考へるは、史学の責任なるべし。」と説いて、日本の神道は宗教ではなくたんなる古俗であると主張した久米の学説は、学問が「政事に関」わり、「政略」に嘴《くちばし》をさしはさむ危険な行為であり、福沢の「学問独立論」の論理からみても許されない逸脱であった。

つぎに、「教育と宗教の衝突」論争事件への福沢の対応を考察するうえで、プロテスタントの小泉仰の論稿「福沢諭吉と宗教」が参考になる。「福沢がキリスト教に一番接近した時期は……明治二十年の頃である。」(二三〇)とする同稿は、私の知りえた限りで、「福沢は内村事件には全く触れていない」という重要な事実に論及している唯一の論稿である。この件にかんして小泉仰は、九七年の福沢の小論「宗教は茶の如し」に論及して、「キリスト教が清潔ではあっても、攻撃的すぎるという点で、日本の国情に合わないという評価を再び下すようになっている。こうした評価は、恐らく……内村鑑三不敬事件が背景にあるかもしれない」という貴重な推論をしている(同右二三一)。右の福沢の小論の「清潔ではあっても、攻撃的すぎるという点」の関連部分を見ておくと、福沢は「又耶蘇《ヤソ》教を見れば、其教師の品行は僧侶に比して割合に清潔のもの多し。……布教の一段に至れば漫《みだり》に他を攻撃して一毫《いちごう》も仮《ゆる》さず、狷介《けんかい》孤立、自《みず》から逞《たくまし》うする其《その》熱心は嘉《よみ》す可きに似たれども、斯《か》くては其教《そのおしえ》を弘《ひろ》めて実際に人心を感化せしむるの効能は容易に見る可《べか》らず。」（『全集』⑯九二）と述べている。

小泉が推測するように、私も、福沢には「内村鑑三不敬事件」が念頭にあって、自己の「思想・良心の自由」、内村の場合では偶像崇拝を否定するという自らの信念を、孤立しても狷介《けんかい》・堅持するというまさに「一身独立」した立派な行為が、「和をもって尊しとなす」過剰集団同調の日本社会では「攻撃的すぎ」て「日本の国情に合わないという評価」をもったものと推測する。したがって、丸山によれば「画一的な世論に追随する」ことをなによりも嫌悪するはずの福沢であるが、同時に、もともと原理的な「思想、良心の自由」「信教の自由」を理解・擁護しない思想家でもあり、神権的な天皇制体制の土台をゆるがす内村鑑三の行為とキリスト教陣営を支えたり擁護《バックアップ》する意思をもたなかったものと考えられよう。これはまた、福沢の「一身独立」についての丸山の読みこみ（誤った解釈）に修正をせまる重要な事実となる。

第Ⅱ章2Bで論及した「学徒出陣」関連論文で、丸山は定式「一身独立して一国独立す」について、「国家を個人の内面的自由に媒介せしめたこと——福沢諭吉という一個の人間が日本思想史に出現したことの意味はかかって此処《ここ》にある」とまで書いて、福沢の「一身独立」は、「個人の内面的自由」「人格の内面的独立性を媒介」するものであるという（『すすめ』第三編では、それはなんら論述されていないのに）強引な読みこみを行なった。もし福沢に「内面的自由」「人格の内面的独立性」に固執する思いがあれば、「狷介《けんかい》孤立」した内村鑑三の行為は、それこそ「日本思想史」上に稀有《けう》な個性の出現・登場を意味するものであり、福沢は「異端妄説の譏《そしり》を恐るることなく、勇気を振ひて」内村鑑三擁護のキャンペーンの先頭にたったであろう。

右の小論の「狷介《けんかい》孤立、自《みず》から湜《たくまし》うする其《その》熱心は嘉《よみ》す可きに似たれども」という記述は、むしろ福沢が、内村の偶像崇拝を排するという信念の堅持、「内面的自由」への固執の積極的意味を理解しながらも、そうした「一身独立」の姿勢は「日本の国情に合わないという」、内村とは異なるもうひとつの判断・評価を選択したこと――したがって、「教育と宗教の衝突」論争への参加は忌《き》避《ひ》する――を示唆しているものと解釈することができよう。この場合のもうひとつの評価基準とは、本書が明らかにしたように、不敬事件の二年前、大日本帝国憲法の発布を迎えて、福沢が日本の近代化を「従順、卑屈、無気力」という「我日本国人の殊色《しゅしょく》」の国民性の上に展望するようになり、したがって、翌年の教育勅語についても「感泣」して「仁義孝悌忠君愛国の精神」の貫徹をもとめるという社説を書かせた、つまり神権的天皇制の「大日本帝国憲法」＝「教育勅語」体制に積極的に同意した福沢自身の、内村鑑三のような「内面的自由」や「人格の内面的独立性」への固執は、体制をみだし脅《おびや》かす行為であり存在であるという判断である。したがって、「教育と宗教の衝突」論争に沈黙を保ったのと軌を同じくして、同じ神権的天皇制体制の確立によって、これから日本の学問・教育・宗教などの自由がより強力に脅《おびや》かされ支配されていくという肝心の「暗い谷間」の時代を迎えているのに、その時期から、福沢は符節を合わせたように「学問・教育独立論」の主張を展開しなくなっていくのである。

既述したように、同じ時期に田口卯吉のように、久米邦武「神道は祭天の古俗」をめぐって「問題は……本居《もとおり》平田等が古事《こじつ》付けたる解釈……の他に今日の人民は新説を出すべからざるや否や是なり、新説を出せは皇室に不敬なるや否や是なり、嗚呼《ああ》余は之を信ぜざるなり、余は固く信ず、日本人民は随意に古史を研究するの自由を有することを、……余は固く信ず、神代《かみよ》の諸神は霊妙《れいみょう》なる神霊とならずして、吾人《ごじん》と同一なる人種則《すなわ》ち飯も喰い水も飲み踊も踊り夢も見玉《みたま》へるものなるも、……余は固く信ず、皇室を敬し国家を愛するの気は、彼の本居平田等の如く単に古事記の語義を尋思《じんし》して研究するよりも、広く人種、風俗、言語、器物等に就《つ》いて研究するの間に於て盛に発揮すべきことを、……」という、「学問の自由」の原則をめぐる堂々の反駁の論陣がはられているのに、福沢諭吉が逆に沈黙を守ることで天皇制の神権的絶対性の確立に寄与したという事実は、その後の近代日本の歩みの大きな思想的な分水嶺をなしたといえないであろうか。

4　福沢諭吉は近代日本最大の保守主義者である

A　丸山真男の「瘠我慢《やせがまん》の説」「丁丑《ていちゅう》公論」論
——丸山福沢研究の無理・破綻を示唆するもの

福沢のアジア認識を主題にした『前著』とことなり、本書では丸山真男の福沢諭吉研究総体の批判を意図した。本書で、いまだに言及していない丸山の福沢論は、福沢が公表を予定していなかった遺稿「瘠我慢の説」「丁丑公論」について、丸山がそれをたかく積極的に評価して展開した福沢論（その高い評価もあって、両稿は講談社学術文庫の一書となっている）のみのはずである。その福沢論に無理のあることは、『前著』（二〇四～五）でも論及した（『旧著』では四四～五、一七五～七）。あえて再論する理由は、①もともとこの丸山の福沢論は珍しく評判が悪いうえに、②それに止《とどめ》を刺すような論稿の存在を知ったことと、③福沢の両遺稿への丸山の高い評価そのものが、丸山の福沢研究総体の無理、もっとつよくいえば破綻を示唆しているという判断があるからである。

ただし、西郷隆盛の士族反乱について、「むしろ非合理な『士魂《しこん》』のエネルギーに合理的価値の実現を託した」ものという丸山の「丁丑公論」論については、同様にかつてそれを「日本国民抵抗の精神」と題する『世界』の論稿でたかく評価した遠山茂樹自身が、その評価の誤りを自己批判し、「火中の栗を拾わぬとなれば、士族の抵抗の精神への愛惜は、偽りであるといえぬにしても、自慰の書であったと評すべきである。」（前掲『福沢諭吉』一二八〜九）としている。また、家永三郎の「勝等に向かってのみ封建道徳の遵守《じゅんしゅ》を強要……少しく辻褄《つじつま》の合はない感」「佐幕的心情の残渣《ざんさ》」（『選集』⑦解題）という評価、小田実の「なまはんかの『抵抗の精神』」という評価（『前著』二〇五）、丸山の「門下生」松沢弘陽の「「封建的忠誠」の中に能動的主体を見出すというあやうい「思想の冒険」」（『丸山集』⑧四〇九―「忠誠と反逆」解題）などという批判的評価がそろっている。

加えて、福沢諭吉本人が大日本帝国憲法発布の時点で、前掲❶「日本国会縁起《えんぎ》」において、「明治十年（千八百七十七年）鹿児島の乱……功臣相互の不和より生じたることなれども、政府は正統の政府にして其《その》名義正しく、之《これ》に敵する者は即ち謀反人《むほんにん》にして失敗せざるはなし。」と、七七年の戦争終了直後に執筆して公表しなかった「丁丑公論」と違って、西南戦争に対する異なる見解・評価を公表しているという問題がある。さらに、「痩我慢の説」が関係者に公開され、他紙にも掲載されたうえで諭吉の生前に公表されたものとは異なり、「丁丑公論」は未発表のまま秘匿《ひとく》され、死去の二日前の一九〇一年二月一日からようやく「時事新報」に掲載が始まり、八回の連載が終わったのが死の一週間後の一〇日であったという事情も考慮して、再論は省略する。

勝海舟の江戸城明け渡しなどを批判した福沢の「瘦我慢の説」と、それへの丸山のたかい評価の考察に移ろう。

「立国《りっこく》は私《わたくし》なり、公《おおやけ》に非《あら》ざるなり。……瘦我慢《やせがまん》の一主義は固《もと》より人の私情に出《いず》ることにして、冷淡なる数理より論ずるときは殆《ほと》んど児戯《じぎ》に等しと云はるるも弁解に辞《じ》なきが如くなれども、世界古今の実際に於て、所謂《いわゆる》国家なるものを目的に定めて之《これ》を維持保存《いじほぞん》せんとする者は、此《この》主義に由《よ》らざるはなし。……人間社会の事物今日の風《ふう》にてあらん限りは、外面の体裁《ていさい》に文野の変遷こそある可けれ、百千年の後に至るまでも一片《いっぺん》の瘦我慢は立国の大本《たいほん》として之《これ》を重んじ、いよいよますます之を培養して其《その》原素の発達を助くること緊要なる可《べ》し。……数百千年養ひ得たる我日本武士の気風を傷《そこな》ふたる……勝安房《かつあわ》氏……勝敗をも試みずして降参したるものなれば、三河《みかわ》武士の精神に背《そむ》くのみならず、我日本国民に固有する瘦我慢の大主義を破《やぶ》り、以《もっ》て立国の根本たる士気を弛《ゆる》めたるの罪は遁《のが》る可《べか》らず。……」（『全集』⑥五五九〜六六）という「瘦我慢の説」を、福沢は九一年一一月末に脱稿し、その写本を関係する勝海舟、榎本武揚ほか五人等に見せた後は、「筐底《きょうてい》に秘して余人に示さなかった」。ところがその内容が漏れて九四年頃の「奥羽日日新聞」に掲載されたため、側近の勧めもあり、福沢は、二〇世紀初頭の一月「元旦」をえらんでこれを「時事新報」に公表した。

丸山真男は、この「瘦我慢の説」を「あえて「偏頗心《へんぱしん》」と彼自ら呼んだ愛国心に与《くみ》し、あるいは

「冷淡なる数理より論ずるときは児戯《じぎ》に等」しき「痩我慢の精神」のうちに、むしろ国民的独立の貴重なエネルギーを見出」（『丸山集』⑦三五〇）し、さらに、戦国「武士の魂を、私的次元における行動のエネルギーとして、客観的には文明の精神（対内的自由と対外的独立）を推進させようとした」（『丸山集』⑧二〇六）ものであると、たかく評価したのである。ここで「むしろ非合理的な「士魂」のエネルギーに合理的価値の実現を託した。」（同右）という場合の「合理的価値」が右の「文明の精神（対内的自由と対外的独立）」をさしていることは明らかである。この福沢評価を私なりに論評する前に、丸山の「痩我慢の説」論に止《とどめ》を刺《さ》す論稿と紹介した（福沢美化論者の中でも客観的で実証主義的な福沢研究者として評価のたかい）伊藤正雄の「「痩我慢の説」私説」（『年鑑』②一八九〜二二〇）から見よう。

　伊藤正雄は、「江戸城明渡しに関する福沢の勝・非難は、当時の客観的情勢を無視した机上論のきらひを免れない。また維新後の勝・榎本の進退についても、必ずしも福沢の言《げん》のみが妥当とは速断し難いやうに思はれる。」という見解を表明したうえで、なぜ九一（明治二四）年という時期に諭吉がこれを執筆したのかを推測して、①福沢はかねて（六〇年に咸臨丸《かんりんまる》でアメリカ渡航の際、諭吉は木村（茶舟）摂津守《せっつのかみ》軍艦奉行（司令官）の従僕として乗船、勝海舟はその艦長という関係での二人のかかわりの体験以来）勝に対し、「感情的に相容《あいい》れぬもの」があったこと（伊藤は、福沢が批判した榎本武揚についても論じている）、②この年、木村旧軍艦奉行が『三十年史』を刊行したことが「痩我慢の説」執筆の直接の動機であったことを明らかにする。③そのうえで、伊藤は「仮《かり》に勝の恭順《きょうじゅん》策が不適当だったとしても、それを責《せ》める資格が福沢にあるか」と問うて、「これほど徹底的に封建的観念を否定した功利主義のかたまりのやうな福沢が、今さら（江戸が「いよいよ戦争に極《き》まれば、僕は荷物を拵《こしら》へて逃げなくてはならぬ」と放言したくらゐ……痩我慢のなかった）自分の事を棚に上げて、他人にのみ三河武士の忠節を要求する資格があるかどうか」と書いている。

④「明治二十二、三年ごろの「時事新報」における福沢の言論には、徳川幕府の政治の妙《みょう》や、三河武士の気風の美を称《たた》へる文字がしきりに現れる。徳川家康は常に「家康公」と敬称され、「徳川家康公は日本国の英雄、世界中にも其《その》比類を見ず」とか、「世界古今絶倫無比の英雄」とまで絶賛したことを紹介したうえで、伊藤は、「明治二十年代の日本は、いはゆる国粋主義復活の時期で、福沢にも封建時代再評価の意識が強く蘇《よみがえ》って」おり、福沢のナショナリズム意識も「一段と高揚してゐた」という時代背景を指摘する。

⑤また、伊藤の論稿には「痩我慢の説」に論及した文献目録がつけられている。その中で、丸山が「日本には稀有《けう》の、本物のコンサーヴァティブです。」（『手帖』⑧⑧一〇）と評価した小泉信三が、「痩我慢の説」を「福沢の著作中でも推奨おかなかった愛読書の一つであった。」という興味ある事実を紹介している。つまり、「痩我慢の説」は「福沢の国家主義・愛国精神を全面的に支持する」（同右）人物が「推奨おかなかった」著作ということである。

こうした考察をふまえて、江戸無血開城をむしろ「勝の不滅の功績」と考える伊藤正雄は、「福沢の抗戦論は、彼に似合はぬ非現実的な、無い物ねだりの書生論の観がある。福沢から仕掛けた喧嘩ながら、この勝負はどう見ても福沢先生に分《ぶ》が悪い」、「勝に痛手を与へるよりも、むしろ福沢本人の鼎《かなえ》の軽重《けいちょう》を暴露したものではなからうか。」というきびしい評価を下し、結論として、「「痩我慢の説」はあくまで秘稿的性格のもので、福沢の代表的著作の如く喧伝《けんでん》されることは、彼自身の本意か否か疑はしい」、「彼の代表著作の一つの如く見なされてゐることは、そもそも彼の本懐《ほんかい》なりや否や、またそれが真に彼の言論に重きを加へる所以《ゆえん》なりや否や、私には疑念なきを得ない。」という結論を提示している。名指しはしていないが、これは丸山真男批判と読むことができよう。

「痩我慢の説」にたいして勝海舟が「……行蔵《こうぞう》は我に存す、毀誉《きよ》は他人の主張、我に与《あず》からず我に関せずと存候《ぞんじそうろう》。各人《かくじん》え御《お》示《しめし》御座《ござ》候《そうろう》とも毛頭《もうとう》異存無之候《これなきそうろう》。」(『全集』⑥五七一〜二)と答えたことを、伊藤は「一言のもとにポンと刎《は》ね帰した感じである。」(『年鑑』②一九六)と評している。私は、勝海舟についてはまったくの門外漢である。伊藤の勝についての「この怪物の複雑な精神構造は容易に掴《つか》めさうもない。」(同右、一九一)という評価もあるので、福沢と勝をここで軽々しく対比するつもりはない。ただ、断片的な情報を並べてみると、日本の近代化の道のりにたいする二人のかかわりや評価はきわめて対照的であり、しかも、私が批判的に見る福沢の行動にたいして、勝が対極的な姿勢《スタンス》をとっているらしいので、福沢の思想を評価するうえで、同時代の別の考えや可能性を考えるひとつの素材として、時代順に、二人の断片的な情報を列挙しておこう。

一八六五年の第二次長州戦争の際、福沢は「長州再征に関する建白書」を提出して、フランスからの借款《しゃっかん》と軍事的提携によって幕藩体制の絶対主義化を図ろうとしたが、勝は、再征と外国借款計画にもっとも強く反対した。幕末以来、日清韓「三国合従連衡《がっしょうれんこう》して西洋諸国に抗すべし」というアジア提携論者であった勝は、「経済的ナショナリズムの立場」から日清戦争に反対した（三谷太一郎「福沢諭吉と勝海舟」『年鑑』㉓）。勝は、福沢とは対照的に、日清戦争と戦後の政府の対応のすべてに真っ向から批判を展開し、戦勝に湧く当時の日本の民衆に対しても「一時の勝利に自惚《うぬぼ》れるな」「この次敗けるのは日本の番だ」と警告した（河上民雄「勝海舟と福沢諭吉のアジア観の対比」『聖学院大学総合研究所 NEWSLETTER』一〇―三）。

足尾《あしお》銅山による鉱毒事件に対しては、勝は、「この問題の根源は行き過ぎた西洋文明模倣《もほう》政策のせい」だと理解し、被害地の惨状、農民の窮状を正確に理解し、後に天皇直訴《じきそ》を敢行する田中正造に対し、「百年後の総理大臣に任命すべし」という閻魔《えんま》大王の戯文《ぎぶん》さえ書くなどの支援・協力をした。それと対照的に、福沢は、政府の調査結果がでると、この問題はこれで打ち切るべきと主張し（同右、西川俊作・書評論文『年鑑』㉔、佐々木力『学問論』東京大学出版会、二四六）、「時事新報」で「若《も》しも其《その》演説集会にして不穏《ふおん》に渉《わた》り或は竹槍蓆旗《むしろばた》などの行為を煽《せん》動《どう》するの口気《こうき》あるか、又は多人数の力を以て他人を脅迫するが如き挙動もあらんには、政府は断然職権を以て処分し一毫《いちごう》も仮借《かしゃく》する所ある可《べか》らず。」（『全集』⑮六七〇）と主張した。

なお、福沢の「痩我慢の説」について目にとまった他の評価を、メモしておこう。壬午《じんご》軍乱の際の「軍備拡張、強硬外交を声高に主張し、一部の慎重論を揶揄《やゆ》するほどに思いあがり、朝鮮に出兵した政府を激励した」福沢の姿から、「福沢を日本の偉人の位置からひきずりおろさねばならん」と考えるようになった夏堀正元は、「「痩我慢の説」も、陰謀家の自己矛盾に満ちている」と評している（前掲『渦の真空』下、七八）。家永三郎は、「私はこの両書、特に後者（「痩我慢の説」――安川）にあまりに深遠な意味を賦与《ふよ》しようとすることは、福沢の心事を正確にとらへる所以《ゆえん》ではあるまいと思ふ」（『選集』⑦解題）、橋川文三は、「有名な「痩我慢の説」も「丁丑公論」も背理的な固執の精神の礼賛《らいさん》である。そこでは明らかに福沢はムリなことを主張している。」（前掲『著作集』⑦四六）、正宗白鳥は、「「痩我慢の説」も、武士道の残光、漢学の亡霊が云はせたやうな感じがする。」（『年鑑』③二〇五）とそれぞれ批判的に評価している。

本題の丸山の「痩我慢の説」評価の論評にもどろう。私の結論は、「武士の魂を、私的次元における行動のエネルギーとして、客観的には文明の精神（対内的自由と対外的独立）を推進させようとした」、「むしろ非合理的な「士魂」のエネルギーに合理的価値の実現を託した。」という丸山の「痩我慢の説」評価は、明らかな誤りであるということである。端的なその理由は、「痩我慢の説」の中には、丸山のいう「文明の精神（体内的自由と対外的独立）」とか「合理的価値」というものは一言半句《いちごん》も書かれも言及もされておらず、したがって「文明の精神」の「推進」や「合理的価値の実現」はなにも論じられていないという端的な事実である。これだけで丸山の誤りのじゅうぶんな論証になっていると考えるが、やはり丸山・福沢神話の解体には過剰な考察が必要という判断から、考察を続行しよう。

初期啓蒙期の福沢の課題が日本を「国民国家」にすることと「主権国家」にすることの二つであったと主張する丸山は、『すすめ』の定式「一身独立して一国独立する」が、その二つの課題の「内面的連関」を「最も鮮かに定式付け」ており、「個人的自由と国民的独立、国民的独立と国際的平等は全く同じ原理で貫かれ、見事なバランスを保っている。……美しくも薄命な古典的均衡の時代であった」と把握していた。丸山の「痩我慢の説」論での「文明の精神（対内的自由と対外的独立）」がこの定式をさしていることは明らかである。ということは、丸山は、帝国憲法＝教育勅語体制確立後の九一年段階においても、福沢が「一身独立」と「一国独立」の同時的達成という「文明の精神」の課題の推進や実現をめざしていると把握・主張していることを示している。これにたいして本書は、初期啓蒙期に限っても、「一身独立」と「一国独立」は、「薄命な古典的均衡」など保っておらず、福沢は「一国独立」＝「対外的独立」＝「自国の独立」を「最後最上の大目的」として、「一身独立」＝「対内的自由」＝「個人的自由」の課題は、「第二歩に遺《のこ》して、他日為《な》す所あらん」としていたことを確認してきた。

そして、第Ⅱ章の考察によって、結局福沢は、自由民権運動にも背を向け、公約の「一身独立」の課題の追求や実現の方向へは一歩もあゆみ出なかったことを解明した。しかし能天気な丸山は、神権的天皇制確立後も、福沢が「文明の精神」の実現をめざしていると主張しているのである。それが明らかな誤りであることを示す端的な福沢の発言として、第Ⅱ章5Ⓒで紹介した〈資料篇〉34を思いだしていただきたい。「瘦我慢の説」より五年も前の段階のこの論稿で、福沢は、「日本国民の文明……其心《その》を見れば完全なる文明開化人」と書いて、日本人の「文明の精神」はとっくに完全な文明開化を達成していると主張していたのである。これでも丸山の無理を納得できない方のために、初期啓蒙期から「瘦我慢の説」の時点までの福沢のナショナリズム思想（「国の思想」「国の為にするの気力」）の歩みに焦点をあてて考察することによって、「瘦我慢の説」において福沢が求めているのは、およそ「文明の精神（対内的自由と対外的独立）」の「推進」や「合理的価値の実現」などではなく、信じがたいことであるが、文字通りの「瘦我慢」の精神そのもの、つまり、非合理的な排外主義と天皇制ナショナリズムそのものであった事実を論証・確認することにしよう。

なお、その作業をすすめる前に、同じ「瘦我慢の説」評価中の「あえて「偏頗《へんぱ》心」と彼自ら呼んだ愛国心に与《くみ》し、あるいは「冷淡なる数理より論ずるときは児戯《じぎ》に等」しき「瘦我慢の精神」のうちに、むしろ国民的独立の貴重なエネルギーを見出していた。」という丸山の文章における、「国民的独立」という丸山の概念についてコメントしておきたい。この言葉は、「一身独立」に対応する「対内的自由」「個人的自由」や、「一国独立」に対応する「対外的独立」「自国の独立」「主権国家」の確立などとも異なる、丸山固有の言葉である。さきの初期啓蒙期の福沢の定式と照応させることによって、丸山の「国民的独立」とは、国家が（一身独立を前提とする）「国民国家」として「一国独立」することを意味する概念と理解できよう。丸山の別の表現を使用するなら、さきの「対内的自由と対外的独立」の二課題をあわせ達成することが「国民的独立」の達成であろうと考えたい。

この私の理解が間違っていないとしたら、さきの丸山の「あえて「偏頗《へんぱ》心」と彼自《みずか》ら呼んだ愛国心に与《くみ》し、あるいは「冷淡なる数理より論ずるときは児戯《じぎ》に等」しき「瘦我慢の精神」のうちに、むしろ国民的独立の貴重なエネルギーを見出していた。」という丸山の解釈自体に無理があるのではないか、というのがここでの疑問である。というのは、丸山によれば、初期啓蒙期の福沢の定式と丸山の「国民的独立」は、ともに「個人的自由と……国際的平等」が「美しくも薄命な古典的均衡」を保っているという前提で成立しているからである。ところが、

『概略』を見ると、福沢は、「偏頗心《へんぱ》」とは、「一国に私《わたくし》するの心なり。……故に報国心と偏頗《へんぱ》心とは名《な》を異《こと》にして実《じつ》を同ふするもの」と説明したうえで、「一視同仁《どうじん》四海兄弟《けいてい》の大義と報国尽忠建国独立の大義とは、互に相戻《あいもとり》て相容《い》れざる」という国際関係の現実を紹介して、だから「一身独立」は「第二歩に遺《のこ》して、他日為《な》す所あらん」という結論をだしていたのである。つまり、国際的平等の大義と建国独立の大義は矛盾しているのであるから、「あえて「偏頗心」と彼自ら呼んだ愛国心に与《くみ》し」たのでは、「一身独立」を前提とする「国民国家」として「一国独立」するという（二つの課題の同時的達成を意味する）「国民的独立」の達成はできないというのが、福沢の主張であり論理であるからである。

回り道をしたが、結局言おうとしていることは、初期啓蒙期に限っても、福沢は「文明の精神（対内的自由と対外的独立）」の「推進」や丸山のいう「国民的独立」の達成を課題としておらず、もともと「偏頗心」にもとづく「自国の独立」達成を、あくまで「最後最上の大目的」としていたという事実の再確認である。

福沢のナショナリズムの道のりの考察をはじめよう（『旧著』前篇第五章「福沢諭吉におけるナショナリズムの展開」で詳細な考察を試みているので、ここでは注記は原則として省略）。

(1) 福沢の初期啓蒙期のナショナリズムは、『すすめ』初編の「誰か本国の富強を祈らざる者あらん、誰か外国の侮《あなどり》を甘んずる者あらん、是即《これすなわ》ち人たる者の常の情なり。」という把握だけである。この素朴なナショナリズム論は、丸山真男の他の著作と照合すると、「個人的自由と国民的自由、国民的独立と国際的平等は……美しくも薄命な古典的均衡」を保っていたという初期啓蒙期にかんする丸山自身の福沢図式の破綻《はたん》を示しているところの、福沢自身の愛国心の理解であり、主張である。丸山『日本政治思想史研究』は、こうした「本能的な郷土愛は国民意識を培《つちか》ふ源泉ではあっても、それは直《ただ》ちに政治的国民を造りあげる力とはならぬ。郷土愛とは畢竟《ひっきょう》環境愛にほかならず、環境愛は自己の外なるものへの伝習的な依存であるのに対し、国民の国家への結集はどこまでも一つの決断的な行為として表現されねばならぬからである。」（『丸山集』②二二八）という指摘・主張をしていた。これに対して、初期啓蒙期の福沢は、「一身独立」を「他日」の課題に先送りし、国家への結集の「一つの決断」を促す政治的・経済的・社会的条件を放置して独立の「気力」だけを問題にしていた。したがって、『すすめ』における国民は、政府が「師《いくさ》を起すも外国と条約を結ぶも……決して其《その》事を評議す可《べか》らず。」という、政府に従属した依存的な存在に過ぎなかった。

(2)「全国人民の脳中に国の思想を抱かしむる」方策を主題にした『通俗国権論』においても、「区々《くく》たる内国政府の処置の如きは唯是《ただこ》れ社会中の一局事」と書いて、「一身独立」「対内的自由」の課題を放置した福沢は、もともと日本の人民は「一筋《ひとすじ》に国君一身《いっしん》の為《ため》と思ひ、万一の時は一命《いちめい》を捨る」という「国に報ずるの心」を「人類の天性」として有していながら、「その報ず可き国を知ら」ないだけの話だから、それを知らせるために「一国の人心を興起《こうき》して全体を感動せしむるの方便は外戦に若《し》くものなし。……我人民の報国心を振起《しんき》せんとするの術は、之《これ》と兵を交《まじえ》るに若《し》くはなし。」と提案していた。報国心が「人類の天性」であるという虚偽《きょぎ》のうえに、(それとも矛盾して)外国との戦争という人為によって「国の思想を抱かしむる」という彼の方策は、「国民の国家への結集」策としては、あまりにも作為的である。

(3) 翌年の『通俗国権論』二編になるとさらに福沢の作為は深まる。「痩我慢の説」冒頭の「立国《りっこく》は私《わたくし》なり、公《おおやけ》に非《あら》ざるなり。」と同様に、「国は国人《こくじん》の私心《ししん》に依《よっ》て立つものと云《いい》て可《か》なり。」と書いた後、「人民立国の精神は外に対して私心なれども、内に在《あり》ては則《すなわ》ち公義なり。」と記述しているので、福沢は「国民の国家への結集」を促す国内的「公義」を国民の自由や権利とのかかわりで問題にするのかと期待して読み進めた。ところが、フランスの事例に即した福沢の「立国の公義」の説明は、またまた全国の人民に「外国交際の困難を知らしめ」ることであって、「敵国外患は内の人心を結合して立国の本《もと》を堅《かた》くするの良薬」という前提にたって「国人《こくじん》の不平鬱積《うっせき》を緩和《かんわ》して社会の秩序を維持せん」という方策の勧《すす》めである(『全集』④六五九〜六〇)。つまり、福沢は外国との戦争で「報国心」を振起するという作為だけでなく、同じ「敵国外患」によって、今度は逆に国内の社会秩序を維持する方策までを考えているのである。「敵国外患」「外戦」という全能の神の手で、「対内的自由と対外的独立」という二つの課題を一挙的に解決するという無理な構想である。

(4) 同じ七九年の『民情一新』で階級対立と社会主義運動の進展によって「先進」資本主義諸国が「正《まさ》に狼狽《ろうばい》して方向に迷ふ」現状を認識し、保守化への傾斜を深めた福沢は、ふたたび「内国の不和を医《い》するの方便として故《こと》さらに外戦を企て、以て一時の人心を瞞着《まんちゃく》するの奇計」を語った。

(5) したがって、「天然の自由民権論は正道にして人為の国権論は権道《けんどう》なり。……我輩は権道に従ふ者なり。」と宣言して、「一身独立」「対内的自由」の民権論に決別したうえで保守思想を確立した八二年『時事小言』の福沢の「国の為にするの気力」養成策は、「信教の自由」と「国際的平等」（つまり、「個人的自由と……国際的平等」の両方）を否定する外来のキリスト教普及反対論と「士族の気力の維持保護」策という後ろ向きのものにとどまっていた。そして、福沢は「外戦」「敵国外患」の強調による排外主義的ナショナリズム路線を、『時事小言』では「専《もっぱ》ら武備を盛《さかん》にして国権を皇張《こうちょう》する」という「強兵富国」路線でうちだし、「無遠慮に其《その》地面を押領して、我《わが》手を以て新築する」アジア侵略への道さえさし示した。

(6) 「敵国外患」というもっぱら外からのインパクトに依存する作為的で排外主義的なナショナリズムのみによって「国民の国家への結集」をはかることの無理は、福沢にとっても明らかである。もう一冊の保守思想確立の書である同八二年の『帝室論』において、福沢は「愚民を籠絡《ろうらく》する……欺《き》術」としての帝室を、「日本人民の精神を収攬《しゅうらん》するの中心」にすえ、強兵富国路線をになう日本の軍人は「帝室の為に進退し、帝室の為に生死するもの」という、同年の「軍人勅諭」と同じ構想のもとで日本の兵士は「始めて戦陣に向て一命《いちめい》をも致す可きのみ。」とした。

(7) さらに同年の唯一の軍制書『兵論』で、福沢は、「専制政府の下に強兵なし」という近代ナショナリズムの軍制ではなく、「圧制の長上《ちょうじょう》に卑屈の軍人を付して却《かえっ》てよく功を奏する」という、(「上官の命《めい》を承《うけたまわ》ること、朕が命を承る義」の軍人勅諭と同じ)いかなる非合理な命令に対してでも絶対服従する愚昧《ぐまい》の「皇軍兵士」像を彫像した。

(8) 翌八三年の「藩閥寡人《かじん》政府論」で「我輩畢生《ひっせい》の目的は唯《ただ》国権皇張《こうちょう》の一点」であることを再確認した福沢は、その当然の反面として、「内の政権が誰れの手に落るも……其《その》政治の体裁と名義と或は専制に似たるも、此《この》政府を以《もっ》てよく国権を皇張するの力を得れば、以《もっ》て之《これ》に満足す可《べ》し」と放言するまでになった。

以上のように、一貫して「一身独立」「対内的自由」の課題を放置したまま、「自国の独立」「国権皇張」「強兵富国」路線一筋に歩んできた福沢にとって、二ヶ月後の壬午《じんご》軍乱と二年後の甲申《こうしん》政変は、「国権皇張《こうちょう》」をはかる絶好の好機《チャンス》到来の事態であった。

(9) 壬午軍乱とともに「東洋の老大朽木《ろうだいきゅうぼく》を一撃の下《もと》に挫折せんのみ。」という強硬な軍事介入を要求した福沢は、甲申政変の場合は、自身がクーデターの武器提供まで担う深いかかわりをもっていたので、その発言は激烈・熱狂をきわめ、「純粋真成の日本魂《やまとだましい》」で「朝鮮京城の支那兵を鏖《みなごろし》にし、……大挙して支那に進入し、直《ただ》ちに北京城を陥《おとしい》れ」るよう求め、天皇の「御親征《ごしんせい》の挙《きょ》断じて行ふ可きなり。」と呼びかけさえした。政府の意向を上まわるあまりの強硬論のため、「時事新報」は検閲で社説ぬきの発行となったり、発行停止処分さえうけた。こうした外戦への熱狂の反面として、「今日は日本国民の分《ぶん》として内治如何を論ず可きの日に非《あら》ず」と「懇々丁寧《こんこんていねい》」に「世人《せじん》に勧告」した福沢は、またまた「今度《このたび》朝鮮の事変こそ幸《さいわい》なれ、何卒此《なにとぞこの》一挙に乗じて不調和の宿弊《しゅくへい》を一洗《いっせん》し去らんこと」という権謀術数《けんぼうじゅっすう》を求めた。

⑽ 壬午軍乱の翌年、福沢は日本の近代化のリーダーとしての「ミッヅルカラッス」＝「我日本国士人《しじん》」の「道徳の標準」として「尽忠報国」を提示した。第Ⅱ章1で論及したように、丸山は福沢のナショナリズムが「忠君ナショナリズムとはまったく異質のもの」と主張しているので、その誤りを再確認しよう。すでに『帝室論』で帝室を「日本人民の精神を収攬《しゅうらん》するの中心」にすえていた福沢自身は、この「尽忠報国」の原型は「儒教」と「封建の制度」のもとで形成された「士人忠誠の心」と説明し、「諸外国に誇る可き一系万代の至尊《しそん》を奉戴《ほうたい》し、尽忠の目的は分明《ぶんめい》にして曾《かつ》て惑迷《わくめい》す可き岐路を見ず、……日本国民は唯《ただ》この一帝室に忠を尽して他に顧《かえりみ》る所のものある可《べか》らず」と主張しているのである。つまり福沢は、封建士族の藩への忠誠心の対象を日本国に移し、忠誠の人格的対象を藩主から天皇に移すように求めているのであり、『帝室論』の「帝室の為に進退し、帝室の為に生死する」軍人精神とともに、これが「忠君ナショナリズム」を原型とする天皇制ナショナリズムそのものであることはあまりにも明らかである。

⑾八九年の帝国憲法の発布の翌日からの連載社説「日本国会縁起」で、「従順、卑屈、無気力」な国民性を「我日本国人の殊色《しゅしょく》」と福沢が評価したということは、主体的な愛国心・ナショナリズムへの期待からいえば、問題が残されていることを意味する。したがって、福沢は天皇制ナショナリズムへの国民の納得・合意をとりつけるための無理な努力を重ねることになった。「日本国会縁起」を上回る翌年の長期連載社説❷「国会の前途」は、そのこころみの一つである。「主人の御《ご》馬前《ばぜん》に討死《うちじに》を約したる」封建士族ならぬ江戸時代の一般「領民」の場合でも、「封建の将軍藩主に対して……之《これ》を視《み》ること鬼神《きじん》の如く父母の如く」尊拝していたではないのかと指摘して、福沢は、「此習慣は国人《こくじん》の骨に徹して天性を成し」ているのであるから、「今の帝室を尊崇敬愛する」ことはただ人々のこの天「性《せい》に従ふのみ」でよいという苦しい説明をこころみているのである。

もちろん、四年後、日清戦争というナショナリズム振起の絶好の好機《チャンス》を迎えると、またまた「内に如何なる不平不条理あるも之《これ》を論ずるに遑《いとま》あらず。」と国内問題を放置したまま、福沢は、「老《ろう》少《しょう》の別なく切死《きりじに》して人の種《たね》の尽きるまでも戦ふ」「日本臣民の覚悟」を呼びかけた。大本営で「終日御《ご》軍服のまま」戦争指導にあたる天皇を絶賛して、兵士はその天皇に「一死以《もっ》て之《これ》に答へ奉《たてまつ》る可きのみとて、……出陣の日は即ち死を決するの日にして、一日も早く叡慮《えいりょ》を安《やす》んじ奉らんとの精神を起《おこ》さざるを得《え》ず。此《この》精神たるや実に我万里の長城」であると主張した福沢は、「三軍の将士は皆御馬前《ごばぜん》に討死《うちじに》の覚悟を以て復《ま》た身命を顧《かえりみ》るに遑《いとま》あらず」といって「我大元帥《だいげんすい》陛下の威霊《いれい》」を賛美・賞賛したのである。

まとめよう。初期啓蒙期に「一身独立」を他日の課題に先送りして、郷土愛的愛国心しか提示できなかった福沢は、終始、その公約である「一身独立」の課題の追求に進み出なかった。その結果、「一身独立」「対内的自由」「個人的自由」にかかわる国内問題については、福沢は、「内国政府の処置の如きは唯《ただ》……一局事」、「内の政権が誰れの手に落るも……専制に似たるも」「内治如何《いかん》を論ず可きの日に非《あら》ず」、「内に如何《いか》なる不平不条理あるも」と一貫して軽視・放置・棚上げの姿勢をくりかえした。逆に「最後最上の大目的」たる「自国の独立」「一国独立」「対外的独立」の達成のためには、福沢は「我輩畢生《ひっせい》の目的は唯《ただ》国権皇張《こうちょう》の一点に在《あ》る」と主張し、そのための愛国心振起策としては、「外戦に若《し》くものなし。」、「故《こと》さらに外戦を企て」、「専ら武備を盛にして国権を皇張」する「強兵富国」路線とアジア侵略という排外主義的ナショナリズムを提案し、朝鮮半島での二度の事件、政変にあたっては、「東洋の老大朽木《ろうだいきゅうぼく》を一撃」「京城の支那兵を鏖《みなごろし》にし、……大挙して支那に進入」するように呼号した。

「一身独立」の課題を放置したまま、至上の「自国の独立」達成のために愛国心＝「国の為にするの気力」振起を強く期待する福沢は、郷土愛的愛国心の次には、過去にその条件を求めて、「士族の気力の維持保護」策や、「儒教」と「封建の制度」のもとで形成された「士人忠誠の心」を再評価したり、領民の場合でも「鬼神《きじん》の如く父母の如」き藩主への尊拝《そんぱい》の「天性《てんせい》」があったと主張するなど、もっぱら封建時代にナショナリズムの原型を求め、その忠誠心の対象を将軍や藩主から天皇に移しかえた新たな「尽忠報国」、天皇に「一死以《もっ》て之《これ》に答へ奉《たてまつ》る」、「帝室の為に進退し、帝室の為に生死する」天皇制ナショナリズムを提案・主張するほかなかった。また、そのナショナリズムの非合理性は、「一身独立」確立の国内改革を放置している分の埋め合わせを、「敵国外患は内の人心を結合して立国の本《もと》を堅くするの良薬」、「内国の不和を医《い》するの方便として故《こと》さらに外戦を企て、以て一時の人心を瞞着《まんちゃく》するの奇計」という権謀術数《けんぼうじゅっすう》に求める姿に象徴されていた。

第Ⅱ章2Ⓒで明らかにしたように、初期啓蒙期の『文明論之概略』自体において、福沢は「権力偏重」の社会で培われた「惑溺《わくでき》」的心情の動員・拡大という矛盾した提案をしていた。また、『学問のすすめ』で「国人《こくじん》の中等に位《くらい》し」、「国民の先《せん》を為《な》して政府と相《あい》助け、官の力と私の力と互に平均して一国全体の力を増し、彼《か》の薄弱なる独立を移して動かす可《べ》からざるの基礎に置く」リーダーとして、福沢は「ミッヅルカラッス」への期待を表明していた。しかし、自らの「一身独立」先送り路線にも制約されて、福沢がしばしば嘆いているように、「今の富商豪農輩《はい》」も「卑屈」で「尚《なお》未《いま》だ素《す》町人土百姓《どびゃくしょう》の余臭を脱する能《あた》はざる」（八五年）、「中等社会」は「萎縮《いしゅく》」した「不具社会」（八八年）、「国民の大多数は……唯《ただ》労働殖産に衣食するのみ」（八九年）という「中等社会」の未成熟な現実が存続していた。

以上に概観した「国の為にするの気力」振興策を中心とした、福沢の日本近代化のナショナリズム思想の道のりの必然的ともいえる到達点が、大日本帝国憲法＝教育勅語体制の受容であった。この体制の確立後の日本の近代化＝資本主義的発展の道のりを、彼は、「我日本国人の殊色《しゆしよく》」としての「従順、卑屈、無気力」の国民性のうえに展望せざるを得ず、したがってまた、学校教育による教育勅語の「仁義孝悌忠君愛国の精神」の「貫徹」を要求することになった。勅語発布の翌年の「教育と宗教の衝突」論争と翌々年の久米邦武「神道は祭天の古俗」事件という二つの大事件の際に、福沢がかたい沈黙を守ったのは、この日本の近代化の道のりが「思想、良心、信教の自由」や「学問の自由」とは両立しえない無理な路線であることを彼がするどく見抜いていたからである。

「瘦我慢の説」は、「教育と宗教の衝突」論争の渦中にあった九一年一一月に起草された。以上の福沢の日本近代化の思想的道のりに照らし合わせるならば、「あえて「偏頗心《へんぱ》」と彼自ら呼んだ愛国心に与《くみ》し、あるいは「冷淡なる数理より論ずるときは児戯《じぎ》に等」しき「瘦我慢の精神」のうちに、むしろ国民的独立の貴重なエネルギーを見出」し、さらに、戦国「武士の魂を、私的次元における行動のエネルギーとして、客観的には文明の精神（対内的自由と対外的独立）を推進させようとした」という丸山の評価の誤りはもはや自明であろう。

初期啓蒙期の福沢は「一国独立」の達成だけでは「文明の本旨」といえないという正当な判断をもって、「一身独立」の課題を「他日」にあわせ達成することを公約していた。しかし、その公約推進に寄与する可能性をもった自由民権運動に背を向けた福沢は、結局、公約への取り組みを放置した。したがって、この時期の福沢には、「個人的自由と国民的独立、国民的独立と国際的平等は全く同じ原理で貫かれ、見事なバランスを保っている。……美しくも薄命な古典的均衡の時代であった」といわれるような「対内的自由」と「対外的独立」を同じバランスで把握し達成する意欲や姿勢ははやくに消えうせていた。同様に、福沢は、「一身独立」を前提とする「国民国家」として日本を「一国独立」させる、丸山のいう「国民的独立」の達成や「文明の精神（対内的自由と対外的自由）」の追求の意思もとっくに放棄していた。

福沢がこの時点で「痩我慢の説」を書いたことは、彼自身が「立国は私なり、公《おおやけ》に非《あら》ざるなり。……痩我慢の一主義は……冷淡なる数理より論ずるときは殆んど児戯に等しと云はるるも弁解に辞《じ》なきが如くなれども」と弁明しているように、初期啓蒙期の「一国独立」だけでなく、他日「一身独立」もあわせ達成したいとしていた「文明の本旨」の課題追求が、自《みずか》らの「一身独立」の一貫した先送り・棚上げ・放置によって破綻《はたん》したことを象徴的に示した事実である。

そしてまた、およそ「三河《みかわ》武士の忠節を要求する資格」のない福沢が、「国粋主義復活」の時流におもねって書いた、自らの「鼎《かなえ》の軽重《けいちょう》を問われる」ような「机上論」「書生論」「漢学の亡霊」「自己矛盾」「背理的な固執《こしつ》」などと、悪評さんざんの「痩我慢の説」を、丸山が「福沢の代表的著作の如く喧伝《けんでん》」した事実は、「国民の国家への結集」は「本能的な郷土愛」の類ではなく「どこまでも一つの決断的な行為」であるという丸山自身のナショナリズム把握とも明らかに矛盾しており、したがってそれは、まさに「一片の痩我慢」そのものを「立国の大本《たいほん》」と評価したことを意味する。また、その評価は、「個人的自由と国民的独立、国民的独立と国際的平等」が「美しくも薄命な古典的均衡」を保っていたという初期啓蒙期以来、福沢は生涯「文明の精神（対内的自由と対外的独立）」の追求を願い、「一身独立」を前提とする「国民国家」として日本を「一国独立」させる「国民的独立」を達成しようとしていたと把握する丸山真男の図式的な福沢諭吉論の枠組み（明治前期のわきまえある「国家理性の認識」や「健全なナショナリズム」）自体の破綻を象徴する事実である、と私は考える。

さらに、福沢諭吉が「大日本帝国憲法」＝「教育勅語」体制を受容しただけでなく、「教育と宗教の衝突」論争や久米邦武事件に沈黙を守り通すことによって、「思想、良心、信教の自由」「学問の自由」の侵害に不作為の加担をした事実のすべてを見落とし無視した丸山の福沢諭吉研究は、近代日本の社会が遠く〈昭和前期の「超国家主義」〉の社会へと帰着していく道のりを見えなくする誤った思想史研究そのものではなかったかと、私は懸念するのである。

B 福沢諭吉は原理・原則なき帝国主義的保守主義者である

思想家としての福沢諭吉をどう評価するのか。「福沢は哲学者か、否《いな》か」をめぐって、福沢の同時代人の評価と、戦後日本の研究者の評価は対照的である。伊藤正雄編『明治人の観た福沢諭吉』（慶応通信、七〇年、以下、『明治人』と略称）によると、福沢について徳富蘇峰「世の所謂《いわゆる》哲学者にあらず。」（二八）、鳥谷部《とやべ》春汀「彼れは哲学者に非《あら》ず、……唯《ただ》常識の立言家《りつげんか》」（一二〇）、東京日々新聞（弔詞）「体系的哲学を有せざる」（前掲『諭吉伝』④三八六）と、同時代人の評価では、福沢が「哲学者」ではないという評価がそろっている。なぜそうか、三人の論拠を見よう。

徳富蘇峰は、「吾人《ごじん》は福沢氏が、政治上に就て一定の主義あり、一定の見識あるを知らず。」、「官民調和の一点に於て」は一貫しているが、「是《こ》れ殆《ほとん》ど鍋に物を入れ、釜にさへ架《か》すれば、物は煮ゆるものと思ふが如し。」、「自由、改進両党の首領さへ政府に入るれば天下大平と思ふが如き」、「政府の人に向て、一時の権道《けんどう》に内々黄白《こうはく》（金銭――安川）を用ゆるも可《か》なりと広言し、……」という福沢の無原則的な「官民調和」論を批判し、「主義ある者は漫《みだ》りに調和を説かず。進歩を欲する者は漫りに調和を説かず。調和は無主義の天国なり。」、「最も歎《たん》ずるは、福沢諭吉氏の政論中に於て、改革の思想無きこと是也《これなり》。」（二三～五）と福沢の政論をきびしく評価している。

福沢自身は、九三年の社説「時事新報の官民調和論」において、「時事新報は明治十五年の春初て発行したるより、其《その》政治に関して主義とする所は常に官民の調和論にして、……殆《ほと》んど世間に厭《いと》はるる迄《まで》に至りて今日尚《な》ほ止《や》まざるは読者の能《よ》く知る所ならん。」（『全集』⑬六五〇）と書いているように、それが時事新報社の持論であることを自認していた。「明治十四年の政変」の翌年六月、福沢が岩倉具視と面会、「長談《ちょうだん》半日に及」んだ時の主題は「官民調和」であったとして、その内容を岩倉は、伊藤博文宛に次のように伝えている。福沢は、後藤象二郎や大隈重信の政府への登庸《とうよう》を勧《すす》めて、「今日在野の政党家」の大半は「政府顕官《けんかん》の名誉と月給とが羨ましいだけで、これを救うためにここで数十万円の国債を起こし、悉《ことごと》くこれらの政客を政府部内に採用し、野《や》に遺賢《いけん》なからしめてはどうか、多く見積もっても五百名ほどはないであろう。これを籠絡《ろうらく》して協和の途《みち》を講ずれば、いまの自由民権の騒ぎなどが静まるばかりか、二十三年の国会もただ御祝儀《ごしゅうぎ》の集まりに過ぎなくなるであろう」と語ったとのことである（富田正文、前掲『考証』下、四四三～四）。

初期啓蒙期から明治新政府を「今の政府……実は専制の余焔《よえん》のみ。……唯《ただ》自由の一方に向ふのみ。」と支持した福沢は、『時事小言』で「今の日本政府は……維新以降十三年の其間《そのかん》に民権の事を挙行し、只管《ひたすら》改進の一方に向て躊躇《ちゅうちょ》せざる者」、「維新の功臣が……全権を以て国事を専《もっぱら》にするも固《もと》より理の当然」と、藩閥寡人《かじん》政府を功臣政府として手放しで支持・擁護した。くわえて、「一国独立」確保を至上課題としてきた福沢は、国内政治については、「内国政府の処置の如きは唯……一局事」、「内の政権が誰れの手に落るも……専制に似たるも」「内治如何《いかん》を論ず可きの日に非《あら》ず」、「内に如何《いか》なる不平不条理あるも」と一貫して軽視・放置・棚上げしてきた。したがって、その「官民調和」論は、岩倉具視らに自由民権運動をまるごと金で買収することを勧めるような「一時の権道に内々黄白《こうはく》（金銭）を用ゆる」無原則的な施策であり、徳富蘇峰が嘆くように「改革の思想」のないのもとうぜんであった。

哲学者と評価できない理由を、鳥谷部《とやべ》春汀は「経世家《けいせいか》としては余りに広く、学者としては余りに浅く、教育家としては余りに無主義なり。」（前掲、一二〇）と書いた。福沢には「言論、表現の自由」「思想、良心、信教の自由」「学問、教育の自由」などについての原理的な主張のなかったことを考えると、「学者としては余りに浅く」という評は当たっていよう。また福沢が、教育を一貫して政治や経済の課題を補完する手段（「政治の侍女《じじょ》」）に位置づけ、したがって、たとえば義務教育の賛成論と反対論が状況に対応してコロコロ転変し、教育を子どもや人間の権利としてとらえる視点が皆無であったという事実は、「教育家としては余りに無主義なり。」という評価の妥当性を示しているといえよう（『明治人』には採録されていないが、こうした評価とは対照的に、プラグマティズムを日本に紹介した田中王堂は、福沢を「明治、大正間の産出した偉大な、否《いな》、唯一の哲学者であったといって宜《よ》い」と評価している――佐々木力、前掲『学問論』二四七）。

一方、こうした同時代人のきびしい評価と異なり、戦後民主主義の時代の研究者は、『前著』で紹介したように、羽仁五郎が福沢諭吉を「原則ある根本的体系的思想家」といい、丸山真男が「独創的な、原理原則ある哲学をもつ思想家」とし、遠山茂樹は、福沢の変節が「確乎《かっこ》たる原理原則あるが故の、自由であり、流通であった」と評価するなど、そろって原理原則ある哲学者と把握した

（三五）。本書は、丸山真男の福沢研究に即してその無理や誤りを論証した。福沢が「一貫して排除したのは（経済・教育・宗教等の）市民社会の領域への政治権力の進出ないし干渉であった。」として、その政治思想を、「典型的な市民的自由主義の政治観」と評価する丸山の福沢把握の無理は、福沢が「大日本帝国憲法」＝「教育勅語」体制を受容し、その直後の「教育と宗教の衝突」論争と久米邦武事件にも沈黙することで「思想、良心、信教の自由」「学問の自由」の蹂躙《じゅうりん》・抑圧に加担した事実に即して解明・論証した。

『概略』第九章までの分析から帰納した「惑溺《わくでき》」の排除と「「権力の偏重」をば逃さず摘発して行ったあの殆ど悪魔的な執拗さ」という丸山の有名な主張が、『概略』第十章そのものにおいてすでに破綻している事実を、「門下生」さえ指摘していることも紹介した。同様にして、福沢の天皇制論の「核心は一切の政治的決定の世界からの天皇のたなあげ」、「忠君ナショナリズムとはまったく異質なもの」、「つねに原理によって行動し、……無限に新らしき生活領域を開拓していく奮闘的人間」という「近代的人間類型」、「福沢は、生涯をかけて、儒教主義と格闘……断固対決した」などという、丸山のいう福沢の「独創的な、原理原則ある哲学」なるもののほとんどすべてにわたって、本書は、事実と論理に即して、その無理・誤り・破綻を論証・解明した。

福沢が無宗教・無神論を標榜しながら「馬鹿と片輪《かたわ》に宗教、丁度よき取合《とりあわ》せならん」と主張して百をこす宗教振興論を展開したあらわな矛盾については、内村鑑三が講演「宗教の大敵」で、「福沢が自《みずか》ら宗教を信ぜずして宗教を奨励したのを、宗教に対する最大の侮辱なりとし、世の宗教家がこれに憤慨しない無気力と不見識を責めた。」（前掲『明治人』一五三〜四）のは当然の怒りといえよう。同じ問題について、徳富蘇峰は「彼は宗教をすら、富豪を平民の咆哮《ほうこう》より保護するの機具となさんとす。」（同右、二七）といい、片山潜の主宰した『労働世界』も「宗教を以て労働者の不平を鎮め、資本主義社会の安全をはからんとした」と批判した。

こうした思想家・福沢の矛盾したいたましい姿は、原理・原則への一貫性や固執というよりも、彼がむしろおよそ原理・原則にこだわることなく、融通無碍《ゆうずうむげ》に自説を展開したという相貌のほうがつよい。さきの「東京日々新聞」の弔詞が、「箇人《こじん》主義、平等主義、放任主義、独立主義、進歩主義、文明主義は、稍々《やや》翁が一代の所論を貫けるが如くなるも、折に触れ時に随《したが》ひ往々横逸《おういつ》して外《ほか》に走ること亦少《またすくな》しとせず。」（前掲『諭吉伝』④三八六）と書いているとおり、福沢が一見すると、「個人主義」や「平等主義」「文明主義」などの原理を「一代の所論」として主張・展開しているように見えるが、じつは福沢が、融通無碍にその反対や矛盾した主張を展開しているというコメントであり、私は正鵠《せいこく》を射た評価と考える。新華族制度への賛成（積極的期待の表明）↓反対（「官民調和」上）↓賛成（爵位のバーゲンセール）という福沢の融通無碍の評価の転変を思い出そう。後述する陸羯南《くがかつなん》の福沢が「毫《ごう》も抽象的原則又は高尚の理想を有するあらず。」という評言は、そうした思想的営為をくりかえした福沢が、結果として、これが福沢の原理的な「思想」や「理想」と評価できるようなものを残さなかったという、丸山真男とは逆の評価となっているが、私は陸羯南の方が丸山の評価より福沢の実像に迫っているものと考えている。

丸山真男は、福沢が慶応義塾の学生に語った談話「日本国の人心は動《やや》もすれば一方に凝《こ》るの弊《くせ》ありと云《いい》て可《か》ならん歟《か》。其《その》好む所に劇《はげ》しく偏頗《へんぱ》し、其嫌《きら》ふ所に劇しく反対し、……前後左右に些《さ》少《しょう》の余裕をも許さずして変通流暢《へんつうりゅうちょう》の妙用に乏しきものの如し。」（『全集』⑪一八四）を引用して、「福沢はこういう認識関心や価値関心が集中し固定することを「惑溺《わくでき》」という言葉で呼んでいます。」（『丸山集』⑦三八〇）といって、福沢が日本人の欠点としての集中化的思惟様式＝「惑溺」を批判したことを、たかく評価した。また、「福沢は何がきらいといって、そのときの大勢に順応したり、あるいはすでに定まった世の中の方向をあとから弁護したり、画一的な世論に追随するということくらい彼の本意にそむいたことはなかった。」（同右、三七四）と主張する丸山は、福沢が「第一に、認識態度としては左の中に同時に右の契機を見る、右の中に同時に左の契機を見る」とともに、「第二に決断としては現在の状況判断の上に立って左か右かどちらかを相対的によしとして選択するという態度」を貫いているとして、これを福沢の「両眼主義」「複眼主義」と命名して（同右、三七八～九）、やはりたかく評価した。

こうした丸山の福沢評価は、『前著』で紹介した家永三郎の、「丸山の福沢論は福沢をかりて丸山の思想を展開し」たもの、「丸山哲学を福沢諭吉を借りて表現した」一面（三二四）をもつという評価のとおり、丸山の無理な読みこみの典型である、と私は把握している。

既述したように、福沢が「大勢に順応したり、……画一的な世論に追随する」ことを真に嫌っていたならば、「教育と宗教の衝突」論争や「神道は祭天の古俗」事件に沈黙するはずはないし、帝国憲法や教育勅語を賛美・受容・肯定するはずがない。いわんや、「惑溺」排除の福沢が、初期啓蒙期から「まさに否定すべき「権力偏重」の社会において培《つちか》われた「惑溺」の心情に他ならないものを動員拡大するという」アジアへの「〝抑圧と侵略〟に結びつく」排外主義的ナショナリズムへの道のりを「ドギツく――打ち出」す（飯田泰三）はずもない。丸山の福沢論に即していえば、大日本帝国憲法＝教育勅語体制確立後の日本資本主義の帝国主義的発展を、その上に展望した「従順、卑屈、無気力」という「日本国人の殊色《しゅしょく》」こそ、「丸山諭吉」がもっとも否定したはずのものであろう。その意味で、丸山の一連の「権力の偏重」「惑溺」論は、福沢への無理な読みこみにもとづいて、丸山が自らの願望（「丸山哲学」＝「丸山諭吉」像）を語ったものと理解すればよい。

なにが問題なのか。丸山は福沢の「変通流暢《りゅうちょう》の妙用に乏しきもの」批判を評価している。しかし私は、福沢の過剰な「変通流暢の妙用」的思考様式、徳富蘇峰の表現を借りれば「能《よ》く世と推《お》し移り、物に凝滞《ぎょうたい》せざるは、君が本領」（前掲『明治人』八）という福沢を問題にしようとしているのである。およそ原理原則にこだわることのない福沢の思考様式が、初期啓蒙期の場合は、当面の「自国の独立」達成の「最後最上の大目的」の貫徹のために、保守化した中期以降は、資本主義的階級社会の守護と帝国主義的発展という「大本願《だいほんがん》」の維持・達成のために、それぞれ融通無碍《むげ》、自由、自在に駆使・展開された。そのことによって、福沢は、近代的な国家観・社会観・人間観についてのそれなりの体系的な原理・原則を確立し得ないという、つまり思想としてはわずかのものしか生みださないという結果にとどまったのであり、また、そうした福沢の思想的営為こそが、丸山のいう〈昭和前期の「超国家主義」〉に遠くつながっていったのではないのか、と私は推測しているのである。

思想というものは、ほんらい歴史の現実や展開過程から一定の自立性をもつことによって、つまり、少なくとも直接的な社会の利害や現実から相対的に独立して存在し、またそうすることによって、はじめて思想としての生きた現実的機能や役割を発揮するものである、と私は考えている。福沢の主張する多様な命題や言説は、後ろ向きの歴史的現実主義、つまり現実追随主義と漸進《ぜんしん》主義のもとで、たえず現実に追従・追随して、カメレオンのように多彩に変節することによって、なりふりかまわぬ思想の無節操性を築きあげたものではないのか。もちろん私は、こうした福沢の限界を彼ひとりの思想的責任と考えるつもりはない。福沢の思想の「開かれた」柔軟性、なりふりかまわぬ無節操性の背景に、国家権力から相対的に独立した市民社会を形成しえなかった日本資本主義の歴史的条件を読みとらなければ、公平さを欠くであろう。

このように見てくると、山路愛山が「通俗国権論、家庭叢談《そうだん》、時事小言等を読んで、先生は齢《よわい》四十にして既に保守党となれりと思へり。何となれば、天下正《まさ》に民権の伸長を急とする時に当りて、先生は国権論を唱へ、……今にして先生著論の始終を案ずるに、先生は生れながらの保守党なり。」（同右五五～六）と評価し、陸羯南が「彼れ社交上に於て階級儀式の類《たぐい》を排斥すれども、旧時の遺物たる封建制には甚しき反対を為《な》さゞりき。……世人《せじん》に向て自由主義を教へたるも、尚ほ貴族の特権を是認したり。……毫《ごう》も抽象的原則又は高尚の理想を有するあらず。要するに此の論派は、社交上の急進家にして、政治上の保守家と云ふべきのみ。……自由主義を執《と》るとは云へ、必ずしも政府の干渉を攻撃せず、必ずしも藩閥の専制を排斥せず、道理より寧《むし》ろ利益を重んずること、此の論派の特色なりき。夫《そ》の「実力は道理を造る」と云ふビスマルク主義は寧《むし》ろ此の論派の是認する所に係《かか》る。」（『陸羯南全集』第一巻、みすず書房、四〇）と、福沢諭吉を評価したのは、戦後民主主義時代の研究者たちのそれよりも、はるかに福沢の実像にせまったものである。とりわけ、福沢が数々の矛盾した議論を展開することによって、既述したように、「毫《ごう》も抽象的原則又は高尚の理想」を提示・構築しえなかったという陸羯南の福沢評は、「思想家」・福沢諭吉の思想的営為の全体像をよく把握したものといえよう。

私は、福沢諭吉を近代日本の本物の保守主義者と評価する。同時代人の山路愛山や陸羯南の「保守家」「保守党」という評価に、なぜ私は「本物の」という修飾句をつけるのか。勉強家の福沢諭吉は、ことがらの本質や限界、あるいは誤りを（ときには正当性さえ）よく見抜き、承知しながら、初期啓蒙期の場合は、「自国の独立」達成という「最後最上の大目的」のために、保守化した中期以降は、「強兵富国」の達成と資本主義的階級社会の守護のために、臆することなくその必要な実践的課題に全力を注いだ姿勢の「すごさ」への私なりの「敬意」を、もちろんその果たしたマイナスの歴史的役割の大きさとは別に、「本物の」と表現するのである。丸山流にいえば、福沢諭吉こそ「稀有《けう》の、本物のコンサーヴァティブ（保守主義者――安川）」であった。

本物の帝国主義的保守主義者福沢諭吉に対抗し、私たちが、彼をどうのりこえどう克服するのか、またそうすることによって、戦争責任と植民地支配責任問題を放置してきた日本の戦後民主主義の再生をどうはかることができるのか。それが私たちに残された課題である。

〈資料〉丸山真男の無視した福沢諭吉の重要論説

[〈資料〉についての説明]

(1) 引用文の後の括弧内の出典は、『福沢諭吉全集』（慶応義塾編、岩波書店刊）全21巻と別巻の巻数及び該当ページを示している。たとえば、（⑫20～46）は、第12巻の20～46ページを示す。

(2) 資料ナンバーの次に※を付している資料は、【4】は福沢諭吉が直接執筆した社説でないためであり、他の【12】【15】【17】【22】【27】【32】【37】【38】【43】の九本は丸山真男もその著作について論及してはいるが、その解釈や評価が、私と異なっていることを示す。

(3) 〈資料篇〉の福沢の文章は、『全集』のそれを適宜省略（「……」で表示）しながら引用している。したがって、本文での引用と〈資料篇〉のそれが異なる場合がある。その場合は、『全集』の巻数と収載ページによって『全集』の当該部分を見ていただくことで、私の引用したのと同じ原文を確認していただけるはずである。

(4) 収載の資料は、Ⅰ〈『文明論之概略』＝福沢の原理論〉の破綻を示すもの、Ⅱ「大日本帝国憲法」＝「教育勅語」体制の賛美と積極的肯定、Ⅲ「大日本帝国憲法」＝「教育勅語」体制への思想的道のり、Ⅳ「大日本帝国憲法」＝「教育勅語」成立以後の福沢諭吉——の四部にわけ、それぞれ年代順に配列している。

I　〈『文明論之概略』＝福沢の原理論〉の破綻を示すもの

❶　一八八九年２月12〜23日「日本国会縁起」（連載９日間）

a　「国会は国乱の子と名《なづ》く可《べ》きほどの有様なるに、独《ひと》り我国に於ては天下太平瑞雲祥気《たいへいずいうんしょうき》の中に憲法の発布に遭《あ》ひ、上下和合《しょうかわごう》して歓声の溢るるばかりなるは、皆是《こ》れ我帝室の尊厳神聖、以《もっ》て常に人心を調和したるの大功徳《こうとく》に依《よ》らざるはなし。皇祚《こうそ》無窮、聖寿《せいじゅ》万々歳、我輩は中心より我同胞の国民と共に之《これ》を祈る者なり。……我輩は此《この》憲法を拝読して漫《みだり》に是非することを止《や》め、唯《ただ》三十年来今日に至る迄《まで》の事実を述べ、其真面目《しんめんぼく》を明《あきらか》にして以《もっ》て後世子孫の為《た》めにし、又我国の事情に通ぜざる外国人をして我政治上の歴史に誤解なからしめんと欲するのみ。……憲法なるものは古来日本国に見たることさへなき奇剤にして、其《その》有効無効は之《これ》を実際に施すに非《あら》ざれば知る可《べか》らず。……唯《ただ》これを国会の実に施し徐々に試用して徐々に佳境《かきょう》に入る其《その》際に、苟《かりそめ》にも帝室の神聖を犯すなきは無論、又苟《かりそめ》にも之《これ》を濫用することなく、之《これ》を天上の高きに仰ぎ奉りて、下界の政治者流は間接に其緩解《かんかい》調和の恩沢《おんたく》を蒙《こうむ》り、……。

……今の日本……国民の大多数は政権の何ものたるを知らず、唯《ただ》私の労働殖産に衣食するのみにして、天下の政権が誰れの手に在《あ》るも、租税重からずして身《み》安全なれば誠に難有仕合《ありがたきしあわせ》なりと云《い》はざる者なし。……我日本国人の気風は、積年の習慣に養はれ、権利の伸縮如何《いかん》に就《つい》ては左《さ》まで穎敏《えいびん》なる者にあらず。……私権と政権と孰《いず》れが軽重《けいちょう》と尋《たず》ぬれば、……私権先《ま》づ固くして然《しか》る後に政権の沙汰《さた》に及ぶ可きは誠に当然の順序なるに、我日本国民は未《いま》だ私権の重きを知らず、安《いづく》んぞ政権の重きを知らんや。……日本国民の多数は政権参与を求めたる者に非《あら》ず……。」

（2／12）

b「……日本は今日尚ほ未だ民権論の行はれざる国にして、世間に往々《おうおう》其《その》論の喧《かまびす》しきは、畢竟《ひっきょう》無職業に苦しむ士族学者有志の輩《はい》が、官途《かんと》の地位を求めて得ざるが為めに、様々の事を醸《かも》して政府を困却せしめんとするものにして、詰《つま》り無益の悪戯《わるふざけ》に過ぎず。……本来此輩《このはい》は実力（武力金力共に）なき者にして……一昨年の冬、政府が保安条例なるものを急発し、……数百名の士族有志輩《はい》（政治家の類）を府外に退去せしめたることあれども、……此輩《このはい》が事を為《な》し得べきものとは思はれず、……此輩は……国民の多数に対しては殆《ほと》んど無縁の種族にして其《その》代表者にあらず。左《さ》れば政府の国会に於けるや、国民全体の催促に迫《せま》られたるに非《あら》ず。……」(2／13)

c「国会開設の原因は政府の外より来るに非《あら》ずして、其《その》内部に醸《かも》したるものなりとの事を発明するに足る可し。……我封建の政治は、……一種絶倫の楽園にして、……封建政治の根本、人に依《よ》らずして制度習慣に支へられたるの証《あかし》として見る可き者なり。……我徳川の封建は古来当時に至るまで日本文明の頂上に達したるものにして、今日より顧みるも見る可きもの甚《はなはだ》少からず。……。」(2／14)

d「五箇條の御誓文……を発せられたるは固《もと》より聖意に出づと雖《いえど》も、幼冲《ようちゅう》の天子にして正《まさ》しく衆人の心を視察せられてのこと……」(2／15)

e「……維新の事に辛苦したる功臣こそ特別の者なれば、政府の好地位は自《おのず》から此流に帰せざるを得ず。……薩州《さっしゅう》、長州、土佐の三藩……の士族……政事に人事に、文明の経営、怠りなくして、恰《あたか》も明治の新日本を製造したり。……明治十年(千八百七十七年）鹿児島の乱の如き、……政府は正統の政府にして其《その》名義正しく、之《これ》に敵する者は即ち謀反人《むほんにん》にして失敗せざるはなし。……此困難なる事情に居ながら、尚《な》ほ全体の安寧を維持して、今日に至るまで政府中に風波なきは、我日本士族に固有する順良の徳義に由《より》て然《しか》りとは雖《いえど》も、……帝室の尊厳神聖に依頼して其緩解《かんかい》調和の功徳《こうとく》を蒙《こうむ》りたるものと云《い》はざるを得ず。我輩は此一点に於ても今後ますます帝室の聖徳を仰ぐ者なり。」（2／18）

f 「此輩《このはい》……衆庶会議などの論は最も得意なる其処《そのところ》に、政府外に在る士族等……徹頭徹尾、政治に関するの外《ほか》に安心立命の地なきものと自《みず》から信じ、……頻《しき》りに国会論を唱へ、……国会をさへ開けば天下太平にして世は黄金世界に変ず可しとて、……国会開設請願書を政府に呈《てい》したり。……必ずしも国民の真の願意《がんい》を代表したるにもあらずして、云《い》はば無事に苦しむ士族等が一時の戯《たわむれ》を試みたるまでのこと……」（2／19）

g 「我新政府は帝室神聖の名に依頼して封建士族の心身を致し、以て偉功を奏したる者……」（2／21）

h 「……我日本の国会開設は外の人民より迫られたるに非《あら》ずして、政府部内の冀望《きぼう》に原因して発したるものと云はざるを得ず。……所謂《いわゆる》百姓町人は今尚《いまな》ほ百姓町人にして、漸《ようや》く字を知り理を解するも、其《その》気力の一段に至ては士族に及ばざること遠し。……又帝室は諸外国の君主の如く曾《かつ》て其《その》国を征《せい》伏《ふく》して君たりしには非ず、大日本国の名と共に万世《ばんせい》無窮《むきゅう》の元首にして、世界中最も尊く、最も安《やすけら》く、又最も永《ひさし》く、実に神聖無比の国君なれば、……。」

「結局我日本社会も既に文明の主義に支配せらるる以上は、永年の後に権柄《けんぺい》の帰《き》す可き所を問へば、第一は金力にして、智力は其第二に位《くらい》せざるを得ず。……今後は士族も次第に農工商化して財産を重んずるの念を生じ、従前《じゅうぜん》富豪の農工商はますます教育の貴きを知り、……士化することとならん。是《ここ》に於てか我日本国にも始めて有智、有財、有力の中等社会を成し、国会の勢力を盛《さかん》にして全社会を支配するに至る可し。其《その》道中必ず速《すみやか》なるを得べからず。我輩は天下憂国の識者《しきしゃ》と共に道中都《すべ》て静ならんことを祈る者なり。」(2／22)

i「右の如く我輩は国会進歩の道中に無事安全を祈りながら、必ず失望なかる可しと信ずる其次第を述べんに、……蓋《けだ》し我国人は数百千年来長上《ちょうじょう》に服従して其制御を受け、成規習慣を遵奉《じゅんぽう》して其界《さかい》を超えず、内《うち》には父母に事《つか》へ、外《そと》には君に仕《つか》え、兄弟姉妹、長少師弟、上官下官、古参新参《こさんしんざん》、本家分家、嫡流《ちゃくりゅう》庶流、一切の関係みな拘束の中に在るのみならず、現在の父母君上の如きは無上のものたるに似たれども、祖先と名《なづ》くる一種無形の力を想像して、……家名云々と言はれて恐れざる者なし。……即ち日本固有の習慣にして、世々相伝《せいせいあいつた》へて先天の性を成したるものなれば、人心の順良にして能《よ》く事物の秩序に服するは、蓋《けだ》し世界各国比類なしと云ふて可《か》なり。……人の性質の従順温良にして、然《し》かも甚《はなは》だ愚鈍なるに非《あら》ず、能《よ》く長上の命《めい》に服して習慣成規の中に自動し、全面の安寧を維持して艱難《かんなん》に堪《たえ》るは、我日本国人の殊色《しゅしょく》と称して争ふ者なかる可し。人或《あるい》は之《これ》を評して日本人の卑屈と云ふ者もある可けれども、我輩は敢《あえ》て弁を好まず、卑屈にても無気力にても、能《よ》く艱難に忍耐して乱れざるものは、之に付するに順良の名を以てせざるを得ず。」「……国会進歩の道中にして、其《その》道中に些少《さしょう》の困難は敢《あえ》て恐るるに足らず。況《いわ》んや我社会の上辺には帝室の神聖ありて下界に降臨す、政熱の衆生《しゅじょう》は其光明《こうみょう》の中に摂取せられて、秩序の外に逸するを得ざるや復《ま》た疑ふ可きに非《あら》ざるなり。人或は謂《いえ》らく、此一節の立論は専ら人生の遺伝先天の性質に訴へて日本国民の順良を証《あか》したるものなれども、社会進歩の急劇は遺伝先天の働《はたらき》を許さず、……其順良を頼むは枯木《かれき》に開花を期するに異ならず、……今吾《こんご》を以て古吾《こご》を想へば、前後恰《あたか》も二生《にしょう》あるが如《ごと》し云々《うんぬん》の説あり。自《おのず》から亦《また》一説なるに似たれども、凡《およ》そ遺伝なるものは、人生の自《みず》から勉めず自《みず》から知らざる所に発して、其《その》勢は自から禁じて禁ず可《べか》らず、教育も之《これ》を導く可《べか》らず、命令も之《これ》を止《とど》む可らざる一種微妙の能力なれば、……其遺伝の公徳《くどく》に由《よ》り成規《せいき》に服従して誤るなきは我輩の固く信ずる所にして、前途憂《うれ》るに足らざるなり。」**（2／23）（⑫20～46）**

2　一八九〇年12月「国会の前途」（一二回の連載社説、著書は一八九二年6月）

「我日本社会の歴史を詳《つまびらか》にし其政事《せいじ》人事の由来《ゆらい》に照らして国会の前途を推察するときは、必ずや上首尾なる可しと断言せざるを得ず。」「帝室は恰《あたか》も武門政治の為めに一種間接の刺衝物《ししょう》と為《な》り、武門をして絶対君治の事を成さしめざりしものと云ふも可《か》なり。……徳川の時代……権力平均の主義は唯《ただ》政治上に行はるるのみならず、……国中一人《いちにん》として大得意の者なく、又大不平の者もなく、……王政維新に次《つい》で僅に二十三年の今日、国会の開設を見るに至りしは、其素因久しくして特に徳川の治世に在りと云はざるを得ず。……実に絶倫《ぜつりん》無比の偉業にして、……徳川家康公……世界古今絶倫無比の英雄……平均の妙《みょう》を得たるものと云ふ可し。古来支那朝鮮人などの思ひ得ざる所にして、之を発明したる者は東洋唯我《ただわが》徳川家康公あるのみ。」

「今の政府は専制ならざるのみか、……専制の政府を……倒して第二の専制政府を造らざりし人なり。」「上《かみ》に君主を奉じて立憲の政《まつりごと》を行はれしめんとするには、其君を尊崇敬愛すること神の如く父母の如くにして、却《かえっ》て俗界の俗政務は君主の与《あずか》り知る所に非ずとの事実を了解し、如何なる場合にも責《せめ》を君主の身に帰して怨望《えんぼう》することある可らず。……凡《およ》そ君民同治《どうち》立憲国会の政体に必要なる原素《げんそ》……我日本国民の習慣に此要素……富むものと云はざるを得ず。……。又立憲政体の要は君主を尊崇敬愛して之に政治上の責を帰せざるに在りと云へり。此一事は特に日本国民に固有する徳義にして、千古以来我帝室の神聖犯す可らざるを知らざる者なきのみか、……日本国民……帝室の神聖を尊拝《そんぱい》するのみならず、封建の将軍藩主に対しても其《その》家来領民たる者は之《これ》を視《み》ること鬼神《きじん》の如く父母の如くし、……左れば此習慣は国人の骨に徹して天性を成し、今の帝室を尊崇敬愛するは唯人々《ただにんにん》の性に従ふのみ。……我政体が立憲に変ずるも変ぜざるも、帝室は依然たる万世の帝室にして、俗界の施政に如何なる得失あるも、誰れか直《ただち》に至尊を仰で之を訴る者あらんや。凡《およ》そ世界中に国君多しと雖《いえど》も、其家の堅固にして安《やすらけ》きものは我大日本国の帝室に比す可きものを見ず。」

「今後政府が果して前非《ぜんぴ》を改め干渉を少なくして、之に加ふるに封建時代の遺風なる官尊民卑の陋《ろう》習《しゅう》を掃却《そうきゃく》することあらんには、我国民の自治も更に面目を改めて……」「今の政治社会に在《あ》る人々は、……昔年《せきねん》の忠臣にして、主人の御馬前《ごばぜん》に討死《うちじに》を約したる人ならずや。……唯《ただ》その主人の為にするの心を移して日本国の為にするの忠と為《な》し、……眼中唯《ただ》日本国あるを見て、之《これ》が為めに内の不愉快を忍び円満の功名《こうみょう》を期する勿《なか》らんこと、我輩の呉々《くれぐれ》も祈る所なり。」（⑥35〜69）

＝「大日本帝国憲法」＝「教育勅語」体制の賛美と積極的肯定

❸ 一八九〇年7月1〜8日「安寧《あんねい》策」

「我日本国……憲法……は文明諸旧国の憲法を凌《りょう》駕《が》するものあり」（⑫466）

❹ 一八九〇年11月5日「時事新報」社説「教育に関する勅語」全文

「今度《このたび》発せられたる教育に関する勅語《ちょくご》は、去る一日の紙上に於《おい》て我輩が読者諸君と共に拝誦《はいしょう》する所なり。我天皇陛下が我々臣民の教育《きょういく》に叡慮《えいりょ》を労《いたずか》せらるるの深《ふか》き、誰か感泣《かんきゅう》せざるものあらんや。

今後全国公私の学校生徒は時々これを奉読《ほうどく》し、且《かつ》これが師長《しちょう》たる者も意を加へて諄々《じゅんじゅん》誨諭《かいゆ》怠《おこた》らず、生徒をして佩服《はいふく》せしむる所あるに於《お》ては、仁義孝悌《じんぎこうてい》忠君愛国の精神を煥発《かんぱつ》し聖意の在《あ》る所を貫徹せしむ可《べ》きは、我輩の信じて疑はざる所なり。

　蓋《けだ》し明治四年政府が始めて文部省を置き、教育の制度を定めたるより以来今日に至るまで、主義方針の変遷《へんせん》は一にして足らざれども、其《その》変遷は何《いず》れも当局者の意見に出でたるものに外《ほか》ならず。若《も》し夫《そ》れ教育に関する聖意の所在に至りては十年一日曾《かつ》て渝《かわ》らせられざるは今更ら申す迄《まで》もなき所にして、今回は唯《ただ》特に之《これ》を勅語として発せられたるものなれば、我輩に於《おい》ては世人《せじん》と共に之《これ》に対して敢《あえ》て一辞《いちじ》を賛《さん》すること能《あた》はずと雖《いえど》も、然《しか》れども竊《ひそか》に顧《かえり》みて我国教育の有様《ありよう》が今日猶《な》ほ幾分の叡慮《えいりょ》を煩《わずら》はし奉りて此《この》勅語を見るの境遇《きょうぐう》に在《あ》るを思へば、更に既往《きおう》現在《げんざい》の当局者に向て遺憾《いかん》の情なきこと能《あた》はざるなり。

　抑《そもそ》も全国四千万の臣民は悉《ことごと》く是《こ》れ帝室の赤子《せきし》にして、三千年来の恩沢《おんたく》に浴《よく》し祖先勤王《そせんきんのう》の遺風《いふう》を伝《つた》ふるものなれば、一人《いちにん》として忠孝の情なきものある可《べか》らず。況《いわ》んや明治の初年以来政府は頻《しきり》に教育の事に鋭意《えいい》して邑《むら》に不学の戸《こ》なく家に不学の人なからん事を期し孜々《しし》斯民《このたみ》を導《みちび》きて怠らざりし事なれば、二十年来教育の効能、果《はた》して空《むな》しからざるに於《お》ては今日の人民たるものは多少事理《じり》にも通じ其務《つとめ》を竭《つく》して大《おおい》に叡慮を安んじ奉る所こそある可《べ》き筈《はず》なるに、実際に猶然《なおしか》らざるものありとせば、我輩は先《ま》づ第一に教育の当局者に向て其《その》反省を祈《いの》らざるを得ず。二十年の歳月は決して短《みじか》しと云《い》ふ可らず。若《も》しも当局者にして最初より聖意の在る所を体し其方針を一《いっ》にして進《すす》みたりしならば、時に制度の小変更《しょうへんこう》あるも精神は終始貫徹《しゅうしかんてつ》して其《その》結果頗《すこぶ》る観《み》る可きものありしならんに、当局者に更迭《こうてつ》の頻々《ひんぴん》なりしが為《た》めとは云へ、年来教育の方針は常に一定すること能《あた》はずして、五年にして変じ三年にして改《あらた》まり甚《はなは》だしきは一年にして其《その》精神を異《こと》にしたる事さへあり。人民は適従《てきじゅう》する所を知らずして方向に迷《まよ》ふの情なきを得ず。

然《しか》るのみならず彼《か》の徳育《とくいく》の事などに至りても、最初は西洋流の倫理学《りんりがく》を採用《さいよう》し、中頃は儒教主義《じゅきょうしゅぎ》と為《な》り、更に改まりて倫理論に復し、又近来は立国の大義云々《うんぬん》を唱《とな》ふるなど、豹変極《ひょうへんきわま》りなくして其底止《ていし》する所を知らざるにぞ。此辺《このあたり》の事なども自然に九重《ちょう》の聴《てい》に達し軫念《しんねん》浅からずして、扨《さて》は今回の勅語を拝するに至りし者ならん歟《か》。左《さ》れば此《この》勅語に就《つい》て文部大臣の訓示にも、躬《みずから》、重任を荷《にな》ひ日夕省思《にっせきせいし》して嚮《むか》ふ所を愆《あやま》らん事を恐る、今《いま》勅語を奉承《ほうしょう》して感奮《かんぷん》措《お》く能《あた》はず云々とあるは、即ち既往《きおう》の事を顧《かえり》み自《みず》から反省したるの情を見る可《べ》くして、今の当局者の苦心も亦此辺《またこのあたり》に在《あ》るを察するに足る可し。我輩は勅語を拝読《はいどく》して、一般人民と共に教育に関する叡慮の浅からざるに感激すると同時に、当局者が反省の情に切《せつ》にして今後よく聖意の在る所を貫徹《かんてつ》せしむるに懈《おこた》らざらん事を祈る者なり。」（龍渓書舎「時事新報」縮刷版）

5 一八九一年1月26日「国会開設既《すで》に晩《おそ》し」
「不思議なるは斯《かか》る政府の制定に成りたる憲法にして、其文面は西洋立憲国に示しても敢《あえ》て恥しからざる文明の主義を採《と》り、議会に許すに充分の権利を以《もっ》てしたる……」（⑫597）

6 一八九二年1月「国会難局の由来」（6月、著書に）
「然《しか》るに爰《ここ》に驚く可きは、我憲法の完全にして国民の権利を重んじ遺《のこ》す所なきの一事《いちじ》なり。凡《およ》そ世界各国に憲法多しと雖《いえど》も、真に文明の精神を籠《こ》めて善美なるものは我憲法を除きて他に多きを見ざることならん。……憲法の寛仁大度《かんじんたいど》は青天白日に民意を陳《の》ぶ可しと云ふ。」（⑥86）

7 一八九四年3月1～15日「維新以来政界の大勢」
「維新政府……其編纂《へんさん》したる憲法は如何《いか》にも完全無欠にして、字字皆《みな》自由開進の精神ならざるはな

し。」（⑭312）

8 一八九七年3月9日「政治上の不平を如何す可きや」

「我国の国会は人民より開設を促したるに非《あら》ず、否《い》な、多少は促さざるに非《あら》ざれども、其声尚ほ微弱にして耳を傾くるに足らず、政府にして固く執《と》る所あらんには敢て開くの必要を見ざるに、然《しか》るに政府は自《みず》から進んで之《これ》を開きたるのみならず、然《し》かも発布の憲法を見れば甚だ寛大自由にして、立憲の旧国にさへも稀《ま》れなる完全のものなりとは、如何《いか》なる理《わ》由《け》にて斯《か》くまでに思ひ切りたるや、只《ただ》驚くの外《ほか》なきのみ。……」（⑮627）

III「大日本帝国憲法」＝「教育勅語」体制への思想的道のり

9 一八六七年頃「或云《わくうん》随筆」

「或云《あるひといふ》。封建世禄《せいろく》の臣は国君一身のみに忠を尽《つく》すを知《しり》て報国の意薄《うす》し。日本国人をして真に報国の意《こころ》あらしめば、喋々《ちょうちょう》と開鎖《かいさ》の利害を論ぜずして、自《おのず》から富強の開国となるべし。之《これ》を譬《たと》へば、百姓が村の祭礼の時、隣村に劣らじと己《おの》が銭金《ぜにかね》をも惜まずして出し物を奇麗に……せんとするは、……一村の外聞《がいぶん》を張る為めにて、之《これ》を大にすれば即ち報国の一端なり。今日本の士人《しじん》も此《この》趣意を体して、外国に引けを取らざる様《よう》、国威を張り、外国に砲艦の利器あれば我国にも之を造り、外国に貿易富国の法あれば我国も之を倣《なら》ひ、一歩も他に後《おく》れを取らざること真の報国ならずや。又君に忠を尽すは人臣の当然なれども、忠を尽すの法を知らず、頑癖固陋《がんぺきころう》、世間見ずにて、一筋《ひとすじ》に国君一身の為《ため》と思ひ、万一の時は一《いち》命《めい》を捨《すつ》る抔《など》と腹を据《すえ》て安心するものは、所謂《いわゆる》愚忠にて、愚忠の甚《はなはだ》しきは不知不識《しらずしらず》して諂諛《てんゆ》に陥ることあり。有害無益なり。凡《およそ》人臣たらんものは先づ右に云へる報国の意を基《もとい》と為《な》し、其君にも報国の大

義を失はしめざるよふ誘引して国家を済《すく》ひ、初《はじめ》て尽忠報国の士と云ふ可し。」（⑳12〜13）

10　一八七〇年11月「中津留別の書」

「親に孝行は当然のことなり。唯《ただ》一心に我親と思ひ余念なく孝行を尽すべし。三年父母の懐《ふところ》を免かれず、故に三年の喪《も》を勤《つとむ》るなどは、勘定づくの差引にてあまり薄情にはあらず哉《や》。」（⑳51）

11　一八七二年3月『童蒙教草《どうもうをしえぐさ》』（ただし、訳本）

「若《も》し父母の恩愛なかりせば、我身は早く命をも保つこと能《あた》はざりし筈《はず》なり。故に人の子たる者は父母の大恩を忘るべからず。……父母の心宜《よろ》しからずして無理をいふとも、子たる者はこれに堪へ忍びて尚も孝行を尽さざるべからず。」（③166〜168）

12※　一八七三年12月『学問のすすめ』第3編

〈国は同等なる事〉「近くは我《わが》日本国にても、今日の有様《ありさま》にては西洋諸国の富強に及ばざる所あれども、一国の権義《けんぎ》に於《おい》ては厘毛《りんもう》の軽重《けいちょう》あることなし。道理に戻《もと》りて曲を蒙《こうむ》るの日に至《いたり》ては、世界中を敵にするも恐るるに足らず。……」

〈一身独立して一国独立する事〉「……国と国とは同等なれども、国中の人民に独立の気力なきときは一国独立の権義を伸《のぶ》ること能《あた》はず。其次第《しだい》三箇条あり。第一条　独立の気力なき者は国を思ふこと深切《しんせつ》ならず。独立とは自分にて自分の身を支配し他に依《よ》りすがる心なきを云ふ。自《みず》から物事の理非を弁別《べんべつ》して処置《しょち》を誤ることなき者は、他人の智恵に依《よ》らざる独立なり。自《みず》から心身を労《ほねおり》して私立の活計を為《な》す者は、他人の財に依《よ》らざる独立なり。」「外国に対して我国を守らんには自由独立の気風を全国に充満せしめ、……本国のためを思ふこと我家を思ふが如くし、国のためには財を失ふのみならず、一命《いちめい》をも抛《なげうち》て惜《おし》むに足らず。是即《これすなわ》ち報国の大義なり。……」「第二条　内《うち》に居《い》て独立の地位を得ざる者は外《そと》に在《あり》て外国人に接するときも亦《また》独立の権義を伸《のぶ》ること能《あた》はず。……平民の根性《こんじょう》は依然として旧《もと》の平民に異《こと》ならず、……目上《めうえ》の人に逢《あ》へば一言半句《いちげんはんく》の理屈を述《のぶ》ること能《あた》はず、立てと云へば立ち、……其《その》柔順なること家に飼《かい》たる痩犬《やせいぬ》の如《ごと》し。実に無気無力の鉄面皮《てつめんぴ》と云ふ可《べ》し。」「第三条　独立の気力なき者は人に依頼して悪事を為《な》すことあり。」（③42〜46）

⑬　一八七四年4月『学問のすすめ』第8編

「親に孝行するは固《もと》より人たる者の当然、老人とあれば他人にてもこれを丁寧にする筈《はず》なり。まして自分の父母に対し情を尽さざる可けんや。利のために非《あら》ず、名のために非ず、唯己《おの》が親と思ひ、天然の誠を以てこれに孝行す可きなり。」（③83）

⑭　一八七五年6月「国権可分の説」（『民間雑誌』）

「八年前の王政維新……其成跡《せいせき》は遂に政府を倒して人民の方に権を執《と》りたることにて、今の政府は即ち人民より成立《なりたち》たるものと云はざるを得ず。……今の日本の人民は自由の趣意を慕ひ、暴政府を倒して全権を得たるものなり。」「百姓車挽《くるまひき》の議論を一方に置て政府の権力に平均を取らんとするは、提灯《ちょうちん》を分銅《ふんどう》にして釣鐘《つりがね》を掛《かく》るが如し。百姓車挽の学問を進めて其気力の生ずるを待つは、杉苗《すぎなえ》を殖《う》（植）へて帆柱《ほばしら》を求るが如し。法外なる望ならずや。……余輩は性急なり。」「今の政府……其実は専制の余焔《よえん》のみ。……今日は政府も人民も唯《ただ》自由の一方に向ふのみ。……結局日本国勢の権柄《けんぺい》は人民の手に在りと云ふ可し。」（⑲527〜535）

⑮※　一八七五年8月『文明論之概略』第10章〈自国の独立を論ず〉

「外国に対して自国の独立を謀《はか》るが如《ごと》きは、固《もと》より文明論の中に於《おい》て瑣々《ささ》たる一箇条に過ぎざれども……」「昔《むか》し封建の時代には、人間の交際に君臣主従の間柄と云ふもの有りて世の中を支配し、……西洋の語に所謂《いわゆる》「モラル・タイ」なるものなり。……此《この》風俗を名《なづ》けて或《あるい》は君臣の義《ぎ》と云ひ、或は先祖の由緒《ゆいしょ》と云ひ、或は上下の名分《めいぶん》と云ひ、或は本末の差別と云ひ、……日本開闢《かいびゃく》以来今日に至るまで人間の交際を支配して、今日までの文明を達したるものは、此風俗習慣の力にあらざるはなし。」「輓近《ばんきん》外国人と交《まじわり》を結ぶに至て……世の識者、我日本の不文なる所以《ゆえん》の源因《げんいん》を求めて、先づ第一番に之を我古風習慣の宜《よろ》しからざるに帰し、乃《すなわ》ち此《この》古習を一掃せんとして専《もっぱ》ら其改革に手を着け、廃藩置県を始《はじめ》として都《すべ》て旧物を廃し、……我人民の心の底に染込《しみこみ》たる恩義由緒名分差別等の考は漸《ようや》く消散して、……文明駸々乎《しんしんこ》として進むの有様と為《な》りたり。」

「立君の国に於て君主を奉尊《ほうそん》し、行政の権を此君《このきみ》に付するは、固《もと》より事理《じり》の当然にして、政治上に於ても最も緊要なることなれば、尊王の説決して駁《ばく》す可《べか》らずと雖《いえど》も、彼《か》の皇学者流は……君主を奉尊する……由縁を政治上の得失に求めずして、之を人民懐古の至情に帰《き》し、其誤るの甚しき……。然《しか》るに我国の人民は数百年の間、天子あるを知らず、……新《あらた》に王室を慕ふの至情を造り、之をして真に赤子《せきし》の如くならしめんとするは、今世《こんせい》の人心と文明の有《あり》様《よう》とに於て頗《すこぶ》る難《かた》きことにて、殆ど能《よく》す可《べか》らざるに帰す可し。……鎌倉以来人民の王室を知らざること殆ど七百年に近し。」

「耶蘇《ヤソ》の宗教……一視同仁《いっしどうじん》四海兄弟《しかいけいてい》……然《しか》りと雖《いえど》も、今《いま》世界中の有様を見れば処として建国ならざるはなし、……富国強兵……宗教の旨には背《そむ》くと雖ども、世界の勢に於て止むを得ざるものなり。……国と国との交際に至ては唯《ただ》二箇条あるのみ。……商売と戦争の世の中と名《なづ》くるも可《か》なり。……戦争は独立国の権義を伸ばすの術《すべ》にして、貿易は国の光を放つの兆候」

「報国心……其《その》眼目は他国に対して自他の差別を作り、仮令《たと》ひ他を害するの意《こころ》なきも、自《みず》から厚くして他を薄くし、自国は自国にて自《みず》から独立せんとすることなり。故に報国心は……一国に私《わたくし》するの心なり。……自《みず》から私する偏頗《へんぱ》の心なり。故に報国心と偏頗心とは名は異《こと》にして実を同《おなじ》ふするものと云はざるを得ず。……一視同仁四海兄弟《けいてい》の大義と報国尽忠建国独立の大義とは、互に相戻《もとり》て相容《い》れざるを覚《おぼゆ》るなり。」

「我国の事態を前年に比《ひ》すれば更に困難にして一層の憂患《ゆうかん》を増すとは、果して何等の箇条を指して何等の困難事を憂《うれう》ることとなるや、之を質《ただ》さざる可らず。……識者は此病《このやまい》を指して何と名《なづけ》るや。余輩は之を外国交際と名《なづく》るなり。……権義は正《まさ》しく同一なる可しとの趣意……同権論の迂遠《うえん》なる……英人が東印度《インド》の地方を支配するに其《その》処置の無情残刻《ざんこく》なる実に云ふに忍びざるものあり。……欧人の触るる所は恰《あたか》も土地の生力《せいりょく》を絶ち、草も木も其《その》成長を遂《とぐ》ること能《あた》はず。甚《はなはだ》しきは其《その》人種を殲《ほろぼ》すに至るものあり。」

「外国交際の性質は、……至困至難の大事件にして、国命貴要《きよう》の部分を犯したる痼疾《こしつ》と云ふ可し。……全国人民の間に一片の独立心あらざれば文明も我国の用を為《な》さず、之を日本の文明と名《なづ》く可《べか》らざるなり。……外国人に対して、其交際に天地の公道を頼《たのみ》にするとは果して何の心ぞや。迂闊《うかつ》も亦甚《またはなはだ》し。俗に所謂《いわゆる》結構人の議論と云ふ可きのみ。……世界中に国を立てて政府のあらん限りは、其《その》国民の私情を除くの術《すべ》ある可らず。……即是れ偏頗《へんぱ》心と報国心と異名《いみょう》同実なる所以《ゆえん》なり。」

「外国交際は我国の一大難病にして、……一片の本心に於て私有をも生命をも抛《なげう》つ可き場所とは、正《まさ》に外国交際の此場所なり。……開闢《かいびゃく》以来君臣の義、先祖の由緒《ゆいしょ》、上下の名分《めいぶん》、本末の差別と云ひしもの、今日に至ては本国の義と為《な》り、本国の由緒と為り、内外の名分と為り、内外の差別と為りて、幾倍の重大を増したるに非《あら》ずや。……国民たる者は毎朝相戒《あいいまし》めて、外国交際に油断す可らずと云《いい》て、然《しか》る後に朝飯を喫《きっ》するも可《か》ならん。」

「右の如く、暗殺攘夷《じょうい》の論は固《もと》より歯牙《しが》に留《とむ》るに足らず、……兵備の工夫も……国体論、耶蘇《ヤソ》論、漢《かん》儒《じゅ》論も亦《また》人心を維持するに足らず。然《しか》ば則《すなわ》ち之《これ》を如何《いか》んして可ならん。云《いわ》く、目的を定めて文明に進むの一事あるのみ。其目的とは何ぞや。内外の区別を明《あきらか》にして我本国の独立を保つことなり。而《しこう》して此独立を保つの法は文明の外に求む可《べか》らず。今の日本国人を文明に進《すすむ》るは此国の独立を保たんがためのみ。故に、国の独立は目的なり、国民の文明は此目的に達するの術《すべ》なり。……本書開巻の初に、事物の利害得失は其ためにする所を定めざれば談ず可《べか》らずと云ひしも、蓋《けだ》し是等の議論……。」

「人或は云はん、人類の約束は唯自国の独立のみを以て目的と為《な》す可《べか》らず、……此言《げん》真に然《しか》り。……一国独立等の細事《さいじ》に介々《かいかい》たる可《べか》らず。……先づ日本の国と日本の人民とを存してこそ、然《しか》る後に爰《ここ》に文明の事をも語る可《べ》けれ。国なく人なければ之《これ》を我日本の文明と云ふ可《べか》らず。是《これ》即ち余輩が理論の域を狭くして、単に自国の独立を以て文明の目的と為《な》すの議論を唱《となう》る由縁なり。故に此《この》議論は今の世界の有《あり》様《さま》を察して、今の日本のために謀《はか》り、今の日本の急に応じて説き出したるものなれば、固《もと》より永遠微妙の奥蘊《おううん》に非《あら》ず。……唯願ふ所は其食を忘れ家事を忘るるの際にも、国の独立如何に係《かか》る所の事に逢へば、忽ち之に感動して恰《あたか》も蜂尾《ほうび》の刺蠆《したい》に触るるが如く、心身共に穎敏《えいびん》ならんことを欲するのみ。」

「此《この》今の字は特に意ありて用ひたるものなれば、学者等閑《とうかん》に看過《かんか》する勿《なか》れ。……故に今の我文明と云ひしは文明の本旨には非《あら》ず、先《ま》づ事の初歩として自国の独立を謀《はか》り、其《その》他は之を第二歩に遺《のこ》して、他日為《な》す所あらんとするの趣意なり。」

「斯《かく》の如く、結局の目的を自国の独立に定め、恰《あたか》も今の人間万事を溶解して一に帰せしめ、悉皆《ことごとくみな》これを彼《か》の目的に達するの術《すべ》とするときは、其《その》術の煩多《はんた》なること際限ある可《べか》らず。……天下の事物、其局処に就て論ずれば、一として是《ぜ》ならざるものなし。一として非《ひ》ならざるものなし。……国体論の頑固なるは民権のために大《おおい》に不便なるが如しと雖《いえ》ども、今の政治の中心を定めて行政の順序を維持するがためには亦大《またおおい》に便利なり。民権興起《こうき》の粗暴論は……人民卑屈の旧悪習を一掃するの術に用れば亦甚《はなは》だ便利なり。忠臣義士の論も耶蘇聖教《ヤソせいきょう》の論も、儒者の論も仏者の論も、愚なりと云へば愚なり、智なりと云へば智なり、……。加之《しかのみならず》彼の暗殺攘夷《じょうい》の輩《はい》と雖《いえ》ども、……一片の報国心あること明《あきらか》に見る可《べ》し。されば、本章の初《はじめ》に云へる、臣君の義、先祖の由緒《ゆいしょ》、上下の名分、本末の差別等の如きも、人間品行の中に於《おい》て貴《とうと》ぶ可き箇条にて、即《すなわ》ち文明の方便なれば、概して之を擯斥《ひんせき》するの理《ことわり》なし。唯此《ただこの》方便を用ひて世上に益を為《な》すと否とは、其用法如何に在るのみ。……今この一章の眼目たる自国独立の四字を掲げて、内外の別を明《あきらか》にし、以て衆庶《しゅうしょ》の由《よ》る可き道を示すことあらば、物の軽重も始て爰《ここ》に量《はか》る可く、事の緩急も始て爰《ここ》に定む可く、軽重緩急爰《ここ》に明《あきらか》なれば、……以て同一の目的に向ふ可き乎《か》。余輩《よはい》の所見にて今の日本の人心を維持するには唯《ただ》この一法あるのみ。」（④183～212）

16 一八七六年11月「宗教の必用なるを論ず」

「望む所必ずしも理屈に適《かな》はずとも事実に於て慥《たしか》に効能あらば之を善とし利益ありと認む可し。……「ゴッド」なり、耶蘇《ヤソ》なり、阿弥陀《あみだ》様なり、不動様なり、豈《あに》其効能なしと云ふ可けんや。夜盗流行すれば犬を養ひ、鼠跋扈《ばっこ》すれば猫を飼ふ。今の世の中に宗教は不徳を防ぐ為めの犬猫の如し。一日も人間世界に欠く可《べか》らざるものなり。」（⑲585～587）

17※ 一八七五年9月～七八年「覚書」

※「志は時に随《したがい》て変ぜざる可らず、説は事勢に由《より》て改めざる可らず。今吾古吾《こんごこご》恰《あたか》も二人の如くこそ世事の進歩なれ。」

※「聖明の天子、賢良の臣、難有御代《ありがたきみよ》、楽《たのし》き政府などとは、元来何物を指して云ふことなるや。偽《いつわり》

に非《あら》ずして何ぞや。佞《へつらい》に非《あら》ずして何ぞや。……仁《にん》徳《とく》天皇何《なん》の功あるや。諂諛《てんゆ》を恥とせざる家来共の口《こう》碑《ひ》に伝へたるまで〔の〕ことなり。況《いわ》んや近代の天子将軍に至《いたっ》ては、其《その》人物の取るに足らざるは事実に於て明《あきらか》に見る可《べ》くして、天下衆人の心の内に認る所なれども、之《これ》を敢《あえ》て外に見《あら》はす者なし。加之《しかのみならず》学者士君子と称する一国の人物が、尚この惑溺《わくでき》を免るること能《あた》はずして、動《やや》もすれば其著書又は建白等に不都合なる文字を用るもの多し。気の毒千万なり。」

※「日本の人心は、正《まさ》に国王の聖徳を信じ、相将《しょうしょう》の賢才を信じ、先生を信じ、頭取《とうどり》を信じ、旦那を信じ、親方を信ずるの時代なり。西洋の人心は一歩を進め、政治を信じ、法律を信じ、約条を信じ、改革を信じ、所謂《いわゆる》ステート・マシーネリを信ずるの時代なり。一歩の前後はあれども、其軽信惑溺《けいしんわくでき》に至《いたっ》ては趣《おもむき》を異《こと》にすることなし。」

「専制々々と一口に罵《ののし》る可《べか》らず。往古《おうこ》の独裁政府も中々《なかなか》以て功を奏したるものなり。譬《たと》へば今日にて文部省の学制なども、理論上にては随分不都合なるに似たれども、若《も》し此《この》省の力なくば、地方の人民は第一学問の何物たるを知らずして、或は下民《げみん》に学問は禁制《きんせい》と思ふ者もあらん。」

「凡《およ》そ道徳の手引となる可きものなれば、仏法《ぶっぽう》にても神道《しんとう》にても、金毘羅《こんぴら》様にても、稲荷《いなり》様にても、人民の智識の度に従て其教を守て可《か》なり。」

「斯《かか》る人民を教るには、何んでも構はず、神道《しんとう》にても仏法にても、稲荷《いなり》様も水天宮《すいてんぐう》様も、悉皆《ことごとくみな》善良なる教《おしえ》なり。」

「参詣《さんけい》するものは……、唯《ただ》世上の評判に誘はれて然《しか》るのみ。……他の信心者を信じて寺に参るのみ。」

「日本を改革せんには、従来日本は如何《いか》なるものにて今は如何なるやと、其有りの儘《まま》の有様を詳《つまびらか》にして、……出し抜けに西洋流を持込まんとするは、事物のある有様を吟味せずして、あらざる可らずの法を施す者なり。」

「立君《りつくん》の政《せい》が次第に共和に移るも尊王の形は尚《なお》存

するものなり。英人が其国王の首《こうべ》を刎《は》ね又これを他国に追出しながら、其子孫たる今の君王に腰を折《お》りて礼を為《な》すは如何《いか》ん。」

「今日各国の交際は正に是れ切捨《きりすて》と申す可し。」(⑦658〜687)

18 **一八七八年9月『通俗民権論』**「民権論者の流は恰《あたか》も無頼《ぶらい》者の巣窟《そうくつ》なり」(④591)

一八七八年9月『通俗国権論』(同時刊行)

「日本の文明……既に固有の文明在《あ》り、何ぞ故《こと》さらに之《これ》を棄《す》ることを為《な》さんや。」「百巻の万国公法は数門の大砲に若《し》かず、幾冊の和親条約は一匡《いっきょう》の弾薬に若かず。大砲弾薬は以て有る道理を主張するの備《そなえ》に非《あら》ずして無き道理を造るの器械なり。……各国交際の道二つ、滅ぼすと滅ぼさるるのみ」「最第一《さいだいいち》の緊要《きんよう》事」としての、「全国人民の脳中に国の思想を抱《いだ》かしむる」方策について、「日本の人民決して報国心に乏しからず、唯其《ただその》心の狭小なりしのみ。……広大なる日本国なるものを知らざりしのみ。報国の心は殆《ほとん》ど人類の天性に存するものにして……」「一国の人心を興起《こうき》して全体を感動せしむるの方便は外戦に若《し》くものなし。……我人民の報国心を振起《しんき》せんとするの術《すべ》は、之《これ》と兵を交《まじう》るに若《し》くはなし」(④637〜641)

「敵国外患は内の人心を結合して立国の本《もと》を堅くするの良薬なり」(一八七九年3月『通俗国権論』二編④660)

19 **一八七九年2月「華族を武辺に導くの説」**

「兵に急なる国の為《ため》を謀《はかり》」て、華族「固有の名望を利用」して、日本軍隊の身分的観念の主柱に華族をすえる岩倉具視宛の建言(社説に転載)。「国民の権利を平等にするの主義」からは「華族……固《もと》より無益」だが、「都《すべ》て人生、事を為《な》すに、本来無きものを造るは、既《すで》に有るものを利用するに若《し》かず。」(⑳199〜200)

↑↑植木枝盛は「是レ小児《しょうに》ニ正宗《まさむね》ヲ授《さず》クルノ類《たぐい》

ニシテ、……危険モ亦太甚《はなはだ》シカラズヤ」と批判（「大阪日報」）。

建言への小学校訓導《くんどう》（来訪）の質問に応えて、福沢は「文化は大海の如し、清濁細大の河流を容《い》るべし。此の世の□華族も容るべし、士族も容るべし、……一切之を包羅《ほうら》して始めて大仕掛《おおじか》けの文化ならずや。」と返書。（⑰325、□は不明――安川は「新」と推測）

20 一八七九年8月『民情一新』（5月28日〜7月3日執筆）

「西洋人は蒸気電信の発明に遭《あ》ふて正《まさ》に狼狽《ろうばい》するものなり。其狼狽は何ぞや。民情の変化に在《あ》るのみ。……彼《か》の英国の風俗の如きは最も今日の民情に適するものと称して尚且《なおかつ》民情変化の兆候を顕《あら》はし、役夫《えきふ》の輩《やから》が「ストライキ」とて、仲間に結約し其賃銀《そのちんぎん》を貴《たか》くせんが為《ため》に職に就《つ》かずして雇主《やといぬし》を要《まちぶせ》するの風は、近来に至て益《ますます》熾《さかん》なりと云《い》ふ。貧賤者の心事次第に異常なるを見る可し。」

「……殖民論に云へることあり。……下民《げみん》の教育は其身《そのみ》の幸福を増さずして却《かえっ》て其心の不平を増すに足る可《べ》きのみ。我国普通教育の成跡《せいせき》として見る可きものは、方今《ほうこん》「チャルチスム」と「ソシヤリスム」と二主義の流行を得たり。……結局貧賤に左袒《かせい》して富《ふう》貴《き》を犯《おか》すものなり。……今後教育の次第に分布するに随《したが》ひ……貧賤の権理《けんり》説も亦《また》次第に分布し、教育に一歩を進《すすむ》れば不平にも亦一分《いちぶ》を増し、……遂には国《こく》安《あん》を害するに至る可し。亦危険ならずや。云々。」

「今日の西洋諸国は正《まさ》に狼狽《ろうばい》して方向に迷ふ者なり。他の狼狽する者を将《とっ》て以《もっ》て我方向の標準に供するは、狼狽《ろうばい》の最も甚《はなはだ》しき者に非《あら》ずや。」（以上、緒言）

「進《すすみ》て文明を取るの道を本体と為《な》し、……勝《かち》を数十年の後に期するのみ。」

「又進取の主義とて、只管《ひたすら》旧を棄てて新に走ると云《い》ふに非《あら》ず。……唯《ただ》十数年の未来を臆測して稍《や》や便利ならんと思ふものを取るの外《ほか》に手段あることなし。譬《たと》へば之を政治上に論じ、千万歳《ざい》に期す可《べか》らざる想像社会なるものを設けて考《かんがう》れば、先づ人間世界に国を分《わか》つことも無用なり、政府も立ることも無益なり、国なし又政府なし、……故に今日に在《あり》て文明を語る者は、万歳《まんざい》を謀《はか》らず千歳《せんざい》を問はず、唯《ただ》僅に十数年の間に見込あれば熱心して之に従事せざるを得ず。」

「凡《およ》そ其実用の最も広くして社会の全面に直接の影響を及ぼし、人類肉体の禍福《かふく》のみならず其《その》内部の精神を動かして智徳の有様をも一変したるものは、蒸気船車、電信の発明と郵便、印刷の工夫、是《これ》なり。……此《この》大発明を以て世界の全面を一変したるは今更《いまさら》喋々《ちょうちょう》の弁を俟《ま》たず。……結局我社会は今後この利器と共に尚《なお》動て進むものと知る可し。」

「自由進取の議論蔓延《まんえん》するが為に官民共に狼狽《ろうばい》して共に迷ふは独《ひと》り魯《ろ》国のみに非ず。日耳曼《ゼルマン》其他君主政治の遺風に従《したがっ》て人民を制御せんとする国々は何《いず》れも皆困難を覚へざるはなし。……甚《はなはだ》しきは内国の不和を医《い》するの方便として故《こと》さらに外戦を企て、以て一時の人心を瞞着《まんちゃく》するの奇計を運《めぐ》らすに至る者あり。」

「文明の進歩するに従て益《ますます》官民の衝撞《しょうとう》を増し、双方相互《あいたがい》に其一方を殲滅《せんめつ》するに非ざれば其収局《しゅうきょく》を見る可らざるが如し。欧州諸国の形勢も亦《また》困難と云ふ可し。然《しか》るに此困難の最中に当《あたり》て政治の別世界を開き、よく時勢に適して国安を維持するものは果して何処《いずこ》に在るやと尋《たずね》れば、英国の治風是《ちふうこれ》なりと答へざるを得ず。……唯《ただ》英国のみならず荷蘭《オランダ》なり瑞西《スイス》なり今日よく国安を維持して文明に進むものは、其治風必ず英政に類する所あればなり。……王室を尊崇するは英国一種の風にして、仮令《たと》ひ如何《いか》なる自由党の劇論家にても公然として王室の尊崇を攻撃する者なし。……文明は猶《なお》大海の如し。大海はよく細大清濁《せいだく》の河流を容《い》れて其本色《ほんしょく》を損益《そんえき》するに足らず。文明は国君を容れ、貴族を容れ、貧人を容れ、富人

を容れ、良民を容れ、頑民を容れ、清濁剛柔《ごうじゅう》一切《いっさい》この中に包羅《ほうら》す可《べか》らざるはなし。」（⑤8～46）

「二十年来我国にも此《この》利器を入れて既に其一部分を利用することなれば、門閥専制の行はる可《べか》らざるは当然の勢《いきおい》にして、其《その》反対に出るものは必ず民権自由の主義ならざるを得ず。而《しか》して其原因は単に蒸気電信等有形物に非《あら》ざるはなし。然《しから》ば則《すなわ》ち近時の文明は有形の実物を以て無形の心情を転覆《てんぷく》したるものと云《いい》て可《か》ならん。……門閥専制の虚誕妄説《きょたんもうせつ》は、知見の交換、心情の通達に由《より》て全く其勢力を失ふや明《あきらか》なり。……民権論の日に増進するは固《もと》より必然の勢《いきおい》……」（「民情一新」補遺⑲263～264）

21　一八八一年6月小泉信吉・日原宛書簡

「地方処々《しょしょ》の演説、所謂《いわゆる》ヘコヲビ書生の連中、其《その》風俗甚だ不宜《よろしからず》、近来に至ては県官を罵詈《ばり》する等《など》は通り過ぎ、極々《ごくごく》の極度に至ればムツヒト云々《うんぬん》を発言する者あるよし、実に演説も沙汰《さた》の限りにて甚《はなはだ》あしき徴候《ちょうこう》、斯《か》くては捨置難《すておきかた》き事と、少々づつ内談いたし居候《おりそうろう》義《ぎ》に御座《ござ》候《そうろう》。」（⑰454）

22　※　一八八一年10月『時事小言』

「天然の自由民権論は正道《せいどう》にして人為の国権論は権道《けんどう》なり。……人民の財産権利を平等一様に分布するに非《あら》ざれば、天然の民権論は其力を逞《たくまし》ふすること能《あた》はざるものなり。……元来この正論は、今の此世界の人類を十全円満無欠の者と想像し了《りょう》して論を立《たて》たるものなり。……無限の未来を期して其成跡《そのせいせき》を待つ可し。之《これ》を待て千百年の後に時節到来す可きや、我輩は之を保証するを得《え》ざるなり。……然《しから》ば則《すなわ》ち天然の民権論は、今日これを言ふも到底無益に属して弁論を費《ついや》すに足らず。……金《かね》と兵とは有る道理を保護するの物に非《あら》ずして、無き道理を造るの器械なりと。……他人権謀術数《けんぼうじゅっすう》を用れば我亦《また》これを用ゆ。……編首に云へる人為の国権論は権道なりとは是の謂《いい》にして、我輩は権道に従ふ者なり。」

「外国交際の艱難《かんなん》を知り真に之を人々《にんにん》の身に負担するものと思へば、内国《ないこく》安寧ならざらんと欲するも得《う》べからず。……外の艱難を知て内の安寧を維持し、内に安寧にして外に競争す。内安外競、我輩の主義、唯《ただ》この四字に在るのみ。」

「二百年外の眼を以て今の有様を見れば、維新の功臣が維新の政府に立ち、全権を以て国事を専《もっぱら》にするも固《もと》より理の当然にして、……」「今の日本政府は……維新以降十三年の其間に民権の事を挙行し、只管《ひたすら》改進の一方に向《むかっ》て躊躇《ちゅうちょ》せざる者……。」「……国会開設を願望する者を見るに……大数《おおかた》は国会の何物たるを知らず、其開設の後に如何なる利害が我身の上に及ぶべきやも弁《わきま》へず、唯他人が願望する故に我も亦《また》願望すと云《い》ふに過ぎず。其《その》有様は神社の本体を知らずして祭礼に群集するに似たり。又其中には非常なる狂者も多く、非常なる愚者も多くして、驚くに堪《たえ》たるものありと雖《いえ》ども……」

「国権を振起するの方略なかる可らず。我輩畢生《ひっせい》の目的は唯この一点に在るのみ。……外国交際の大《たい》本《ほん》は腕力に在りと決定す可きなり。……苟《いやしく》も今の世界の大劇場に立《たち》て西洋諸国の人民と鋒《ほこさき》を争はんとするには、兵馬の力を後にして又何物に依頼す可きや。武は先《さき》にして文は後《あと》なりと云はざるを得ず。」

「或人の説に、富国強兵の法は、誠に此語《このご》の順序の如く、先づ国を富まして然《しか》る後に兵を強くするの策に及ぶ可し、苟《いやしく》も富国にして強兵ならざるはなし、富は強の本《もと》なりとの言《げん》あり。此言《このげん》道理に於て然《しか》るが如くに聞ゆれども、社会の事跡《じせき》に於ては往々然《おうおうしか》らざるものあり。……本編立論の主義は専《もっぱ》ら武備を盛《さかん》にして国権を皇張《こうちょう》するの一点に在《あ》り。……彼《か》の所謂《いわゆる》万国公法、……唯耶蘇《ヤソ》宗派の諸国に通用するのみ。苟《いやしく》も此宗派外の国に至ては曾《かつ》て万国公法の行はれたるものを見ず。……文明の中心と為《な》り他の魁《さきがけ》を為《な》して西洋諸国に当るものは、日本国民に非《あら》ずして誰ぞや。亜細亜《アジア》東方の保護は我責任なりと覚悟す可きものなり。……又或は事情切迫に及ぶときは、無遠慮に其《その》地面（アジア諸国——安川）を押領《おうりょう》して、我手を以《もっ》て新築するも可《か》なり。……我日本の武力を以て之に応援するは、単に他の為に非《あら》ずして自《みず》から為にするものと知る可し。……今の支那朝鮮に向《むかっ》て互に相《あい》依頼せんことを望むは、迂闊《うかつ》の甚しきものと云ふ可し。……我武備を厳《げん》にして国権を皇《こう》張《ちょう》せんとする其武備は、独《ひと》り日本一国を守るのみに止《とど》まらず、兼《かね》て又東洋諸国を保護して、治乱《ちらん》共に其魁《そのさきがけ》を為《な》さんとするの目的なれば、其目的に従て規模も亦《また》遠大ならざる可《べか》らざるなり。……」

「内既《うちすで》に安寧にして、又外に競争するの資力に乏しからず。尚《なお》足らざるものあり。即ち国民、国の為《ため》にするの気力、是《これ》なり。……我輩の所見……第一、外教の蔓延《まんえん》を防ぐ事。……耶蘇《ヤソ》教《きょう》の主義は真に公平にして世界を一家《いっか》と看做《みな》し、国権の主義は真に不公平にして故《こと》さらに自他の別を作為するものなれば、主義の異なるよりして自《おのず》から国権保護の気力を損せざるを得ず。国権の維持の為《ため》に大なる障害と云《い》ふ可し。……第二、士族の気力を維持保護する事。……維新の大業を成して爾後《じご》新政を施したる者も、士族ならざるはなし。所謂《いわゆる》百姓町人の輩《やから》は唯これを傍観して社会の為に衣食を給するのみ。……獣類にすれば豚の如きものなり。故に今我国に士族の気力を消滅するは恰《あたか》も国を豚にするものにして、国権維持の一事《いちじ》に付き其影響の大なること論を俟《ま》たずして明《あきらか》なり。」（⑤103～221）

23　一八八一年頃「宗教の説」

「都《すべ》て自《みず》から頼む能《あた》はざる者は他を頼むこと必然の勢なり。……神仏なり、耶蘇《ヤソ》なり、往古片輪《おうこかたわ》の時代に適したる教《おしえ》なれば、世の中に片輪《かたわ》のあらん限りは其教も亦《また》甚だ入用なり。酔狂立小便《すいきょうたちしょうべん》にポリス、夜盗《やとう》に犬、いくじなし愚民に暴政府、馬鹿と片輪《かたわ》に宗教、丁度よき取合せならん。」（⑳232）

24　一八八二年3月「故社員の一言今尚二精神《いちげんいまもせいしんをたっとぶ》一」

「共に此義塾《このぎじゅく》を創立して共に苦学する其目的は……我国権を皇張《こうちょう》するの一点に在るのみ、……報国致死は我社中《わがしゃちゅう》の精神にして、今日我輩が専《もっぱ》ら国権の議論を主唱するも、其由来《ゆらい》一朝一夕に非《あら》ず、蓋《けだ》し社中全体の気風なり……」(⑧64)

25 一八八二年3・4月「立憲帝政党を論ず」

「帝室は独《ひと》り内閣の帝室に非《あら》ず、我日本国民の諸《もろ》共《とも》に仰ぎ奉《たてまつ》り諸共に尊崇し奉る所にして、之《これ》に忠を尽すは唯《ただ》外面の義務に非《あら》ず、万民熱中の至情と云《い》ふ可《べ》きものなり。焉《いずくん》ぞ内閣をして独《ひと》り之《これ》を専《ほしいまま》にせしめんや。」(⑧72)

26 一八八二年4月『時事大勢論』

「帝室より下臨《かりん》すれば政治の議論の如《ごと》きは唯《ただ》是れ下界《げかい》の争論にして、其孰《いず》れが失敗して孰れが勝利を得るも、毫《ごう》も其《その》尊厳を軽重《けいちょう》するに足らず。帝室の尊厳は開闢《かいびゃく》以来同一様にして、今後千万年も同一様たる可《べ》し。是《こ》れ即《すなわ》ち我帝室の帝室たる所以《ゆえん》なり。」(⑤249)

27※ 一八八二年5月『帝室論』

a 「帝室は政治社外《しゃがい》のものなり。苟《いやしく》も日本国に居て政治を談じ政治に関する者は、其主義に於て帝室の尊厳《そんげん》と其《その》神聖とを濫用《らんよう》す可《べか》らずとの事は、我輩の持論にして、之《これ》を古来の史乗《しじょう》に徴《ちょう》するに、日本国の人民が此尊厳神聖を用ひて直《ただち》に日本の人民に敵したることなく、又日本の人民が結合して直に帝室に敵したることもなし。……」(岩倉具視は「日本人が皆福沢のような安心なのだが……」と喜ぶ――安川)「我輩は赤面ながら不学《ふがく》にして、神代《かみよ》の歴史を知らず又旧記に暗しと雖《いえ》ども、我帝室の一系万世《いっけいばんせい》にして、今日の人民が之《これ》に依《よっ》て以て社会の安寧を維持する所以《ゆえん》のものは、明《あきらか》に之を了解して疑はざるものなり。此一点は皇学者《こうがくしゃ》と同説なるを信ず。是《これ》即ち我輩が今日国会の将《ま》さに開《ひらけ》んとするに当《あたり》て、特に帝室の独立を祈り、遥《はるか》に政治の上に立《たち》て下界に降臨《こうりん》し、偏《へん》なく党《とう》なく、以て其尊厳神聖を無窮《むきゅう》に伝へんことを願ふ由縁《ゆえん》なり。」

「殊《こと》に我日本国民の如きは、数百千年来《らい》君臣情誼《じょうぎ》の空気中に生々《せいせい》したる者なれば、精神道徳の部分は、唯《ただ》この情誼《じょうぎ》の一点に依頼するに非《あら》ざれば、国の安寧を維持するの方略ある可らず。即ち帝室の大切にして至尊至重《しちょう》なる由縁《ゆえん》なり。……我帝室は日本人民の精神を収攬《しゅうらん》するの中心なり。其功徳《こうとく》至大なりと云ふべし。」

「国会の政府は二様の政党相《あい》争ふ……と雖《いえ》ども、帝室は独《ひと》り万年の春にして、人民これを仰げば悠然《ゆうぜん》として和気《わき》を催ふす可し。……帝室の恩徳は其《その》甘きこと飴《あめ》の如くして、人民これを仰げば以て其慍《いかり》を解く可し。何《いず》れも皆政治社外に在るに非《あら》ざれば行はる可《べか》らざる事なり。」

b　「帝室は遥《はるか》に政治社会の外に在り。軍人は唯この帝室を目的にして運動するのみ。……唯《ただ》帝室の尊厳と神聖なるものありて、政府は和戦の二議を帝室に奏し、其最上の一決御親裁《ごしんさい》に出《いず》るの実を見て、軍人も始めて心を安んじ、……帝室の為に進退し、帝室の為に生死するものなりと覚悟を定めて、始めて戦陣に向《むかい》て一命《いちめい》をも致す可《べ》きのみ。」（宣戦講和の権限、軍隊統帥《とうすい》の精神的主柱）

c　「人或は立君の政治を評して、人主が愚民を籠絡《ろうらく》するの一欺《き》術などとて笑ふ者なきに非《あら》ざれども、此説を作《な》す者は畢竟《ひっきょう》政治の艱難《かんなん》に逢《あ》はずして民心軋轢《あつれき》の惨状《さんじょう》を知らざるの罪なり。……斯《かか》る内政の艱難に際し、民心軋轢の惨状を呈《てい》するに当《あたり》て、其党派論には毫《ごう》も関係する所なき一種特別の大勢力を以て双方を緩和し、無偏《むへん》無党、之《これ》を綏撫《すいぶ》各《おのおの》自家保全の策に従事するを得《え》せしむるは、天下無上の美《び》事《じ》にして人民無上の幸福と云《い》ふ可し。……我帝室は万世無欠《むけつ》の全璧《ぜんぺき》にして、人心収攬《しゅうらん》の一大中心なり。我日本の人民は此玉璧《ぎょくへき》の明光に照らされて此中心に輻輳《ふくそう》し、内に社会の秩序を維持して外に国権を皇《こう》張《ちょう》す可きものなり。其宝玉《ほうぎょく》に触《ふ》る可《べ》からず、其中心を動揺す可《べ》からず。」

d 「西洋諸国に於ては宗教盛《さかん》にして、……為《ため》に人心を収攬《しゅうらん》して徳風《とくふう》を存することなれども、我日本の宗教は其功徳《くどく》俗事に達すること能《あた》はず、唯僅《ただ》に寺院内の説教に止《とど》まると云ふ可き程のものにして、到底此《この》宗教のみを以て国民の徳風を維持するに足らざるや明《あきらか》なり。帝室に依頼するの要用《ようよう》なること益《ますます》明なりと云ふ可し。」（伊藤博文と同じ発想――安川）

e 「帝室は人心収攬《しゅうらん》の中心と為《な》りて国民政治論の軋轢《あつれき》を緩和《かんわ》し、海陸軍人の精神を制して其向ふ所を知らしめ、孝子節婦有功《こうしせっぷゆうこう》の者を賞して全国の徳風を篤《あつ》くし、文を尚《たっと》び士を重んずるの例を示して我日本の学問を独立せしめ、芸術を未だ廃せざるに救ふて文明の冨を増進する等、其功徳《こうとく》の至大至重なること挙《あげ》て云ふ可《べ》からず。」（「帝室を媒介にしての学問・教育独立論」「孝子節婦」の徳義や「戦場の武功」の表彰、「日本固有の」文化・芸術の保存策などの各論は省略）

f 「右各国の比例を見れば、我帝室費は豊《ゆたか》なるものと云ふ可らず。金円の数も少なき其《その》上に、帝室の私《わたくし》に属する土地もなし山林もなし。……今日より帝室の費額を増し、又幸《さいわい》にして国中に官林も多きことなれば、其幾分を割《さき》て永久の御有《ぎょゆう》に供すること緊要なる可しと信ず。」（岩倉具視に符節を合わせて、国会開設に備えて、皇室財産の増額・確定を要求。同年以後、皇室財産が急激に増大）（⑤261～290）

28　一八八三年11月22～29日「徳教之《の》説」

「道徳の教……徳教にして数理を離れたる者に非ざれば目的を達するに足らずと云へり。……元来人間世界を支配するものは情と理と相半《あいなかば》するものにして、……報国尽忠……忠義報国は全く情の働きなり……」

「我日本国士人の為に道徳の標準と為《な》す可きものを求るに……報国尽忠等の題目を以て最も適応のもの

……一部分は儒教に助けられたるものなれども、尚これよりも有力なるは封建の制度にして、……。今や封建の制度は廃したれども……士人忠誠の心は消滅す可きに非ず。」「諸外国に誇る可き一系万代の至尊を奉戴《ほうたい》し、尽忠の目的は分明《ぶんめい》にして曾《かつ》て惑迷《わくめい》す可き岐路を見ず、……日本国民は唯この一帝室に忠を尽して他に顧《かえりみ》る所のものある可らず。」「報国尽忠の事たるや、……社会の上流……以下の群民に至ては報国尽忠の大義固《もと》より怠る可《べか》らずと雖《いえど》も、直《ただち》に此《この》一義のみを以てするも或は感動の鈍《にぶ》きの恐なきに非《あら》ず。故《ゆえ》に此下流の人民の為には宗教の信心を養ふこと至極《しごく》大切なることなる可し。……無智の小民が苟《いやしく》も道徳を維持したるは、宗教の信心与《あずかっ》て大《おおい》に力ありと云はざるを得ず。」(⑨278〜291)

29 一八八四年4月15日「人を容《い》るること甚だ易《やす》し」

「当今政治社会に於《おい》て専《もっぱ》ら評判の秀才士あり、伊藤博文君、乃《すなわ》ち是《これ》にして、……。……大《おおい》に人を容れて法を議する云々《うんぬん》と聞かば、又例の民約憲法かと忽《たちま》ち猜疑《さいぎ》の念を催ふす輩《やから》もあらんなれども、是《こ》れは決して心配なきことなり。我輩は初《はじめ》より憲法は欽定《きんてい》なる可《べ》しと信じて疑《うたがい》を容《い》れざる所なれども、……」(⑨460〜463)

30 一八八四年5月19〜22日「開鎖論」

「我日本人は東洋に在《あ》りながら独《ひと》り其固陋《ころう》社会を脱して更に西洋の文明に入社したるものと云はざるを得ず。……甚《はなはだ》しきは我守旧論者と称する者に至るまでも、……枉《ま》げて西洋に依頼する程の勢を成せり。……従前《じゅうぜん》我が信じたる所は一に亜米利加《アメリカ》の自由風なりしかども、西洋必ずしも都《すべ》て自由ならず、独逸《ドイツ》の如き、大《おおい》に取る可きものあり、我れは独逸に従はんとて、頻《しき》りに独逸風に移るものあり。我輩の眼を以て見れば独逸も亜米利加も共に西洋にして、其間に多少人の気風の異《ちがい》あるも、……日本封建の世に某藩人の気風の他藩人に異なるものに過ぎず。

……左《さ》れば彼の守旧論が亜米利加流を排して独逸風に従はんと云ふも、其実は西洋の文明を脱社したるに非ず、云はば西洋流を以て西洋流を排せんとするものに異《こと》ならざるなり。」（⑨496）

31 一八八四年9月「支那を滅ぼして欧州平《たいらか》なり」

「抑《そもそ》も今日の欧州各国は誠に文明なりと雖《いえ》ども、文明は人事の表面にして、一方の裏面より之を窺《うかが》へば却《かえっ》て又惨痛《さんつう》の実なきに非《あら》ず。……就中《なかんずく》其社会に貧富の差を見ること甚しくして、富者は益《ますます》富みて際限を知らず、貧者は労《ほねおり》して其酬《むくい》を得ず、……露国《ロシア》に於ては虚無党と為り、独逸《ドイツ》に於ては社会党と為り、英に仏に西班牙《スペイン》に、凡《およ》そ欧州文明の国に於て此種の党類を見ざる処なし。……欧州社会の危《あやう》きこと岌々乎《きゅうきゅうこ》として羅馬《ローマ》帝国の末葉に等しきものなりと云ふも可《か》なり。……今其不平の熱を洩《へら》さんとするには、必ず方便を海外の地に求めざるを得ず。而して其適当の地は亜細亜《アジア》の支那帝国ならん。……欧州文明の惨情は今正《まさ》に其惨を増加し、啻《ただ》に優勝劣敗のみならず、優者内に相互《あいたが》ひに競争して容易に勝敗も見へず、唯《ただ》座して破裂を待つのみの有様なり。今に及んで其気焔《きえん》の熱を緩和《かんわ》するがため、外に劣者の所在を求めて内の優者の餌食《えじき》に供するは、実に今日の必至《ひっし》必要とも云ふ可きものなれば、斯《かか》る必至の場合に臨《のぞみ》て何事を顧慮《こりょ》するの遑《いとま》あらんや。」（⑩43〜47）

32※ 一八八四年12月「通俗道徳論」

「人の此世《このよ》に在《あ》るは理と情と二つの働《はたらき》に支配せらるるものなり。……然《し》かも其情の力は至極《しごく》強大にして理の働を自由ならしめざる場合多し。……左《さ》れば斯《かか》る人情の世界に居《い》ながら、唯《ただ》一向に数理に依《より》て身を立て世を渡らんとするは甚《はなは》だ殺風景にして、迚《とて》も人間の実際に行はれ難《がた》き……少しづつにても人情に数理を調合《ちょうごう》して社会全体の進歩を待つの外《ほか》ある可《べか》らず。」（⑩113〜116）

33 一八八五年1月「敵国外患を知る者は国亡びず」

「我日本人には日本魂《やまとだましい》と称する一種の魂あり、……真成《しんせい》なる日本魂……日支両国戦争の結果は如《い》何様《かよう》にても、……身を殺すも日本は独立せしめざるべからず、家を焼くも日本は維持せざるべからず、……との心を定むべきや疑《うたがい》を容《い》るべからず。是即《これすなわ》ち戦争勝敗の外《ほか》に在《あ》る一種特別の利益にして、最も日本人に要用あるものなり。」(⑩183～184)

34 一八八六年3月「文明を買ふには銭《ぜに》を要す」

「文明開化……無形のものは、其《その》進歩改良、案外に易《やす》く且《か》つ速《すみやか》なりといへども、……有形のものは、其進歩実に遅々《ちち》として……日本国民の文明……其心を見れば完全なる文明開化人なり」(⑩569～570)

35 一八八七年5月「日本の華族」

「日本の華族……帝室に対しては藩屏《はんぺい》となり、人民に対しては上下《しょうか》調和の力を添え、……。即ち国家無二の重宝《じゅうほう》にして、……今回に至りて俄《にわか》に八十余名の新華族を増したる……其新鮮快活の空気を以て……大《おおい》に日本貴族の面目《めんもく》を変更せん事、我輩……所望《しょもう》して已《や》まざる者なり。」(⑪268～269)(丸山真男「作られた貴族制というのは本来形容矛盾」)

36 一八八七年7月「教育の経済」

「元来学問教育も一種の商売品にして、其品格に上下の等差ある可きは誠に当然の数なれば、家産豊にして父母の志篤《あつ》き者が子の為めに上等の教育を買ひ、資力少しく足らざる者は中等を買ひ、中等より下等、その階級は段々限りある可からず。……この不平均を宜《よろ》しからずとして俄《にわか》に人間社会の組織を改めんとするも人力《じんりょく》の及ぶ可き限りにあらず。……凡《およ》そ人間社会の不都合は人の智力と其財産と相互に平均を失ふより甚だしきはなし。……教育の階級は正《まさ》しく貧富の差等《さとう》を違《たが》へず、……。」(⑪309～312)

37※　一八八七年8月15～17日「政略」

「人間世界は人情の世界にして道理の世界に非《あら》ず。其有様を評すれば七分の情に三分の理を加味したる調合物」「経世の要《かなめ》は……政治外の人をして各《おのおの》得意の地位を得《え》せしめ、……工商も宗教も学問も政治も各《おのおの》独立の地位を得て……相妨《あいさまた》げざるの実相にして、為政のために便利なること言はずして明《あきらか》なる可《べ》し。」（⑪332～335）

38※　一八八八年10月『尊王論』

「我大日本国の帝室は尊厳神聖なり。吾々《われわれ》臣民の分《ぶん》として之《これ》を仰ぎ之を尊《たっと》まざる可《べか》らずとは、天下万民の知る所にして、其《その》これを尊《たっと》むや、為にする所あるに非《あら》ず。殆《ほとん》ど日本国人固有の性《せい》に出《い》でたるが如《ごと》くにして、古来今に至るまで疑を容《い》るる者なしと雖《いえど》も、開国以来、人文漸《ようや》く進んで千差万別の議論も多き世の中となるに就《つい》ては、我輩は尊王の大義を単に日本国人の性質とのみ言はずして、更に一歩を進め経世の要用に於《おい》ても此《この》大義の等閑《とうかん》にす可《べか》らざるを信ずる者……」

「帝室は……其政治の熱界を去ることいよいよ遠ければ、其尊厳神聖の徳いよいよ高くして、其緩解《かんかい》調和の力も亦《また》いよいよ大なる可し。啻《ただ》に経世に要用なるのみならず、苟《いやしく》も其尊厳を欠き神聖を損することあらば、日本社会は忽《たちま》ち暗黒たる可きこと、古来の習俗民情を察して疑を容《い》れざる所なり。」

「此帝室は日本国内無数の家族の中に就て最も古く、其起源を国の開闢《かいびゃく》と共にして、帝室以前日本に家族なく、……如何なる旧家と雖《いえど》も帝室に対しては新古の年代を争ふを得ず。……其由来の久しきこと実に出色絶倫《しゅっしょくぜつりん》にして、世界中に比類なきものと云ふ可し。況《いわ》んや歴代に英明の天子も少なからずして、其文徳武威《ぶんとくぶい》の余光、今に至るまで消滅せざるのみならず、……帝室は我日本国に於て最古最旧、皇統連綿《れんめん》として久しきのみならず、列聖の遺徳も今尚《な》ほ分明《ぶんめい》にして見る可きもの多し。天下万民の共に仰ぐ所にして、……唯《ただ》神聖なるが故に神聖なりと云ふに過ぎず。」

「神社仏閣の保存……国民をして其古きを懐《おも》はしむるは帝室を懐はしむるの端緒《たんしょ》なればなり。……之《これ》を愚民の迷信と云へば迷信ならんなれども、人智不完全なる今の小児社会に於ては、其《その》神仏視する所のものをば其《その》ままにして懐古の記念に存するこそ、帝室の利益にして又智者の事なる可し。……華族……。苟《いやしく》も経世の利益とあれば、如何《いか》なる異様《いよう》のものと雖《いえど》も之を容《い》るるに綽々《しゃくしゃく》余地ある可し。」

「華族を以て其藩屏《はんぺい》と為《な》すの言《げん》は決して無稽《むけい》ならざるを知る可し。日新の道理一偏《いっぺん》より論ずれば、身に尺寸《せきすん》の功労なくして栄誉を専《もっぱら》にするは相済《あいす》まざるに似たれども、……真に帝室の藩屏《はんぺい》として尊敬す可《べ》きのみ。……新華族を作るは経世《けいせい》の策にあらざるが如し。……今、人の働《はたらき》次第にて誰れも此仲間に入る可しとありては、恰《あたか》も華族全体の古色《こしょく》を奪《うばい》去《さ》りたるものにして、我輩は経世の為めに聊《いささ》か不利を感ずるものなり。」

「我輩は徹頭徹尾尊王の主義に従ひ、帝室無窮《むきゅう》の幸福を祈るのみならず、其神聖に依《よっ》て俗世界の空気を緩和するの功徳《こうとく》を仰がんことを願う者にして、其幸福を無窮にし其功徳《そのこうとく》を無限にせんとするが故に政治社外と云ふのみ。……永遠無窮、日本国の万物を統御《とうぎょ》し給ふと共に、政府も亦《また》其万物中の一《ひとつ》として統御の下《もと》に立つ可きは論を俟《ま》たず。天下何物か此統御に洩るるものあらんや。」（⑥3～28）

39 一八八八年11月13～16日「政府に於て国会の準備は如何《いかん》」

「国会を開いて……あらゆる方便を尽して議場に内閣党の多数を制するの用意専一なる可し。」「此憲法を以て国会議員の権限を狭くし、議員が何ほどに政府に反対するも、其権限の内に運動する間は、政府の施政を妨げ得ざるものと為《な》すなども自《おのず》から一説なり。……例へば議員が法律を議するも既成の法を変換するの権なし、歳出入の事に就ても既往の定数を減ずるの権なしなどの制限を定め、其制限の内に発言討議を自由ならしめ、以て議場の円滑を成すが如きは、案じ得て随分巧《たくみ》なるものと思へども、……。爰《ここ》に第二策を案ずるに、……国民の将《ま》さに訴へんとするに先んじて施政の方針を改め、言論の道を開くと共に大《おおい》に政費を減じ、国会開場の日に議員等をして言はんと欲して口実なきに苦しましむるが如きは、所謂《いわゆる》先を制するの妙策なる可し。」（⑪559～563）

40 一八八九年3月6、7日「貧富智愚の説」

「此《ここ》に最も恐るべきは貧《ひん》にして智《ち》ある者なり。……貧智者は他に鬱憤《うっぷん》を漏らすの道なく、此《ここ》に於て……世の中の総《すべ》ての仕組《しくみ》を以《もっ》て不公不平のものとなし、頻《しき》りに之《これ》に向て攻撃を試み、或は財産私有の法廃《はい》すべしと云《い》ひ、或は田地田畑《でんちでんぱた》を以《もっ》て共有公地となすべしと云い、其他被傭賃《ひようちん》の直《ね》上げ、労働時間の減縮等、悉皆《ことごとくみな》彼等の工風《くふう》にでざるはなし。彼《か》の職人の同盟罷工《ひこう》なり、社会党なり、又虚無党なり、其原因する所、明《あきらか》に知る可《べ》し。試に今日社会党の最も盛なる所は何《ど》の辺《あたり》にありやと尋ぬるに、米国に在《あり》てはシカゴ、英国に在てはマンチェスター、バルミンハムの如き製造業の盛大なる所なりと云ふ。……貧人に教育を与《あた》ふるの利害、思はざる可《べか》らざるなり。」「故に教育家が其《その》勧学の方便の為めに説を作《な》して民智云々《うんぬん》を唱へ、教育を盛にして富源を開く可しとは、事物の因果を転倒したるものと云はざるを得ず。……智あるに由《よっ》て富を得たるの例は平均して稀《まれ》なるが如し。……我日本国の全体は貧にして不相《ふそう》応《おう》に智あるものにして、……貧智の不平、内に鬱積《うっせき》して、早晩《そうばん》外に破裂するの日ある可し。……左《さ》れば今日教育家が人の貧富をも問はずして孜々《しし》として人才を作らんとするは、前金《まえきん》を払ふて後《のち》の苦労の種子《たね》を買ふものに異《こと》ならず。経世の得策《とくさく》と云ふ可きか。我輩の感服《かんぷく》せざる所なり。」（⑫63～66）

41 一八八九年4月26日〜5月6日「国会準備の実手段」

「明年《みょうねん》国会の開設に至らば、同時に英国風の党派政治となり、議場の多数を以て内閣の新陳《しんちん》交代を催ほす可しと、容易に之《これ》を期して疑はざる者あれども、我輩は之を英政の想像論者として遽《にわか》に同意を表するを得ず。……官民調和は……直接に利するものは政府にして人民に非《あら》ず、……。言論集会の自由不自由に就《つい》ても……今俄《にわか》に之を放解したらば、……憂《うれい》はなかる可《べ》きやと、聊《いささ》か懸念に堪《た》へざるなり。」

(⑫105〜120)

Ⅳ「大日本帝国憲法」＝「教育勅語」成立以後の福沢諭吉

42 一八九一年4月27日〜5月21日「貧富論」(連載13日間)

「一　経済論者の言《げん》に、人生の貧富は智愚《ちぐ》の如何《いかん》に由来するものなり、人《ひと》学ばざれば智なし、無智の民は貧なり、教育は富を致すの本《もと》なりとて、貧富の原因を挙《あげ》て其人《そのひと》の智愚如何《いかん》に帰する者あり。此《この》言理《り》なきに非《あら》ず、貧民の多数を平均すれば大抵《たいてい》皆智恵に乏《とぼ》しき者なれども、事の原因と結果と相照《あいてら》して仔細《しさい》に社会の実際を視《み》れば、今世《こんせい》の貧民は無智なるが故に貧なるに非ずして貧なるが故に無智なりと云《い》ふも妨《さまたげ》なきの場合少なからざるが如《ごと》し。……衣食に窮する貧者の分限《ぶんげん》にては教育を受《う》くるの道なきを如何《いかん》せん。……左《さ》れば衣食こそ智力の発生活用の本《もと》なるに、其本《そのもと》を問はずして却《かえっ》て末を論じ、智あれば衣食ここに至る可《べ》しとて人の無教育を咎《とがむ》るは、因果《いんが》の順序を顛倒《てんとう》して無理を責《せむ》るものと云《い》ふ可《べ》し。……。畢《ひっ》竟《きょう》今の社会の組織にては、……貧はますます貧に沈み富はますます富を増し殆《ほと》んど際限ある可《べか》らず。」

「二　人口次第に増加して器械の用法次第に進むときは、今の社会の組織に従ひ少数の大富豪を生じて多数の貧者を繁殖《はんしょく》すること自然の勢《いきおい》にして、……太陽西より出《い》で黄河逆《さかしま》に流るるの不思議僥《ぎょう》倖《こう》あるにあらざれば、今世《こんせい》の貧乏人に開運の日はなかる可《べ》し。」

「三　……労働社会の貧乏人が酒を飲み又買食ひするは、栄養の維持補給の為め天然の命ずる所にして、漫《みだり》に説を作《な》す可《べ》き事柄にあらざるなり。又貧乏社会に行はるる早婚も万々《ばんばん》非難す可きに非《あら》ず。……」

「四　……故に既往《きおう》二、三十年の頃には、……気力ある人の為めには最も面白き時節なりしかども、社会の人事漸《ようや》く定まりて人心の漸く沈着するに従ひ、渡世の道次第に難《かた》くして復《ま》た昔年《せきねん》の僥倖《ぎょうこう》を再びす可《べか》らず。……俗に云ふ濡手《ぬれて》に粟《あわ》の時代は既に過去に属したることとなれば、……二、三十年前の例に倣《なら》ふて運動を試み一挙して先輩の仲間に入らんとするは時勢を知らざるものにして、新進文明流の営業亦《また》困難なりと云ふ可し。」

「六　……全国社会の中にて何者か前途に望あるやと尋《たずぬ》れば、今日既成《きせい》の資産家なりと答へざるを得ず。……富はますます栄へ貧はますます困《くる》しみ、貧富懸隔《けんかく》苦楽相分《あいわか》るるの惨状を呈《てい》す可きは、所謂《いわゆる》文明の勢《いきおい》に免《まぬ》かる可《べか》らざる所のものなり。……」

「七　文明の法律は人の栄誉生命私有を保護する……精神なれども、今の人事の実際……孰《いづ》れか法律の功徳《くどく》利益を被《こうむ》ること大なるやと問へば、之《これ》を平均して上流社会に利する者多しと答へざるを得ず。……民法商法の如きも、詰《つま》る所は国民の私有権を固くするものなれば、年月を経《へ》て新法の行《おこな》はるるに従ひ、次第次第に其徳沢《そのとくたく》を被《こうむ》る者は上流の富豪者にこそあれ、貧者は次第次第に窮屈《きゅうくつ》を感ず可きのみ。」

「八　……今の既成の富豪は徳川時代平均の政略を免《まぬ》かれて法律の為《た》めに財産を堅固にし、……俗言これを評価すれば金持の丸儲《もう》けと云ふも可なり。……」

「十　……既に国を開《ひらき》て海外と文明の鋒《ほこさき》を争ひ競争場裡《じょうり》に国家の生存を謀《はか》らんとするには、内の不愉快は之《これ》を顧《かえりみ》るに遑《いとま》あらず、仮令《たと》へ国民の貧富懸隔《けんかく》して苦楽相《あい》反するの不幸あるも瞑目《めいもく》して之を忍び、富豪の大なる者をして益々大ならしめ、以《もっ》て対外の商戦に備《そな》へて不覚を取らざるの工風《くふう》こそ正《まさ》に今日の急務にして、識者の飽《あ》くまでも奨励する所なり。……人の富大《ふだい》羨《うらや》むに足《た》らず怨《うら》むに足らず、寧《むし》ろ之を賛《たす》けて次第に羽翼《うよく》を伸《のば》さしむるこそ国家の利益なれ。哲学流の理論は兎《と》も角《かく》も、目下《もっか》我日本国には大富豪を要《よう》する時節なれば勉《つと》めて其《その》発達を促《うな》がす可《べ》しとは、我輩の常に論ずる所……此《この》貧窮の獣熱《じゅうねつ》と富豪の冷血と早晩《そうばん》一度は必ず相《あい》衝突して、遂《つい》に破裂の不幸ある可《べ》きは勢《いきおい》に於《おい》て免《まぬ》かれざる所のものなり。……維新以来政府が教育の方針を誤り、国民の資力如何《いかん》を問はずして唯《ただ》一方に其《その》智識の発達を奨励し……先《ま》づ他の貧者の苦痛を口実にして富者の冷血無情を責《せ》め、種々様々の運動して漸《ようや》く人心を動かし、……是《こ》れ二十四年来我政体人事の大変革に生じたる余波にして、取りも直《なお》さず文明開化に伴ふ一種の不幸なれば、容易に医《いや》す可《べ》き事柄に非《あら》ず。……」

「十一 ……今日富家《ふか》の財産は堅固なる政府の下《もと》に居《い》て優しき法律の保護を被《こうむ》ればこそ安全なるに似たれども、其実《そのじつ》は風雨劇《はげ》しき貧の海の孤島に宮殿を築き、法律と名《なづ》くる堤防に拠《よ》りて自《みずか》ら衛《まも》るものにして、一朝の機に際して激浪怒涛《げきろうどとう》に犯さるる〔と〕きは、宮殿の危き亦《また》知る可し。……今日我国の富豪は何《いず》れの点より視《み》るも永久に安全なる者に非《あら》ず。漫《みだり》に文明の法律に酔ふて之《これ》を無二の干城《かんじょう》と認め、冷血以《もっ》て人に接して家運の長久を謀《はか》るが如《ごと》きは大なる間違《まちがい》に非《あら》ずや。……」

「十二 ……近来流行の同盟罷工《ひこう》の如《ごと》き……貧困社会に不平不満の声は日にますます喧《かまびす》しく、今後如《い》何《か》なる事相を呈す可《べ》きやとて識者の最も苦慮する所なりと云《い》ふ。……左《さ》れば富豪の輩《はい》が今日尚ほ未《いま》だ事端《たん》の発せざるに先だちて之《これ》を予防するは、唯《ただ》一身一家の利益のみに非《あら》ず、国家の安寧を維持して公私の幸《さいわい》を全《まっと》ふする者と云ふ可し。其法……第一 宗教を奨励して人心を和するは小民《しょうみん》の軽挙を防ぐに最第一《さいだいいち》の要《かなめ》なり。……富豪輩にして苟《いやしく》も世教《せいきょう》の大切なるを知り自家の安全を謀《はか》るに心付《こころづ》きたらん者は、明治政府の書生流を学ばずして宗教に力を用ひ、多少の財を損《す》てて寺院を保護し僧侶に衣食せしめ、以《もっ》て小民《しょうみん》の教化に怠ることなからしむ可《べ》し。……第二　教育の過度を防ぐは財産の安寧を維持するの一法なり。……貧者の教育を高尚に過ぐることなからしむるの意味なり。貧家の子弟の……濫《らん》する勿《なか》らんと欲するも得《う》べけんや。他年一日富豪輩を攻撃するの禍根《かこん》を醸《かも》す者は必ず此種《このしゅ》の子弟ならざるを得《え》ず。明治の初年より政府の失策に由《よ》りて無数の貧乏学者を作出《つくりだ》し、……唯《ただ》今後は政府も大《おおい》に教育の方針を改《あらたむ》ると同時に、富豪の輩《はい》は特に自家の安全を守るが為め、教育とあれば必ず実用の実学を奨励して、以《もっ》て空腹論者を其未《そのいま》だ生ぜざるに予防すること肝要なる可《べ》し。」

「十三　第三　富豪は随時に私財を散《さん》じて人言《じんげん》を静《しずか》にするの工風《くふう》なかる可《べか》らず。……貧民救助等公益慈善の挙《きょ》に富豪の損金《えんきん》せざるはなくして……寧《むし》ろ十を儲《もう》けて三を散じ正味《しょうみ》の所得七を取るの利に若《し》かずとて、……三を捨《すて》て七を取るの損益《そんえき》を弁《わきま》へず、……若《も》しも然《しか》らずして冷血自《みず》から得々《とくとく》たらんには、三を愛《お》しみて却《かえっ》て七を喪《うしな》ふの奇観もある可しと、我輩が竊《ひそか》に其人の為《た》めに懸念《けねん》する所なり。第四　貧民の数を沙汰《さた》して内地を寛《ゆるやか》にするは富豪の為めに最も安全の策なり。……北海道に未開の沃野《よくや》あり、南北の亜米利加《アメリカ》、南洋の諸島、我国民の移住に適するもの甚《はなは》だ少なからざれば、富豪の輩《はい》が同心脇［協］力して其事を賛《たす》け、多少の財を散じて移住の資に供することもあらんには、……国家生存の一大要事にして、自《おのず》から富豪輩《はい》の為《た》め永遠の安全を買ふに足《た》る可《べ》し。……。右条々は我国富豪輩の為めに現今将来の安全を謀《はか》りて試《こころみ》に注意を促《うなが》したるものにして、……七分の情に三分の理を調合したる今の社会に雑居して、其《その》永久の安全は決して保証す可《べか》らざれば、今に於《おい》て早く謀《はかりごと》を為《な》さんこと我輩の呉々《くれぐれ》も祈る所なり。」（⑬69〜104）

43※　一八九一年11月「痩我慢《やせがまん》の説」

「立国は私《わたくし》なり、公《おおやけ》に非《あら》ざるなり。……忠君愛国の文字は哲学流に解すれば純乎《じゅんこ》たる人類の私情なれども、今日までの世界の事情に於《おい》ては之《これ》を称して美徳と云《い》はざるを得ず。……痩我慢の一主義は固《もと》より人の私情に出《いず》ることにして、冷淡なる数理《すうり》より論ずるときは殆《ほと》んど児戯《じぎ》に等しと云《い》はるるも弁解に辞《じ》なきが如くなれども、世界古今の実際に於て、所謂《いわゆる》国家なるものを目的に定めて之《これ》を維持保存せんとする者は、此《この》主義に由《よ》らざるはなし。……然《しか》るに彼《か》の講和論者たる勝安房《かつあわ》氏の輩《はい》は、……和議を説《と》き、遂に江戸解城と為《な》り、……幕府に勝算なきは我輩も勝氏と共に之を知ると雖《いえど》も、士風維持の一方より論ずるときは、国家存亡の危急《ききゅう》に迫《せま》りて勝算《しょうさん》の有無は言ふ可《べ》き限りに非《あら》ず。……立国の要素たる痩我慢の士風を傷《そこな》ふたるの責《せめ》は免かる可《べか》らず。……勝敗をも試みずして降参したるものなれば、三河《みかわ》武士の精神に背《そむ》くのみならず、我日本国民に固有する痩我慢の大主義を破り、以《もっ》て立国の根本たる士気を弛《ゆる》めたるの罪は遁《のが》る可《べか》らず。……又勝氏と同時に榎本武揚《たけあき》なる人あり。……」（⑥559〜566）

44　一八九三年6月『実業論』

「近年は商工界にも稍《や》や活気を催ほし、……実業革命の期近《ちか》きに在《あ》るを示すもの……我日本国人が特に商工事業に適して他の得て争ふ可《べか》らざる次第を述べんに、……日本国人は性質順良にして能《よ》く長上《ちょうじょう》の命《めい》に服し、……英国の工場に比して……我国特有の利益は、工場の事業に昼夜を徹して器械の運転を中止することなきと、職工の指端機敏《したんきびん》にして能《よ》く工事に適すると、之《これ》に加ふるに賃銀の安きと、此《この》三箇条は英国の日本に及ばざる所なり。……唯《ただ》我輩の目的は日本の実業に文明の要素を注《そそ》ぎ、其《その》社会の気品を高くして立国の根本を固くし、内《うち》に実《じっ》して外《そと》に争《あらそ》はんと欲すに在《あ》るのみ。」（⑥145〜194）

人名索引

あとがき

本書の『前著』となった『福沢諭吉のアジア認識』は、梅原猛、斎藤貴男、石堂清倫《きよとも》、高橋哲哉、岩崎允胤《ちかつぐ》、星野芳郎さんなど多様な思想的立場の人たちにそろって積極的に評価・紹介していただき、また、各種の新聞・雑誌・ミニコミ紙などによって図書紹介の対象に取り上げられた。そのため、同書は学術書であるにもかかわらず、出版不況期に初版三千五百部が三ヶ月で売り切れる事態となった（目下、第四刷）。私の著書の中で、これまで一番よく売れたものでも、初版が売り切れるのに二年半はかかっている。その意味でこれはやはり「異変」といえよう。この出来事自体が福沢諭吉研究史上のひとつの「事件」を示唆しているように思われるので、同書をめぐるその後について、いま少し触れておきたい。

福沢の思想について、同書ほどきびしく批判的に考察した著書はないと思われるのに、その著者の私が、ほかならぬ慶應義塾大学（日吉）の講義に招かれた（二〇〇一年と〇六年の二度）。これがまた「事件」ということで、二〇〇一年五月の場合、「朝日新聞」の記者が二人も講義の教室を訪れ（取材申込は三人）、小さな記事になった（五月二六日「朝日新聞」〈私の視点欄〉「編集部から」）。

慶応での講義の翌日、中国の「新華社通信」のインタビューを受け、中国の新聞と雑誌に同書の紹介記事が掲載された。その縁もあって、三件の中国語訳の申し出があり、翌〇四年八月、香港社会科学出版社から山東省日本学会孫衛東ほか『福沢諭吉的亜洲観』が刊行された。

また、中国天津の南開大学日本研究センターから、福沢諭吉主題の集中講義の依頼があり、本書執筆の最中の四月に一週間訪中し、二カ所で院（学）生の反応十分の講義・講演を体験した。北京では、執筆中の本書の中国語訳の申し出を受けた。中国のこれまでの福沢理解は圧倒的に丸山真男を介しての福沢像とのことで、翻訳や講義・講演の機会が、中国の福沢諭吉像の修正に寄与することを期待している（増補改訂版追記――その後、中国大百科全書出版社から吉林財経大学外国語学院院長の劉曙野教授によって、『福沢諭吉的戦争論与天皇論』が二〇一三年一〇月に、『福沢諭吉与丸山真男』が一五年四月に、それぞれ翻訳・出版され、Ⅳ『教育論・女性論』も目下翻訳中である）。

韓国からも反響があり、私の知る限りでも、日本の市民運動家の手で、「日本の一万円札に福沢が印刷されているかぎり、日本人は信じられない」と常々語っているユン・ジョンオク（尹貞玉）さん（韓国挺身隊対策協議会共同代表）に同書が手渡されたり、二〇冊以上の同書が、同国の有識者や学者に送られたとのことである（増補改訂版追記――韓国語訳は、光云大学東北アジア通商学部の李香哲教授によって、歴史批評社から二〇一一年四月に、Ⅰ『アジア認識』は、『福沢諭吉のアジア侵略思想を問う』という書名で出版され、Ⅱ『福沢と丸山』は、同じ出版社から一五年七月に『丸山真男が創り上げた〝福沢諭吉〟という神話』という書名で出版され、Ⅳ『教育論・女性論』も目下翻訳中である。李教授によると、Ⅰ『アジア認識』の韓国語訳に対する「韓国のマスコミの反応はかなり爆発的で……二紙はほとんど新聞一面全体、四紙は二分の一面、四紙は四段以上の紙面を割いて紹介……この本を紹介しないマスコミはないくらい」という反響・反応とのこと。歴史批評社の二書では、本の表表紙と裏表紙に直接沢山のPR文が印刷されており、例えば、Ⅰ『アジア認識』の裏表紙の大小四種のハングル文字の中で一番大きな活字の文章は「法螺を福沢、嘘を諭吉」と書かれており、Ⅱ『福沢と丸山』の裏表紙の場合には、長文で〈「天は人の上に人を造らず、人の下に人を造らず」という人間平等論の主張者などという「福沢の虚像に囚われている」と、近代日本がなぜアジア侵略の「強兵富国」の戦争国家になったのかを見抜き洞察することが出来ない〉という警告文が綴られている。その他、二書にまつわる興味ある数々のエピソードについては、ミニコミ誌『さようなら！　福沢諭吉』創刊準備第三号を参照されたい）。

一面全部つかっての「朝鮮新報」の紹介記事（二〇〇一年三月一四日）をふくめ各種の新聞の取材対象となった中で、一番驚いたのは「日刊工業新聞」の読書欄の「著者登場」に、私がカラー写真入りで登場させせられたことである（五月一四日）。「なぜ工業新聞が？」と逆に私の方が質問を繰り返した。梅原猛さんが同書について、日本が「今後韓国や中国と友好関係を保つためには」福沢の見直しが必要云々と「東京新聞＝中日新聞」に書いたように（梅原『宗教と道徳』文芸春秋、〇二年、九二ページ）、まだまだ少数派ではあるが、日本の戦争責任を意識する人々の中では、企業人をふくめて、「わが国は明治以来の富国強兵の道のりを真剣に反省し、アジアとの和解」をはかっていく必要がある、というのが現代日本の最低限の良識となりはじめているようである。

〈前著をめぐるその後〉はこの程度にとどめて、つぎに、今回また福沢について本書をなぜ書くことになったのか、そのわけについて触れておきたい。『前著』「あとがき」に、高文研代表の梅田正己《まさき》さんから「本書の刊行だけでは、あの「典型的な市民的自由主義」者福沢諭吉も、アジアにたいしては偏見・差別意識をもっていたんだネ、という読者の理解にとどまり、福沢の「民主主義」「市民的自由主義」思想そのものは問いなおされないままですヨ、と釘《くぎ》をさされている」ことを紹介した。したがって、本書の執筆自体は予定の仕事であった。しかし、「まえがき」に書いたように『福沢諭吉の教育論と女性論』（増補改訂版追記——本書は二〇一三年八月に刊行された）の序章として書き始めたものが、そのまま本書一冊分に膨《ふく》れあがってしまった。

著者の私自身が当初まったく予期していなかった展開であり、前著よりも相当分厚く、高文研の通例の図書のページ数をはるかにこえる分量になりつつあるのに、梅田正己さんはその原稿に目を通しながら、主題の重大性から十二分に意を尽くすことが重要と、無条件で自由に書かせてもらえた。出版不況の時代に、これだけ思うままに自由に執筆させてもらえる幸福には、感謝の言葉もない。

本書の予定外の分厚さは、丸山真男の福沢諭吉研究にそれほど無理のあったことを示唆している。同時に、にもかかわらず「戦後民主主義」を代表する丸山の研究がいまももっともすぐれた福沢諭吉研究（のひとつ）と理解され、丸山真男がいまもひろく読まれている事実は、逆に日本の「戦後民主主義」自体の問いなおしの必要性を示唆しているものと、私は理解する（増補改訂版追記——安川寿之輔・雁屋哲・杉田聡共著の花伝社ブックレット『さようなら！福沢諭吉』〈二〇一六年三月〉の副題は、〈日本の「近代」と「戦後民主主義」の問い直し〉となっている）。Ⅳ章1に書いたように、前著を契機に一万円札を使わないことにするとか、「一万円札から福沢諭吉の降板をうながす市民運動」を始めたいなどという奇特な読者が現れている。

最高額面紙幣の肖像の福沢の続投は決まっているが、私の福沢研究へのアジア諸国の反応を考えると（中国の大学再訪の依頼も）、日本の戦争責任問題と向き合い、アジアとの真の和解をはかっていくためには、私たちは、アジアを蔑視しアジア侵略の先頭に立っていた福沢の降板・引退を真剣に考えはじめる時代を迎えているものと、私も確信する。本書の刊行は、さらにそうした読者の気持ちをつよめ深めることに寄与するものと期待したい。

五年前に大学を定年退職し、「不戦兵士・市民の会」などの市民運動に身をおいている私は、この機会に、個人的な市民運動として、〈福沢諭吉の見なおしをつうじて、日本の近代史像や「戦後民主主義」の見なおしをうながす〉講演・講義・小話会の出前活動を始めることにする。年金で生活の不安はなく健康にも恵まれているので、以後、交通費の実費さえいただければ、非常勤講義のある日以外ならいつでも、日本国中どこでも話しに出かけます。高校生や大学生に話せることを一番望んでいるが、市民の小さな集まりでも結構です（変則的な生活をしているので、依頼の第一報は、電話でなくFAX＝052-783-2291で願います——夏期休暇中は0267-98-2005）。

なお、四刷で重版がストップしていた旧著『増補・日本近代教育の思想構造』（新評論、TEL＝03-3202-7391）が、今春、評判のオンデマンド方式により復刻された。同社の協力もあり、五百ページちかい同書が三三年前とほぼ同額（三六〇〇円）で入手できる幸運に恵まれた。そのためもあって、本書では遠慮なく同書を注記させていただいた。

丸山真男は戦後日本を代表する偉大な研究者・思想家であり、私も多くを学んできた。しかし、その丸山の福沢諭吉研究にこれほどの問題があるとすれば、それ自体が『日本の思想』の問題であり、「戦後民主主義」の問い直しを迫る問題ではないのか、という思いで批判的考察に徹するように努めた。とうぜんながら、私自身の思い違いや見落としが絶無のはずはない。その点は、読者の皆さんの忌憚のない疑問・批判・助言をお待ちします。

二〇〇三年四月末日

安川寿之輔

安川 寿之輔（やすかわ・じゅのすけ）

1935年、兵庫県に生まれる。1964年、名古屋大学大学院教育学研究科博士課程修了。近代日本社会（教育）思想史専攻。宮城教育大学、埼玉大学教育学部、名古屋大学教養部・情報文化学部に勤務。98年、定年退職し、わだつみ会、不戦兵士・市民の会などの市民運動に参加。

現在、名古屋大学名誉教授、教育学博士、不戦兵士・市民の会副代表理事。

著書：『福沢諭吉のアジア認識』『福沢諭吉と丸山眞男』『福沢諭吉の戦争論と天皇制論』『福沢諭吉の教育論と女性論』（いずれも高文研）『増補・日本近代教育の思想構造』（新評論）『十五年戦争と教育』（新日本出版社）『女性差別はなぜ存続するのか』『日本の近代化と戦争責任』『日本近代教育と差別（編著）』（明石書店）『大学教育の革新と実践』（新評論）など。

増補改訂版 **福沢諭吉と丸山眞男**

●二〇一六年一〇月一五日――――第一刷発行

著　者／安川 寿之輔

発行所／株式会社 高文研
東京都千代田区猿楽町二―一―八
三恵ビル（〒一〇一―〇〇六四）
電話03＝3295＝3415
http://www.koubunken.co.jp

装丁／商業デザインセンター・松田 礼一

印刷・製本／モリモト印刷株式会社

★万一、乱丁・落丁があったときは、送料当方負担でお取りかえいたします。

ISBN978-4-87498-605-9 C0010